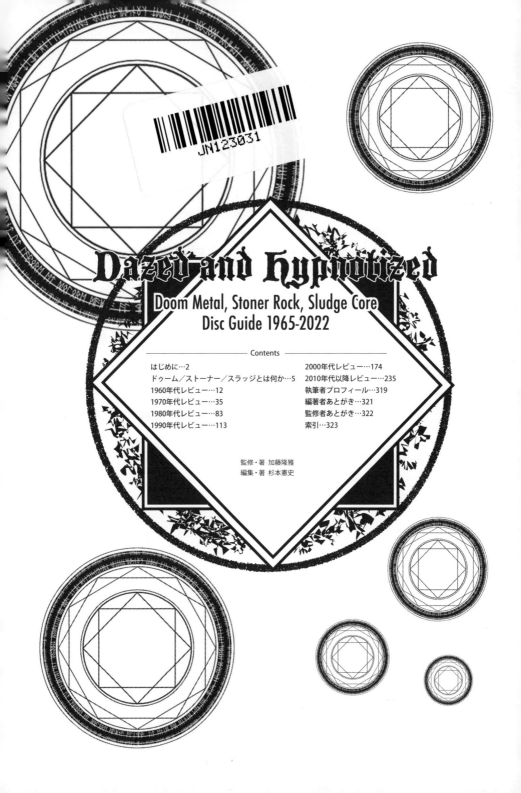

JN123031

Dazed and Hypnotized

Doom Metal, Stoner Rock, Sludge Core
Disc Guide 1965-2022

Contents

はじめに…2

ドゥーム／ストーナー／スラッジとは何か…5

1960年代レビュー…12

1970年代レビュー…35

1980年代レビュー…83

1990年代レビュー…113

2000年代レビュー…174

2010年代以降レビュー…235

執筆者プロフィール…319

編著者あとがき…321

監修者あとがき…322

索引…323

監修・著 加藤隆雅

編集・著 杉本憲史

文＝杉本憲史

【はじめに】

本書は、「ドゥームメタル／ストーナーロック／スラッジコア系のヘヴィロックのディスクガイド」となることを目指して編まれたものである。しかし書名は当初、『Dazed and Hypnotized』などと一見何の本かわからないようなタイトルをつけた（発売前に『酩酊と幻惑ロック』と改題）。

その理由は、本書の監修者であり、ドゥーム／ストーナー／スラッジ系のレーベル Amigara Vault（旧・梵天レコード）を主宰する加藤隆雅氏の音楽の聴き方を解説することで、ある程度説明されよう。同氏はおそらく日本一このジャンルに知悉した人物のひとりだが、当然のこと他の多くのマニア諸氏と同様に、自身が〝専攻〟するジャンルばかり聴いているのではない。オールディーズ、ガレージ、サイケ、フォーク、プログレ、ハードロック、ヘヴィメタル、パンク、ハードコア、シューゲイザー、ニューウェーブ、インダストリアル、オルタナティブロック、ラウドロック／ニューメタルやポストと名の付くあれこれからヒップホップ、J-POP などまで、幅広く聴く。

ただし加藤氏が特に愛好するバンドや楽曲のチョイスには、これまた当然ながらある共通項がみられる。かつて、酒を飲みながら爆音で音楽をかけるイベントで彼はこういった。「僕は、腰が動くようなグルーヴの音楽が好きなんですよ」。あるいは、頭がグルグルになるような、脳内や身体が酩酊的な快楽に包まれるような、そんな音楽が良いという。まずそうした価値基準があり、そのエッセンスが最も凝縮された音楽形態の一つとして、結果的にドゥーム／ストーナー／スラッジを愛好しているにすぎない。

そうしたわけで、今回のディスクガイドにおいては、「ドゥーム／ストーナー／スラッジ」をいったん加藤氏のいうところの「腰が動くようなヘヴィロック」と広く捉え直し、その快楽装置たるグルーヴがもたらす効能を「幻惑する（＝ daze）」あるいは「魅了する（=hypnotize）」ものとして、書名たる『Dazed and Hypnotized』の概念の下に様々な音源を放り込んでいくという方法論をとった。つまり、音楽がもたらす快楽の性質からヘヴィロックの収載を試みたのだ。ちなみに、書名の "daze" と "hypnotize" が受動態になっているのは、いち聴き手としての我々執筆陣が、本書に載っている音源群に幻惑され、魅了されているからである。

そんな編集方針だから、音源のチョイスは時々「ドゥーム／ストーナー／スラッジ」あるいはその直接的なルーツと

いう範疇を超えてアッチへ行ったりコッチへ行ったりするし、選盤基準も個人の快楽に根差したものなのでやたらめったら主観的なものが混ざっていたりする（協力頂いたライター諸氏には、あえてそのような執筆をお願いした面もある）。

とはいえ出版物である以上、僅かではあるが、頻繁に登場する概念については共通言語として整理し、各音楽作品の配列と検索性についても心を配った。

まず、頻々と登場する「ドゥームメタル」「ストーナーロック」「スラッジコア」という概念について、次項で加藤氏が定義と歴史的文脈の整理を試みた。

また、雑誌「ペキンパー」Vol.5（オルタナパブリッシング、15年刊）に収録された、加藤氏による「ドゥーム／ストーナー／スラッジ名盤ディスク・ガイド 2015」の大部分を、大幅に加筆・修正して再録した。このディスクガイドは、当時の日本において最も優れた当該ジャンルの解説書の一つだった。

当該ジャンルの精神的支柱であるBlack Sabbath のスタジオ盤フルアルバムはすべて収録。Pentagram、Saint Vitus、Trouble、Cathedral や Electric Wizard などの新旧大御所群も、なるべく手厚く扱うよう心掛けた。そのうえで、当該ジャンルの歴史的変遷を俯瞰してみ

たいという思いから、各作品の掲載順は年代順とした。同年の作品同士では、バンド名を数字、アルファベット、五十音順に並べた。

なお、基本的には「幻惑され、魅了される（＝ dazed and hypnotized）」ような快楽的グルーヴの淵源を 60 〜 70 年代のロックがもつブルースベースのうねりに求めているため、ヘヴィメタル成分が高くてスローを旨とするスタイル（ドゥームデスやフューネラルドゥームなど）や、ブルースベースの成分が少なくてロックとしてはアヴァンギャルドなスタイル（ドローンやポストメタルなど）は少ない傾向にある。

80 年代についても、ハードロック／ヘヴィメタルの観点からいえば比較的ソリッドさが旨とされた時代であったため、本書が求める快楽成分を含有する作品が他の年代に比べて少なかった。主観的な基準で誠に申し訳ないが、80 年代型のヘヴィメタルの多くは、ヘッドバンギングやフィストバンギングと親和性の高い快楽をもたらす。つまり、筋肉を硬直させる。本書が扱う快楽は主に、筋肉を弛緩させるようなものである。

バンドのメンバーに女性がいる場合、特にヴォーカルの場合は、なるべく記述するようにした。このような書き方は現

代の倫理観に照らし合わせると奇妙に映るかもしれないが、歴史的にみてロック音楽の分野に女性のプレイヤーは少なかったこと、ヴォーカルの場合は性別が音像に直接的に影響を与えることから、やはり特筆すべき事項であろうと考えた。

◇

以下、表記上の凡例を記す。

各レビューの見出し・本文共に、バンド名、作品名、曲名は基本的に各単語の頭文字を大文字、それ以外を小文字で表記した。

見出しは、「バンド名／作品名（リリース年）レーベル名」で記載。リリース年はなるべく初出年、または録音年。レーベル名はなるべくバンド本国のものを優先し、「Record」「Records」「Recordings」などは省略した。レーベル名が Independent のものは、バンドによるセルフリリースやプレス作品でないものなど。作品が複数のバンドを集めたコンピレーション盤である場合、それが 2 バンドのときはバンド名を Split としてその後に収録バンドを括弧書きし、3 バンド以上のときは V. A.（＝ Various Artists）と記載した。同名異バンドは、バンド名の後ろに国籍を略称で括弧書きし、国籍も同じ場合は、本書でレビューを掲載した

年代を括弧書きした。国籍の略称は、イギリスが UK、アメリカが US、ザンビアが ZAM、日本が JPN、スウェーデンが SWE。ジャケット画像は再発盤を含む。

本文中の楽曲名は " ○○ "（和文は「○○」）、アルバムなど作品名は『○○』とした。「○曲目」という記述は基本的に、A 面の 1 曲目から数えて何曲目かということ（例：A 面が 5 曲で B 面 1 曲目の場合は、「6 曲目」）。断りなく 1st、2nd、3rd、4th……と書いた場合、基本的にフルアルバムを指す。西暦は下 2 桁のみを記載した（例：1961 年＝ 61 年、2000 年代＝ 00 年代または 00's）。人名の敬称は省略した。（　）内の楽器名・パート名は、略記を採用している（例：ギター＝Gt. ／ベース＝Ba. ／ドラム＝Dr. ／キーボード＝Key. ／オルガン＝Org. ／ピアノ＝Pf. ／パーカッション＝Perc. ／バイオリン＝Vn. ／ヴォーカル＝Vo.）。

各レビュー末尾の括弧書きは、原稿執筆者。ライター一覧は本書の巻末を参照のこと。なお、前述の「ペキンパー」Vol.5 からの再掲と、ライターの 1 人・U がかつてネットに書いていたレビューを本書に収録するにあたり、私杉本による加筆・改稿の程度が大きいものは、それぞれ（加藤・杉本）、（U・杉本）と記載している。本書の情報は執筆時点のもの。

COLUMN

What is Doom, Stoner, and Sludge?

文＝加藤隆雅

【ドゥーム／ストーナー／スラッジとは何か】

■ DOOM（ドゥーム）

Doom ＝破滅、死、最後の審判。

　並べて語られるジャンルであるストーナー、スラッジはルーツが諸説あるのに対し、ドゥームは明確、絶対であり、それは Black Sabbath である。彼らのデビューアルバム『Black Sabbath』の発売日、1970 年 2 月 13 日金曜日がドゥームの誕生日だ。

　ダウンチューニングされたギターと遅いテンポによるブルースベースのロック。ホラー映画（バンド名は Mario Bava 監督の同名映画から）のような不安感を掻き立てるムード、悪魔や戦争、狂気を題材とした歌詞。"Black Sabbath"、"Electric Funeral"、"Hand Of Doom"、"Sweet Leaf" など彼らの「重く」「遅い」楽曲がドゥームの核となった。Black Sabbath のみならず、同時代に「プロトメタル」「プロトドゥーム」と呼ばれたバンド群の多くがヘヴィネスを追求する手段としてとったのが、ブルースベースのうねりやリフの反復に根差した〝横ノリ〟のグルーヴであったことには注目していいだろう。なかでも最重要バンドが 71 年結成、アメリカ・ワシントン D.C. の Pentagram。紆余曲折を経ながら現在でも活動を続けるレジェンド中のレジェンドである。

　70 年代後半には、アメリカではイリノイ州シカゴで Trouble、ワシントン D.C. で The Obsessed の前身バンド Warhorse、カリフォルニア州ロサンゼルスで Saint Vitus の前身バンド Tyrant、イタリアでは Death SS と、後にジャンルをリードするバンドが数多く結成されている。

　80 年代に入ると、イギリスで巻き起こった New Wave Of British Heavy Metal のムーブメントから Witchfinder General、Pagan Altar、Angel Witch など Black Sabbath の影響を色濃く受けたバンドが登場。アメリカでは Trouble が当時まだ新興レーベルだった Metal Blade か ら、Saint Vitus が Black Flag のギタリストである Greg Ginn 主宰の SST Records から作品をリリース。80 年代半ばあたりからは Autopsy、Winter などデスメタルにドゥーム的な遅さを取り入れた「ドゥームデス」バンドも登場。イタリアでは Death SS、Death SS を脱退した Paul Chain、Black Hole などが独自のイタリアンドゥームを形成した。

　80 年代後半までではメインストリームはおろか、アンダーグラウンドにおいてもスラッシュメタル、ハードコアなど「速い」音楽が隆盛を極める一方でドゥームは外様といった有様。そうしたなか、頭一つ抜けたのがスウェーデンの Candlemass だった。クラシック音楽やオペラティックなヴォーカルを取り入れたサウンドで、86 年にリリースされた 1st『Epicus Doomicus Metallicus』から「ドゥームメタル」「エピックドゥーム」の呼称が生まれる。彼らのスタイルは、北欧を始

めヨーロッパ圏におけるドゥームメタルの一つの礎となった。

90年代初頭、満を辞してイギリスから Cathedral が登場（結成は89年）。〝史上最速のバンド Napalm Death にいた Lee Dorrian（Vo.）が結成した史上最遅のバンド〟というインパクトは絶大。ドゥームデス的な重さと遅さに英国フォーク／プログレッシブロックを交えた 1st『Forest Of Equilibrium』（91年）、ハードロックのグルーヴを導入した 2nd『The Ethereal Mirror』（93年）は、90年代以降のドゥームの記念碑的作品である。

Saint Vitus を脱退した Scott "Wino" Weinrich はストーナー／デザートロックの元祖的バンド Across The River のメンバーだった Scott Reeder（Ba. & Vo.）らと The Obsessed を再結成し、ドイツの Hellhound Records から作品をリリース。Pentagram は Peaceville Records から旧作の再発をしながら新作もリリースした。

Trouble は後のストーナーロックの先駆けとも呼ばれる 4th『Trouble』を Def American から90年にリリース。92年には Sleep が 2nd『Sleep's Holy Mountain』を Earache からリリース。リフの反復とうねるグルーヴを強調したサウンドと、SF やファンタジーと大麻嗜好を融合させた世界観の歌詞は、後に「ストーナードゥーム」と呼ばれるサブジャンルを形成することにもなる。

90年代前半を通し、「スラッジ」「ストーナー」、ドゥームデスから派生した「ゴシックメタル」の隆盛、「Black Sabbath の再評価」という同時代の潮流も加わり、ドゥームはアンダーグラウンドにおける一大ジャンルとして形成された。

90年代半ばから後半にかけて英国からは Electric Wizard、Orange Goblin、アメリカからは Goatsnake、日本からは Church Of Misery などが登場。Electric Wizard は「サイケデリックドゥーム」、「スラッジドゥーム」とも呼ばれるスタイルを確立した 2nd『Come My Fanatics...』を97年にリリース。Sleep は99年に全1曲 約52分に及ぶ超大作 3rd『Jerusalem』でキッズの度肝を抜いた。ドゥームデス〜ゴシックメタルの流れからは「フューネラルドゥーム」と呼ばれるバンドも登場した。

長尺指向と重さと遅さの極限を追求するかのようなバンドや作品の登場によって、00年代前半には Earth（US）や Melvins をルーツとする、Sunn O))) などの「ドローンメタル」も脚光を浴びた。またイタリアの Ufomammut、アメリカの Yob などスラッジ、ポストメタル影響下のバンドも登場した。

04年にスウェーデンの Witchcraft が Rise Above からデビュー。以降、「ヴィンテージ」「レトロ」をキーワードにした作品群がリリースされるようになる。60〜70年代のサイケやプログレ、フォークなどの温故知新、換骨奪胎的なスタイルは「モダン・レトロ」とも称されるムーブメントとなり、10年代以降も英国の Uncle Acid & The Deadbeats、カ

ナダの Blood Ceremony などがシーンを牽引し、隆盛を誇っている。一方、メタルパンクとドゥームやガレージロックをミックスした Satan' Satyrs、グランジ風のアプローチをみせる Windhand など懐古主義に留まらない、Black Sabbath が本来もっていた多様な音楽性を現代的に再解釈したようなユニークなバンドや、Pallbearer、Khemmis などエピックドゥームをスラッジ／ポストメタルに通過させたようなスタイルのバンドも登場した。ロシア、ウクライナ、ギリシャ、南米やアジアなど今まではドゥーム関連では名前の挙がることの少なかった国々からも、数多くの有力バンドが登場し始めている。

■ STONER（ストーナー）

Stoner ＝麻薬（大麻）常用者、愛好家。

　定義するとしたら、Cream や Blue Cheer、Hawkwind、Black Sabbath など 60 〜 70 年代のガレージ、ブルージーなサイケやハードロック＋α（メタルやハードコアパンク）をベースに、酩酊感を再現したようなグルーヴとファズなどのディストーションを使用した分厚い音づくりを加えたもの、といったところだろうか。ドゥーム、スラッジと異なり、テンポの遅さは強調されない。

　その興りは 80 年代半ば。Green River や Soundgarden など一部のグランジ／オルタ

ナティブ系のバンドが元祖として挙げられる。本稿では正式な音源こそないが、Across The River を最重要バンドとして推したい。

　Across The River は 80 年代前半に Dead Issue として Mario Lalli（Gt. & Vo.）、Scott Reeder（Ba.& Vo.）、Alfredo Hernández（Dr. Perc.）らによって結成。Darkside へ改名した後、メンバー交代を経て 85 年に再改名（Darkside 名義では映画のサントラに 1 曲提供している）。アメリカ・カリフォルニア州はサンフランシスコのハードコアシーンを中心に活動した。Saint Vitus を含む SST Records 所属バンドとの共演が多く、同レーベルからアルバムのリリースを予定していたが実現せず。メンバーの故郷であるカリフォルニア州リバーサイド郡の都市パーム・デザートに拠点を移すも、86 年に解散。残した音源はデモテープ 1 本のみ。この激レアのデモは、Scott によって YouTube にアップされているのでぜひ聴いてみてほしい。ハードコアパンク、ブルース、メタル、サイケが渾然一体となった、ストーナーロックのイデアのような作品である（*1）。

　解散後すぐに、Mario と Alfredo は Yawning Man を結成。砂漠地帯に機材と発電機を持ち込んでライブを行う「ジェネレーターパーティー」を開催。ここから「デザートロック」シーンが誕生した。

　その「ジェネレーターパーティー」の観客だった学生たちによって Kyuss が結成された。92 年の 2nd でメジャー移籍後初のア

ルバム『Blues For The Red Sun』は、Across The River のスタイルに、Josh Homme（Gt.）によるベースアンプなどを使用した〝分厚く歪んだ〟ギターを始めとする実験性と、プロデューサーである Masters Of Reality の Chris Goss の手腕により「ストーナー／デザートロック」の記念碑的作品となった。

Kyuss はメディアからは高評価を受けたものの商業的成功は得られず、4枚のアルバムを残して 96 年に解散（後期には Scott Reeder、Alfredo Hernández が在籍）。Josh は Queens Of The Stone Age、John Garcia（Vo.）は Unida などで活動するようになる。Brant Bjork（Dr.）は Fu Manchu に加入（02 年に脱退）。Fu Manchu は 80 年代後半にカリフォルニア州オレンジカウンティで、Virulence という名前のハードコアバンドとして結成。90 年代の一時期には Yawning Man のギターである Gary Arce の家を練習場所にしていたという。改名後はマッスルカーやスケートボードのイメージを多用し、70 年代ハードロックにハードコアパンクの疾走感を乗せたスタイルで Kyuss に匹敵する影響を後続に与えた。

デザートロック界隈以外では、80 年代後半～90 年代前半にアメリカ・ニュージャージー州の Monster Magnet、トリオ編成となった Sleep、メリーランド州の Clutch、欧州ではイギリスの The Heads、スウェーデンの Spiritual Beggars、オランダの 35007 などが活動を開始した。

97 年、Roadrunner Records からコンピレーション『Burn One Up! Music For Stoners』（*2）がリリース。「ストーナーロック」の名称は本作が由来とされる。この頃から 00 年代初頭にかけてブームとなり、世界中からバンドが登場。Queens Of The Stone Age や Monster Magnet は商業的成功も収めた。ブーム終焉後も、代表的なバンドの多くが地道な音源リリースとツアー活動を継続。アメリカ、ヨーロッパを中心に確固たるシーンを形成した。

インディーロックとも親和性の高い Dead Meadow、日本のサイケやクラウトロックの影響を受けたという Earthless、スラッジバンド Floor などのメンバーによって結成された Torche、Red Fang、10 年代には Elder、All Them Witches、Somali Yacht Club などプログレッシブロックやシューゲイザー、ポストメタルなどの要素を取り入れた「ポスト・ストーナー」と呼ばれるバンドが台頭。その多様性は宇宙が膨張するかのごとく、現在進行形で拡がり続けている。

*1 余談であるが、本作収録の "Back To Zero / No Mas" は、Scott Reeder 在籍時の The Obsessed のアルバム『Lunar Womb』（91年）でプレイされている。クレジットは The Obsessed。
*2 本書に掲載されているバンドだと、Queens Of The Stone Age、Karma To Burn、Fu Manchu、Cathedral、Acrimony、Sleep、

Spiritual Beggars、Blind Dog、The Heads の楽曲が収録。

■ SLUDGE（スラッジ）

Sludge ＝泥濘、汚泥。

　ハードコアパンクのアグレッション、ドゥームメタルの重さ、〝泥濘の中を進む〟ような遅さの融合。時代が進むにつれてドゥームとスラッジの境界線は曖昧となっていく。分水嶺を定めるとしたら、ハードコア風のヴォーカルや荒い音づくり、実験性や活動スタンスになるだろうか。

　ルーツとされるのは、アメリカ・カリフォルニア州のハードコアバンド Black Flag が 84 年にリリースした 2nd アルバム『My War』。前作『Damaged』（81 年）で見せた高速ハードコアパンクを展開する A 面から一転、B 面では Black Sabbath 風の不穏なグルーヴと遅いテンポ主体の楽曲が占め、賛否両論を巻き起こすと共に、一部で熱狂的な支持を得た。

同年代のアメリカ・ニューヨーク州の Swans やオランダの Gore など、フィードバック、ディストーションを多用したポストパンク／ノーウェーブやインダストリアル、Amebix などイギリスのアナーコパンク、クラストもルーツとして挙げられる。

　83 年結成のアメリカ・ワシントン州はシアトルの Melvins は、前述の『My War』とノーウェーブから影響を受け、重く遅い作風を指向した。86 年の EP『Six Songs』、87 年の 1st『Gluey Porch Treatments』 は、『My War』と共にシーンに絶大な影響を与えた。

　ドゥーム側のルーツとしては Saint Vitus が挙げられる。80 年代に Black Flag のギタリスト Greg Ginn 主宰の SST Records から作品をリリースしていた彼らの影響力は絶大だ。元 13 ～ Sourvein、現 Electric Wizard の Liz Buckingham は、スラッジ黎明期のバンドはみな「Saint Vitus への奇妙なオブセッションがあった」と筆者が行ったインタビュー（*3）で語っている。「Saint Vitus が好きだなんて、当時は奇妙で、理解され難いことだった」とも。

80 年代後半から 90 年代初頭にかけてアメリカ各地で数多くのバンドが活動を開始。85 年にハードコアパンクバンドとして結成された、カリフォルニア州はオークランドの Neurosis は、『The Word As Law』（90 年 ）以降のアンビエント、インダストリアル、フォークなどを取り入れた実験的な作風が、00 年代の Isis などに代表される「ポストメタル」「アトモスフェリック・スラッジ」の先駆けといわれる。

　後に「ストーナードゥーム」の元祖となる Sleep の前身バンド Asbestosdeath は 89 年結成。当時はスラッジバンドであり、デモ音源を 2 枚リリースしている。

　ブレイクスルーとなったのが、88 年結

成、アメリカ・ルイジアナ州ニューオリンズの Eyehategod の 2nd『Take As Needed For Pain』(93 年)。「ドゥーム＋ハードコア＋クラスティーな絶叫＋ブルース／サザンロック」というスタイルは現在進行形でフォロワーを生み出し続けている。その Eyehategod を生んだニューオリンズはスラッジの一大産出地となり、Crowbar、Soilent Green、Acid Bath など数多くのバンドを輩出した。

ノースカロライナ州出身で、クロスオーバーバンドだった Corrosion Of Conformity は、91 年の『Blind』で同時代の Metallica らにも通じるグルーヴを重視したスタイルに変化。また、Eyehategod の Jimmy Bower、Pantera の Phil Anselmo らによって結成された Down なども登場し、「サザンメタル」が誕生。前述のスラッジバンドたちと合わせて「NOLA（New Orleans, Louisiana の略）」と呼ばれるシーンを形成していく。

90 年代半ばから英国の Iron Monkey、日本の Corrupted など世界各地からバンドが登場。95 年結成、アメリカ・ウィスコンシン州の Bongzilla は大麻愛全開の歌詞と酩酊グルーヴを全面に押し出したスタイルで数多くのフォロワーを生んだ。

90 年代後半から 00 年代には Sleep の Matt Pike が結成した High On Fire、元 Today Is The Day のメンバーによって結成された Mastodon が登場。前者は Motörhead や Celtic Frost、後者はプログレッシブロック影響下の新たなスラッジメタルを作りあげ、や

はり多くのフォロワーを生んだ。前者は 19 年、後者は 18 年にグラミー賞の最優秀メタルパフォーマンス賞を受賞してもいる。

10 年代以降は、「アトモスフェリック・スラッジ／ポストメタル」の流れから、「ブラッケンドスラッジ」と呼ばれるブラックメタル影響下のバンドやドローンメタル、シューゲイザー影響下の「ドローンゲイズ」、「ドゥームゲイズ」と呼ばれるバンドが登場。また、ルイジアナ州出身の Thou、米国ロードアイランド州出身の The Body などの作品が、グランジやゴシックロック、インダストリアル／エレクトロニカなどを取り入れた先鋭的なスラッジとして音楽メディアから高い評価を受けている。

*3「ペキンパー」Vol.5（オルタナパブリッシング）

1960s

The Sonics / Here Are The Sonics（1965）Etiquette

60年にアメリカ・ワシントン州で結成し、今なお現役の生けるガレージロック・レジェンドによる1st。Chuck Berry や Rufus Thomas など、ロックンロールや R&B スタンダードのカバーを多く収録するが、彼らのオリジナル曲に要注目。冒頭を飾る "The Witch" は猛烈にアグレッシブなブギーだし、ミニマルなリフがダウナーかつドゥーミーな "Psycho" は The Doors（65年結成）を先取りしたかのようで、いずれも先鋭的かつ強烈な個性を放っている。本書に登場するバンドを含む、多くのガレージ／パンク／オルタナティブ系のミュージシャンが、後に影響を公言している。（杉本）

The Animals / Animalization（1966）MGM

後に Grand Funk Railroad や The Obessesed などにカバーされ、Blue Cheer や Black Sabbath に先駆けた〝ドゥームクラシック〟である名曲 "Inside-Looking Out" は、同名のシングルとアメリカ盤のアルバムである本作に収録されている。流通の悪さが困りものだが、アルバムなら中古屋で熱心に掘れば見つからなくもない。サイケデリック、ガレージ、プロトハードロックと彼らの多面的な作風を1枚で味わえる作品でもあり、モータードライヴィンな Ma Rainey"See See Rider" やヘヴィな Screamin' Jay Hawkins"I Put A Spell On You" などの各カバーも聴きどころ。（杉本）

The Byrds / Fifth Dimension（1966）Columbia

Albert Hofmann 博士の研究室から、狂気の MK ウルトラ計画、ニューヨークの社交界、Timothy Leary に Aldous Huxley──様々な組織や学者、文化人、山師などの手を経て LSD は市井にもたらされ、60年代後半に「サイケデリック」は一大文化として花開く。ロックの世界では、本作収録の "Eight Miles High" が世界初のサイケデリックロックと呼ばれる。フォークロックに John Coltrane、シタール奏者 Ravi Shankar に影響されたという12弦ギターの不協和音を取り入れた同曲は、「薬物体験を連想させる」として一部のラジオ局では放送禁止に。実際は初めて飛行機に乗った時の気持ちを歌っていたのだという。（加藤）

Count Five / Psychotic Reaction（1966）Double Shot

ドラキュラのような扮装をしたメンバー写真が後世に伝わっている、アメリカ・カリフォルニア州の5人組による唯一作。するとバンド名は「5人の伯爵」ってわけか？ アルバムタイトルは「精神（病）的反応」ときた。そうした外見から、オカルトロックや、やがて栄華を極めるサイケデリックロックの嚆矢と思って聴くと肩透かしをくうが、ガレージの名盤としては名高い。インディーズからのリリースで、制作時間が満足にとれなかったから穴埋めに The Who の "My Generation" と "Out In The Street" をカバーしたという。オリジナル曲はいずれもポップセンスに溢れた印象的なものが多い。（杉本）

Cream / Fresh Cream（1966）Reaction

当時のレコード制作の常識じゃこのバンドの魅力は伝え切れなかったんだし、スタジオ盤よりライブ盤のほうがそりゃ楽しい。結果、それぞれのメンバーが過去に在籍していたグループの調子を踏襲したような曲が入れ替わり立ち替わり出てくる、具材ゴロゴロシチューみたいなデビューアルバムになった。しかし、全編にわたって頭をもたげている、どうにも物憂げで「なーんかダルいなあ」ってな雰囲気をもとに2年後、プロトドゥームとして "Politician"（『Wheels Of Fire』収録）あたりの曲が生まれたと思えば、これ結構重要じゃない？（hAe）

The Deep / Psychedelic Moods（1966）Cameo-Parkway

ロカビリーやフォークの分野でキャリアを積み、All Night Singers にも参加したことがあるアメリカのマルチアーティスト Rusty Evans を中心とするプロジェクトのフルアルバム。Fallout からの再発盤のライナーによると、タイトルに初めて「psychedelic」という語を用いた作品らしいが、真偽のほどは定かではない。しかしその音楽性は、まさに様々なサイケロックの見本市というべきもので、ポップ、ガレージに胡散臭いエフェクトや謎のクリスマス要素も絡めながらカラフルに展開する。Rusty は、本名の Marcus Uzilevsky 名義で画家としても活動。ジャケットのイラストは彼の手によるもの。（杉本）

The 13th Floor Elevators / Easter Everywhere（1967）International Artists

アメリカンサイケ／ガレージロックを代表するバンドの 2nd。前作よりも演奏力と整合感が増し、ダウナー感、サイケ感も増幅された。Primal Scream が『Screamadelica』でカバーした "Slip Inside This House" を始め、Rocky Erickson のヘロヘロなヴォーカルが心地良い Bob Dylan のカバー "(It's All Over Now) Baby Blue" を含むフォーキーなナンバーも数曲あり、前作よりもクオリティが高い曲が目白押しだ。「プクプク」「トックトック」と奇っ怪な音を出す Tommy Hall のエレクトリックジャグも効果的に演奏を盛り上げており、サイケのみならずあらゆるロックファンにお薦め。（脇坂）

The Beatles / Magical Mystery Tour（1967）Parlophone

ロックンロールからキャリアをスタートし、サイケ、ポップと万華鏡のように音楽を展開した The Beatles。この企画盤には、彼らの多面的な魅力が凝縮されている。本書は、ある種の「ドゥーム／ストーナー系音楽のディスクガイド」となることを目指して執筆・編集したが、そんなニッチな本で紹介されている作品にもまた、様々なテイストがある。ブルースからアンビエントまで、ポップスからメタルまで。明暗清濁あるのは、アンタの人生だって同じだろう？ Dazing で Hypnotizing な、Magical Mystery Tour へようこそ。座席は分煙になっていないから、苦手な人はここで引き返してくれ。（杉本）

Country Joe And The Fish / I-Feel-Like-I'm-Fixin'-To-Die（1967）Vanguard

ほとんどの楽曲を手がける Country Joe McDonald（Gt.& Vo.）率いる、アメリカンサイケを代表するカリフォルニア州のバンドによる 2nd。カントリーとブルースを基調とした音楽性で、ラブ＆ピースの精神かくあるべしといいたくなる、野原のど真中でセックスでもしているかのような脱力サウンドを展開。丹念に弾き込まれたリードギターのメロディには東洋的な神秘性も練り込まれている。バンドはかのウッドストックにも出演。70 年に解散するも Joe は精力的に音楽活動を続け、現在までに 30 枚以上のアルバムを制作。反戦活動家としても知られる。（杉本）

Davie Allan & The Arrows / Blues Theme（1967）Capitol

10 年代以降のドゥーム／ストーナー系バンドのアートワークなどで多用されているのが、60 〜 70 年代の B 級バイカー映画＝Bikersploitation。それらの映画のサウンドトラックを数多く手がけたのが、この Davie Allan & The Arrows。インストゥルメンタルのサーフロックバンドとしてデビューし、66 年の映画『Wild Angels』の音楽（表題曲）を手がけたあたりから、ゴリゴリに歪んだファズギターによるバイオレントなサウンドを確立。現在も活動中で近年の作品にはストーナー的な重さもある。16 年に Davie Allan はソロ名義で Toxic Holocaust の Joel Grind とのスプリットをリリースした。（加藤）

The Deviants / Ptooff!（1967）Underground Impresarios

後にメンバーが Twink（Dr.）と共に Pink Fairies を結成する、イギリスのガレージ／サイケデリックロックバンドによる 1st。基本的な音楽性は、ブルースやロックンロールを基調としたサウンドにヘナヘナヴォーカルとファズギターが炸裂する……という、その他のガレージバンドと大差ないもの。しかし本作は、よりダウナーでヘロヘロな雰囲気のなか、混沌としたサウンドコラージュが挟み込まれ、ときにはプログレ的で哀愁漂うフォーキーなバラードがあったりと、かなり英国的なサイケデリアを感じさせる。バンドは 60 年代に 3 枚のアルバムをリリースした。（脇坂）

The Doors / The Doors（1967）Electra

人は本作のラストを飾る "The End" こそが、人類の普遍的な罪と欲望の極北を表したロックの神髄、というかもしれない。しかしそんな薄っぺらい解釈は、凡百のワナビーな童貞／処女ドアーズ論にすぎない。このアルバムは純然たるポップスとして聴くべきものであり、ヘロインなんかではなく温かいココアかキンキンに冷えたコーラを飲むのがよい。清潔なシーツの上にゴロンと寝転べば、きっと適度にリラックスしたひと時を過ごせるはずだ。諸君が本作を聴いていくら耽美主義に浸ろうと勝手だが、Jim Morrison（Vo.）の孤独に寄り添おうなどと気負うのはやめておくことだ。（U）

The Doors / Strange Days（1967）Elektra

前作 1st は、"Crystal Ships"、"Light My Fire"、"The End" といった珠玉の名曲が収録されているという点では確かに名盤かもしれないが、アルバムとしてはなんというかウニやイクラを大吟醸で流し込むようなもったいなさがあった。対して本作 2nd は、曲の粒立ちもさることながら、揚げ物にほんの少しレモン汁を振りかけたようなバランスの良さである。というわけで、奢侈的な豪遊による泥酔よりも身の丈に合った心地良き酩酊を好む私の趣味からすれば、こちらに軍配が上がる。次の曲が始まっても前の曲の香りが鼻腔に残っており、しかもその香りが今この瞬間を邪魔しないのだ。（U）

Jefferson Airplane / Surrealistic Pillow（1967）RCA

アメリカの大御所ロックバンドによる 2nd。このバンドは時代によって音楽性が大きく異なるが、初期はヒッピームーブメントのなかでカウンターカルチャーを代表する存在だった。本作にサイケデリックな要素は少なく、本作から参加した Grace Slick の歌声を中心とした美しいフォークロックを聴くことが出来る。同年代英国の女性ヴォーカルフォークロックバンド、Pentangle や Trader Horne らとも親和性が高いサウンドである。この時代特有の、完全に左右へパンを振ったミックスは個人的に少し苦手なので、イヤホンではなく部屋のスピーカーでゆったりと聴きたい作品。（Kono）

The Jimi Hendrix Experience / Are You Experienced（1967）Track

3 年やそこらで、後に様々な音楽を実らせることになる種を世界中にバラ蒔いた Jimi Hendrix（Gt. & Vo.）。では彼はドゥームにどんな種を遺したのか？ なんてことを考えながらこの一番ブルージーなアルバムを聴き返してみたら、"Foxy Lady" も "Manic Depression" も世界初のドゥームに聴こえるし、"Fire" は Black Sabbath の "Paranoid" みたいだ！ ブルースを基調とした曲調やリズムもさることながら、注目すべきは粘っこくも重たいヴォーカルなんじゃないか？ この声の遺伝子をもった種が、綿毛のように Ozzy Osbourne の頭の上にでも落ちて根を張った……なんてのはいかがでしょうか。（hAe）

Pink Floyd / The Piper At The Gates Of Dawn（1967）Columbia

プログレッシブロックの大家、そして世界を代表する大物ロックバンドである彼らの 1st は、中心人物の Syd Barrett（Gt. & Vo.）による LSD の過剰摂取により、後の姿とはまた異なる意味で〝出来上がった〟作品だった。アートワーク、Syd の気だるげな歌とフワフワとした演奏、宇宙との交信を言語に落とし込んだかのような歌詞——。ビジュアルにも曲名にもジャンルを象徴するアイコンを散りばめた、ブリティッシュサイケを代表する 1 枚である。"Lucifer Sam" などにみられるダンディズム溢れるメロディも魅力。大陸に The Doors あらば、島に Pink Floyd あり。（杉本）

The Rolling Stones / Their Satanic Majesties Request（1967）Decca

ストーンズと聞いて誰もが想起するブルージーでソリッドなサウンドからかけ離れた作風ではあるが、本書的には彼らの作品のなかで最もサイケデリックな本作を推したい。ドラッグの力を借りて作ったとはいえ、バンドの主体がどこにあるのかわからなくなる程にパノラミックでスケールの大きな音世界を提示してみせた彼らの手腕はただごとではない。同時代の凡百サイケとの最大の差はやはりMick Jagger（Vo.）の存在で、これだけフワフワした音のなかでも輪郭のはっきりしたメロディラインを天才的なリズム感で展開している。憂いに満ちた英国情緒が支配的な点もポイント。（杉本）

Vanilla Fudge / Vanilla Fudge（1967）Atco

後に Cactus や Beck, Bogert & Appice で活躍する Tim Bogert（Ba.）と Carmine Appice（Dr.）のコンビを擁する、アートロックの巨星による 1st。ほぼすべての曲がカバーだが、浮遊するオルガン、縦横無尽のドラム、自己主張強めのベース、そして圧巻のコーラスワークで、原曲とはまったく違うものに変貌を遂げている。こんなに仰々しくやったらラジオフレンドリーどころか侘びも寂びもないんだが、バンド名の通りしつこいくらいの甘みが舌の感覚を麻痺させ、やがて心地良い倦怠感をもたらす。The Beatles が切り開いたサイケデリックロックは本作の "Eleanor Rigby" の大仰なカバーで一つの極地に。（U）

The Yardbirds / Little Games（1967）Epic

Eric Clapton や Jeff Beck、後の Renaissance や Armageddon のメンバーを輩出した、ブリティッシュロック界最重要バンド。とりわけ Jimmy Page が参加し、最後のスタジオ盤となった本作は、Jimmy のヘヴィ極まりないエレキギターやトラッド風味のアコースティックギター、サイケ調の東洋風メロディなどが散りばめられ、（バンドの意向はどうあれ）プロトハードロック作品として重要。解散後にリリースされたライブ盤では "Dazed And Confused" の原形も聴ける。結局 Jimmy 以外のメンバーは脱退し、Jimmy は〝あの 3 人〟を招き入れて Led Zeppelin を始動させる。（杉本）

The Amboy Dukes / Journey To The Center Of The Mind（1968）Mainstream

アメリカの凄腕ブギギタリスト Ted Nugent 率いるバンドの 2nd。バンドを代表する表題曲を収録。のっけからズルッズルのヘヴィブルースで幕を開ける本作は、サイケ、プログレ、ハードロックなどに繋がり得る様々な音像をみせながら、全体として強烈な米国臭に貫かれている。それは泥の臭いであり、肺の奥まで届きそうな煙の臭いであり、アメリカ合衆国歌や後の Kiss などにも通底する鷹揚なポップネスである。ここに悪魔や魔術の要素を無理矢理に読み込む必要はないが、アメリカンハードの礎を築いたサウンドであるがゆえに内包する要素も幅広い。（杉本）

Anton LaVey / The Satanic Mass（1968）Murgenstrumm

Anton LaVey が主宰するアメリカの悪魔主義集団 Church Of Satan の悪魔主義とは、要するに無神論的な現世主義・唯物主義であって、オカルティズムや神秘主義とは無縁のものである。しかし彼の面白いところは、広報的な効果を見込んで悪魔的なアイコンを活用し、儀式や音楽が精神的な変容・高揚をもたらすことは認めていたことだ。本作は Church Of Satan による黒ミサの模様を録音したもので、宗教的なオルガン演奏や Wilhelm Richard Wagner"Siegfried's Funeral March" をバックに教義が詠唱される音像は、後のオカルト／ドゥームメタルのゴッドファーザーのようだ。（杉本）

Blue Cheer / Vincebus Eruptum（1968）Phillips

アメリカ・カリフォルニア州はサンフランシスコで結成。ハードロックやパンクなど、あらゆるヘヴィミュージックの始祖とされるトリオによる 1st。アートワークも含め、サイケデリック界隈や後世のドゥーム／ストーナー勢に与えた影響は計り知れない。ノイズ寸前となるまでに歪んだギターと、凶暴なリズム隊によるヘヴィロック。Eddie Cochran のカバーで原曲完全ブチ壊しの "Summertime Blues"、B.B. King のカバー "Rock Me Baby"、タイトル通りのドラッグソング "Doctor Please" など、どれもがダーティでノイジー、そしてラウドで最高。（加藤）

Blue Cheer / Outsideinside（1968）Phillips

良くも悪くも "Summertime Blues" が強烈な印象を残す前作から、時を隔てずにリリースされた 2nd。当時、破壊的なライブによりヘルズエンジェルスの親衛隊が取り巻いていたとの逸話もあるが、本作でもその爆音ぶりは遺憾なく発揮されている。しかし、荒々しく粗野なイメージがあった前作よりも楽曲は幾分か整理されており、サイケデリックな要素も強まった。オリジナルメンバーの1人 Leigh Stephens（Gt.）は、バンド名の由来でもあるヘヴィドラッグをやらなかったため、本作をもってバンドを去ることになる。ファンの間では、本作を最高傑作とする声は多い。（浜島）

Creedence Clearwater Revival / Creedence Clearwater Revival（1968）Fantasy

アメリカはカリフォルニア州出身の4人組、通称 CCR。約4年間という比較的短い活動期間中に数々のヒット曲を残し、アメリカを代表するバンドの一つに数えられる。しかし本作 1st では、「元祖スワンプロック」の名に恥じぬ泥臭さとヒッピー感覚を携えた、土着の魔術的サウンドを鳴らしている。何しろ、冒頭を飾る Screamin' Jay Hawkins のカバー "I Put A Spell On You" のヘヴィなこと！ バンドを代表する楽曲である、Dale Hawkins のカバー "Susie Q" では比較的洗練された音を聴かせるが、ミニマルなリフワークがダンサブルであると共に酩酊促進。（杉本）

Dragonfly / Dragonfly（1968）Megaphone

アメリカの The Legend を前身とするが、その足跡についてはあまり多く語られていないアンダーグラウンドバンドによる唯一のフルアルバム。ソウルフルだが、それ以上にアシッド感バリバリなヴォーカルが印象的なヘヴィサイケをプレイしており、冒頭 "Blue Monday" のズルズルブルースっぷりからして痛烈。Willie Dixon のカバー "Hootchie Koochie Man" を経た中盤から後半にかけてガンギマリとなり、むしろ冴えを増したギターがメロディセンス溢れまくりのリードプレイを披露している。似たり寄ったりな音が多いサイケもののなかでは、曲の粒が揃った好盤である。（杉本）

The Druids Of Stonehenge / Creation（1968）Uni

The Druids という名前で 65 年に結成。68 年に改名した後はアメリカ西海岸を拠点に活動していたバンドの 1st。オルガンを使用したブルージーなガレージサイケをプレイ。メランコリックな楽曲主体ながら、爆発的なヘヴィネスが随所で炸裂する。2曲目の "Earthless" は、同名のヘヴィサイケ／ストーナーバンドの名前の由来となった 1 曲。"I Put A Spell On You" は Screamin' Jay Hawkins、"Signed D.C." は Love、"It's All Over Now Baby Blue" は Bob Dylan のカバー。69 年に解散するも再結成を経て 17 年に 2nd、20 年に 3rd をリリースした。（加藤）

Eyes Of Blue / Crossroads Of Time（1968）Mercury

後の Big Sleep の前身となった、イギリスはウェールズ出身のバンドによる 1st。ブリティッシュサイケの名盤に数えられることが多い本作、この本では世間一般の尺度を無視してブリティッシュロックそのものを体現する 1 枚といってしまおう。The Beatles のポップネスとハーモニーを引継ぎ（一筋縄ではいかぬ "Yesterday" のカバーも収録）、ロックンロールやサイケデリックを内包しながら、プログレッシブに展開する萌芽もみせる。総括し、次代にも繋がるサウンドはまさに「Crossroads Of Time」。名人芸のようなキーボードワークも絶妙。2nd とも合わせて必聴盤。（杉本）

Fear Itself / Fear Itself（1968）Dot

後にソロで活動する Ellen McIlwaine（Gt. Org. Hp. & Vo.）を擁していたアメリカ・ジョージア州のバンドによるセルフタイトルアルバム。プロデュースは Sun Ra、Bob Dylan、The Animals などとの仕事でも知られる名手 Tom Wilson。アメリカの農村風景を思わせる牧歌的なアートワークに違わぬ土着的なブルースロックを聴かせるが、Ellen の野太く表現豊かで、ときに魔女のような、ときには場末のバーのママのような声色を聴かせる歌が強烈なアシッドテイストを放っている。Paul Album（Ba.）の死去に伴い、本作を唯一のアルバムとして解散。（杉本）

Fifty Foot Hose / Cauldron（1968）Limelight

67 年に Louis "Cork" Marcheschi（Ba. 他）と、David（Gt. 他）と Nancy（Vo.）の Blossom 夫妻らによって結成されたアメリカ・カリフォルニア州はサンフランシスコのバンドによる 1st。同時代のいなたいガレージ／フォークロックに、Cork の操る自作のテルミンやサウンドオシレーターなどが怪電波のように響き渡る電子サイケ。ずば抜けてヘヴィな 6 曲目 "Red The Sign Post" が本書的な聴きどころか。"God Bless The Child" は Billie Holiday のカバー。95 年に再結成し、98 年に 30 年ぶりの 2nd『Sing Like Scaffold』をリリースした。（加藤）

Fleetwood Mac / English Rose（1968）Epic

50 年以上の歴史をもつブリティッシュロックバンドによる、アメリカでリリースされた編集盤。中期からはソフトロック路線として成功するが、初期は Peter Green（Gt.）を中心とするブルースロックだった。後に Santana がカバーしてヒットを飛ばす "Black Magic Woman" は、泣きのギターが印象的なマイナーブルースで素晴らしい。全体的にはコテコテのホワイトブルースといった趣で、『Still Got The Blues』以降の Gary Moore が好きな人なら気に入るのではないだろうか。"Albatross" ではイージーリスニング的なサウンドが聴ける。（Kono）

The Fool / The Fool（1968）Mercury

The Beatles や Cream などの衣装や楽器装飾を手がけたワールドワイドなデザイン集団としても知られる、オランダ人によるバンドの唯一作。中世ヨーロッパの吟遊詩人や道化師の服装にアジアンテイストを付加したようなメンバーの服装が、当時のヒッピー／サイケデリック文化を体現。本作も、アートワークを含めてサイケデリックフォークを代表する名盤の一つに数えられる。ヘヴィさは皆無だが、本作が強烈に打ち出している陶酔感、享楽性、夢想性といった各要素が、後世のある種のロックに通底する一側面になったことは疑いようのない事実だ。（杉本）

Gun / Gun（1968）CBS

プロトメタルを代表する存在として語られることが多い、ブリティッシュハードロックバンドの 1st。冒頭の "Race With The Devil" は、スピード感とリフの切れ味が NWOBHM を 10 年先取りしたとしか思えない名曲中の名曲。以降の楽曲も、ヘヴィなギター、時折奇声を上げるヴォーカル、オカルティックな雰囲気を増幅させるブラスセクションなど聴きどころが多い。Roger Dean による初のジャケットデザインとされるアートワーク、『悪魔天国』という邦題も語り草。ヘヴィメタルファンには本作がお薦めだが、いぶし銀のブリティッシュハードを聴かせる 2nd も名盤。（杉本）

Hell Preachers Inc. / Supreme Psychedelic Underground（1968）Europa

第一期 Deep Purple のメンバー 3 人によるバンドだ、いいや John Lawton 以外の Lucifer's Friend だ、いやいやドイツのビートグループ The Rattles のサイドプロジェクトです、と正体に諸説ある謎のバンド（Deep Purple 説は本人らが否定したらしい）による唯一作。乱舞するオルガンをフィーチュアしたブリティッシュ風ヘヴィサイケ。安っぽい銃声の SE で幕を開けるまんま Deep Purple な冒頭曲、B 級サイケハードな 3 曲目、Black Widow っぽい 4 曲目、曲名からしてギャグと思われる 7 曲目 "We Like The White Man" などなど、強烈なアングラ臭と共に俗っぽさ、節操のなさが異彩を放つ。（加藤）

The Hook / Hooked（1968）UNI

60 年代末に 2 枚のアルバムを残した、アメリカ・カリフォルニア州ロサンゼルス出身のバンド。1st ではビートロックをベースに Jimi Hendrix がビートリーなポップネスを身につけたようなガレージサイケをプレイしており、英国味の強いサウンドだった。同年にリリースされた本作 2nd では、種々の魅力はそのままに魔術的なグルーヴ感とメロディの妖しさを増幅。オルガンのサウンドも脳を揺さぶる。リフ単位ですべてを物語るような、70 年代のプロトメタル的なヘヴィロックに多く見受けられる方法論も大胆に導入した。いわば、プロトプロトメタルである。（杉本）

Iron Butterfly / In-A-Gadda-Da-Vida（1968）Atco

アメリカ・カリフォルニア州のサイケデリックロックバンドの代表作にして、ウン千万枚規模の売上げを記録したモンスターアルバムの 2nd。各曲をポップかつコンパクトにまとめた A 面にも聴きどころは多いが、やはり本作を怪作たらしめているのは B 面。17 分超にわたってミニマルに展開する表題曲の存在である。これでもかとばかりに反復されるリフは魔力を帯び、ヴォーカルは呪文のようであるし、妖しく鳴り響く弦楽器隊とオルガンのサウンドは曼荼羅を構築している。プロトメタルだプロトドゥームだと騒がれるが、この時代だからこそ封入しえた奇跡的なトラックで、唯一無二。（杉本）

Jacks / Vacant World（1968）Express

早川義夫（Gt. & Vo.）、水橋春夫（Gt. & Vo.）、谷野ひとし（Ba.）、木田高介（Dr. & Fl.）よりなる我が国のグループサウンズバンドによる 1st。『ジャックスの世界』という邦題でも知られる。商業主義を旨とする GS シーンにあって、暗く重く、内省的な世界観から特異なポジションを築いた。むせび泣くような歌い方で破滅的なエロスの世界を描き出すヴォーカルは、フォークと親和性が高いがそれ以上にアングラ劇団による演芸のようである。上手いとか下手とかを超越。このアートワークも含め、早川によるソロアルバムのタイトルをもじっていきたい。かっこ悪いことはなんてかっこいいんだろう。（杉本）

July / July（1968）Major Minor

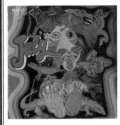

イギリスはロンドン出身のサイケデリックロックバンドによる 1st。ブリティッシュビートと The Beatles 的なポップネスを基調とした都会派サウンドに、タブラ、シタール、コンガなどをミックス。メンバーが頻繁に訪れていたというモロッコ音楽の影響を滲ませた、独特の音楽を作り上げた。全体として「陽」の気に包まれており、ヘヴィネスも邪悪さも希薄だが、全身を弛緩させるようなダウナーさと、時折存在感を主張しては聴き手の精神をグニャグニャにするギターが、やはりドラッグミュージック。80 年代までのハードロック／メタルとの連関は薄いが、90 年代以降に無視出来なくなってくるタイプ。(杉本)

The Lollipop Shoppe / Just Colour（1968）Uni

前身は The Weeds。Fred Cole（Vo.）を中心とするアメリカ・ネヴァダ州はラスベガスのガレージロックバンドの唯一作。鍵盤奏者やアコーディオン奏者を含めた大所帯で、ポップなバンド名からは想像も出来ないほどに暗いメロディの陰鬱なガレージサイケを展開する。フリーキーなプレイを垂れ流すギター、ドタバタボコボコとしたリズム隊、しなを作りながら鳴咽するようなヴォーカルが強烈。日本のニューロックにも通じる湿っぽさを感じる。69 年に解散後、Fredは Dead Moon 他多くのバンドに携わり、17 年に 69 歳で死去した。(杉本)

The Maze / Armageddon（1968）MTA

アメリカ・カリフォルニア州のアンダーグラウンドサイケカルト、唯一作。後世まで語り継がれる陰性サイケとしての凄みは、冒頭の大曲 2 曲 "Armageddon" と "I'm So Sad" に凝縮されている。ブリブリのファズギターと有害な添加物のようなオルガンサウンドが鳴り響くスローなオケの上に、咽び泣くようなヴォーカルが乗るズルズルのダウナーサウンド。The Lollipop Shoppe や我が国の Jacks が好きな人には試してほしい。ヘヴィメタル／ハードロックとはリンクしないが後のドゥーム／ストーナーには通じるものがある。アルバム後半のポップな小品群も味わい深い。(杉本)

The Mops / Psychedelic Sounds In Japan（1968）Victor

Victor が日本初のサイケバンドとして売り出そうとしたというグループサウンズバンドの 1st。全 12 曲のうち半分がカバーで、Jefferson Airplane や The Doors など王道のチョイスが並ぶ。The Animals "Inside Looking Out" も。陰りを帯びたメロディが活きているオリジナル曲の出来が良く、阿久悠の作詞が光る。彼らの路線はメジャーレーベルによって作られたものだったかもしれないが、一柳慧と武満徹が企画したイベント「オーケストラル・スペース」に「ロックンロールに近いサイケデリックな演奏をやっている」(一柳)として抜擢された実績もある。(杉本)

Morgen / Morgen （1968） Probe

アメリカ・ニューヨーク州はロングアイランドで、Steve Morgen（Gt. & Vo.）により結成されたサイケデリックロックバンド。68 年から 69 年にかけての短い活動期間ではあったが、ムンクのジャケットで有名な本作は米国アンダーグラウンドサイケの名盤として強烈な存在感を放ち続けている。むせび泣くようなトーンから絶叫まで、いずれにしても平常の精神状態とは思えないヴォーカルの迫力、ファジーかつときにメランコリックなギター、ドタバタとうねるリズム隊が渾然一体となり、フリーキーなガレージサウンドを垂れ流す。自主製作のオリジナル盤は激レアという。（杉本）

Muddy Waters / Electric Mud （1968） Cadet Concept

ブルースの巨匠 Muddy Waters が、当時流行していたサイケデリックロックに挑戦した異色作。本作での Muddy はギターを弾かず、ヴォーカルに専念している。過去にも録音したことのある冒頭曲 "I Just Want To Make Love To You" からして Jimi Hendrix のような音像で、The Rolling Stones の カ バ ー で あ る "Let's Spend The Night Together" は、イントロで Cream の "Sunshine Of Your Love" が始まったかと思わせるヘヴィさ。総じて Muddy のヴォーカルが〝ロック的〟でないので、なんとも奇妙な作品ではあるが、ワウとファズを活用して終始フリーキーに垂れ流されるギターは聴きどころ。（杉本）

The Other Half / The Other Half （1968） Acta

後に Blue Cheer に参加するサイケデリックギターゴッド Randy Holden が在籍していたことで知られるガレージバンドによる、唯一のフルアルバム。本作における Holden のギターは、後のビブラートを効かせたヘヴィで引きずるようなプレイを感じさせるものもあるが、骨太で攻撃的なアンサンブルの上を軽快に駆け巡りうねりまくる印象が強い。バンドの演奏に負けじと荒々しく叫ぶ Jeff Nowlen のヴォーカルは、後世のパンクに通じるものがある。サイケ主流の時代の作品だが、酩酊感よりも熱い疾走感が強調された楽曲を中心に、哀愁を帯びたナンバーも聴かせる。（浜島）

Silver Apples / Silver Apples （1968） Kapp

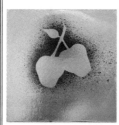

後のエレクトロニカやニューウェーブ界隈での評価も高い、アナログシンセサイザー奏者とドラマーの 2 人からなるデュオによる 1st。他のパートの不足を補うかのようなズ太いシンセサイザーに、コラージュを多用したサウンドと感情に乏しい気怠いヴォーカル（2 人が兼任）が、混沌を導き出している。この手のバンドにしてはポップでコンパクトにまとめられた楽曲は、一度はまると中毒性を帯びてくる。時代的にサイケの範疇で語られることも多いが、それだけに留めておくには惜しい。当時の写真が伝える、やたらとタムの多いドラムセットと要塞のようなシンセサイザーは大迫力。（浜島）

SRC / SRC（1968）Capitol

60年代後半から70年代初頭までアメリカ・ミシガン州はデトロイトで活動していた、鍵盤奏者を含む6人組による1st。同時代のデトロイトといって真っ先に思い浮かぶのはMC5だが、ギターリフ主導でパンクの元ネタともいわれる彼らとは異なり、ファズギターとハモンドオルガンが唸りを上げるヘヴィサイケサウンドが特徴。ここ日本での知名度はいま一つだが、本国ではMC5やThe Stoogesと並び称されているともいわれる。冒頭を飾る"Black Sheep"での、狂気と幻想が混在した名演を聴けばその評価も頷ける。70年までに3枚のアルバムを発表した。（浜島）

Tomorrow / Tomorrow（1968）Parlophone

後にYesに加入するSteve Howe（Gt.）や、数多くの名サイケバンドを渡り歩くTwink（Perc.）らによって結成されたイギリスのバンドの唯一作。シングルカットされてヒットした1曲目"My White Bicycle"に注目が集まりがちだが、それ以降のポップサイケなナンバー群も、要所要所でシタールを始め様々な楽器でカラフルに彩られており、サイケ期のThe BeatlesやThe Zombies、Trafficファンにはドンピシャでハマる音だろう。また、少々、というか割と強引にコロコロと展開していく構成はプログレッシブロック的、といえなくもない。（脇坂）

After All / After All（1969）Athena

アメリカ・フロリダ州の4人組による唯一のフルアルバム。Mark Ellerbee（Dr.）が00年に記したライナーノーツによると、低予算かつ短期間で録音されたとのこと。しかし、音楽学校の出身者や10年以上のバンドキャリアをもつベテランなどが頭を揃えた結果か、極めてハイクオリティに仕上がっている。基本的にはジャズロックで、カッチリとしながらも緩急あるリズムが、ハードロック的なダイナミズムを生んでいる。オルガン音色を多用するキーボードと、野太い声で浮遊感あるメロディを歌うヴォーカルがアシッド感を付加。気味の悪いジャケットのように、不穏な存在感を放つ作品となった。（杉本）

Amon Düül / Psychedelic Underground（1969）Metronome

政治的ヒッピーコミューンのなかから誕生したAmon Düülの1stにして、ジャーマンサイケの傑作。政治活動の一環として、即興のフリーミュージックを演奏していた彼ら。本作は、コミューンの女性や子どもも参加した3日間に及ぶセッションを編集した作品。延々と反復するリフにトライバルなドラムとパーカッション、男女混声の叫び、うめき声、ドラッギーなノイズの洪水が渾然一体となっている。タイトルも含め、すべてが極端な究極の涅槃音楽だ。ちなみに、本作のリリース前にグループは分裂。よりプロフェッショナルな音楽を志向するメンバーはAmon Düül IIへ。（加藤・杉本）

Amon Düül II / Phallus Dei（1969）Liberty

Amon Düül が68年に分裂して結成された別働隊がこちら。奇しくも、同年に 1st をリリースする格好となった。オリエンタルなメロディを散りばめながら、奇声ありトライバルパーカッションありで展開するサイケデリックサウンド。とはいえ基本的なグルーヴはハードロック的なアンサンブルから生まれており、本家や同時代の前衛ロック勢に比べれば、メタル耳にも親しみやすいといえる。A 面には印象的な小曲（といっても 8 分あったりするが）を 4 曲置き、B 面は20 分超に及ぶタイトル曲（曲名は「チンポ」の意）が聴き手の脳を揺さぶる。（杉本）

Aphrodite's Child / It's Five O'Clock（1969）Polydor

ソロ活動のキャリアで知られる Vangelis Papathanassiou（Key.）が在籍していたバンド。メンバーはギリシャ人だが、本国の政治的事情から活動の拠点をフランスに置いていた。本作 2nd は個人的に、初めて聴いたときの鮮烈な印象がいまだに忘れられない作品の一つ。清涼感と叙情味に溢れた表題曲が冒頭を飾り、続く "Wake Up" やラストの "Such A Funny Night" は、60's 英国ロック的な湿り気のある佳曲。サイケデリックサウンドをベースにしながら、プログレッシブにも展開し得る要素と、The Beatles からの影響が濃い研ぎ澄まされたポップネスをあわせもつ、隙のないサウンドだ。（杉本）

Apryl Fool / Apryl Fool（1969）Columbia

ザ・フローラルの後身であり、はっぴいえんどの前身ともいわれる、日本のニューロック創世記を代表するバンドの唯一作。布陣は柳田博義（Key.）、菊池英二（Gt.）、小坂忠（Vo.）、松本隆（Dr.）、細野晴臣（Ba.）。60 年代後半を席巻したグループサウンズとは異なり、英語詞を中心としたブルージーかつサイケデリックテイストの強い音で、ヒッピームーブメント影響下にある最新の英米ロックにいち早くキャッチアップした。終末的な日本語詞の朗読にスペーシーなエフェクトを重ねた「組曲：母なる大地 I・II」のトリップ感は強力。アートワークに使用されている写真は荒木経惟によるもの。（杉本）

Arzachel / Arzachel（1969）Evolution

イギリスのプログレッシブバンド Egg が、「サイケデリック作品を」との要請をうけて前身の Uriel 時代のメンバー Steve Hillage（Gt. & Vo.）を迎え、Arzachel と改名して制作した唯一のフルアルバム。キーボードを含む 4 人組で、脱力加減も甚だしいアシッドなヘヴィサイケを展開。2 〜 5 分程度にまとめられた前半の 4 曲はアンティパストのようなもので、メインはやはり 10 分超の "Clean Innocent Fun" と "Metempsychosis" だろう。浮遊感ある効果音を矢継ぎ早に繰り出す構成はもはやハードロックの体をなしてもおらず、ただただ精神的宇宙との交信あるのみ。（杉本）

The Beatles / Abbey Road（1969）Apple

ドゥームとはいかにして生まれるのだろうか。酒やってドラッグやって延々セッションした末なんじゃないか……とかいろいろ想像するわけだけど、これほど赤裸々というか下世話な例もないってのが本作に収録されている "I Want You（She's So Heavy）"。「や〜俺のハニー、重たいんだけど最高でさ〜！」とうそぶく John Lennon（Gt. & Vo.）に、「メンドクサ」とツッコむまでがワンセット。ひたすらドロドロとしたノロケを聴かされる 7 分間。これがドゥームじゃなかったら何なの？ すると、ドゥームとは John とオノ・ヨーコの子どもだったのか……？（hAe）

C. A. Quintet / Trip Thru Hell（1969）Candy Floss

60's アメリカンサイケの珍味。Ken（Tp. & Vo.）、Jim（Ba.）の Arwin 兄弟を中心とした、アメリカ・ミネソタ州ミネアポリスのバンドによる唯一作。激レアのオリジナル盤は約 500 枚プレスで、地元でしか流通しなかったという。チープなオルガンや突如として吹き荒ぶトランペットが特徴的な、ジャケ通りの荒漠としたガレージ。不穏なフィードバックやエフェクトでひしゃげたドラムソロ、バブルガム風のポップで明るい曲が飛び出したり、西部劇の劇中歌のようになったりと分裂症気味なところに、こけおどしではない本物の凄みが滲む。タイトルの「地獄」とは「この世」のことだそうだ。（加藤）

Captain Beefheart And His Magic Band / Trout Mask Replica（1969）Straight

Magic Band を率いての 3rd。元々はソウルフルな濁声を活かしたブルースロックをプレイしていたが、友人であり本作のプロデュースを手がけた Frank Zappa のすすめにより、完全なるフリーミュージックを録音するにいたった。Beefheart は演奏経験のないピアノで無理やり作曲したという。そのため、従来の音楽の枠組みから外れた、偶然の音楽、の様相を呈した。イギリスの Henry Cow が「知性ある人間による意図的な破壊」なら、こちらは「無秩序な、音楽による暴力」だ。3 分ほどの楽曲群を、レコード盤 2 枚にわたって 28 曲も収録。その圧倒的なパワーには、ひたすら敬服する他ない。（Kono）

Coven（60's）/ Witchcraft Destroys Minds & Reaps Souls（1969）Mercury

60 年代後半に結成された、女性ヴォーカルの Jinx Dawson を擁するアメリカ・イリノイ州はシカゴのサイケデリックロックバンドによる 1st。音は西海岸系サイケで、オカルトに傾倒した Jefferson Airplane といった感じ。何の因果か知らないが、冒頭曲のタイトルは "Black Sabbath"、ベースの名前は Oz Osbourne なんて偶然の一致も。13 分に及ぶラストの "Satanic Mass" は、サバト（悪魔崇拝の集会）の様子を録音（再現？）したもの。これが原因で発禁となった。現代のフィメールフロンテッドなヴィンテージドゥームバンドの精神的支柱になっているであろう、本書における重要作の一つ。（加藤・杉本）

Crow / Crow Music（1969）Amaret

アメリカはミネソタ州のサイケデリックロックバンドによる 1st。彼らのサウンドは、三重の意味で「黒い」。第一に、ブルース、R&B、ドゥーワップなどを飲み込んだ黒人音楽的な弾力性の強さ。第二に、米国サイケバンドの多くがもつ、巻き上がった砂埃に顔面が真っ黒になるような泥臭さ。第三に、Black Sabbath が "Evil Woman" をカバーしたことで知られるように、後のオカルティックなプロトメタル勢にも影響を与えた、ロックの深淵を覗き込むようなマニアックさを内包している点。70 年代初頭までに 3 枚のアルバムを残して消滅したが、影響力は今なお健在。（杉本）

Damnation Of Adam Blessing / The Damnation Of Adam Blessing（1969）United Artists

アメリカ・オハイオ州クリーヴランドで 68 年に結成されたサイケデリックロックバンドの 1st。ファズやワウワウを多用したヘヴィなギターを主体としてアシッドな空気を漂わせる、アメリカンハードロック創生期の重要作。Tim Rose や The Monkees のカバー、ブルースロック色の強い曲、プログレッシブな展開を擁する曲など、ヘヴィサイケ一辺倒ではなく、割とバラエティに富んだ曲が並んでいる。バンドはアルバムを 2 枚発表した後に Damnation へ改名し 3rd を、さらにバンド名を Glory に変えて 73 年にアルバムをリリースした後に解散している。（田村）

Deep Purple / Deep Purple（1969）Harvest

タイトルにバンド名を冠した 3rd。有名な話だが、初期の彼らはハードロックというよりは、Jon Lord（Key.）主導のアートロック的なサウンドを奏でていた。後の時代を思わせるブルージーかつヘヴィな楽曲もあるが、本作最大の聴きどころは "April" だろう。Jon のキーボードが大々的にフィーチュアされた、12 分にも及ぶシンフォニックなプログレッシブ絵巻だ。パープルが最もクラシカルなのは、もしかしたらこの曲なのではないだろうか。69 年という時代性を鑑みても、非常に先進的といっていいと思う。何しろ、King Crimson の 1st と同い年なのだから。（Kono）

Edgar Broughton Band / Wasa Wasa（1969）Harvest

68 年、イングランド・ウォーリックで結成されたサイケデリックトリオによる 1st。英国産であることに驚きを禁じ得ぬ、土着的なヘヴィブルースロックをプレイ。ドロドロとした情念を放つギターと、アクが強いのを通り越してイカガワシイとさえ思えるヴォーカルが織りなす、音の魔術だ。その名も "Evil" なんて曲まである。平行して、"American Boy Soldier" のようなポップナンバーを書ける器用さも凄い。フリーキーな音楽性でカルト的人気を博し、解散・再結成を挟みながら 82 年までに 8 枚ものアルバムを残した。本作タイトルの「Wasa Wasa」とは、Google 翻訳先生によるとハウサ語で「遊ぶ」の意だとか。（杉本）

The End / Introspection（1969）Decca

Bobby Angelo や Mike Berry のバックバンドでキャリアを積んだ Colin Giffin（Gt. Sax. & Vo.）と David Brown（Ba. & Vo.）を中心とするバンドによる唯一のフルアルバム。The Rolling Stones の Bill Wyman がプロデュースし、Charlie Watts や Nicky Hopkins らが参加。それこそ The Rolling Stones や、The Beatles のサイケ時代の作品に続けとばかりに放ったコンセプトアルバムは、柔らかなサウンドのなかに万華鏡のようなマテリアルを散りばめた逸品。しかしリリース時期がサイケ時代末期である 69 年と遅く、大きな成功を収めぬままバンドは終焉（ジ・エンド）を迎えてしまった。（杉本）

Fields / Fields（1969）Uni

65 年結成、アメリカ・カリフォルニア州はロサンゼルスのトリオによる唯一作。ブルージーでアシッドなギター、図太いベース、パワフルなドラムによる、Cream、Blue Cheer タイプのヘヴィサイケ／プロトメタル。Motown Records 所属の Brenda Holloway、Ray Charles のバッキングで知られる The Raelettes によるコーラスワークやホーンセクションなどのソウル要素がこれまた絶品。酩酊と幻惑と情欲のロック。3 曲目 "Take You Home" は Speed, Glue & Shinki や Juan De La Cruz Band も演奏したナンバー。解散後、Patrick Burke（Ba.）は Ya Ho Wha 13 に参加。（加藤）

The Firebirds / Light My Fire（1969）Crown

アメリカのスタジオミュージシャン達による企画盤といわれている作品。表題曲で The Doors のインストカバーの 1 曲目と、2 曲目 "Delusions" はメロウ＆ソフトなサイケ。お楽しみはこの後からで、Jimi Hendrix 風のファズギターをフィーチュアしたヘヴィサイケへと転じる。たっぷりと溜めを効かせたストーンドグルーヴが支配する 3 曲目 "Reflections"、ベースソロが印象的な "Free Bass" など良曲多数。本作と同一メンバーによる 31 Flavors 名義のアルバムも同年にリリースしており、こちらも本作と同路線の作風で、カップリングした CD が 13 年にリリースされている。（加藤）

Forest / Forest（1969）Harvest

ブリティッシュフォークに幽玄の美と魔術的要素を読み込みたがる、マニアックでカルトな向きには割と知られたトリオによる 1st。なにしろ、このグループ名にこのジャケットである。バンドとしてはミニマムな編成ながら、各種鍵盤、マンドリン、ハーモニカなどを各メンバーが兼務しており、多彩な音像で展開。特段演奏が上手いわけでもなく、楽曲にフックがきいているわけでもないが、英国産らしい湿っぽさ、すなわち苔むした森のなかを思わせるジメっとした叙情味は一級品なので、数寄者にはオツな逸品。翌年にリリースされた同路線の 2nd もお薦め。（杉本）

Frank Zappa / Hot Rats （1969） Bizarre

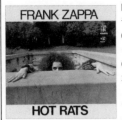

Frank Zappa によるソロキャリアの 2nd。彼はポップセンスに優れた音楽家だと思う。それは "Peaches En Regalia" や最終曲 "It Must Be A Camel" を聴いてもらえば伝わるだろう。後のカンタベリーミュージックに通じる、軽快なリズムと壊れたようなポップネスがある。Henry Cow も最初は彼をお手本にしたのではないかと勘ぐってしまうほど。本書の読者にお薦め出来るのは、Captain Beefheart が人間をやめたような声で歌う "Willie The Pimp"、執拗なまでのアドリブソロが炸裂する "The Gumbo Variations"。それらで酩酊しきった後に聴く最終曲は、二日酔いの朝に飲む一杯の水のようだ。（Kono）

Golden Earring / Eight Miles High （1969） Polydor

61 年結成。The Rolling Stones 以上に長いキャリアをもつ、オランダの国民的バンドによる 5th。80 年代にポップなロックで世界的ヒットを飛ばすことになる彼らだが、本作ではフルート、オルガンを使用したイギリス風のハードサイケ／プログレッシブロックをプレイ。ひたすらに重苦しく沈鬱な作風はプロトドゥームといい切ってしまいたい。"Song Of A Devil's Servant"、"Everyday's Torture" なんて曲名からしてドゥーム！ B 面を丸々使った、18 分にも及ぶ標題曲は The Byrds のカバー。これもまたヘヴィ＆ドゥーミーな仕上がり。（加藤）

Grand Funk Railroad / Grand Funk （1969） Capitol

アメリカンハードを代表するバンドとして多くの作品を発表しているが、〝ドゥーム耳〟においしい音は初期の作品に多い。とりわけこの 2nd は、3 ピースとは思えぬ音の厚みで展開するヘヴィロック曲が満載である。リフの殺傷力と酩酊グルーヴ、そしてやはり、The Animals のカバー "Inside Looking Out" の存在が大きい。原曲もドゥーミーなナンバーだが、本作に収録されているバージョンはギターリフが強調されたハードロックとなっており、個人的にはオリジナルよりも好きだ。The Obsessed による後世のカバーもこのバージョンに準拠している。（杉本）

High Tide / Sea Shanties （1969） Liberty

元 The Misunderstood の Tony Hill （Gt. Key. & Vo.） を中心に結成されたイギリスのバンドによる 1st で、ヘヴィサイケの大傑作。Blue Cheer に匹敵するヘヴィネスとプログレッシブな変拍子を基調としたボトムの上で、Tony の速弾きファズギター、後に Hawkwind、Third Ear Band、David Bowie のバンドなどで活躍する Simon House のワウやトレモロを効かせたヴァイオリンが暴れ狂う、アグレッシブな音像。そんななか、フォーク／トラッド風のメロディもキラリと光る。美しいアートワークも含め、非常にアーティスティックで完成度が高い 1 枚。（加藤・杉本）

January Tyme / First Time From Memphis（1969）Enterprise

作曲者としても活躍したニューヨークの女性シンガー January Tyme（Key. と Perc. を兼務）による、唯一のフルアルバム。力強くソウルフルな January のヴォーカルを活かしたブルージーでサイケデリックなロックは、一般洋楽リスナーにもアピールし得る普遍的な魅力がある。Janis Joplin あたりが好きな人にとっては掘り出しものだろう。一方で、January（1月）の星座の象徴である、牧神パン（頭が山羊で下半身が魚の怪物）がアートワークに描かれている点。この辺りに、現代のフィメールフロンテッドなオカルティックドゥームに継承される「血」が見え隠れする。（杉本）

Joe Byrd And The Field Hippies / The American Metaphysical Circus（1969）Columbia Masterworks

鍵盤を操るアメリカンサイケの鬼才 Joseph Byrd が、The United States Of America 解散後に The Field Hippies と名付けたミュージシャン集団を率いて制作したアルバム。全 12 トラックを 4 つのパートに分けて展開する本作は、登場する楽器や曲調の多彩さから、まさにサーカスの音楽版とでもいうべきシロモノ。ロックンロールやトラッド、宗教音楽のようなものまで様々な要素が登場しながら、おしなべてポップでキャッチーな楽曲が並ぶ。当時としては最先端のテクノロジーを駆使したエフェクトの数々が登場し、ミュージシャンズミュージシャンによる名盤としても名高い 1 枚。（杉本）

Led Zeppelin / Led Zeppelin（1969）Atlantic

彼らの初期作品から 1 枚取り上げるなら、やはりこの 1st アルバムだろう。本書のタイトルは、"Dazed And Confused" になぞらえているのではないだろうか。この曲は、前半の非常にヘヴィなパートの時点でなかなかくるものがあるが、後半の Jimmy Page（Gt.）によるボウイングプレイが炸裂する部分はとてつもなくサイケデリックで、聴き手をまさに「幻惑」するようなパワーがある。ライブではサイケ具合が数倍増しとなり、すさまじい破壊力なので、ぜひ音源をチェックしてもらいたい。初期のライブを収めた盤（ブート含む）にはだいたい収録されているだろう。（Kono）

Lee Hazlewood / Forty（1969）LHI

世間がロックンロールに熱狂する影で、男の凍えるような憂鬱の代弁者となったのは Tom Waits であり、彼は「路上」の時代を歌った。これと対照的に、「寝室」の孤独を扱ったのが Lee Hazlewood である。本作は、映画『Midnight Cowboy』の公開と同じ 69 年に録音された。同作の主人公と同じくアメリカ・オクラホマ州出身の Hazlewood は、前時代的なアイデンティティに縛られながら、移りゆく時代に寄る辺ない孤独を抱えていた。本作を象徴する "The Night Before" は、心が掻き乱されるような旋律から始まり、酩酊と喪失が歌われる。酒とドラッグと女に溺れた男の悲哀に満ちている。（杉山）

The Litter / Emerge（1969）ABC

1st、2nd もガレージ／サイケデリックロックの名盤と名高い、アメリカ・ミネソタ州はミネアポリスのバンドによる 3rd。ヴォーカルとリードギターが交代し、Blue Cheer や The Amboy Dukes に通じる豪放磊落さが魅力のプロトハードロックとなった。7 曲目 "Breakfast At Gardenson's" に顕著な、ブリティッシュハードのような哀愁のメロディも素晴らしい。Buffalo Springfield の名曲 "For What It's Worth" のカバーは必聴。"Little Red Book" は Burt Bacharach のカバー。90 年代に散発的に再結成を行い、99 年には新作をリリースした。（加藤）

Love / Out Here（1969）Blue Thumb

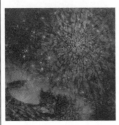

65 年結成、67 年の 3rd『Forever Changes』がロック史に残る名盤と名高い、Arthur Lee（Gt. Vo. 他）率いるアメリカ・カリフォルニア州のバンドによる 5th。R&B、カントリー、ブルースの要素を交えたフォークロックに、親友の Jimi Hendrix から影響を受けたというヘヴィなギターを導入。プロトドゥームの趣すらある陰性サイケ "Signed D.C."、"I'm Down"、ギターが 11 分にわたってフリークアウトする 10 曲目（曲名は長いので割愛）など、本書的名曲多数。同時代の凡百バンドとは一線を画す創造性に溢れた作品である。次作『False Start』（70 年）には Jimi がゲスト参加した。（加藤）

MC5 / Kick Out The Jams（1969）Elektra

アメリカ・ミシガン州はデトロイトの伝説的ヘヴィロックバンドによる、これまた語り草であるライブ録音の 1st。強烈なアジテーションから始まる冒頭 "Ramblin' Rose" 〜 "Kick Out The Jams" の殺傷力、ヘヴィブルースやサイケデリックのズルズルした空気もあわせもちつつ、最後は "Starship" で昇天する構成。ロックの初期衝動性を至高の次元で体現している作品だから、本書に限らず多くのサブジャンルのディスクガイドに入り得る。2nd と 3rd も内容は良かったが、スタジオ録音だからか少しテンションが落ち、普通のバンドになってしまった。（杉本）

Pesky Gee! / Exclamation Mark（1969）Pye

Black Widow の前身として知られる、男女ヴォーカルとオルガン、サックス奏者を含む 7 人組による唯一のフルアルバム。アメリカのバンドのカバーを複数収録しているが、Vanilla Fudge "Where Is My Mind" も Steppenwolf "Born To Be Wild" もサイケデリックな空気をまとった英国ジャズロック調になっており、全体としては統一感を欠いていないのが面白い。Aubrey Beardsley の作品を用いた妖しげなアートワークも絶品。一部の楽曲でリードをとる Kay Garrett(Vo.) の声質も相まって、現代のフィメールフロンテッドなヴィンテージロック好きには後身よりもアピールするかも。（杉本）

Pink Floyd / More（1969）Columbia

Syd Barrett（Vo.）が完全脱退し、David Gilmour（Gt.）と Roger Waters（Ba.）によるツインヴォーカル体制となって初めて制作された 3rd。初期のサイケデリック期と次作から始まるプログレッシブ期の間に挟まれたアルバムであり、映画のサウンドトラックでもあるということからいささか存在感の薄い作品かもしれないが、本書的には重要作である。Barbet Schroeder 監督による映画『More』は実際のドラッグを使用してフリーセックスの世界を描いた、リアル・サイケデリック作品。"The Nile Song" は、Pink Floyd 流のヘヴィロックとしての金字塔だ。（杉本）

Pussy / Pussy Plays（1969）Morgan Blue Town

イギリスのカルトサイケハードロックバンドによる、唯一のフルアルバム。「女性器」を意味するバンド名に薬物中毒者の絵画のようなアートワークと猥雑なビジュアルではあるが、楽曲は英国叙情に満ちた湿り気たっぷりの逸品揃い。特にオルガンと線の細いヴォーカルが醸す涼やかさが魅力で、軽やかな疾走もみせる冒頭曲 "Come Back June" は名曲といって良いだろう。曲調は統一感を欠くも、細やかなアレンジの妙が各曲で堪能出来る。オリジナル盤は英国プログレ界隈でも屈指のウルトラレア盤だというが、今なら CD での再発盤が比較的安価で手に入ると思う。（杉本）

Quicksilver Messenger Service / Happy Trails（1969）Capitol

65 年に結成、Jefferson Airplane、The Grateful Dead と並び称されるアメリカ・カリフォルニア州はサンフランシスコのバンド。本作は、複数の公演で収録したライブ音源集。Gary Duncan と John Cipollina（共に Gt. & Vo.）のテクニカルかつ起伏に富んだツインリードが主導するサイケデリックブルースをプレイ。Bo Diddley の "Who Do You Love?" をベースにした 25 分に及ぶ組曲 "Who Do You Love Suite" は、観客の手拍子や声も飛び出す、当時のライブの空気が封入された名曲。タイトル曲である最後のカントリーソングは Roy Rogers & Dale Evans のカバー。（加藤）

Saint Steven / Saint Steven（1969）Probe

アメリカ・マサチューセッツ州のサイケデリックロックバンド Front Page Review の Steve Cataldo によるソロ作品。オリジナル盤は激レアだとか。A 面を「Over The Hills」、B 面を「The Bastich」と題した構成。各曲はハイクオリティかつコンパクトにまとめられており、フォーク、ポップ、ハードロックなど多彩な曲調で飽きさせない。特に、"Sun In The Flame" のように Cream ばりのヘヴィリフで押す楽曲にはプロトメタル的な凄味があり、本書の読者にもお薦めだ。海原で未確認生物シーサーペント（？）が荒れ狂うアートワークも、実に格好良い。（杉本）

Sam Gopal / Escalator（1969）Stable

マレーシア出身のタブラ＆パーカッション奏者 Sam Gopal 率いるバンドによる唯一作。後の Hawkwind 〜 Motörhead の Lemmy Kilmister が、Ian "Lemmy" Willis 名義でギターとヴォーカルを務めている。各楽器が陰鬱なメロディを奏でながら浮遊するようなダークサイケで、演奏時間はコンパクトながらも輪郭が不明瞭な楽曲群が次々に繰り出される作風は胡散臭さ満点。リズムを刻むのがドラムではなくパーカッションという点が、何だか地に足がつかない感じを演出しているかもしれない。Lemmy の歌は Motörhead 時代のイメージとは異なり、朗々と歌い上げる唱法が今となっては新鮮である。（杉本）

Shocking Blue / At Home（1969）Pink Elephant

オランダのサイケデリックロックバンドの 2nd。本作以前にもポップ／ロックシンガーとしてのキャリアをもつ Mariska Veres（Vo.）が加入した 1 枚目の作品。当然ながら、魔女のような声で歌う Mariska が強烈な存在感を放っており、最大の魅力もそこにある。再発盤には代表曲 "Venus" を収録。基本的にはソフトなタッチのコンパクトなサイケポップナンバーが並ぶが、シタールで延々と東洋的メロディを垂れ流すインストパートがあったりと、酩酊感もなかなかである。74 年にバンドは解散。Mariska はソロに転向し、06 年に癌で死去した。享年 59 歳。（杉本）

Spooky Tooth / Spooky Two（1969）Island

セールス的に派手な要素は少ないが、60 〜 70 年代におけるブリティッシュロック界隈の人脈のハブ地点として、そしてプロトメタルとしても重要な意味をもつハードロックレジェンドによる 2nd。スタンダードなポピュラーソングのような作風からハードでエッジの立った作風まで振れ幅の大きいバンドだが、アクの強い強烈なガナリスタイルのヴォーカルがすべてを "Spooky Tooth 印" に染め上げている。ダークなリフがクールなヘヴィブルースナンバー "Evil Woman"、ポップな "That Was Only Yesterday"、Judas Priest がカバーしたことで知られる "Better By You, Better Than Me" など注目曲多数。（杉本）

Tea & Symphony / An Asylum For The Musically Insane（1969）Harvest

60 年代後半にイギリスはバーミンガムで結成されたトリオによる 1st。フルート、トライアングル、リコーダー、マンドリン、ハープ、チェロなど様々な楽器を用い、トラッドとジャズロックの間を行き来しながら、全体として浮遊感のあるサイケデリック作品に仕上げた怪作。ポップな音像のなかに突如として挿入される不協和音やヘヴィなサウンドが、一度聴いたら忘れられない印象を残す。Strawbs の Ron Chesterman（Ba.）、Locomotive の Mick Hincks（Ba.）と Bob Lamb（Dr.）、Bakerloo の Clem Clempson（Gt.）らがレコーディングメンバーとして名を連ねている。（杉本）

The Velvet Underground / The Velvet Underground（1969）MGM

サイケデリックかつアヴァンギャルドな 1st、よりノイジーかつフリーキーになった 2nd とは打って変わって大人しくなった 3rd。前衛的な面を担っていた John Cale（Ba.）がバンドを去ったことが、この変化をもたらしたようだ。前作のタイトル曲を引き継いだようなロックンロール曲とよりメロウでソフトになった曲で構成される今作は、表面的にはかなり〝まとも〟になったようにみえるが、聴き進めていくにつれ Lou Reed（Gt. & Vo.）が放つ瘴気が滲み出し、サイケデリックでフリーキーな演奏に左右に振り分けられた不穏なヴォーカルが乗る "The Murder Mystery" で爆発する。（脇坂）

The World Of Oz / The World Of Oz（1969）Deram

イギリスのバンドによる唯一のアルバム。後期 The Beatles を彷彿とさせる、高品質なサイケポップ。コンセプトアルバムというわけではないようだが、バンド名やアートワークが示す通り、米作家 Lyman Frank Baum の『The Wonderful Wizard Of Oz』の世界を表現したような、色彩豊かで楽しい音楽である。もちろん、童話には毒がつきものなのであって、子ども騙しと軽んじるなかれ。ドロシーが苦悶の思春期を経て 20 代で男を知り、30 代で悪魔となり、40 代で愛を知り、50 代を過ぎてから後続に説いて聞かせるようになる教訓が寓されているのだから（妄想）。（杉本）

Writing On The Wall / The Power Of The Picts（1969）Middle Earth

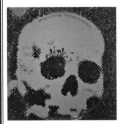

イギリスのサイケデリックハードロックバンドによる唯一作。ジャケがおどろおどろしくとも中身との乖離が大きい場合が多い当時の地下ハード作品のなかで、暗く重いサウンドを求める向きには、本作は当たりの部類なのではないだろうか。ソウルフルなヴォーカルとオルガンがリードするブルースロックで、ヘヴィなギターリフありジャズロック的な展開もありと、まあ往時らしいごった煮のハードロック。なのだが、全編を支配するダークでムーディーな雰囲気、薄暗く水はけの悪い路地裏感あるサウンドには、英国産ヘヴィロックならではの魅力あり。好きな人にはたまらないだろう。（杉本）

内田裕也とフラワーズ / Challenge!（1969）日本コロムビア

ヨーロッパ放浪の旅から帰国した内田裕也（Vo.）が、サイケデリックロックからインスピレーションを受けて 67 年に結成したバンドの唯一作。全 10 曲中 9 曲がカバーという構成で、元ネタは Janis Joplin、Jefferson Airplane、Jimi Hendrix、Cream など。洋楽ロックの迫力に迫らんとするオケの充実度に加え、紅一点 Janis 役の麻生レミによる和製ブルースとでもいうべき歌唱がドロっとした情念を伝える唯一無二の音世界。07 年の再発盤には当時の書き下ろしシングル曲と Crazy World Of Arthur Brown のカバーも収録。メンバーチェンジを経てバンドは Flower Travellin' Band に。（杉本）

1970s

Aardvark / Aardvark （1970）Deram Nova

イギリスのオルガンハード4人組が当時リリースした唯一のフルアルバム。ギターレスで Steve Milliner のキーボードがリズム、リード共に音像の鍵を握っている。キーボードが暴力的な重低音を響かせる冒頭曲 "Copper Sunset" に注目が集まりがちで、確かにそこが最大の聴きどころではある。しかし有機的に絡み合う各楽器のアンサンブルもまた、本作の白眉なのだ。そして楽曲ごとに音色を変えるキーボードと、アルバムの一体性を担保する曲間の繋ぎの精妙さに、細やかな美学を感じる。Steve は Black Cat Bones にも。聞き慣れない「aardvark」という語は、「ツチブタ」の意。（杉本）

Affinity / Affinity （1970）Vertigo

ハードロックという音楽の面白さの一つは、必ずしも音がハードでなくとも、その範疇で語り得るバンドが非常に多いということだ。それが、リスナーやスタジオにおけるバンドマン同士の意志の疎通を困難にしているともいえるが、イングランドの Affinity は、女性ヴォーカルを擁する5人組のジャズロックバンド。唯一のスタジオアルバムである本作には、プログレッシブロック前夜ともいうべき、繊細な演奏で組み立てられた叙情的な楽曲が並ぶ。音圧で勝負する要素はないが、アンサンブルと緩急のつけ方、そのダイナミズムがやはりハードロックと地続きのところにあると感じる。（杉本）

Ancient Grease / Women And Children First （1970）Mercury

Strawberry Dust、Eyes Of Blue（または Big Sleep）、Racing Cars などのメンバーのハブ地点、イギリスはウェールズ出身のハードロックバンドによる唯一作。ズルズルのリズム隊とソウルフルなヴォーカルが織りなす、スワンプテイストのヘヴィサイケサウンドが特徴。そうしたなか、大鉈を振るうようなリフや、オルガンをフィーチュアしたプログレッシブな展開もある。当時のアンダーグラウンドバンドにありがちな節操のなさといってしまえばそれまでだが、曲単位ではかなり耳に残るものも。Big Sleep の『Bluebell Wood』にも収録された "Odd Song" は聴き比べ推奨。（杉本）

Atomic Rooster / Atomic Rooster （1970）B&C

Crazy World Of Arthur Brown の Vincent Crane（Key.）、後に Emerson, Lake & Palmer に参加する Carl Palmer（Dr.）、後に Skin Alley に加入する Nick Graham（Ba. Fl. & Vo.）によるトリオの 1st。この時代のハードロックのダイナミズムは、そのサウンドの拡散性に負う部分も多いだろう。プログレッシブロックにもジャズロックにも振り切れ得る、過渡期ゆえの柔軟性。彼らのサウンドは、荒れ狂うキーボードが、ギターが不在であることを忘れさせるほどにアグレッシブな面もある。しかし、John Cann（Gt. & Vo.）を加えた 2nd もまたとんでもない名盤だったりする。（杉本）

Atomic Rooster / Death Walks Behind You（1970）B&C

元 Andromeda の John Cann（Gt. & Vo.）と、Paul Hammond（Dr.）が参加した 2nd。Nick Graham が脱退し、ベースを Vincent Crane がキーボードで補った。音楽性は、ミドルテンポの陰鬱な楽曲を中心とした作風にシフト。ギターの音圧が加わったこともあり、本作のほうがよりプロトメタル的な音像ではある。冒頭を飾る "Death Walks Behind You" の不穏なイントロは、実に「ドゥーム」。18 〜 19 世紀のイギリス詩人／画家、William Blake の作品を使用したアートワークも素晴らしい。メンバーが頻々と交代しながら 75 年まで存続。80 年代と 10 年代に再結成。（加藤・杉本）

Attila / Attila（1970）Epic

The Hassles のメンバーだった Billy Joel（Key. & Vo.）と Jon Small（Dr.）が 69 年に結成したユニットによる唯一のアルバム。2 種の楽器のみで組み立てられたサウンドながら、一聴してそうとは信じられぬほどに音圧を感じる、ヘヴィなサイケデリックハードを展開。Billy のキーボードは、片手間にベースラインも弾きながら縦横無尽に荒れ狂い、空間を埋め尽くす。かたや Jon のドラムも、ジャジーな展開を支えるテクニカルさを有しながら、蛮族の太鼓のようなリズムを打ち付けて楽曲に表情をつけている。ちなみにバンド名の「アッティラ」とは、5 世紀に西欧世界を脅かしたフン族の王の名。（杉本）

Beggars Opera / Act One（1970）Vertigo

18 世紀に活躍した劇作家 John Gay による戯曲をバンド名に冠した、スコットランドの当時 5 人組の 1st。ロックンロールのアンサンブルのなかにクラシックの有名曲をそのまんまブチ込んだ豪快さが、後世のネオクラシカルギタリストによるクラシックカバーのように、大味ながらもヘヴィメタル的カタルシスをもたらす珍品。演奏技術は高いが、劇場音楽というよりは、失礼ながらチンドン屋に近いというか……。しかし変に格調高くないぶん、ロック畑の人にも馴染みやすいのではないだろうか。"Passacaglia" では、英国情緒満載のメランコリアも聴かせてくれる。（杉本）

Black Cat Bones / Barbed Wire Sandwich（1970）Decca Nova

Leaf Hound の前身であり、Black Sabbath、Black Widow と並んで「世界三大ブラック」と呼ばれるバンドの唯一作。本作の録音前には、後に Free を結成する Paul Kossoff（Gt.）と Simon Kirke（Dr.）が在籍していたことでも知られる。その Free とも親和性が高い、ブリティッシュロックを煮詰めた出汁で作ったような、渋味の強烈なブルースロックをプレイ。演奏力がずば抜けて高いわけでもないし、突出した楽曲があるわけでもない。しかし、この地下臭と、ヘヴィで枯れていて何者にも色目を使わない硬派なサウンドには、カルト的中毒性がある。（杉本）

1970年代

Black Sabbath / Black Sabbath (1970) Vertigo

「酩酊」や「幻惑」という言葉から連想される、サイケやシンフォ系のサウンドとは一線を画した、邪悪なリフで深く沈みこむ無骨なサウンド。The Beatles の『Sgt. Pepper's Lonely Hearts Club Band』とは明らかに異なる世界だ。当時において、オルタナティブ中のオルタナティブ。うねりの要素も強いが、腰よりも頭を振りたくなるようなアタックの強さ。この音を The Doors、Pink Floyd と並べて精神的支柱とすることにより、本稿で改めて「Dazed & Hypnotized」というコンセプトを再定義する。本書に登場するヘヴィロック作品の多くは、本作と血を分かつがゆえの縁故採用のようなものである。(杉本)

Black Sabbath / Paranoid (1970) Vertigo

名盤と名高いこの 2nd は、ドゥーミーで荘厳な "War Pigs" で幕を開け、疾走感ある "Paranoid" に雪崩れ込む。この流れは、Trouble の 1st や Kyuss の 2nd のお手本になっているような気がするが、どうだろうか。ヘヴィナンバーの代名詞たる "Iron Man" や "Electric Funeral" にインスパイアされた楽曲は枚挙に暇がない。一方で、"Fairies Wear Boots" のような名曲も。3 連のリフは弦楽器をかじれば誰にでも書けるが、印象的なリードプレイをも配して楽曲をドラマティックに飾ることは、方法論だけではなしえぬ名人芸なのだ。(杉本)

Black Widow / Sacrifice (1970) CBS

昔、ハードコアパンクから Black Sabbath を経て 70's ヘヴィロックを掘っていた友人に本作を聴かせたところ、「コケオドシで物足りない」と一蹴された。当時は「わかってねえな」と思ったものだが、メタルがルーツの筆者と彼の感性の違いを象徴していたようで興味深い。実際、代表曲 "Come To The Sabbat" や "Sacrifice" も音圧には乏しく、おどろおどろしいというよりは魔女が盆踊りしてるような脳天気さ。Pesky Gee! からの流れを汲むジャズロックなので芳醇な英国臭を胸いっぱいに吸い込むことが出来るが、「俺が求めてるのはそういうのじゃない」という彼の感覚も今ならわかる。(杉本)

Bloodrock / Bloodrock 2 (1970) Capitol

ツインギターとキーボードを擁する、アメリカ・テキサス州のハードロックバンドによる 2nd。前作でドラムを兼務していた Jim Rutledge がピンヴォーカルになった。Grand Funk Railroad のマネージャーである Terry Knight が 3rd までプロデュースしたのは語り草。基本的には泥臭いアメリカン地下ハードの典型ながら、オルガンを全面にフィーチュアした、サイケデリックとも英国風味ともとれる間口の広い作風。ヴォーカルはソウルフルに歌い上げるタイプだし、演奏面では充実したバンドだ。本作にはヘヴィな代表曲 "D.O.A." を収録。商業的にそれなりの存在感を示しながら、75 年の解散までに 6 枚のアルバムを残した。(杉本)

Brave New World / Oh! Calcutta! (1970) Polydor

ドイツを拠点とするサイケデリックバンドの 1st。テーマは「セックス」。異様な雰囲気を放つアートワークからも窺い知れるが、「グループセックス」と連呼する SE を挿入するなど、極端な快楽主義に貫かれた精神性。しかしそのサウンドは、The Beatles のポップな側面を強調したような楽曲あり、ジャジーなアプローチありと極めて高品質なサイケポップで、イロモノ色は薄い。演奏力は高く、音質もクリア。これを美点ととるか肩すかしととるかは人によって評価が分かれそうだが、好事家なら棚の肥やしにキープしておいて損はない 1 枚だ。(杉本)

Cactus / Cactus (1970) Atco

Jeff Beck とバンドを組むはずだったが頓挫した(後に Beck, Bogert & Appice として実現)元 Vanilla Fudge のリズム隊、Tim Bogert(Ba.)と Carmine Appice(Dr.)が、元 Amboy Dukes の Rusty Day(Vo.)、元 Detroit Wheels の Jim McCarty(Gt.)と結成したバンドの 1st にして、70's アメリカンハードの最高峰。アートワークが示している通りの、痛快男根ロック! Mose Allison のカバーである強烈なブギー "Parchman Farm" からアクセル全開。極めてアグレッシブなサウンドながら、全体的にジャジーでスウィングするグルーヴが強い点もポイント。(加藤・杉本)

Charles Manson / Lie: The Love And Terror Cult (1970) Awareness

「マンソン・ファミリー」と呼ばれるカルト集団を組織して複数の殺人を教唆するなどし、服役期間中の 17 年に 83 歳で死ぬまで、人生のほとんどを刑務所で過ごした Charles Manson。サマー・オブ・ラブのダークサイドを象徴するような存在であり、家出少女たちを LSD で洗脳していたというリアルアシッド。本作は、そんな Charles が 67 年頃に録音したフォーク作品集で、ネットリとした彼のギターとヴォーカルを堪能することが出来る。偽悪的なロックスターとは異なるモノホンぶりが後続に与えたインスピレーションは計り知れず、多くの有名アーティストに楽曲がカバーされている。(杉本)

Clear Blue Sky / Clear Blue Sky (1970) Vertigo

イギリスのハードロックトリオによる、当時唯一のフルアルバム。全員が若干 10 代でありながら、Roger Dean のアートワークで名門 Vertigo からのリリース。彼らがいかに将来を嘱望されていたかは、音を聴いたうえでも想像するに難くない。ギター、ベース、ドラムというシンプルな編成ながら、音色を変え、曲調を変え、非常にカラフルな印象のアルバムに仕上げている。その根底にはブルースを基調としたファジーなヘヴィロックがあり、プロトメタルとしての凄味も充分。個人的にはリフの格好良さと、"Tool Of My Trade" などにみられる叙情味を湛えた緩急の押し引きにグッときますね。(杉本)

Cold Sun / Dark Shadows（1970）Independent

アメリカ・テキサス州のサイケデリックバンドが 70 年に制作したカルト名盤。オリジナルはテストプレスのアセテート盤がわずかに存在するのみである。The 13th Floor Elevators や The Velvet Underground からの影響が強いが、それだけに留まらない薄暗くミステリアスな空気に覆われたアシッドな世界を展開。エキゾチックなエレクトリックオートハープの音色と、ヘヴィでフリーキーなギター、Roky Erickson に似た陶酔するヴォーカルが、深淵の歪んだサイケワールドへ誘ってくれる。後に Rockadelic Records、World In Sound から再発されている。（田村）

Czar / Czar（1970）Fontana

ガレージバンド Tuesday's Children を前身とする、メロトロンやハープシコードなどを操る鍵盤使い Bob Hodges 率いるイギリスのバンドの唯一作。バンド名はロシア皇帝の意。冒頭を飾る "Tread Softly On My Dreams" の妖しさからしてただごとではない。ねっとりとした歌声、ときにギターよりも前面に出る鍵盤各種、ブルージーなギター、プログレッシブな変拍子が融合した、呪術的でドゥーミーなサイケデリックロックだ。ジャケットもサッパリ意味がわからなくて気持ち悪い。現代では、かえってカルトの定番商品として知名度を上げている。（加藤・杉本）

Dr. Strangely Strange / Heavy Petting（1970）Vertigo

67 年に結成された、イギリスのフォークロックバンドによる 2nd。本作には同国の Skid Row や後の Thin Lizzy、ソロなどで大活躍の名手 Gary Moore（Gt.）が参加している。しかし、そんな Gary の情熱的なフィンガリングを覆い隠すほどに、彼らのフニャフニャシケシケっぷりが卓越している。演奏はいたなく、音数は少なめに、しかし英国気質の叙情味はたっぷりで、アートワークの一部に使用されている写真の「森の中の落ち葉たっぷりの石階段」と同レベルで水捌けが悪い音だ。もちろん褒めている。見ればお分かりだろうが、アートワークは Roger Dean によるもの。（杉本）

Dragonwyck / Dragonwyck（1970）Independent

68 年にアメリカ・オハイオ州クリーヴランドで結成されたヘヴィサイケデリックロックバンドの 1st。オリジナルはテストプレスで 85 枚のみのメガレア盤としても有名。The Doors の影響下にある音で、ヴォーカルも Jim Morrison に似た声質。しかし The Doors よりもヘヴィで陰鬱、そして重苦しいサウンドである。神秘的かつ宗教的雰囲気も醸し出すオルガンと、浮遊するヴォーカル、ヘヴィなファズギターによりアシッドな感覚が満載。これぞアンダーグラウンドといえるダークでダウナーな世界を繰り広げる作品。マイナーヘヴィサイケの名作中の名作。このアートワークは World In Sound からの再発時のもの。（田村）

Emerson, Lake & Palmer / Emerson, Lake & Palmer （1970） Island

いわずと知れた「英国プログレ四天王」の一角。The Nice の Keith Emerson（Key.）、King Crimson の Greg Lake（Ba. & Vo.）、Atomic Rooster の Carl Palmer（Dr.）によるスーパーバンドの 1st。緻密に計算されたテクニカルな演奏、というのは本来、本書のテーマである「幻惑と酩酊」とは対極にある特質だが、ここではあえて彼らの音楽がもつプロトメタルとしての攻撃性に着目したい。冒頭を飾る "The Barbarian" などは、バンドにギタリストが不在であることを忘れさせるほどのヘヴィネスを有している。後に Cozy Powel（Dr.）が参加したりもするが、ハードさでは本作と次作が白眉。（杉本）

Food Brain / 晩餐 （1970） Polydor

パワーハウスや後の Speed, Glue & Shinki などで知られる陳信輝（Gt.）、Jacks のつのだ☆ひろ（Dr.）、The Golden Cups の加部正義（Ba.）、Apryl Fool の柳田ヒロ（Key.）という我が国ニューロック界の重鎮によるバンドの唯一作。全編インストゥルメンタルで展開される、ブルージーかつフリーキーなサイケデリック曼荼羅。キーボードサウンドがリードすることの多い音像ではあるが、King Crimson などを彷彿とさせる不条理な展開もあり。弦楽器隊の火花散るようなアドリブプレイも必聴。アートワークはタージ・マハル旅行団の木村道弘によるもの。（杉本）

Frijid Pink / Frijid Pink （1970） Parrot

数多くのロックンロール／ガレージ／サイケデリックの大物を輩出した、アメリカ・ミシガン州はデトロイト出身のレジェンドによる 1st。そのサウンドは、ハードヒッティンな攻撃力とドラッギーな脱力感をあわせもつ、60 年代末期のアメリカンハード総集編ともいうべき逸品。イメージカラーのピンクで統一されたアートワークも秀逸。ハードにアレンジされた "House Of The Rising Sun" を収録していることでも知られる。シングルでは Elvis Presley の "Heartbreak Hotel" をカバーしており、Repertoire Records から再発された CD で聴ける。（杉本）

Funkadelic / Free Your Mind... And Your Ass Will Follow （1970） Westbound

Funk + Psychedelic = Funkadelic。George Clinton が主導する P-Funk として Parliament と双璧をなすアメリカのバンドによる 2nd。本格的なファンクを展開する Parliament に対し、Jimi Hendrix からの影響も指摘される Funkadelic のサウンドは、ディストーションギターを大々的にフィーチュアしたもので、ハードロックファンにもリスナーが多い。加えてサイケデリックロックから輸入したと思しき空間的エフェクトと、いわゆる白人ロックルーツのコマーシャリズムとは異なる時間軸で展開するソウルフルでグルーヴィーな楽曲が、強烈な酩酊感を運ぶ。（杉本）

右側余白の縦書き：1970年代

Graham Bond / Holy Magick（1970）Vertigo

ジャズ／R&Bミュージシャンとしてキャリアを積み、60年代にThe Graham Bond Organizationを率いて早くもメロトロンを使用したサウンドを聴かせたイギリスのミュージシャンGraham Bond。バンド解散後はドラッグに耽溺しつつ渡米・帰国し、魔術への興味を前面に押し出して制作したソロ名義作がこちら。本作ではキーボード、ヴォーカルの他サックスも担当。注目すべきは、A面丸ごと約23分にわたって展開する"Meditation Aumgn"。大枠ではジャズロック的なプログレ作品ではあるが、呪文の詠唱のようなヴォーカルと妖しいコーラスワークが強烈。B面には比較的ポピュラリティある小品が並ぶ。（杉本）

Gravy Train / Gravy Train（1970）Vertigo

イギリスの個性派ハードロッカー4人組の1st。ブルースを基調としながらも、フルートを大々的にフィーチュアし、ジャジーな演奏や変拍子を取り入れた楽曲群は、プログレッシブロックというカテゴリに放り込んでしまえば一応手っ取り早い。が、バンドの中心人物であるNorman Barrattによるアクの強過ぎるガナリヴォーカルと、妖しいインプロヴィゼーションを繰り出すディストーションギターも含め、元祖ヘヴィロックの一つとして語り継ぐに相応しい強度をもったサウンドが鮮烈な印象を残す。74年までに4枚のアルバムを発表。おしなべて評価は高い。（杉本）

Guru Guru / UFO（1970）Ohr

60年代からフリージャズ界隈で活動していたMani Neumeier（Dr.）が、Uli Trepte（Ba.）、元Agitation FreeのAx Genrich（Gt.）と結成したGuru Guruの1stにして、ジャーマンサイケ／クラウトロックの金字塔。ジャズ由来のテクニカルなリズム隊と、Jimi Hendrix影響下のサイケデリックなギターが融合。ミニマルな展開が、聴き手を日常世界から徐々に切り離す。ギターとベースとドラムだけでここまで狂った音が作り出せることに驚愕する。各曲のタイトルには、UFO、LSD、ダライ・ラマと「その手」のキーワードが散りばめられており、完璧に昇天。（加藤・杉本）

Horse / Horse（1970）RCA

70年代前半の作品としては、Primevilとタメを張る格好良いアートワークを誇る1枚。Saturnaliaの前身として68～71年に活動していたイギリスのバンドによる唯一作である。オーソドックスな、というのはつまり、ともすれば没個性的になってしまいがちなブリティッシュサイケハードをプレイしていながら、聴き手をブン回すようなヘヴィリフとAdrian Hawkinsが時折みせる獣じみた咆哮から、プロトドゥームの名盤として名高い。冒頭曲のリズムは、暴れ馬がギャロップしているかのようだ。Rick Parnell（Dr.）は後にAtomic Rooster へ。（杉本）

système

The Human Beast / Volume One（1970）Decca

スコットランドで結成されたヘヴィサイケトリオによる唯一のフルアルバム。当時の Decca は先鋭的な作品をリリースするレーベルとして名を馳せていたが、そのなかでも異彩を放っていた。Free の前座も務めたが、本作のみで解散。Black Sabbath 級のヘヴィなギターが暴れるパートからアコースティックギターによる美しい場面まで、静と動の落差を繰り返しながら先の読めない展開で聴き手を引き込む。B 級ブリティッシュロックの臭いをかなり強く感じさせるが、全体的にダークな暗黒の空気を漂わせており、さらにアシッドでダウナーな空間も同居する個性的な作品である。（田村）

Josefus / Dead Man（1970）Hookah

アメリカ・テキサス州のヘヴィサイケバンドによる 2nd。ジャケやアルバムタイトルから受けるオドロオドロしさとは対照的に、Led Zeppelin や Free などに通じるブルージーさと、出身地であるアメリカ南部の鼓動を伝えるヘヴィなギターが印象的。ヴォーカルのどこか Robert Plant を彷彿させる歌い回しやメロディライン、この手のバンドにしては珍しく 3 〜 4 分台の曲が並んでいることから、ハードロックバンドとしての側面が際立っている。しかし、全体的に地下臭のするくぐもったサウンドと、長尺のインプロを泥臭く聴かせる表題曲の存在が、カルトヘヴィサイケの名盤に数えられる所以である。（浜島）

Killing Floor / Out Of Uranus（1970）Penny Farthing

68 年に結成されたブリティッシュロックバンド。バンド名は Howlin' Wolf の曲から取られており、69 年発表の 1st『Killing Floor』ではサイケデリックな感触のブルースロックを聴かせていた。そして本作では一気にハードロック化。ブルースロック色を残しつつも、攻撃的に暴れるヘヴィでキレのあるギターとドライブ感溢れるリズムによる、タイトで爆発力満点のスリリングなハードロックを展開。オーソドックスなハードロックが主体ではあるが、随所でサイケデリックな雰囲気も醸し出している。ブリティッシュハードロック屈指の名作といいたい。（田村）

Life / Life（1970）Columbia

70 〜 72 年頃に活動していた、スウェーデンはストックホルムのサイケデリックハードトリオによる、当時の唯一作。同国のバンドとしては有力株であり、Procol Harum や Deep Purple のサポートアクトを務めたこともあった。北欧らしい涼やかな響きの鍵盤小曲を随所に配しながら、様々なテイストの楽曲を収録。ポップな曲もあるが、彼らの真骨頂はやはりドロドロとしたヘヴィナンバーや不条理感溢れるプログレナンバーだろう。いずれにしても各曲は概ね 3 〜 5 分程度とコンパクトにまとめられているので、聴き味はスッキリとしている。97 年に Mellotronen がシングルも含めた CD 版を再発。（杉本）

Lord Sutch And Heavy Friends / Lord Sutch And Heavy Friends（1970）Cotillion

60年代初頭から活動し、「元祖ショックロッカー」ともいわれる英国人シンガー Lord Sutch が発表した 1st。タイトルにある Heavy Friends の内訳は、Jimmy Page（Gt.）、John Bonham（Dr.）、Jeff Beck（Gt.）、Noel Redding（Ba.）ら錚々たるミュージシャン。Jimmy は自身の名を出さないことを条件にこの仕事を引き受けたが、あっけなくジャケットやプロデュースのクレジットに名前を表記され、激怒したという。そんないわくつきの作品だが、ギターリフを主軸としたヘヴィロックに Sutch のヘタウマな怒声ヴォーカルが乗る様はかなりの格好良さ。2nd には Ritchie Blackmore ら、これまた大物が参加。（杉本）

Mariani / Perpetuum Mobile（1970）Sonobeat

Jimi Hendrix Experience の Mitch Mitchell の後任オーディションを受けていたという Vince Mariani（Dr.）が、Sonobeat のオーナーに自身のバンドを組むよう説得されて結成。当時若干 10 代の Eric Johnson（Gt.）が在籍していたことでも知られる、アメリカ・テキサス州のバンドの唯一作。激レアのオリジナル盤はテストプレスで 100 枚ほどしか作られていない。Eric の華麗なギターレイが光る骨太のヘヴィサイケ／ハードロックで、ジャジーなインタールードを挟んだ構成、複数のヴォーカルの起用など独自の起伏が新鮮。オブスキュア盤らしからぬ突き抜けた爽快感に満ち溢れている。ジャケは再発時のもの。（加藤）

Módulo 1000 / Não Fale Com Paredes（1970）Top Tape

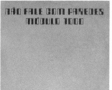

ブラジルのサイケデリックハードロッカー 4 人組による唯一のフルアルバム。イギリスのハードロックやプログレッシブロックを下敷きにした音楽性で、太いギターと酩酊感あるキーボードが織りなす不穏なサウンドは、ヘヴィな音を好む向きにうってつけ。ここに加わるラテンアメリカンな陽のテイストが、ワールドミュージック好きにもアピールするし、プロトメタルとしての攻撃性も減じていないという稀代の珍品。オリジナル盤は激レアで、10 万円以上で取引されることもあるとかや。現在は、シングルやコンピレーションに提供した音源を含めた完全盤が CD で流通している。（杉本）

Randy Holden / Population II（1970）Hobbit

Blue Cheer にも参加していたことで知られるギタリストの、ソロ名義での 1st アルバム。その Blue Cheer や、同じく在籍していた The Other Half よりもさらに歪んだギターが冴えわたり、引きずるようなヘヴィリフが印象的な "Fruit & Iceburgs" を筆頭に、ドゥームメタルの原点といえそうな曲が並ぶ。ドラム以外のパートをすべて自身で担当しており、あくまでも「ギタリストのソロアルバム」という側面もあるので、弾きまくりのギターに比べるとリズムセクションはシンプルだが、サウンドのグルーヴと酩酊感は Black Sabbath にも匹敵する。（浜島）

Rufus Zuphall / Weiß Der Teufel（1970）Good-Will

70年代に2枚のアルバムを残した、フルート奏者を含むドイツのプログレッシブ／サイケデリックバンドによる1st。約17分にわたって展開する表題曲を含む、全5曲構成。「白い悪魔」を意味するバンド名や、冒頭曲が "Walpurgisnight"（ワルプルギスの夜＝一般にはサバトのこと）という曲名であることから、オカルティックなモチーフの世界観であることが窺える。曲調は目まぐるしく展開し、叙情的なフォーク／トラッド路線が基調となってはいるものの、ヘヴィなファズギターが延々リードをとる楽曲もある。99年に再結成し、00年代には2枚のライブアルバムをリリースした。（杉本）

Sainte Anthony's Fyre / Sainte Anthony's Fyre（1970）Zonk

アメリカはニュージャージー州のヘヴィロックトリオによる唯一作であるアルバム。Jimi Hendrix をさらにエネルギッシュにした轟音ファズギターが暴れまくり、ずっしりと重くも豪快なリズム、ダーティーな声で叫ぶヴォーカルと、アンダーグラウンドなヘヴィサイケの醍醐味に溢れまくった逸品。Blue Cheer や MC5 にも匹敵する、というか地下臭さが強いぶん、より一層轟音の凄みが際立っている。まさに奇跡の1枚といえる強烈な印象を残す作品。当然オリジナル盤は激レア化しているが、13年に Rockadrome から再発盤がリリースされ、多くのヘヴィサイケファンを唸らせた。（田村）

Sir Lord Baltimore / Kingdom Come（1970）Mercury

個人的には、Cactus と並ぶ 70's アングラアメリカンハードの最高峰。ニューヨーク州で結成された。メンバーは John Garner（Dr. & Vo.）、Louis Dambra（Gt.）、Gary Justin（Ba.）。ニューヨークの Electric Lady Studios でレコーディングされ、70年にリリースされた 1st が本作。ドライヴィンなベース、野蛮なドラム、そのドラマーがリードをとって野太い声で朗々と歌うヴォーカル、あらゆる面でヘヴィ。際立った異端性と高いクオリティの楽曲から、後世において人口に膾炙すること多き作品。"Master Heartache" は日本の Church Of Misery がカバーした。（加藤）

Steamhammer / Mountains（1970）B&C

73年まで活動していたブリティッシュハードレジェンドによる 3rd にして、J・R・R・Tolkien『The Lord Of The Rings』をモチーフにしたコンセプト意欲作。幻想的なアートワークが美しい。音像としては枯れた味わいのブルースハードながら、うねりまくるベースがグイグイとリードし、構築とインプロヴィゼーションの境界がよくわからぬほどに運動体としてのダイナミズムをもった楽曲を紡いでいる。その凄みは、ドラマティックな冒頭曲 "I Wouldn't Have Thought" や、16分にわたって展開するライブ音源 "Riding On The L & N" ～ "Hold That Train" などに現れている。（杉本）

The Stooges / Fun House（1970）Elektra

衝撃的な 1st も Iggy And The Stooges 名義の次作ももちろん素晴らしいが、本書にはこの 2nd こそふさわしい。1st は柔らかく鬱屈したサイケ色が強く、3rd は直線的で張りつめた暴力性が際立つが、本作は両作のおいしいとこどり。後に The Damned にカバーされる "1970" のようなパンクロックから、サックスが放つ悪魔の遠吠えが鮮烈なフリージャズ "L.A. Blues" までバラエティ豊か。だが決して散漫ではなく、全編をラフな音質で鈍く尖った印象に仕上げている。David Bowie との運命の出会いの前夜、孤高の叫びを響かせる Iggy Pop（Vo.）の破滅的な退廃が狂おしい名作。(U)

Syd Barrett / The Madcap Laughs（1970）Harvest

Pink Floyd の初期メンバーであり、同バンドの音楽的支柱でもあった Syd Barrett（Gt. & Vo.）によるソロキャリア 1 作目。Pink Floyd の David Gilmour（Gt. & Ba.）と Roger Waters（Ba.）、Soft Machine のメンバーなどが参加している。The Beatles 風の歌がリードするフォーキーな作風だが、『帽子が笑う…不気味に』の邦題でも知られる薄気味悪いタイトルが示す通り、Syd の不安定な精神世界を表したような不穏なメロディが特徴的。質量的なヘヴィさはないが、閉塞感の漂う静のサイケデリック作品である。同年の 2nd を最後に、精神的不調から音楽キャリアはほぼストップしてしまう。(杉本)

The Third Power / Believe（1970）Vanguard

60 年代から活動する、アメリカはミシガン州・デトロイトのパワートリオによる唯一のフルアルバム。初期には MC5 と共演したこともあり、同時代のメジャーなハードロック勢と比べても遜色のない強力なヘヴィロックを作り上げた。外向きに発散するエネルギーよりは内的に沈み込むような精神性が強く、Grand Funk Railroad の暗い曲が好きな人にお薦め。その真骨頂は冒頭のヘヴィすぎるブルース "Gettin' Together" に凝縮されている。レコードセールの不振とレーベルのサポートを得られなかったことから解散したという。(杉本)

Titanic / Titanic（1970）CBS

69 年に結成された、オルガン奏者を含む多国籍メンバーよりなるノルウェーのハードロックバンドによる 1st。ハードヒッティンでエッジの立ったリフワークと、その合間を縫うように酩酊感を煽る鍵盤が良い仕事をしている。ヘヴィな曲からポップでメロウな曲まで、イギリスやアメリカのビッグネームに勝るとも劣らぬクオリティだ。イギリス人シンガーの Roy Robinson が多くの作詞を手がけたことにより、ローカルバンドに留まらないワールドワイドな評価を得た。CBS からリリースした、このおどろおどろしいロゴを使用した初期 4 枚のアルバムはいずれもお薦めである。(杉本)

Twink / Think Pink（1970）Polydor

Tomorrow のドラムだった Twink が The Pretty Things 在籍時に発表した 1st ソロアルバム。後に彼と Pink Fairies を結成する The Deviants の面々や、元 Tyrannosaurus Rex の Steve Peregrin Took などがゲストで参加。ダウナーでところどころインド風の旋律を含む楽曲が、靄がかった音像で延々と垂れ流される。奇声や喘ぎ声、フリーキーなパーカッションが、聴き手を幻覚の世界へ誘う。そのなかに、薬でハイになりつつ録っているんだろうなぁ……というのが容易に想像出来るファニーなナンバーが点在しており、アンダーグラウンド感マシマシ。（脇坂）

Tyrannosaurus Rex / A Beard Of Stars（1970）Regal Zonophone

Marc Bolan（Gt. & Vo.）率いるフォークデュオによる、リズム面でのパートナーを Steve Peregrin Took（Ba. Dr. & Perc.）から Mickey Finn（Ba. Dr. & Perc.）にチェンジしての 4 作目。本作はアシッドフォーク期の最終作にして、エレキギターを導入した最初の作品でもある。Marc の繊細で神経症的なヴォーカルに、いなたい音色のギターが切なく鳴り響く音像は、数多い彼らの作品のなかでも本作特有のもの。派手さは皆無だが、聴けば聴くほどに味の染み出るスルメ盤。次作から T. Rex と改名し、グラムロッカーとして人気を博すようになる。（杉本）

Uriah Heep / ...Very 'Eavy ...Very 'Umble（1970）Vertigo

現在も活動を続けるブリティッシュハードロックバンドの記念すべき 1st。オルガンをメインに据えたサウンドが特徴のバンドだが、この時期は後のファンタジックな雰囲気はあまりなく、ややサイケを思わせる曲調も見受けられる。この浮遊感は後の作品にはないと思う。とにかく 1 曲目 "Gypsy" のヘヴィなリフは強烈なので、ぜひ聴いてみてほしい。2nd ではプログレッシブロック的な美しさが出ていて興味深いが、こちらも 1 曲目は強烈なので合わせてお薦め。なお、NWOBHM マニアで彼らの 70 年代中盤の作品を聴いていなかったら、ぜひチャレンジしてみてほしい。（Kono）

Warpig / Warpig（1970）Fonthill

60 年代後半から 70 年代にかけて活動していた、カナダの 4 人組ハードロックバンドによる唯一のフルアルバム（71 年説も）。Black Sabbath の代表曲に似たバンド名だが、直接の繋がりはない。とはいえ同バンドはもちろん、Deep Purple、Led Zeppelin、King Crimson など英国の湿り気とヘヴィネスを兼ね備えたハードロックレジェンド群を彷彿とさせる（しかしこのバンドの組合せを見てもらえばわかるように、ごった煮感が強い）、プロトメタルとしても申し分ないヘヴィロックをプレイ。雨水が滴るような鍵盤の音色がなんともムーディー。CD の再発は 06 年、なんと Relapse から。（杉本）

Wishbone Ash / Wishbone Ash（1970）Decca

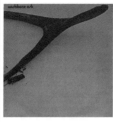

ツインリードギターを擁するブリティッシュロックバンドの 1st。このバンドは 71 年の 2nd『Pilgrimage』が非常に有名だと思うが、あちらがアコースティックで味わい深いサウンドなのに対し、本作ではかなりハードでヘヴィな音を出しているので、本書の読者にはこちらの方が受けるのではないかと思う。後の NWOBHM を思わせる薄暗いメロディや 2 本のギターのハモりも見受けられ、メランコリックなフレーズで楽曲を盛り上げるその手腕や見事。ラストの大曲 "Phoenix" では、Ritchie Blackmore が "Child In Time" でパクったともいわれるフレーズが出てきてニヤリとしてしまう。（Kono）

クニ河内とかれのともだち / 切狂言（1970）キング

The Happenings Four のクニ河内（ピアノ）のソロプロジェクトに、Flower Travellin' Band（以下、FTB）のジョー山中（Vo.）、石間秀樹（Gt.）を迎えて制作された作品。聴けばすぐにそれと分かるジョーと石間が圧倒的な存在感を放ち、後に FTB でカバーされる「人間主体の経営と工事」も収録していることから、もはや〝日本語詞で歌う FTB〟との見方もされているが、すべての作詞作曲を手がけるクニ河内を始め、バックの演奏とアレンジが彼らの個性をより一層引き立てている。世界を相手に英語詞で唄う FTB とは異なり、日本語詞だからこその情趣を感じさせる世界観が異彩を放つ。（浜島）

はっぴいえんど / はっぴいえんど（1970）URC

鈴木茂（Gt.）、大滝詠一（Gt. & Vo.）、細野晴臣（Ba. Key. Gt. & Vo.）、松本隆（Dr.）。後に各々がプレイヤーとしてのみならずコンポーザーとして名を馳せるようになった面子により結成されたバンドの 1st、通称「ゆでめん」。これまでの、ロックは英語で歌うべきという風潮に意を唱え、後にいわゆる「日本語ロック論争」を巻き起こした。ハードロックが重厚な西洋建築なら、こちらは風通しの良い日本家屋のようなサウンドではあるのだが、そこが逆に侘び寂びを感じさせ、まるで文学作品を朗読されているかのような心地良さに包まれる。日本語のもつ美しさを再認識させてくれる歴史的名盤だ。（鉛）

A. R. & Machines / Die Grüne Reise（1971）Polydor

The Beatles の前座を務めるなど商業的な成功も収めた、ドイツのビートグループ The Rattles。その創設メンバーだった Achim Reichel（Gt.）によるプロジェクトの 1st がこちら。アルバムタイトルは「緑の旅」の意。ファジーで小気味の良いブルースギターと、エコーやループなどのエフェクトを多用したトリッピーな実験性とが、奇天烈な相乗効果を生んでいる怪作。サイケ／プログレと〝クラウトロック〟の中間に位置付けられそうな作風で、Ash Ra Tempel 〜 Manuel Göttsching の作品を先取りしたような先鋭さも。次作の『Echo』（72年）も必聴。（加藤）

Ash Ra Tempel / Ash Ra Tempel（1971）Ohr

当時まだ 10 代だった Manuel Göttsching（Gt.）と Hartut Enke（Ba.）、Tangerine Dream から脱退したばかりの Kraus Schulze（Dr.）の 3 人で制作された 1st。A・B 面にそれぞれ約 20 分の大曲を 1 曲ずつ収録した構成。A 面 "Amboss" は若き Manuel のギターが炸裂する、ブルージーなコズミックヘヴィサイケ。B 面 "Traummaschine" は一転してダークでダウナーなサウンド。サイケデリック、アシッド、トリップ……そんなフレーズに心惹かれる方は必聴。Ashra と改名した後期は、シンセサイザー主導でまさにトランスミュージックの源流ともいえるサウンドを追求していく。（加藤・杉本）

Big Sleep / Bluebell Wood（1971）Pegasus

イギリスの Eyes Of Blue が Big Sleep と改名し、放った唯一のフルアルバム。上品なヴォーカルと儚げなピアノが印象的な、英国的叙情に溢れたサイケデリックハード。というか、音圧的にはほとんど「ハード」な要素などないが、いまこの手の音を愛好するのはほぼハードロックファンに限られる、というのも奇妙な話だ。バンド名はアメリカの小説家 Raymond Chandler の作品名からか。彼の別の作品に、「優しくなければ生きていく資格がない」という台詞がある。ならば俺は本書でこう書こう。憂いを湛えていなければ英国ロックである資格がない、と。（杉本）

Black Sabbath / Master Of Reality（1971）Vertigo

ストーナーロックの精神性を先取りしたような "Sweet Leaf"、ハードコアパンク的な突進力をもつ "After Forever"、ドゥームメタルのお約束である三連リフのお手本のような "Children Of The Grave" と "Lord Of This World"、引きずるようなリズムが暴力的な快楽を生む "Into The Void"、そしてメランコリックで浮遊感に満ちた "Solitude" ——。すべての曲が、後世の様々なサブジャンルのプロトタイプになっている、恐るべき 3rd。一瞬、清涼剤のように響くアコースティックナンバーのあと、とびっきりヘヴィなリフが飛び出す黄金律も本作で確立。（杉本）

Blues Creation / 悪魔と 11 人の子供達（1971）Denon

沢田研二と萩原健一が The Rolling Stones や Deep Purple を熱唱する PYG のライブ盤と並ぶ、〝日本語英語〟のヴォーカルが多くの聴かず嫌いを生み出してしまっている不遇の名作。根が欧米流な方々はどうしても受け入れられないのかもしれないが、そんなことで本作を聴かないのは実にもったいない。Black Sabbath 譲りのヘヴィネスが支配する楽曲はどれも素晴らしい。なかでも "Just I Was Born" は個人的に、日本のヘヴィロック史に残る名曲。天才・竹田和夫による弾きまくりのギターと、それに呼応するアンサンブルが一気に爆発してメインのリフに戻る中間部の展開は、何度聴いても興奮する。（浜島）

1970年代

Bolder Damn / Mourning（1971）HIT

その広大な国土が象徴するように、華々しいアリーナロックとは対極にあるアンダーグラウンドハードロックの裾野も異常に広いアメリカ。本作は、フロリダ州出身のバンドが自主制作で唯一残したアルバムである。Grand Funk Railroad や The James Gang の影響が強いが、Sir Lord Baltimore や 70 年代の Pentagram にも通じるヘヴィさも持ち合わせている。圧巻なのはラストの 15 分以上に及ぶ "Dead Meat" だ。Black Sabbath のドゥーミーなヘヴィさに Blue Cheer のサイケ感が融合。ファズギターが随所で暴れ、ジャム要素もある究極の暗黒アシッドナンバーだ。（田村）

Brainticket / Cottonwoodhill（1971）Bellaphon

ベルギーの鍵盤奏者 Joel Vandroogenbroeck が、クラウトロックに影響を受けて始めたとされるサイケバンドの 1st。これはヤバい。いかにヘヴィであろうとも、現代の耳からすれば牧歌的に聴こえることは免れない 60 〜 70 年代のロックでありながら、本作からは精神的なヤバさがビンビン伝わってくる。黒魔術モノや 90 年代以降の露悪的な街いとは異なる、ナチュラルボーンな、いややっぱりケミカルなヤバさ。白眉はバンド名との同名曲で、1 小節で完結するシンプルなフレーズを 3 トラック・約 26 分にわたって反復。ここに謎の音源コラージュやエロティックな語りが乗り、聴き手をクラクラにする。（杉本）

Can / Tago Mago（1971）United Artists

当時のクラウトロックシーンは実験的意欲に溢れていた。Ash Ra Tempel、Kraftwerk、Neu!……。御大も数多いが、傑出した作品として Can の『Tago Mago』を挙げたい。当時、大道芸人としてパフォーマンス活動をしていたダモ鈴木をヴォーカルとして迎え入れたことにより、それ以前の作品とは一線を画す出来映えとなった。後に「ハンマービート」と呼ばれる、バネが緩んだようなスネアの淡々とした打ち込みに、不均率なギター。ショートディレイで繰り返される鈴木の咆哮。リフロックとは対照的なサウンド。やがてエレクトロニカと呼ばれる音楽の土台を作った本作は、歴史的に意義深い 1 枚だ。（h）

Carmen Maki & Blues Creation / Carmen Maki Blues Creation（1971）Denon

Blues Creation と、当時はアングラフォーク歌手だったカルメン・マキがコラボした 1 枚。リリースは Blues Creation による『悪魔と 11 人の子供達』と同じ 71 年。アメリカンハードロックバンド Fantasy のカバー "Understand" から、マキの力強い歌声に圧倒される。オケも、当時まだ 10 代だった竹田和夫による Jimmy Page ばりのギタープレイを始め、バックバンドに収まる気などさらさらない豪放な演奏で応じる。若き実力派ミュージシャン同士が正面からぶつかり合って誕生した、ブルースあり、フォークありの瑞々しい楽曲群が素晴らしい。（加藤）

Comus / First Utterance（1971）Dawn

60年代末にイギリスはロンドンで結成されたバンドの1st。聴いちゃいけないものを聴いているような（狂人と出会ってしまったかのような）錯覚に陥る、狂気のプログレッシブフォーク。ヴァイオリンやフルートを使用した叙情的なメロディと掻き毟るようなギター、男女混声のカオティックなヴォーカルによるドラッギーでフリーキーなサウンドを展開する。ねじくれた精神性を表しているかのようなアートワークも絶品。70年代前半に解散するも、08年に再結成。2ndから38年ぶりにリリースされた最新作『Out Of The Coma』（12年）でも、不変の濃厚な世界を見せつけた。（加藤）

Faces / A Nod Is As Good As A Wink... To A Blind Horse（1971）Warner Bros.

Small Facesを前身とし、元 Jeff Beck Group の Rod Stewart（Vo.）や Ron Wood（Gt.）らスーパースターが多数在籍したブリティッシュロックバンドによる3rd。The Rolling Stones をより泥臭くした、イギリスの酒場などで演奏されていそうなサウンドで、軽快にうねるグルーヴに酒が進む進む。特に Rod のハスキーな歌声が非常にムードを醸し出しており、後のソロ活動でみせる洗練された彼も良いが、この頃もたまらない。ファンキーなキーボードも絡む軽快なサウンドが心地良く、ヒットを飛ばした "Stay With Me" はとりわけキャッチーで印象的だ。（Kono）

Flower Travellin' Band / Satori（1971）Atlantic

静寂、響く甲高いヴォーカル、切り込んでくるヘヴィで邪悪なギターリフ、疾走するリズム──「ロケンロー」でおなじみ内田裕也がプロデュースした本作2ndは、非常に印象的なイントロから始まる。Black Sabbath や King Crimson を下敷きにしつつも、東洋的なメロディをちりばめた音楽性はかなり個性的だ。なかでも、高いテンションで素晴らしいハードロックを展開する "Satori Part 1" や、ヘヴィで呪術的かつ東洋的なメロディのリフで引っ張るドゥーム的な "Satori Part 3" は出色の出来栄えだろう。ロックの暑苦しさ、胡散臭さ、カッコよさ、そのすべてが内包されている。（Kono）

Groundhogs / Split（1971）Liberty

イギリスを代表するブルースロック親父 Tony McPhee（Gt. & Vo.）率いるバンド。キャリア当初はスタンダードなブルースを奏でていたが、徐々にヘヴィネスとシニカルなひねくれテイストを増し、本作4thでは（日本人好みの泣きという意味ではなくブルースが本来的にもつ）哀愁と幻惑的なエフェクトを効果的に配しながら展開する組曲 "Split（Part One ～ Four）" に A 面をすべて費やした。B 面にはバラエティ豊かな楽曲を4曲収録。90年代のオルタナ系ヘヴィロックバンドが演奏していても違和感のなさそうな "Junkman" など尖った曲も含む。（杉本）

Hallelujah / Hallelujah Babe（1971）Metronome

Paul Vincent（Gt. & Vo.）、Keith Forsey（Dr. & Vo.）による、ドイツのサイケデリックデュオによる唯一作。レコーディングは Pete "Funk" Wood（Key.）、Rick Kemp（Ba.）がサポートしており、しっかりバンドサウンドしている。というか、とことん正統派のブリティッシュロックを志向していたようで、レコーディングはロンドン。Jeff Beck Group、Led Zeppelin、The Beatles、Cream などを意識していたという。英国叙情プログレ風の曲やトラッド的なフレーズからもそれは感じられる。とまれ、Georg Friedrich Händel の「ハレルヤ」コーラスからドゥームリフに連なる冒頭曲は圧巻。（杉本）

Hawk / African Day（1971）Parlophone

南アフリカ出身のサイケデリック／プログレッシブロックバンドによる 1st。アコースティックギターを兼務する中心人物の Dave Ornellas（Vo.）他、通常のバンド編成にフルート、サックス、キーボードをプレイするメンバーを含む 5 人編成。全員がパーカッションも担当する。白眉は 17 分以上に及ぶ表題曲で、アフロなリズムを基調としながら、ときにジャジーに、ときにソウルフルに、アフリカの大地における日の出から夕暮れまでを描いたような一大絵巻である。後半の小曲群には、King Crimson の暗黒面を思わせる不条理性も。The Beatles のカバー "Here Comes The Sun" を収録。（杉本）

Janis Joplin / Pearl（1971）Columbia

70 年に 27 歳で没したアメリカの女性シンガー Janis Joplin の遺作である 4 枚目のフルアルバム。バックバンドにはピアノ奏者とオルガン奏者を携え、サイケデリックな質感を基調としながらブルース、R&B、ゴスペルと多彩な楽曲が展開する。Jerry Ragovoy が作曲を手がけた、Garnet Mimms や Howard Tate らソウルシンガーの楽曲をカバー。本作収録の楽曲もまた、後に多くのミュージシャンにカバーされているオールタイムスタンダードだ。00 年代以降のフィメールフロンテッドなドゥーム／サイケロックバンドでこのような音を志向するバンドは多い。（杉本）

Jethro Tull / Aqualung（1971）Chrysalis / Island

イギリスのロックバンド Jethro Tull の代表作 4th。このバンドは少なくとも日本国内においてはプログレッシブロックの範疇で語られることが多いが、一つのジャンルにカテゴライズするのが難しいサウンドをもつ。ヘヴィなギターリフが目立つハードロック感もあり、そこにジャズを思わせるリズムやフォーキーなメロディ、トラッド的なフルートが合わさる不思議なサウンドだ。印象的なリフと揺れるリズム、そして土着的なメロディが、小綺麗なタイプのプログレにはないような酩酊感を醸し出している。バンドは今なお現役であり、まさに生けるレジェンド。（Kono）

King Crimson / Islands (1971) Island

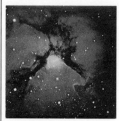

衝撃的な 1st と 5th の間のアルバム群が話題になることは比較的少な
いが、この 4th は隠れた名作だと思う。本作までの King Crimson には、
作詞とライブにおける照明を担当した Pete Sinfield というメンバーが
在籍しており、彼がいた時期が一番叙情性が強かったのではないか。
本作では、彼らがもつジャズとクラシックの両面の要素が極端に表出
しており、前者はいまだにライブでも演奏される "Sailor's Tale" で顕
著だ。"Prelude: Song Of The Gulls" から刹那的な美しさを誇る表題曲
への流れは、Boz Burrell (Ba. & Vo.) の囁きと Keith Tippet の耽美な
ピアノが素晴らしいクラシカルな組曲。(Kono)

Kin Ping Meh / Kin Ping Meh (1971) Polydor

ドイツのハードロックといえば、まず Scorpions、そして Birth Control。
そんで次に Lucifer's Friend とこの Kin Ping Meh が 3 番手を争っている
というのが、俺の脳内の勢力地図 (売上げ枚数とか知名度は度外視。
クラウトロック関連は別軸ね)。彼らは 70 年代に 6 枚のアルバムを残
したレジェンドで、バンド名は中国の四大奇書の一つ『金瓶梅』が由
来。本作 1st のジャケットには中国人と思しき、酒池肉林に溺れる醜
悪な権力者が描かれているが、サウンドにアジアンテイストはない。
英国プログレと親和性が高い叙情味と、ドラマティックな曲展開がス
トレートな感動を呼ぶ。(杉本)

Leaf Hound / Growers Of Mushroom (1971) Decca

Black Cat Bones の後身であり、後世における日本のドゥーム／ストー
ナーレーベルレジェンド Leaf Hound Records が元ネタにしたともい
われ、我が国でもヘヴィロッカーズ界隈で人気の高いイギリスのハー
ドロックバンドによる唯一作。アコースティックギターやオルガン
をフィーチュアした、ヘヴィブルーステイストのサイケリックハー
ド。一聴していなたく聞こえる音の隙間に込めたパワーと、アクの
強さは Free にも通じる。Led Zeppelin 的なリフワークと、Peter
French (Vo.) の Robert Plant と Rod Stewart を足したような絶唱も
超強力。(杉本)

Love Live Life + One / Love Will Make A Better You (1971) King

市川宏祐 (サックス & フルート) を中心に、柳田ヒロ (Pf. & ハモン
ドオルガン) やチト河内 (Dr.) などを含む 8 人組のジャズロックバ
ンド Love Live Life に、「+ One」として布施明 (Vo.) を加えた作品。
インプロヴィゼーションを主体とした火花散るような演奏のなかに、
印象的な主題を散りばめた構成美からか King Crimson の『Larks'
Tongues In Aspic』(73 年) としばしば比較されるが、本作のほうが
リリースが 2 年も早いということに〝戦慄〟を禁じ得ない。布施の
獣性あるヴォーカルはハードロック的なカタルシスをもたらしてい
る。和モノ好きなら避けて通れない名盤。(杉本)

1970年代

May Blitz / The 2nd Of May（1971）Vertigo

69 年結成、メンバーチェンジを経て元 Jeff Beck Group の Tony Newman（Dr.）が中心人物となったブリティッシュハードロックトリオによる 2nd にして最終作。前作では歪みの少ないギターが特徴的だったが、本作では歪みまくり。Church Of Misery（JPN）や The Heads などがカバーすることによってドゥーム／ストーナー界隈にも広く知られたアップテンポの "For Mad Men Only" は超名曲。Black Sabbath の "Paranoid" と双璧をなす、キチガイ男の歌だ。Tony は後に、元 Gun のメンバーによって結成された Three Man Army に参加する。（加藤）

Mountain / Nantucket Sleighride（1971）Windfall

名手 Leslie West（Gt. & Vo.）と名プロデューサーとしても知られる Felix Pappalardi（Ba. & Vo.）を擁するアメリカンハードロックの至宝による、鬼の名盤 2nd。ズルズルと泥の中を這いまわるサウンドは米国的ながら、叙情性やプログレッシブな展開からはブリティッシュロックの臭いも感じる。冒頭の "Don't Look Around" で抑えていた尿意も虚しく、続くインスト曲の "Taunta（Sammy's Tune）" からの表題曲で結局ジャージャーに。Kiss や Aerosmith の有名曲なんかに代表されるアリーナ型のアメリカンハードとは対照的な、土着の魔術を織り込んだサウンドとして永遠に語り継ぎたい。（U・杉本）

Nazareth / Nazareth（1971）Pegasus

ブリティッシュロック界の生けるレジェンド Nazareth の 1st。一般的に代表作とされる 3rd『Razamanaz』以降の作品の方が完成度は高いが、ヘヴィであるか否かという 1 点にのみフォーカスすると本作が突出している。冒頭の "Witchdoctor Woman" は現代のドゥーム／ストーナーバンドに勝るとも劣らぬ酩酊グルーヴナンバー。その他、ポップな曲も軽やかな曲も、Dan McCafferty（Vo.）のプロトメタル的ハイトーンがアグレッシブで、リズム隊はとにかくヘヴィである。Bonnie Dobson のカバー "Morning Dew" は、Jeff Beck 版と聴き比べ推奨。アッチはこんなにベースがボコボコいってません。（杉本）

PYG / PYG! Original First Album（1971）Polydor

グループサウンズ畑出身のメンバーからなるスーパーバンドによる、唯一作。出自から、熱心なロックファンからはそっぽを向かれ、大いに期待していた GS ファンはバンドの姿勢との温度差に戸惑った。Boris がカバーした、タイトル通りの世界が広がる名曲「花・太陽・雨」や、岸部一徳のうねりまくるベースとバリトンヴォイスが響き渡る「やすらぎを求めて」などは、少々強引ではあるが日本最初期のドゥームロックといいたい。他にも、「太陽にほえろ！」の音楽にも携わっていた井上堯之による泣きのギターを配した楽曲群はどれも素晴らしく、GS とニューロックの掛け橋的存在にもなりえた作品だと思う。（浜島）

Ramases / Space Hymns （1971）Vertigo

古代エジプト神ラマセスの生まれ変わりを自認する Martin Raphael（シタール）が、ラマセスからのメッセージを現代に伝えるべく妻と始めたイギリスのバンドによる 1st。レーベルは Vertigo（眩暈）ときたもんだ。超絶電波系な触れ込みとは裏腹に、サウンドはフォーキーかつ抒情的で、印象的なアイデアを散りばめたコンパクトな楽曲が並ぶ。アジアンテイストの旋律も聴かせるが、同時代のサイケデリック作品とは異なるプログレッシブロック調のテイスト。とはいえラストは宇宙と交信するような効果音で終わる。他メンバー 4 人は後の 10cc メンバー、アートワークは Roger Dean という豪華布陣。（杉本）

Second Hand / Death May Be Your Santa Claus （1971）Mushroom

The Next Collection 〜 The Moving Finger を前身とする、イギリスのアンダーグラウンドサイケバンドによる、レーベルを Polydor から Mushroom に移しての 2nd。ヴァイオリン、オルガン、ピアノ、ノイズ担当などを含む大所帯で作成された。意味不明のアートワークや、表題を始めとする各曲名がバキバキにアシッド感を放出。サウンドもそれに違わぬ酩酊幻惑曼荼羅の万華鏡である。表題曲などではヘヴィなリフも用いた。しかしながら演奏は比較的カッチリとしており、変拍子やクラシカルなフレーズを織り込むなど、プログレッシブロック的なアプローチもみせる。（杉本）

Speed, Glue & Shinki / Eve （1971）Atlantic

和モノ好きにはいわずもがな、これは我が国が世界に誇るヘヴィロックのマスターピース。Food Brain とソロを経た陳信輝（Gt.）が、同じく Food Brain、The Golden Cups、陳のソロ作にも参加していた加部 "Louise Louis" 正義（Ba.）、後に Juan De La Cruz Band を結成するフィリピン人の Joey Smith（Dr. & Vo.）と結成したトリオの 1st。ブルースを基調としたギターに図太くうねるベース、本能のままに叩いているかのようなドラム。そのドラムが兼任するヴォーカルは、ドラッグと女への妄執を歌う。完璧。ロックとして完璧。翌年に発表した 2nd も名盤として名高い。（加藤）

Strawberry Path / When The Raven Has Come To The Earth （1971）Philips

The Fingers の成毛滋と Food Brain を脱退したつのだ☆ひろによるユニットの、唯一作であるアルバム。オルガンを導入した英国臭の強いヘヴィブルースロックではあるが、Jimi Hendrix をも超えそうなほど鬼気迫る勢いで弾きまくるギター、随所で暴れるオルガン、タイトでテクニカルなドラムが、スリリングかつパワフルなハードロックを展開する超名作。あの "Mary Jane" の原曲が収録されていることでも有名だが、やはり本作のハイライトは張り詰めた緊張感のなかに酩酊感をも漂わせているハードロックナンバーだろう。本作の後、高中正義を加えて Flied Egg へと発展していく。（田村）

Strawbs / From The Witchwood （1971） A&M

イングランドの生けるフォークレジェンド、Strawbs の 4th。前身は
64 年に結成されており、サウンドの変遷はありながらも、同国のト
ラディショナルな空気を伝え続けてきた。本作まで、後に Yes など
で活躍する Rick Wakeman（Key.）が参加。メランコリックなメロディ
とハーモニー、アコースティック楽器による音の隙間、Rick のクラ
シカルな鍵盤ワークと、すべてが湿り気たっぷりな英国ロックの気
質を発散。そしてタイトルにも表れている、ファンタジック／マジ
カルな世界観……。後のリバイバルハードやヴィンテージドゥーム
勢のお手本のような 1 枚。（杉本）

Tear Gas / Tear Gas （1971） Regal Zonophone

イギリスはグラスゴー出身のハードロックバンドによる 2nd。フォー
キーなテイストが強かった前作から一転、徹頭徹尾男臭いヘヴィロッ
クを聴かせるようになった。特徴的なのは煙で燻したような焦げ臭
い音づくりのギターで、粘度の高いブルースリフから、Black Sabbath
や Led Zeppelin を彷彿とさせるプロトメタル的な刻みまで披露。Elvis
Presley の "Jailhouse Rock" と "All Shook Up" のカバーも、元祖グルー
ヴメタルのような仕上がりになっている。Zal Cleminson（Gt.）と
Chirs Glen（Ba.）は、後に The Sensational Alex Harvey Band に。（杉
本）

Toad / Toad （1971） Hallelujah

ドイツのアシッドサイケバンド Brainticket の Werner Fröhlich（Ba.）
と Cosimo Lampis（Dr.）、Hawkwind で活動していた Vittorio
Vergeat（Gt.）によりスイスで結成されたハードロックトリオによ
る 1st。本作でのヴォーカルはスイスの Island を結成する Benjamin
Jaeger。Jimmy Page を彷彿させるギター、ヘヴィに唸りながら動き
まくるベース、タイトながらパワー全開のドラムによるスリリング
なアンサンブルが刺激的。目の覚めるようなハードロックを聴かせ
る名作。ラストは組曲風の大曲で、これも見事である。70 年代に 3
枚のアルバムをリリース。90 年代、00 年代にも作品がある。（田村）

Too Much / Too Much （1971） Atlantic

関西を中心に運営されていたロックイベント Too Much の名を冠し、
元 The Helpful Soul の Juni Rush（Vo.）を含む布陣で 70 年に結成され
たバンドによる、唯一のフルアルバム。ニューロックと呼ばれたバン
ドのなかでも、とりわけ洋楽テイストの強いサウンドである。その完
成度は、アメリカンスクール出身で留学経験もある Juni の、英語詞に
よる歌に裏打ちされている。曲調は沈み込むようなヘヴィブルースで、
ゴリゴリのディストーションギターによるリフにはプロトメタル的な殺
傷力もある。Bob Dylan のカバーである "I Shall Be Released" 以外の 6
曲はオリジナルというのもポイントが高い。（杉本）

UFO / 2: Flying（1971）Beacon

Michael Schenker を輩出したことで知られるイギリスのハードロックバンドによる、彼が加入する前の 2nd。ハードさはまだあまりなく、この時代特有のスペーシーでサイケデリックな楽曲が並ぶ。湿り気のある鬱々とした メロディは、なかなか魅力的。構築派のプログレッシブロックというよりはクラウトロックを思わせるような長尺曲が人を選ぶかもしれないが、クスリでもやっているようなサウンドを聴いていると、音楽でもトリップ出来そうな気がしてくる。なお、Schenker の前任者は飛び抜けて上手いわけではないが、ブルージーで味わい深い。（Kono）

Yamasuki Singers / Le Monde Fabuleux Des Yamasuki（1971）Biram

声がパワフルすぎるあまり、「マイクを破壊した」との逸話がある空手師範の叫びから始まる本作を再生したが最後、ヘンテコな日本語と摩訶不思議なメロディが死ぬまで頭を離れなくなるだろう。フランスで発表された本作は、本来の意味よりも音の響きや美しさを重視した日本語詞を、童話的なメロディやサイケなファズサウンドに乗せた。アフロミュージックやヒップホップに通じるようなリズムもあり、後のダンスミュージックにも多大な影響を与えた。邦題よろしく、「当時のフランス人が考えた日本」という〝素晴らしき世界〟を垣間見ることが出来る。（浜島）

陳信輝 & His Friends / Shinki Chen（1971）Polydor

パワーハウスや Food Brain を経た横浜出身のギタリスト陳信輝によるソロアルバム。陳がギター、ベース、ドラムなどをプレイしている他、パワーハウスの柳ジョージ（Ba. & Vo.）と野木信一（Dr.）、Food Brain の柳田ヒロ（Key.）、The Golden Cups ファミリーのジョン山崎（ピアノ & Vo.）と加部正義（Ba.）が参加。日本のロック黎明期を代表する錚々たるメンツである。陳がファジーなサウンドで奏でるブルージーなギター、サイケデリックなキーボード、男臭くもラフなヴォーカルなどが彩る、よりトリップ感を増した Jimi Hendrix のような音世界。この後、陳は Speed, Glue & Shinki へ。（杉本）

Aguaturbia / Volumen 2（1972）Arena

チリにおけるアンダーグラウンドサイケのパイオニアで、「南米の Jefferson Airplane」との異名をとる 4 人組の 2nd。前作の裸ジャケに引き続き、Denise（Vo.）が十字架に磔にされているスキャンダラスなジャケットのせいで販売拒否や検閲の憂き目にあったという。カバー曲とオリジナルを交えた構成は前作と同様ながら、よりブルースに根ざした、南米産らしい熱気溢れるヘヴィサイケを聴かせる。Grand Funk Railroad のカバー "Heartbreaker" は出色、8 分超えのオリジナル曲 "Evol" も名曲だ。74 年に解散、00 年代から再び活動開始している。（加藤）

Älgarnas Trädgård / Framtiden Är Ett Svävande Skepp, Förankrat I Forntiden（1972）Silence

スウェーデンのサイケデリックフォークバンド 6 人組による、70 年代当時唯一のフルアルバム。アルバム名も長けりゃ曲名も長い（1 曲目は、曲名が 60 文字以上、収録時間は 13 分以上）。ギター、オルガン、ピアノ、タブラ、ヴァイオリン、チェロ、シタール、フルート、各種パーカッションやシンセサイザーの他、レベック、ツィター、ツインク、口琴など、他ではなかなかお目にかかれない楽器が使用され、北欧の風を伝えてくれる。基本的にはインストゥルメンタル主体ながら、一部ヴォーカルが入る。女声ヴォーカルを用いた小曲などは Renaissance ファンにもアピールしそう。（杉本）

Babe Ruth / First Base（1972）Harvest

70 年代に 5 枚のアルバムを残した、イギリスのハードロックバンドによる 1st。Alan Shacklock（Gt.）が作曲の大部分を手がけており、当初はバンドも Shacklock と名乗っていた。横ノリのリフワーク、ジャジーにもクラシカルにも振り切れるキーボードが、叙情的かつグルーヴの塊のような楽曲を形成。紅一点 Jenny Haan のヴォーカルは、ジェンダーフリーなハイエナジーさ。Frank Zappa の "King Kong"、Jesse Winchester の "Black Dog" をカバー。代表曲 "The Mexican" も本作に収録。00 年代に再結成し、1 枚のアルバムを制作している。（杉本）

Bang / Bang（1972）Capitol

アメリカはペンシルヴァニア州フィラデルフィア出身、ドゥームメタルの先駆けともいわれるトリオによる 1st。後に 71 年録音の未発表音源を再発する Rise Above Records の Lee Dorrian をして「Ozzy Osbourne よりもそれらしい」といわしめた歌声と、ズルズルと引きずるようなギターで楽曲を構成。格好良いとか悪いとかいう次元を超越し、ヘンテコの領域に片足を突っ込んでいるリフワークが唯一無二の個性を主張しており、一周回ってこれはやっぱり格好良いとしかいいようがない。それらリフの組み合わせの妙がなんともカラッとしており、米産らしい乾いたグルーヴを生んでいる。（加藤・杉本）

Birth Control / Hoodoo Man（1972）CBS

ヘヴィメタルバンドの Gamma Ray が楽曲からその名を拝借し、カバーを録音したことでも知られている、ドイツを代表するハードロックバンドの 3rd。解散、再結成を挟みながら現代までに多数の作品を発表している。なかでも、件の楽曲を収録し、グロテスクなアートワークも印象的な本作が、メタル界隈では最も有名かもしれない。オルガンやバグパイプなどの鍵盤がギター以上に存在感を放ち、楽曲のアグレッションに貢献している。演奏は極めてタイトながら、リードプレイ長めの曲構成は本書のコンセプトと食い合わせがよい。浮世離れしたヴォーカルもインパクト大。（杉本）

Black Sabbath / Vol.4（1972）Vertigo

前作『Master Of Reality』と並んで、パロディジャケを目にする機会が多い 4th。アートワークが一つのサブジャンルを象徴するほどに、教典と目されている作品なのだ。楽曲的にはこれまでの彼らの集大成といえるものだが、メロウなピアノをフィーチュアした名バラード "Changes" や、明朗なリフがむしろ魔術性を増幅させている "Supernaut" など、新たな可能性を予感させる要素も含む。後に Brutal Truth が "Cornucopia" をカバーするが、当時これだけの暴力性を音に込めた Black Sabbath も、この曲に宿るハードコアの萌芽を看破した Brutal Truth も、どっちも凄い。（杉本）

Bodkin / Bodkin（1972）West

英国スコットランド出身、とされる謎のバンドが、72 年に自主制作でわずか 100 枚のみリリースした唯一の作品。暴力的なまでに歪んだオルガンと荒々しいファズギターを大々的に導入した、劇的な曲展開を誇るハードロックで、なぜ少数プレスなのか理解出来ないほどに素晴らしい内容。後に数回の再発を繰り返すも、なぜかジャケットがチープだった。Akarma Records が再発した CD のジャケットは、炎に包まれた十字架の真ん中に黒山羊の頭が鎮座するアートワークに、6 面開きの十字架形と豪華な作りで、ようやくバンドの音にふさわしいパッケージに（掲載ジャケ）。（JERO）

Bram Stoker / Heavy Rock Spectacular（1972）Windmill

小説『Dracula』を著わしたことで知られるアイルランドの作家 Bram Stoker の名をバンド名に冠した、イギリスのバンドによる 70 年代の唯一作。キーボードの働きが前面に押し出されたオルガンロックで、リリカルかつ軽やかな響きが特徴的。"Fast Decay" や "Fingals Cave" のような楽曲は主旋律がクラシカルでも、リズム隊にはジャズやブルースに片足を突っ込み続けているような弾力がある。商業的に目立った功績は残さなかったようだが、やはりプログレッシブロックとハードロックの明確な境界がなかった当時のミュージシャンは強者揃いだ。（杉本）

Captain Beyond / Captain Beyond（1972）Capricorn

第一期 Deep Purple のヴォーカルだった Rod Evans、Iron Butterfly の Larry "Rhino" Reinhardt（Gt.）と Lee Dorman（Ba.）、Johnny Winter And などへの参加で知られる凄腕のドラマー Bobby Coldwell によって結成された、英米人混合・アメリカ拠点のハードロックバンドによる 1st。プログレッシブな楽曲構成とプロトメタル的なヘヴィネスの融合が、とてつもなくスリリング。後に "Armworth" は Pentagram が、"Mesmerization Eclipse" は Church Of Misery（JPN）がカバーした。ドラムが Marty Rodriguez に交代した 73 年の 2nd も人気がある。（加藤）

Dark / Dark Round The Edges （1972） Independent

イングランドはノーサンプトン出身の 4 人組による唯一のアルバム。Martin Weaver（Gt.）は元 Wicked Lady。当時は自主制作でごく少数プレスされたものが出回ったのみであり、オリジナル盤は激レアアイテムの一つに数えられる。しかしその音は、静謐なジャズロックパートと、強烈なファズギターをフィーチュアしたヘヴィロックパートが同居する個性派であり、対極的な音像の間を行き来する展開が聴き手の脳をグリングリンと揺さぶるグッドスタッフ。一貫してダウニーに歌い続ける Steve Giles（Gt. & Vo.）の透明感ある声が極めて英国的な印象を残す。掲載ジャケは再発時のもの。（杉本）

Deep Purple / Made In Japan （1972） Purple

ロック史上、最も有名なライブアルバムの一つ。僕が Deep Purple を好きになるきっかけは本作だった。これを聴いていた高校 1 年生の頃は “Highway Star” がこの世で一番速い曲だと思っていたし、実は大阪公演の音源も使われているだとか、かなり編集が入っているなんてことは知らず、ただひたすらにロックの格好良さを享受していた。Ritchie Blackmore のギタープレイは原曲よりもスリリングで、この世のものとは思えないシャウトをかます Ian Gillan にとにかくぞっこんだった。70 年代当時に存在していたであろうハードロックの勢いが保存されている 1 枚。（Kono）

Dust / Hard Attack （1972） Kama Sutra

Ramones の Marky Ramone こと Marc Bell（Dr.）と、後に Rick Derringer や Blue Öyster Cult などへ参加する Kenny Aaronson（Ba.）が在籍していたことで知られる、アメリカのトリオによる 2nd。三者が激突する一触即発のハードロックと、英国風の繊細かつ冷ややかなメロディが見事に調和した傑作。流麗なイントロから怒涛のヘヴィロックに突入する冒頭曲 “Pull Away / So Many Times” は本作の白眉。アートワークは、名イラストレーター Frank Frazetta の作品。納骨堂の写真のような不気味なアートワークをあしらった 1st もあわせて必聴。（加藤）

Flied Egg / Dr.Siegel's Fried Egg Shooting Machine （1972） Vertigo

Strawberry Path のつのだ☆ひろ（Dr. & Vo.）と成毛滋（Gt. & Key.）に、高中正義（Ba. & Gt.）を加えたトリオによる 1st。日本のヘヴィロック黎明期におけるブリティッシュ志向サウンドの代表的な作品の一つで、サイケ、ハードロック、プログレッシブロックなどの要素が未分化のまま凝縮された作風もまた、同時代のブリティッシュロック的である。上質のポップネスと、フリーキーなキーボードワークや度肝を抜くようなヘヴィリフが同居。ジャケットは小説家・景山民夫によるもので、プログレ風のシュールレアリスティックな風景のなかに日本のサブカルチャー的要素が混ざっているのが面白い。（杉本）

Frank Zappa & The Mothers Of Invention / Grand Wazoo（1972）Bizarre

ソロ名義でリリースされた『Hot Rats』、『Waka / Jawaka』に続く、The Mothers Of Invention 名義で Frank Zappa が手がけたジャズロック路線の作品。『Waka / Jawaka』と同様にビックバンドが導入されている本作では、フリーな雰囲気を残しながらも緻密で美しいアレンジが増えてきたように感じる。彼が弾きまくるソロを聴きたいなら他のアルバムをお薦めするが、構築感のある美しさと奔放な演奏のバランス感覚が素晴らしい本作は、気持ち良い陶酔感を味わえる好盤だ。特に "Blessed Relief" は、休日の午後にまどろみながら聴くのにふさわしい、穏やかな名曲。（Kono）

Guru Guru / Känguru（1972）Brain

Guru Guru は謎だ。この 3rd はまず、ジャケットが謎だ。なぜ流氷の上にカンガルーが？　裏ジャケでは、長髪の男性が下半身用のタイツを肩までかぶり、満面の笑みで飛び跳ねている。楽曲では、Jimi Hendrix に影響を受けたであろう切り刻むようなファズギターが縦横無尽に荒れ狂う。同時期の Soft Machine の影響か、変幻自在に変化する曲調からはジャズロックの雰囲気が漂う。ただ、一貫して、不気味だ。独特の音階のせいか、下手な英語のせいなのか。しかしそれら自体が彼らの魅力ともいえる。前作『Hinten』からさらに深化した Guru Guru ワールドが展開される 1 枚だ。（h）

Highway Robbery / For Love Or Money（1972）RCA

60 年代のサイケデリックバンドである Boston Tea Party の Michael Stevens（Gt. & Vo.）らによる、アメリカのハードロックトリオが残した唯一のフルアルバム。Grand Funk Railroad や Ted Nugent 風のカラッとしたサウンドが身上。ハイトーンヴォーカルとコーラス、速弾きギター、ドライヴィンなベースとアタック感の強いドラムが存在感を放つ、ヘヴィかつラウドなプロトメタルである。随所で 60 年代風のサイケデリックやアシッドなテイストも顔を見せる。粒揃いの楽曲と多彩なアイデアの数々は、現代のヘヴィロッカーにも示唆的な内容だと思う。（加藤・杉本）

Jericho / Jericho（1972）A&M

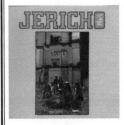

イスラエル出身の 5 人組がイギリスにわたって結成したバンドの 2nd。全 5 曲のコンパクトな構成ながら、疾走感溢れるアグレッシブな冒頭の "Ethiopia"、ジャズ／ブルースなどハードロック前史的なマテリアルに根差した小曲群、そしてプログレッシブかつドラマティックに展開するラストの "Kill Me With Your Love" と、それぞれが鮮烈な印象を残す。「ハードロック」というものが特定の型にはまって様式化した後世とは異なり、あらゆる音楽ジャンルとリンクしながら不定形かつ暴力的にそのエネルギーを発散していた往時のダイナミズムが凝縮されている。（杉本）

Jerusalem / Jerusalem（1972）Deram

当時 Deep Purple のメンバーだった Ian Gillan にプロデュースされたことでお馴染みの、イギリスのカルトハードロックバンドによる唯一作。エッジの立ったリフと疾走感、シャウトを多用するヴォーカルといったアグレッシブさが、しばしば元祖 NWOBHM と取り沙汰されることも納得のプロトメタルっぷり。加えて彼らは縦ノリ横ノリを問わずヘヴィネスを生み出すことにも長けており、この振れ幅は Deep Purple にも匹敵する。といっても演奏力や楽曲の品質なんかはそっちに遠くおよばないわけだが、初期衝動に満ちた攻撃性という一点に集中して聴けば万に一つはこっちに軍配が上がらないこともない。（杉本）

Klaus Schulze / Irrlicht（1972）Ohr

Tangerine Dream や Ash Ra Temple でドラムを叩いていた Klaus Schulze が、シンセサイザープレイヤーとしてソロ名義で発表した第一作。後に電子音楽家として知られる彼のキャリアの皮切りとなった重要作といえる。Tangerine Dream のようなミニマルなサウンドというよりは、荘厳かつクラシカルな要素を含む大作主義の作風となっており、全編を暗く冷たい雰囲気が貫いている。陰鬱な印象を与えるアートワークよろしく、聴いているとひたすら気持ちが沈み込むが、とにかく叙情的でドラマティックな作品なので、シンフォプログレ好きにもお薦め。（Kono）

Lucifer's Friend / ...Where The Groupies Killed The Blues（1972）Vertigo

70 年にデビューした、ジャーマンハードロックの先駆的なバンドによる 2nd。強靭なハイトーンヴォーカル、攻撃的な曲調、そして酩酊感あるキーボードをフィーチュアした名盤の前作に続き、本作も必聴盤（アートワークの連続性と美的センスも素晴らしい）。"Hobo" も、前作の "Ride The Sky" の系譜に連なる疾走感に満ちた名曲だ。続く楽曲群では、クラシックやジャズなど幅広い音楽的要素をアグレッシブかつ複雑な演奏のなかにミックス。変拍子も多用しつつ、構築美の高さを見せつけた。John Lawton（Vo.）は後に Uriah Heep に加入する。（杉本）

Mama Lion / Preserve Wildlife（1972）Family

71 年、Neil Merryweather（Ba.）と Lynn Carey（Vo.）が『Vacuum Cleaner』をリリース。翌年、ギター、ドラム、キーボード奏者を迎え、改名して放ったアメリカ・カリフォルニア州のバンドによる 1st がこちら。清楚な印象を与えるジャケの Lynn（実はこれ、額の中に写っていない部分はオッパイ丸出しなんですけど）からは想像も出来ぬ、パワフルなヴォーカルをフィーチュアしたブルースロックをプレイ。ギターにはハードロック的なエッジがあり、キーボードの音色は甘い。73 年にリリースした 2nd も良い内容だが、同年に解散。Janis Joplin などが好きな人はぜひチェックしてください。（杉本）

Mellow Candle / Swaddling Songs（1972）Deram

修道院学校の友人である Clodagh Simonds（Key. & Vo.）と Alison Williams（Vo.）らを中心に結成された、イギリスのフォークバンドによる唯一のフルアルバム。プロデュースは Curved Air や Renaissance との仕事でも知られる Divid Hitchcock。68 年の 1st シングルリリース時、Clodagh は若干 15 歳だった。可憐で清澄な響きの Alison の歌をメインに据えつつ、パワフルに喉を鳴らす Clodagh もマイクをとる女性ツインヴォーカル体制で楽曲を展開。コンパクトななかにミスティックかつプログレッシブな展開を詰め込んだ。商業的成功はなかったが、後世において名盤と評価された。（杉本）

Nicholas Greenwood / Cold Cuts（1972）Kingdom

The Crazy World Of Arthur Brown のメンバーだった Nicholas Greenwood（Ba. & Vo.）による、唯一のソロアルバム。Khan の Eric Peachey（Dr.）、The Mothers Of Invention の Bunk Gardner（Fl.）、Les Fleur De Lys の Bryn Haworth（Gt.）などが名を連ねる。最も存在感を放つキーボードをプレイしているのは、本作以外ではほとんど知られることのない Dick Heninghem。サイケデリックなサウンドながら、楽曲の構築にも意欲をみせるハイクオリティなプログレッシブロックをプレイ。ほとんどの曲はコンパクトにまとめられ、ときにポップですらある。オリジナル盤は激レアだとか。（杉本）

November / 6:e November（1972）Sonet

ドゥームに限らず、上質のバンドを多数輩出しているスウェーデン。同国におけるハードロックの草分けともいわれる、Björn Inge（Dr. & Vo.）、Christer Stålbrandt（Ba. & Vo.）、Richard Rolf（Gt.）からなるトリオの 3rd にして最終作。Cream や Black Sabbath、Grand Funk Railroad を思わせるヘヴィで粘っこいリフのブルースロックを軸に、パーカッションを導入した曲やアコースティックの幻想的なフォーク、ピアノによるバラードまでプレイ。英国産とも米国産とも違う、独特のヘヴィロックを展開している。歌詞はすべてスウェーデン語。07 年に再結成した。（加藤）

Poobah / Let Me In（1972）Peppermint

アメリカ・オハイオ州のパワートリオによる 1st。コミック調のチープでライトなアートワークからは想像も出来ぬほどにハードかつヘヴィ、そしてフリーキーにもポップにも振り切れ得るダイナミズムを備えた堂々たる名盤である。ソリッドなギターが唸る冒頭の "Mr. Destroyer" や "Bowleen" などはプロトメタルと呼んでも差し支えないほどの切れ味があるし、歌のラインをしっかりと作り込んでいるヴォーカルの仕事も心憎い。パーマネントなバンドとしては 79 年までに 3 枚のアルバムを発表。その後も、近年まで断続的に作品を発表し続けている。（杉本）

Ramatam / Ramatam （1972）Atlantic

元 The Jimi Hendrix Experience の Mitch Mitchell（Dr.）、Blues Image ～ Iron Butterfly の Mike Pinera（Gt. & Vo.）ら斯界の大物を擁し、紅一点の凄腕ギタリスト April Lawton を輩出したことでも知られるアメリカンハードロックバンドによる 1st。エッジの効いたギターとソウルフルなヴォーカルがリードするサウンドは、サイケデリックな質感には乏しいものの、強靭なリズム隊によるパワフルなグルーヴと、ヘヴィロックとジャズロックの間をスウィングするテクニカルさがプロトメタルとして申し分のない格好良さ。特にホーンセクションの鳴りが、陽気である以上に攻撃的。（杉本）

Randy California / Kapt. Kopter And The (Fabulous) Twirly Birds （1972）Epic

アメリカのサイケデリックロックバンド Spirit の中心人物でもある Randy California（Gt. & Vo.）によるソロ 1 作目のアルバム。Jimi Hendrix と交流があったことでも知られ、大西洋を挟んで「西のジミヘン、東のランディ」とでもいいたくなるほどに、トリオ編成のアンサンブル、ギターのカッティングや歌唱法にジミヘンとの共通項が多い。ルックスを反映したようなメロディの男臭さと、ときに哀愁も漂わせる曲づくりがたまらない。The Beatles のカバー "Rain" では、ドロドロの酩酊幻惑絵巻も展開。97 年、45 歳の若さで息子を助けるために溺死。心動かされずにはおれない（杉本）

Santana / Caravanserai （1972）Columbia

ここ日本ではポピュラー音楽寄りの一般洋楽ロックとして扱われることが多い印象の Santana。しかし初期の作品は、パッション溢れるギターソロとジャズ／フュージョン色の強い攻撃的な演奏、ラテンのリズムに根差した情熱的なドラマ性に溢れており、コアなハードロック／プログレフリークスを唸らせるに十分な刺激に満ち溢れている。本作 4th は、インストゥルメンタルを中心に、タイトルやアートワークにも表れている東洋的な幻想美を追求した傑作。後に Journey を結成する Neal Schon（Gt.）と Gregg Rolie（Key.）が参加した最後の作品でもある。（杉本）

Steel Mill / Green Eyed God （1972）Bellaphon

イギリスの地下ハードロックバンドが、当時ドイツのみでリリースした唯一のフルアルバム。オリジナル盤はレアだったという。75 年にイギリスで再発された。キーボード、サックスや木管楽器奏者を含む 5 人編成で、ジャジーかつプログレッシブなアートロック調のサウンドを奏でる。一方で、英国の湿り気がそうさせたのか、全体的にどんよりとしたダウナーなムードが漂うアシッドテイスト。当然ながら後のドゥームメタルとの親和性は高く、10 年に Rise Above Records がシングルやライブ音源などをコンパイルした完全版をリリースしたのも頷ける。（杉本）

Third Ear Band / Music From Macbeth （1972）Harvest

即興のテイストが強いチェンバーロックをプレイするイギリスのバンドによる 4th にして、William Shakespeare による戯曲を原作とする Roman Polanski 監督の映画『Macbeth』（71 年）のサウンドトラック。彼らが手がけたサウンドトラック作品としては 2 作目にあたる。不穏でミステリアスな旋律をもつ音楽の雰囲気に、中世ヨーロッパを舞台として、不気味な魔女の予言に導かれながら非業の死を遂げるマクベスを描いた悲劇が見事にマッチ。難解な作品が多いバンドだが、抽象的かつ前衛的な要素が強い他の作品に比べ、映像や物語がイメージの助けになるぶん親しみやすいと思う。（杉本）

頭脳警察 / 頭脳警察セカンド （1972）MCA

日本のロックが一大ジャンルとして台頭し始めた 70 年代初頭、Frank Zappa の曲名にちなむバンド名でデビュー。本作 2nd に収録されている「銃をとれ！〜マラブンタ・バレー」や次作の「ふざけるんじゃねえよ」は、優れたリフワークや PANTA （Gt. & Vo.）の怒気を含んだヴォーカルと歌詞の迫力も含め、日本のヘヴィロックの金字塔だ。本作ではその他、名バラード「さようなら世界夫人よ」、ポップななかに風刺に満ちた毒を盛った「コミック雑誌なんかいらない」や「いとこの結婚式」など、幅広い作曲センスを披露した。23 年に中心人物の PANTA が死去。（杉本）

Agitation Free / 2nd （1973）Vertigo

後に Ashra に加入する Lutz Ulbrich （Gt.）、後に Tangerine Dream で Klaus Schulze や Manuel Göttsching とコラボしたことでも知られる Michael Hoenig （Key.）らによるクラウトロックの重要バンド。本作は、フリーキーなロックに民族音楽も加えた混沌としたサウンドから、ゆったりと流れるサイケデリックミュージックとなった 2nd。スペーシーな空間を形成するキーボードやギターなど、陶酔感の強い幻想的サウンドスケープに埋め尽くされた作品。Popol Vuh や Klaus Schulze と並んでアンビエントの源流を生み出したといえ、ロック史的にも重要な作品である。（田村）

Beck, Bogert & Appice / Beck, Bogert & Appice （1973）Epic

いわずと知れた Jeff Beck （Gt.）と、Vanilla Fudge 〜 Cactus の Tim Bogert （Ba.）、Carmine Appice （Dr. & Vo.）によるバンドの唯一作。Jeff とリズム隊が双方の力量に惚れ込み、バンド結成のタイミングを窺っていた末のリリースだという。そのためか、お互いに求め合い過ぎて体液がグチャグチャ混ざり合うセックスのように、濃厚でハイテンションなプレイが満載の 1 枚となった。バンドは短命に終わるが、1 枚のレコードに各々の非凡な手練手管を凝縮。Jeff は冒頭の "Black Cat Moan" でヴォーカルを披露した。彼の長いキャリアのなかでは比較的珍しい、直球のハードロック作品でもある。（杉本）

Black Sabbath / Sabbath Bloody Sabbath（1973）Vertigo

より楽曲がドラマ性を帯び、魔術性も増幅した 5th。暗黒のリフと
メロウなアルペジオの対比が面白い表題曲や、叙情的な "Spiral
Architect" など、有名曲も多い。跳ねるドゥーム曲の金字塔 "Sabbra
Cadabra" には、元 Yes の Rick Wakeman（Key.）が参加。本曲は、
後に Metallica がカバーしたバージョンと合わせて必聴である。その
Metallica 版では、曲の後半が本作収録の "A National Acrobat" に置
き換えられている。この曲がまた、ブリティッシュマインド全開の
激烈なスタッフでたまらない。何かと異端視される Black Sabbath の、
誇り高き大英帝国の血を感じる名盤の一つ。（杉本）

Blue Öyster Cult / Tyranny And Mutation（1973）Columbia

アメリカンハードの大御所。スラッシュメタルすら想起させる、回転
の速いリフと共に猛烈に疾走する "The Red & The Black" で幕を開ける
2nd。彼らのヘヴィロックバンドとしての魅力を堪能するなら、本作
がお薦めだ。特に A 面の破壊力は凄まじく、強烈に疾走する曲から、
邪悪な音使いのリフと重心の低いドラムが支配的なドゥーム度が強い
曲など、とことん素晴らしい。とにかく、ハードな音楽が好きなら一
度は体験してほしい。一方、B 面では抒情性やプログレッシブな要素
が強調されており、超名曲 "Astronomy" を含む類稀な完成度で結実
した次作を予感させる。（Kono）

Brigg / Brigg（1973）Susquehanna Sound

アメリカはペンシルヴァニア出身のトリオによる唯一作。ドラムとキー
ボードはサポートメンバーが担当している。サイケかつポップな音像
を主軸としながら、曲調はロック、フォーク、プログレ風と様々にテイ
ストを変える。要するに当時の地下バンドっぽい感じ。さらに彼らの
場合、音圧をもって圧倒する部分がほとんどなく、ハードロック的な
エッジに乏しい。60 年代後半っぽい音で、73 年当時でもかなりオー
ルドファッションなサウンドであったと思う。そんないなたさが、今と
なっては味わいを増している。アートワークとそっけないロゴ（フォン
トはオールドイングリッシュの一種か）も、凄〜く良いねぇ。（杉本）

Budgie / Never Turn Your Back On A Friend（1973）MCA

イギリスはウェールズ出身のバンドによる傑作 3rd。冒頭の
"Breadfan" は、Metallica や人間椅子がカバーしたことでも知られる
代表曲。続く "Baby Please Don't Go" はトラディショナルなブルース
ナンバーのカバーで、これまた有名。ヘヴィなリフ、うねるベース、
ハイトーンヴォーカル、ダイナミックなドラムのアンサンブルが凄
まじい。ブルーステイストが薄いソリッドなリフを重ねて曲を紡ぐ
手法は、後の NWOBHM にも大きな影響を与えたのではないか。しっ
とりと聴かせるアコースティックナンバーの "You Know I'll Always
Love You" や "Riding My Nightmare" も良い。（加藤・杉本）

Buffalo / Volcanic Rock （1973）Vertigo

意味不明なジャケットが強烈なインパクトを残す、オーストラリアの
バンドによる名作と誉れ高い 2nd。ヘヴィなギターに骨太なリズム隊
からなる豪快なハードロックは、この時代に続々と台頭してきた「プ
ロトメタル」と呼べるバンド群にも通じる。そうしたバンド群には楽
曲を一聴してもバンド名がすぐに思い出せないものも多いが、彼らの
場合、オーストラリアという広大な大地が育んだ男臭く暑苦しい
ヴォーカルが、シャウト一辺倒だけでなくしっかりとメロディを歌い
上げることで個性を放ち、バンドの存在感を大きく引き出している。
Ba. の Peter Wells は Rose Tattoo を結成したことでも有名。（浜島）

Charge / Charge （1973）SRT

イギリスのカルトトリオによる唯一作。3 〜 5 分台の曲が 3 曲に、約 17
分の大曲が 1 曲という極端な構成。ギター、ベース、ドラムというシンプ
ルな編成ながら、サイケにもプログレにも振り切れ得る芳醇な音楽性を
有している。とりわけ冒頭を飾る "Glory Boy From Whipsnade" は、音
圧こそさほどでないものの、塩辛いリフの切れ味にプロトメタルをみる
ことが出来る良曲。ラストを飾る "Child Of Nations" は、"Soldiers"、
"Battles"、"Child Of Nations" の 3 パートよりなるプログレッシブ絵巻。
全体的に歪みの程度は低いが、クリーントーンであってもモヤっとした音
質にヘヴィネスを感じ取れる。ジャケは再発時のもの。（杉本）

Curved Air / Air Cut （1973）Warner Bros.

イギリスはロンドン出身のバンドによる 4th。ヴォーカルは美しい
声をもつ女性 Sonja Kristina。いわゆるプログレッシブロックになる
のだが、エレキヴァイオリンを始め様々な楽器で紡ぎ出される、軽
やかな浮遊感と叙情的な風景は心に安らぎをもたらしてくれる。「プ
ログレ」と聞くだけで大曲アレルギーが発症しそうな方もいるだろ
うが（私）、本作に 10 分超の大作は 1 曲のみで、それも超名曲。そ
の他の曲はコンパクトにまとまっているため、入門にお薦めだ。件
の大曲 "Metamorphosis" の劇的な展開は、アレルギーを克服するた
めのおいしい良薬ともなるだろう。（頭山）

Far Out / 日本人 （1973）Denon

宮下フミオ（Gt. & Vo.）、頭脳警察の左右栄一（Gt. & Org.）、石川恵（Ba.
Gt. & Vo.）、Arai Manami（Dr.）ら 4 人組による唯一のフルアルバムで、
喜多嶋修とジョー山中がゲストとして参加している。Free のような
ブルースロックを根底に据えながら、スペーシーな効果音と和のメ
ロディをフィーチュア。英語の発音が上手く歌心もあるヴォーカル
も秀逸だ。A 面 "Too Many People"、B 面「日本人」の大曲 2 曲によ
る構成で、サイケデリックかつ壮大な世界を描き出している。タイ
トルに違わぬ、国産プログレッシブロックを代表する名盤である。(杉
本)

Granicus / Granicus（1973）RCA

Robert Plant を彷彿とさせるヴォーカルにより Led Zeppelin タイプと評されている、アメリカンハードロックバンドが 70 年代に残した唯一のアルバム。ハイトーンでシャウトしまくる Woody Leffel のヴォーカルとブルースベースながら情熱的に弾きまくる Wayne Anderson のギター、タイトなリズムがハードロックのエナジーを最大限に引き出している。一方で、静のパートも取り入れることで作品としての完成度を高めている。哀愁漂う静の場面から感情ほとばしる動のハードロックへ徐々に展開していく "Prayer" を始め、楽曲のレベルもかなり高い。当時、本作のみで消滅したのがあまりにも惜しい。（田村）

Greenslade / Greenslade（1973）Warner Bros.

イングランド出身の鍵盤奏者 David Greenslade が Collosseum、If を経て結成したバンドの 1st。元 Samurai の Dave Lawson（Key. & Vo.）を含む、比較的珍しいツインキーボード編成で知られる。ギターレスながら、テクニカルかつソリッドな演奏、うねるベースが音の厚みとアグレッションを生んでいる。オルガンとメロトロンによるクラシカルなメロディが空間を埋め尽くす様は、緑を基調とした幻想的なアートワークとも相まって、魔力を帯びた蔦が古城を覆い隠すように絡みついているかのようだ。同年に発表された、そっくりなジャケットの 2nd も名盤。（杉本）

Hawkwind / Space Ritual（1973）United Artists

見える！　見えるぞ！　宇宙が！　Stacia の裸が！　60 年代後半に結成。今なお現役で、Motörhead の Lemmy Kilmister（Ba.）が在籍していたことでも有名なサイケデリックスペースロックバンドの、代表作であるライブ盤。渦巻くリフ、飛び交う電子音、Lemmy のビンビンなベースラインに導かれ、宇宙へと昇る。ロックとは何か？　プログレッシブとは何か？　そして心身二元論に囚われた内宇宙を世界へ解き放ち、至高点の彼方に梵我一如せしめたる音像とは何か？　既存のあらゆるジャンルを飛び越えた名盤には違いないが、難しいことは考えずにぼーっとしながら聴くのが一番です。（加藤・U）

Icecross / Icecross（1973）Independent

アイスランドの地下ハードロックバンドが当時、自主制作した唯一のフルアルバム。CD での再発もされてはいるものの、いまいち情報に乏しいオブスキュアアイテムながら、内容はプロトドゥームの名盤の一つに数えられるべきクオリティ。ダークで妖しげなメロディをフィーチュアした陰性の楽曲が並ぶ。丸みを帯びた音づくりの弦楽器隊が奏でるリフは輪郭がくっきりとしており、いわゆるヘヴィサイケ界隈とは異なる音像。モコモコのベースとドタドタとしたタム回しが強烈なドラムが、Black Sabbath にも似た強烈なグルーヴを生んでいる。（杉本）

Incredible Hog / Volume 1 （1973）Dart

イギリスのカルトトリオによる唯一のフルアルバム。少しアメリカっぽい、乾いたザラつきを伴ったブルースロック。プロトドゥームと呼ぶには陽の気が強めだが、プロトメタルというには充分すぎるほどに音のエッジが際立った、ぶっといリフでグイグイと聴かせるヘヴィロックである。特に、ペンタトニックスケールのフレーズのなかに野蛮な血を通わせるセンスは、後に Motörhead が作るスロー〜ミドルテンポの楽曲群にも通じるものがある。11 年に Rise Above Records が未発表音源を 4 曲追加して CD 再発。初出時の各国バージョンも含め、ジャケがコロコロ変わるのがマニア泣かせ。（杉本）

J・A・シーザー / 国境巡礼歌 （1973）Victor

日本のアンダーグラウンドカルチャー、とりわけ 70's サイケデリック界隈における最重要人物 J・A・シーザーによる、73 年に日本青年館で行われた「J・A・シーザーリサイタル」を編集・収録したもの。彼の作品はどれも素晴らしいが、本書的にはヘヴィサイケ版の "Paint It Black" な「越後つついし親不知」や、後に太陽肛門がカバーした「母恋しや珊瑚礁」などが収録された本作をお薦めしておく。ハードロック的なヘヴィネスと、ドロドロとした日本語詞が醸し出す情念が融合している点がたまらない。40 周年にあたる 13 年、未収録曲を追加した 2 枚組バージョンがリリースされた。（加藤）

Jackal / Awake （1973）Periwinkle

カナダのハーロックバンドによる唯一作。ヘヴィなギターとシャウトスタイルのヴォーカルが攻撃性を放つなか、オルガンサウンドのキーボードが奏でるリリカルなフレーズが鮮烈な印象を残す。クラシカルベースのシンフォニックなプログレ要素も散見され、ドラマティックに展開する。それでいて各楽曲は比較的コンパクトにまとまっており、それぞれの印象がクッキリとした全 8 曲 約 40 分。歪んではいるがいなたいトーンのギターを含め、音を詰め込み過ぎず、しっかりと練られたヴォーカルラインにより歌モノとしての魅力をも存分に打ち出した。基本的にカルトアイテムだとは思うが、マニアだけが聴くのはもったいない。（杉本）

Kingdom Come / Journey （1973）Polydor

ヒット曲 "Fire" で知られる Arthur Brown が、The Crazy World Of Arthur Brown 解散後に結成したバンドの 3rd。本作のドラムは Arthur 自身による打ち込み。プログレッシブな方向性を追求してきた Kingdom Come だが、本作で提示されているのはとてつもなくシアトリカルなサウンド。ミニマルなリズムの醸し出す酩酊感、浮遊感ある効果音も相まって、70 年代当時の奇妙な SF 映画のサウンドトラックのような様相を呈している。長尺の楽曲にこそ本作の真価があると思うが、"Spirit Of Joy" のようなコンパクトかつキャッチーな曲もやはり彼の魅力の一つ。（杉本）

Los Dug Dug's / Smog（1973）RCA

60年代に結成し、現在も活動しているメキシカンサイケデリックロッカーの2nd。Jethro Tull から影響されたというフルートをフィーチュアした、Blue Cheer や MC5 に匹敵する暴力的ハードサイケ。冒頭の唸りを上げるモーター音、かの国の熱気と情景が目に浮かぶようなラテン風味のアコースティック曲なども含めてプロトストーナー／デザートロック的趣がある。歌詞はスペイン語。冒頭の表題曲ではっきり「マリワナ」と歌っているのが聴き取れるが、内容は「どこも煙だらけでウンザリ 大麻はおまえを救わない」というものだったりする。（加藤）

Mahavishnu Orchestra / Birds Of Fire（1973）Columbia

イギリス人ギタリスト John McLaughlin によって結成された、アメリカのインストジャズロックバンドによる代表作2nd。ジャズ／フュージョン的なアンサンブルが中心ながら、火を噴くように攻撃的な演奏とヘヴィネスから、本作のラインアップに加えたい。特に冒頭のタイトル曲のように、不穏な雰囲気を漂わせながら不条理なプログレッシブネスで紡がれたナンバーは、King Crimson の暗黒性にも通じるヘヴィメタリックさ。東洋的なメロディが幻惑と酩酊を運ぶ。John はかつて Miles Davis のバンドでプレイしており、"Miles Beyond（Miles Davis）" は John のオリジナル曲である。（杉本）

Message / From Books And Dreams（1973）Bellaphon

イギリス人ギタリスト Allan Murdoch と、Tommy McGuigan（Sax. Key. & Vo.）を中心に結成、ドイツを活動の拠点とするプログレッシブロックバンドによる2nd。不気味なアートワークがこけおどしでしかない場合が多い70年代において、ビジュアルと中身の釣り合いがとれた本物である。不穏な冒頭 SE の "Sleep!" で眠りに誘われた後に迷い込む "Dreams And Nightmares" は、「Dreams 編」と「Nightmares 編」からなる合計25分の大曲で、間に小曲を挟みつつアルバムの骨格を構成。悪夢的なリフと抒情的なヴォーカルにリードされる音像は、ダークサイドの King Crimson を彷彿とさせる。（杉本）

Neu! / Neu!2（1973）Brain

初期の Kraftwerk の活動を通じて出会った Klaus Dinger（Dr.）と Michael Rother（Gt.）による奇跡のユニット Neu!。71年の結成から75年の解散までにリリースした3枚のアルバムはいずれも、アートワークも含めてクラウトロックの歴史的名盤として語り継がれている。「ハンマービート」などという恐ろしげな呼称の割には優しい8つ打ちビートを基調に、ロックの骨子だけを抽出しながらも清澄な響きをもつポップ作品にまとめ上げた1stに続く本作2ndでは、製作費不足をカバーするために既存音源の回転数を変えたりエフェクトを加えたりと、リミックスの先駆けのような方法論を提示した。（杉本）

Pink Fairies / Kings Of Oblivion（1973）Polydor

Twink（Dr.）が The Deviants の Mick Farren（Vo.）と結成するも解散し、その後 Twink が Mick 以外の The Deviants メンバーと再結成する、という複雑な経歴をもつ Pink Fairies。Twink 脱退後、ギターが後に Motörhead のオリジナルメンバーとなる Larry Wallis に交代して制作した 3rd にして、解散前のラストアルバムが本作。ブリティッシュハードロックが土台ではあるものの、ポップなメロディとドライブ感のあるガチャガチャとしたサウンドはパンク的でもあり、全方位のロックファンにお薦め出来るハードロックンロールの快作。87 年に再結成。（脇坂）

Pink Floyd / The Dark Side Of The Moon（1973）Harvest

このニッチな本で、あえてベタ中のベタに走るこんなチョイスもたまには良いでしょう。プログレッシブロックのコンセプトアルバムとしての完成度はもちろん、聴き手を幻惑し酩酊させるヘヴィロックとしても一級品なのだ。これだけのモンスターアルバムでありながら、この作品のフォロワーは少ない印象。音像が立体的に立ち上がる録音の素晴らしさと、無駄なく考え抜かれた一音一音の配置の妙が肝であって、音楽性や曲調を表面的になぞることには意味がないのを、多くのミュージシャンたちが直感的に気づいているからかもしれない。（杉本）

Semiramis / Dedicato A Frazz（1973）Trident

Osanna の『Palepoli』、Il Balletto Di Bronzo の『YS』と並ぶ、イタリアン・ヘヴィシンフォニックロックを代表する作品。シンセサイザーやビブラフォンによる神秘的な空間形成。そして、ファズを効かせながら暴れまくりテクニカルに弾きまくったかと思うと、アコースティックによる静謐な世界を生み出したりと、縦横無尽に活躍するギターが幻惑的な世界を構築。Opus Avantra の前衛的退廃美や Latte E Miele のリリカルな荘厳さを感じさせるところもあり。これこそがヘヴィシンフォの名作といいたい。メンバーはこのとき、若干 10 代だったが、本作のみで解散。（田村）

Stray Dog / Stray Dog（1973）Manticore

テキサスの Aphrodite に、The Jimi Hendrix Experience 解散後の Noel Redding による Road のドラマーだった Leslie Sampson が加入して誕生したトリオによる 1st。プロデュースは Emerson, Lake & Palmer の Greg Lake。Free の『Heartbreake』にも参加した "Snuffy" Walden による粘着質でヘヴィなギター、Leslie のドカドカと叩くハードなドラムが暴れまくる。アメリカ出身ながらブリティッシュロックを強く感じさせる、これぞハードロックというべき名盤。ブルースロックをベースに、アメリカンな豪快さとプログレッシブな緻密さが同居する混沌も魅力的。（田村）

1970年代

Tempest / Tempest（1973）Bronze

元 Colosseum の Jon Hiseman（Dr.）を中心に結成された、イングランドのハードロックバンドによる 1st。ミドル〜スローテンポを中心に、耳に残る輪郭のはっきりしたリフを反復する曲の構築法は、Black Sabbath のように重く暗い曲を演奏するというのとは軸を異にする、プロトゥドゥームの一つの型といえるだろう。ヘヴィメタルの到来を予感させるような Allan Holdsworth（Gt.）によるアグレッシブな速弾き、ジャジーでテクニカルなリズム隊による応酬もスリリングな名盤だ。後に元 Patto の Ollie Halsoll（Gt.）が加入。Allan と Paul Williams（Vo.）が脱退した編成で 2nd を発表する。（杉本）

Amos Key / First Key（1974）Spiegelei

Thomas Molin（Key. & Vo.）、Andreas Gross（Ba. & Vo.）、Lutz Ludwig（Dr.）よりなる、ドイツのトリオが残した唯一作。地下室の黴臭さが漂ってきそうなアートワークとメンバー写真が香ばしい。どちらかといえばイギリスっぽい音。Emerson, Lake & Palmer などを彷彿とさせる、オルガンを主体としたプログレッシブロックを聴かせる本格派である。キーボードはアグレッシブなタッチでクラシカルなフレーズを連発。それに追随するリズム隊もタイトだ。本作は比較的頻々と再発されており、10 年には未発表音源も CD でリリースされた。（杉本）

Biglietto Per L'Inferno / Biglietto Per L'Inferno（1974）Trident

2 人のキーボード奏者に、フルートを兼務するヴォーカルを擁する、イタリアの 6 人組による 1st。バンド名の意味は「地獄への切符」。一定の主題的な旋律をフィーチュアした大作を、アルバム 1 枚にわたって繰り広げるドラマティックな作品。ヘヴィなギターとリリカルな鍵盤の旋律が相まって、バンド名が表す通り、美しくも不条理な映画を鑑賞しているような気分にさせられる。70 年代当時には本作のみのリリースに止まったが、75 年に録音した 2nd を 92 年にリリース。さらには 00 年代、完全盤ボックスや再結成を経ての新作まで作った。非常に息が長いバンドなのだ。（杉本）

Budgie / In For The Kill!（1974）MCA

イギリスのハードロックレジェンドによる 4th。昔、杉本がスタジオ練習の雑談で「初期 Judas Priest ＋ Black Sabbath ＋ Rush 声」と表現していたが、実に間違いのない紹介だ。リフが素晴らしい。ってのは大前提として、しかしめちゃくちゃなまでに音質が理想的。信じられないくらい良い。こういうのってアナログで聴かないと本質がわからないとも思うが、デジタルだろうがしっかり伝わってくるガチキチパワフル鼻血デロデロオールドスクールリアルサウンド。おかげさまで鼻の穴の中がパイパンになったので、俺はもう鼻毛切りを探すのはやめた。（U）

The Cosmic Jokers / The Cosmic Jokers（1974）Kosmische Musik

Ash Ra Temple の Klaus Schulze（Syn.）と Manuel Göttsching（Gt.）、Wallenstein の Harald Großkopf（Dr.）と Jürgen Dollase（Org.）、プロデューサーとしても名高い Dieter Dierks（Ba.）というジャーマンロック界の錚々たるアーティストによるセッションアルバム。そして、スペース／コズミックロックの金字塔的作品でもある。Dieter による過剰なまでのエフェクト処理やミキシングにより、トリップしまくる幻惑世界が繰り広げられる。単なるセッションから発生したとは思えない、宇宙的サイケワールドを究極かつ完璧に表した奇跡の逸品。（田村）

Epitaph / Outside The Law（1974）Membran

69 年に前身が結成されたドイツのハードロックバンドによる 3rd。これでもかとばかりに泣きのフレーズを弾き倒すギターがリードする、叙情派の楽曲を多数収録。同じくドイツの Scorpions の、Uli Jon Roth（Gt.）在籍時のサウンドに通じる部分が大いにあるものの、なぜか我が国ではマニア以外に注目されていない印象。サイケデリックかつオカルティックなジャケットは味わい深くも地下臭が漂うが、音は一級品。特に、"Big City" やタイトル曲などはシングルカットしてもイケそうなくらい。82 年に解散するも、00 年に再結成。新作もリリースしている。（杉本）

Gong / You（1974）Virgin

Soft Machine を脱退した Daevid Allen により結成されたフランスのバンド。本作は、ゴング惑星からフライングティーポットに乗ってやって来た妖精が、テレパシーにより地球人に向けて海賊ラジオを放送しているというコンセプトによる「ラジオ・グノーム・インヴィジブル」三部作の最終アルバム。前 2 作とは異なり、インストゥルメンタルパートを中心とした作風となった。Tim Blake による宇宙感満載の空間を創出するシンセサイザーと、Steve Hillage の変幻自在なギターが際立っているが、ここに技巧的なリズムによる緻密なジャズロックが合体。独自のスペースロックを完成させた傑作である。（田村）

Henry Cow / Unrest（1974）Virgin

イギリスのアヴァンギャルドロックバンド Henry Cow の 2nd。いわゆるチェンバーロックにカテゴライズされることもあり、他のカンタベリー系バンドのようにポップな面もあるが、それ以上にフリージャズや室内楽的な現代音楽の雰囲気が色濃い。オーボエなどの奏者が参加しているのがその一因だろうか。意識して作曲されたであろう美しいメロディと、時代柄か薬でもやりながら演奏したのではと思えるようなフリーキーさが交差する作品だ。音楽を知らない人間がハチャメチャにやっているわけでは決してない、意図的な狂気を感じることが出来る。（Kono）

King Crimson / Starless And Bible Black（1974）Island

名盤と名高い『Larks' Tangues In Aspic』と『Red』の間に産み落とされた、偉大なインプロアルバム。彼らの先進性や技術力を体感するのに最適。特に、タイトル曲と "Fracture" にはアホ ほど鳥肌が立つ。緻密で繊細なようで、ダイナミックでドラスティック。構築と即興の高い次元での融合をバンドサウンドの進化の極地とみるなら、本作を超えるものを俺は知らない。邦題『暗黒の世界』は、作品の雰囲気をよく表している。絶望で塗り潰された黒ではなく、優しくも荘厳な聖なる黒。難解な音像のなかに登場する、感動的なメロディとリフ。何回聴いても飽きない作品。（U）

Kiss / Hotter Than Hell（1974）Casablanca

アメリカ発、世界を代表するロックモンスターの 2nd。華々しいアリーナロックの何たるかを体現するエンターテイナーとしてのイメージが強いが、ブリティッシュロックからの影響が色濃く、魔性を宿したリフを作る術にも長けていた。本作に収録されている "Watchin' You" や "Strange Ways" などはその代表的な曲で、一貫してヘヴィなグルーヴが支配している。一方で "Mainline" や "Comin' Home" など、肩の力を抜いたキャッチーな楽曲も魅力的。世間的には代表曲とされていない〝アルバム曲〟も充実しているというのが、大御所の大御所たる所以。（杉本）

Primevil / Smokin' Bats At Campton's（1974）700 West

アメリカの地下ハードロックバンドによる唯一のフルアルバム。現代においても彼らの扱いが B 級どまりであることは、楽曲が全体として統一感を欠いていることに鑑みればさもありなんという感じだが、ヘヴィロックマニアは本作を無視してはならない。ファンキーでグルーヴィーな曲調を基調としながら、ギターのリフはエッジが立ってソリッドというか金属質であり、ヴォーカルの絶叫も凄まじい。ギターソロにいたってはどんな情念を込めたのか、ブルージーな曲ですら 1 音 1 音が凄まじいアタックの強さで、プロトメタルの名盤としては申し分のないアグレッシブさだ。アートワークが凄まじく格好良い。（杉本）

Ya Ho Wha 13 / Penetration, An Aquarian Symphony（1974）Higher Key

ジャケットにも登場している Ya Ho Wha aka. Father Yod（Vo. 他）こと Jim Baker が率いる、アメリカ・カリフォルニア州はロサンゼルスのカルトコミューン The Source Family を母体とするサイケデリックロックバンドで、メンバーは全員 Aquarian 姓を名乗っている。本作は、彼らが 70 年代に自主レーベルからリリースした作品群の一つ。通常のロックバンドの布陣によるジャムセッションを主体とし、Hawkwind のようなミニマリズムもみせつつ、Ya Ho Wha による語り、詠唱、奇声、口笛などが縦横無尽に駆け巡るアシッド怪作。（杉本）

Alice Cooper / Welcome To My Nightmare（1975）Atlantic

「我こそがヘヴィメタルの祖」と謳う魔界の帝王 Alice Cooper による、ソロプロジェクトとして再始動後、初の作品。彼にとっては通算 8 作目。Frank Zappa のレーベルからリリースされていたサイケ期の作品や、世界征服を成し遂げたといっても過言ではない『School's Out』など、ロックの金字塔を多く発表しているが、本作も重要作。シアトリカルなライブパフォーマンスが醸す見世物小屋的な雰囲気と、同じく元祖ヘヴィメタルといわれる Blue Öyster Cult にも匹敵する哀愁のサウンドが見事に融合。ジゴロが生娘に誘いをかけるときの、甘くも夜の邪気を含んだ囁きのよう。（浜島）

Black Sabbath / Sabotage（1975）NEMS

6th。本作のジャケットも、パロディが比較的多いかもしれない（コスプレが楽しいのかな）。冒頭の "Hole In The Sky" は、ミドルテンポでハードロックを語る稀代の名曲。小品 "Don't Start(Too Late)" に続く "Symptom Of The Universe" では、無機質で疾走感溢れるリフワークが元祖スラッシュ／ハードコアといわれるように、先鋭的なアグレッションを示した。後半、ドラマティックな前作の路線をさらに推し進めたような長尺の楽曲が並ぶ。初期のようにシンプルなリフを主軸にしたものではないぶん、即効性の快楽には欠けるものの、ブリティッシュロック然とした構築美を見せつけた。（杉本）

Cain（US）/ A Pound Of Flesh（1975）ASI

ベースとキーボードを兼務する奏者を含む、アメリカの地下ハードロックバンドによる 1st。疾走感溢れる "Queen Of The Night" はアルバムの開幕にふさわしい名曲で、その他の楽曲も粒揃い。Grand Funk Railroad のようなタフネスと叙情味が同居するサウンドをハイトーンヴォーカルがリードする音像は、Deep Purple や Uriah Heep などのブリティッシュロック、はたまた Scorpions や Lucifer's Friend のようなジャーマンハードをも彷彿とさせる。気色悪いジャケットにメゲず、メジャー志向のリスナーも試してみる価値あり。77 年には 2nd を発表している。（杉本）

Creation / Creation（1975）東芝 EMI

Blues Creation 時代、71 年にリリースした『悪魔と 11 人の子供達』やカルメン・マキとのコラボ作品が日本のヘヴィロック史上に輝く名盤として名高いが、Creation に改名してからの作品も良い。本作は改名後の 1st で、Blues Creation 時代から数えるとマキとのコラボ作品も合わせて通算 4 枚目。プロデュースは内田裕也。流麗なツインギターやハーモニーを強調した作風だが、ハードロックとしての熱量は必ずしもヘヴィネスだけが伝えると決まったものでもないだろう。Wishbone Ash や Uriah Heep にも通じる英国風叙情と、ポップなブライトネスが融合した好盤。（杉本）

Witch（ZAM）/ Lazy Bones !!（1975）Zambezi

アフリカ南部ザンビア発、伝説のアフロサイケバンドによるアルバム。Jimi Hendrix と James Brown が融合したような音楽をプレイしているが、土着的なグルーヴが強烈な印象を残す前作よりも、楽曲の質が向上しドラマティックなフレーズが随所で顔を出すようになった。特に、アコースティックなパートから爆発する冒頭曲は、ハードロックファンにも大いにアピールしそうな名曲。アフリカのサイケというと、ファンキーでリズミカルなイメージがあるが、このバンドは地を這うようなグルーヴ感も兼ね備えている。witch と名のつくバンドに外れなし。（浜島）

Aerosmith / Rocks（1976）Columbia

70年代、勢いにノリにノリまくっていた彼らが放った一大傑作。ビッグになってからの作品も良いかもしれないが、プンプン漂う危険な香りとかヘヴィで狂気じみた感じとか、トロンとしたポップさ、ドライブ感とか全部混ぜてハードにロックンロールしちゃったこの『Rocks』こそ珠玉の名盤。すべてが 30 分ちょいに詰まっている濃さとスピードも熱中ポイントで、気づけば麻薬のように聴きまくっていることもよくあったりする。今わの際には、ぜひとも "Home Tonight" でちょっぴりキュッと締めつけられ微笑みながらサヨナラしたい。（頭山）

Black Sabbath / Technical Ecstasy（1976）Vertigo

プロダクションがスッキリし、そのぶん従来のヘヴィネスがやや捨象された感のある 7th。とはいえ、楽曲の充実度は歴代の名作に引けを取らない。"You Won't Change Me" や "Dirty Woman" は従来の方法論をさらに煮詰めたドラマティックなドゥームだし、"Backstreet Kids" や "It's Alright" のようなポップな楽曲も新たな花を添えている。ちなみに、本作を Black Sabbath のベストとして推すミュージシャンは意外と多い。Cathedral 〜 Death Penalty の Gaz Jennings が有名だが、本書の執筆メンバーでもある Outbreak Riot の浜島浩輝もその 1 人。（杉本）

Galaxy / Day Without The Sun（1976）Sky Queen

アメリカのバンドによる、サイケデリック作品としては遅まきな 76 年にリリースされた 1st。ギター、ベース、ドラム、キーボード奏者らによる 4 人組であり、クレジットからは誰なのか判然としないが女と男のヴォーカルがいる（女声はキーボードの Space Mama Geiger だろうか）。ムーディーな叙情を湛えた曲、クラウトロックのようにミニマルな曲、荒々しい音でハードロックを展開する曲などが混在して統一感がないあたりはいかにもこの時期の地下バンドっぽい。しかし曲ごとのクオリティは高く、特に喘ぎ声やスペーシーなエフェクトを多用した女声ヴォーカルの曲には忘れられないインパクトがある。（杉本）

Judas Priest / Sad Wings Of Destiny（1976）Gull

地元バーミンガムの先輩 Black Sabbath からの影響は、Glenn Tipton（Gt.）の前キャリア Flying Hat Band や憧れ丸出しなデビュー作『Rocka Rolla』のほうがよりダイレクト。そして例の、Glenn による〝怒りの猛特訓〟を経て起死回生を図ったこの有名な 2nd でも、あちこちから漏れ出ちゃってる。特に気になるのは、"Tyrant" のようなスピード感のある曲でも失われていない特有の重さ。このケバケバとしてヒステリックなヘヴィネスを手にして以降、常に最新の音楽をミックスアップして、ときにフライングしながらもヘヴィメタル界をリードし続けていく。（hAe）

Led Zeppelin / Presence（1976）Swan Song

Led Zeppelin 後期の傑作アルバム。通算 7 作目。前作、前々作と音楽性を拡張してきた彼らだが、今作はハードな路線に戻った……といわれている。確かに、有名な "Achilles Last Stand" は問答無用のハードロックソングだ。しかしそれ以外はどうだろう。キーボードこそないが、ブルージーな曲調と反復性の強い曲作りが、一見地味な印象を与えるかもしれない。しかし、何度も聴き通すうちに、それが気持ちよくなってくる。サウンドに含まれるどこか陰鬱な雰囲気は、今までの彼らにはなかった要素だ。非常にアダルトなマイナーブルースの "Tea For One" における演奏は、後世まで語り継がれるべき。（Kono）

Magma / Üdü Ẁüdü（1976）Utopia

「コバイヤ星からの使者」というコンセプトの下、自らコバイヤ語を作り出したフレンチプログレッシブロック界の巨星。バンド興起の立役者であった Jannick Top（Ba.）と中心人物である Christian Vander（Dr.）との 2 大巨頭が牽引することで奇跡の傑作となった。後の彼らの方向性を示唆するファンクやアフロの要素が散見されるが、ジャズロックをベースとしながら異様に呪術的な雰囲気を発する、暗黒で混沌とした Magma の特異性が顕著になった作品。ラストの大曲 "De Futura" は、畏怖の念すら感じさせる Top のベースと儀式的な酩酊感が異様な世界を繰り広げる名曲。（田村）

Rainbow / Rising（1976）Polydor

Deep Purple を脱退した Ritchie Blackmore が結成したバンドの 2nd。Cozy Powell（Dr.）が参加。Ronnie James Dio（Vo.）を含めた三頭政治時代の幕開けである。クラシカルなメロディをフィーチュアした様式性にフォーカスされることが多いが、ヘヴィロックとしても傑出した存在だった。ラストの "Light In The Black" や次作の "Kill The King" など速い曲の人気が高いが、本質的にはそういうノリのバンドではない。"Tarot Woman"、"Starstruck"、"Stargazer" あたりが真骨頂。ブルースベースの旨味とトラディショナル／クラシカルな美旋律の火花散る同居のスリリングなことよ。（杉本）

Scorpions / Virgin Killer（1976）RCA

ドイツを代表する世界的ロックモンスターによる 4th。Uri John Roth（Gt.）による抒情的なソロ、そして Klaus Meine（Vo.）の切ない歌い声から始まる "Pictured Life" が、世間に対する本作の印象を完全に決定付けた。Klaus の官能的な歌声は聴く者の心の隙間に優しく染み入るも、そこに突如として切り込んでくる Uri のソロの数々には、Klaus が作った優しい雰囲気をすべて破壊せんとする狂気さえ感じる。一転して "Virgin Killer" では、Uri に負けず劣らずの情念を感じさせる Klaus のハイピッチな歌声が、鳥肌が立つほどに凄まじい。（JERO）

Stonewall / Stonewall（1976）Tiger Lily

ニューヨークの 4 人組による唯一作。レコーディングされた 72 年当時は契約を取れなかった。76 年に Tiger Lily（税金逃れのために設立された悪徳レーベル）がバンドに無許可でリリース。バンドは印税を手にすることはおろか、リリース自体を何年もの間知らなかったという……なにやら「70 年代ロック残酷物語」みたいな話になってしまったが、内容は極上。ブリティッシュハードの影響も窺わせる、パンキッシュに尖ったヘヴィブルースロックで、ハーモニカとハモンドの使用も印象的。正当に世に出ていれば今以上の知名度は得られたはずだ。19 年の Permanent Records 盤が唯一の公式リリース。（加藤）

Truth And Janey / No Rest For The Wicked（1976）Montross

アメリカ・アイオワ州のパワートリオによる 1st。オリジナル盤は激レアだが、近年は繰り返し再発されているので知名度が高くなってきた。翌年リリースの 2nd も手に入りやすくしてもらえませんかね。69 年に Jeff Beck のアルバムから名を拝借した Truth として結成。そこに Billy Janey（Gt. & Vo.）が加入し、Truth And Janey と改名した。素敵にブギーするブルージーなリフをベースに、ブリティッシュハードを思わせる哀愁のメロディが乗る。サイケデリックなギタープレイも秀逸。非アリーナ型のハードロックのおいしいところを全部取りしたような傑作。（加藤）

Yu Grupa / Yu Zlato（1976）Jugoton

70 年に結成され今なお現役の、セルビア（旧ユーゴスラビア）を代表するロックバンドによる、シングル曲を集めたコンピレーション。英国的なハードロックに東南欧独特のトラッド／フォーク的センスをミックスした音楽性で、ここでしか聴くことが出来ない魅力もある。曲調は、東欧的な陽気さをもつリフをミニマルに反復するもの、Deep Purple の "Rat Bat Blue" のような疾走をみせるもの、バラード調のものなど多岐にわたる。音質は生々しく、バンドの確かな実力を飾りっけなしに伝えている。（杉本）

カルメン・マキ＆Oz / 閉ざされた町（1976）Kitty

70年代の日本で活躍した、本格的ハードロックバンドの2nd。ドライブ感のある曲からバラード、プログレッシブかつドラマティックな曲ありと、当時の欧米のバンドと比べても高いクオリティのバンドだった。世間的には名曲「私は風」を収録した1stが有名だが、本書の読者には本作がお薦め。なんといってもタイトル曲がドゥームクラシックとして秀逸だ。Black Sabbathのようなヘヴィリフ、Flower Travellin' Bandを思わせる美しくも呪術的なメロディ、King Crimsonを想起させる曲展開など、ドゥームファンにはニヤリと出来る部分が多いだろう。（Kono）

Motörhead / Motörhead（1977）Chiswick

HawkwindをクビになったLemmy Kilmister（Ba. & Vo.）が結成したイングランドのトリオによる1st。後のハードコアパンクやスラッシュメタルに多大な影響を与えた、元祖スピード爆音ロックとしてリスペクトされているが、本書的にはHawkwindから引き継いだサイケデリックネスと、ブルースベースの煙たいリフが醸し出す酩酊感に着目したい。楽曲の構成はシンプルでも、Jimi HendrixのローディとSam Gopalを経たLemmyのセンスは、音そのもののフリーキーさに反映されている。"White Line Fever"や"Keep Us On The Road"のような渋め路線の曲にこそ、その神髄が宿る。（杉本）

Quartz / Quartz（1977）Jet

かつて俺（U）がNWOBHMを掘っていた頃、Girlの1stと一緒にこの1stを購入したのだが、まず際立ったのがGirlに比べてあまりに男臭すぎる髭男爵たちの出で立ち！　だが！　サウンドはもっと男臭い！　Black Sabbathの弟といわれるのも合点、リフで押しリズムで引きずるナイスメタルです。Mountainの"Nantucket Sleighride"をレパートリーとしており、同名シングルやライブ盤で聴ける。Cactusの1stを体験したときにも思ったけど、この手のドゥームのリフには何か男根を思わせるモノがある。（U・杉本）

Spriguns / Time Will Pass（1977）Decca

Fairport ConventionのSandy Dennyに影響を受けた女性シンガー、Mandy Mortonを擁するイギリスのフォークロックバンドによる2nd。77年とこの手のジャンルではかなりリリースが遅い部類。基本的には暗めのコード進行にしっとりしたメロディが乗るブリティッシュフォークという趣だが、ドラマーが「もしや元々はハードロッカーなのでは？」と疑ってしまうヒットの重さで、意外と演奏に躍動感というかハードさがあって面白い。サウンド的にはそこまで強烈には感じないが、どうも黒魔術とかがテーマになっていたりするようだ。少し洗練された3rdもお薦め。（Kono）

Black Sabbath / Never Say Die!（1978）Vertigo

70年代サバスのトリを飾る、Ozzy Osbourne（Vo.）期ラストの8th。Colosseum IIや後のRainbowでも知られるDon Airey（Key.）がゲストで参加している。スピードメタル的なアグレッションをもつ表題曲を除くと、ヘヴィネスが後退しているためか、比較的人気がない作品。しかし、ときにポップだったり、実験的な側面を見せたりする表情豊かな楽曲群は、いずれもさすがのクオリティを保っている。細やかなアレンジにおいては、スキルと伝統あるブリティッシュロックバンドとしての凄味を見せつける。印象的なアートワークは前作に続いてHipgnosisによるもの。（杉本）

Condition Green / Life Of Change（1978）See-Saw

71年に結成、70年代に2枚のアルバムを残した、沖縄を代表するハードロックバンドによる1st。プロレスラーと芸人の集団であるかのようにアクが強すぎるルックス、「人間タワー」や動物を食いちぎるえげつないライブパフォーマンスの逸話からは想像が出来ないくらい、正統派でプロフェッショナルなサウンドを聴かせる。ブルースからグルーヴィーなヘヴィロック、歌謡曲的な哀愁を湛えたナンバーまでを違和感なく1枚に封入。高い演奏力は特筆モノで、シンキ（Gt.）のフレージングは日本を代表する手仕事として後世まで語り継がれるべきだ。（杉本）

Goblin / "Zombi"Dawn Of The Dead（1978）Cinevox

イタリアのプログレッシブロックバンドGoblinは、数々の映画音楽を手がけてきたことで知られる。特に、Dario Argento監督のホラー映画『Suspiria』『Phenomena』などが代表作であることから、しばしばオカルティックなイメージと結びつけてとらえられ、ヘヴィメタルファンからの支持が厚い。一方で、彼らはケレン味を抜きにしてもプロフェッショナルな音楽制作集団であり、様々なスタイルの楽曲を演奏してきた。前述のDario監督が音響を担当した『Dawn Of The Dead』（George A. Romero監督）のサントラである本作が好例だ。（杉本）

The Happy Dragon-Band / The Happy Dragon-Band（1978）Fiddlers Music Company

アメリカはミシガン州のサイケデリックロックバンドの唯一作。改名前のバンドであるPhantomが74年にリリースした『Phantom's Divine Comedy Part 1』でのヴォーカルがThe DoorsのJim Morrisonに似ていたため裁判沙汰になったという逸話もあり。精神に異常をきたしそうな電子音を鳴らすシンセサイザーと、呪術的ですらあるアシッドなヴォーカルによるエクスペリメンタル・サイケデリックロック。アヴァンギャルドでありながら、哀愁を帯びたメロディやドラマティックな展開もあり、彼らの不可思議な世界観へと聴き手をズルズル引き込む、麻薬のような作品。（田村）

Tangerine Dream / Cyclone（1978）Virgin

クラウトロックバンド Tangerine Dream は、基本的にはシンセサイザーオリエンテッドなサウンドを身上としているが、本作はヴォーカルを大々的にフィーチュアした異色作だ。木管・金管楽器や鍵盤も担当した Steve Jolliffe の歌うメロディがロマンティックかつよく練られており、各曲の中間部にはサイケデリックかつドラマティックな展開もあるため、『Meddle』（71 年）の頃の Pink Floyd を彷彿する部分もある。「Tangerine Dream は初期しか認められない」というマニアも多いようだが、初めて彼らの作品を手にする人に本作をすすめてもばちは当たるまい。（Kono）

三上寛 / 負ける時もあるだろう（1978）Bellwood

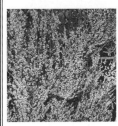

三上寛をフォークシンガーのくくりで語るのは無理だ。また、寺山修司のエピゴーネンとするのも適当でない。形而上と形而下、生と性、知性と痴性、忘我と覚醒、理性と情念といった混沌を内包した三上は、その存在が商業的に許された 70 年代、すなわち日本に真の多様性があった時代の表現者として記憶されるべきであろう。現在にいたるまで精力的に作品を制作・発表しており、他の有名ミュージシャンとのコラボ作品も含めてすべてが唯一無比だが、楽曲に一貫性がまるでない『負けるときもあるだろう』を必聴盤として挙げておきたい。（リベラリスト）

Electric Sun / Earthquake（1979）Brain

元 Scorpions の仙人ギタリスト Uli Roth（Gt. & Vo.）率いるトリオの 1st。ベースは後に Zeno や Fair Warning に参加する Ule Ritgen。Jimi Hendrix を彷彿とさせる、カッティングによるバッキングを主体としたハードロック前夜的な原始ロック。しかしながら、Uli のリードギターが紡ぐ東洋的かつ神秘的なメロディは、古今東西で彼以外に奏でる者がいない唯一無二の個性。東洋思想への傾倒は 60 年代のサイケデリックロッカーたちも通った道だが、Uli はそれをより遥かな音楽的高みへと昇華した。これで歌がもう少し上手ければとも思うが、このままでも音楽の素晴らしさは伝わる。2nd も名盤。（杉本）

Frank Marino & Mahogany Rush / Tales Of The Unexpected（1979）CBS

LSD 体験からジミヘン道に入門したという逸話が語り草のカナダ出身ギタリスト Frank Marino（Gt. & Vo.）率いるトリオによる、A 面がスタジオ録音で B 面がライブ録音という変則的な構成のアルバム。Jimi Hendrix からの影響を隠さないスタイルに定評があり、同年にリリースされた Uli Roth 率いる Electric Sun の 1st（前項参照）とも聴き比べ推奨。ちなみに 2 人とも 54 年生まれで、Uli も Scorpions 時代からジミヘンテイスト全開だった。本作の注目トラックはやはりタイトル曲か。スペーシーな効果音を基調としながら、Frank のバカテクが炸裂する。（杉本）

Gravestone / Doomsday（1979）AVC

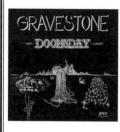

80年代のパワーメタル作品がよく知られた、ドイツのバンドによる1st。70年代の不定形なハードロックが80年代型のヘヴィメタルに移行する過渡期的なサウンドで、Judas Priest の 2nd あたりに似た空気感を放つ作品の一つ。Black Sabbath の血を音に滲ませつつ、インプロヴィゼーションを交えた楽曲を展開する。演奏力は高くない。要するに、シケシケメタルである。今日、シケメタルといえば特定のサブジャンルを指すことが多いが、本来この語は侮蔑語であろう。何しろ、ソリッドを旨とするのがヘヴィメタルなのに、「シケ」ているのだから。それを愛せるか否かという、踏み絵のような作品。（杉本）

Joy Division / Unknown Pleasures（1979）Factory

イギリスのポストパンクを代表するバンドの1st。あまりメタル界隈で聴かれている印象はないのだが、本作のジャケットを見たことがある人は多いのではないだろうか。空間系エフェクトの効いたギターやフワフワしたシンセサイザーなどの使い方が上手く、暗めのサウンドのなかに不思議な浮遊感を漂わせている。ヴォーカルは低音中心で比較的淡々としているが、コード進行にメロディを感じることが出来る。音色は軽めで、全体として隙間のあるサウンドに感じられるが、ウワモノが演出するドリーミーな雰囲気が、聴き手を不思議な世界に誘ってくれるだろう。（Kono）

Siouxsie And The Banshees / Join Hands（1979）Polydor

Siouxsie Sioux（Pf. & Vo.）と Steven Severin（Ba.）によって76年に結成。後にゴシックロックの元祖的存在となるポストパンク／ニューウェーブバンド。本作は第一次世界大戦を題材にした 2nd。ポストパンク方面にはあまり踏み込まない本書で本作をとりあげた理由は、呪術的とも評される、不協和音を繰り出すギターとドコドコ、ボコボコしたリズム隊がスローに重苦しく延々と反復する楽曲が、サイケデリックかつスラッジ的でもあり、Siouxsie の朗々とした歌声は Coven（60's）らオカルトロックの延長線上に捉えられると思ったから。鐘の音で幕を開けるのも実に〝それ〟っぽい。（加藤）

Sun Ra & His Arkestra / Sleeping Beauty（1979）El Saturn

難解なイメージがつきまとう Sun Ra だが、これは親しみやすい音源だ。美しいモダンジャズを壊したようで、「ジャズロックをプレイする Frank Zappa」にも近い。エレクトリックピアノやエレキギターが登場するのが要因の一つだろうか。男女のコーラスを中心に展開する冒頭曲や、金管やエレキギターが顔を出す 2曲目は、まさにZappa のようだ。2曲とも、あまりコードを動かさず、強烈なアドリブが飛びだすわけではないので、安心して夢想的な気分にひたることが出来る。緊張感があるサウンドではないが、その分ほのかな幸福感と共に眠りにつける、そんなアルバムだ。（Kono）

1980s

AC / DC / Back In Black（1980）Atlantic

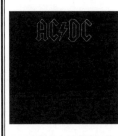

オーストラリアを代表する世界的なロックモンスターによる 7th。死去した Bon Scott（Vo.）に代わり現在までフロントマンを務めている Brian Johnson（Vo.）が加入、バンドにとって最大のヒット作となった。語り尽くされているアルバムだが、とりあえず先入観を捨てて冒頭の "Hells Bells" を聴いてほしい。不気味な鐘の音と、不穏なアルペジオリフのループ……これがドゥームでなくて何だ？ その他の楽曲にも、最小限の音で最大のアグレッションとグルーヴを生み出す、名人芸のような技が詰まっている。「それが AC / DC だから」といってしまえばそれまでだが、まだまだ彼らから学ぶべきものはある。（杉本）

1980年代

Angel Witch / Angel Witch（1980）Bronze

NWOBHM の名盤の一つにして、アートワークも含めて英国暗黒叙情メタルを代表する 1st。悪魔崇拝、魔女狩り、黒魔術……。こんなキーワードを散りばめたオカルティックメタルが、格好悪いはずがない！ Black Sabbath が根底にあるダークなムードと、Judas Priest 『Sad Wings Of Destiny』を彷彿とさせる様式美のなかで、キャッチーな歌メロとスピーディなリズムが絡み合う。ギターは速弾きも披露しているし、ヘヴィメタル的な側面ばかりが人口に膾炙しがちだが、腑分けすると実にクラシックな英国伝統ロックに根差していることがわかる。（U・杉本）

Bauhaus / In The Flat Field（1980）4AD

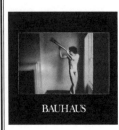

実験的なサウンドや演劇的なステージングで知られる、ゴシックロックの元祖的な存在、イギリスの Bauhaus の 1st。ギターはけたたましく鳴り響くものの、淡々としたドラムと、上下の抑揚を抑えたヴォーカルが繰り広げるサウンドからは、無機質で冷たい印象を受ける。楽曲自体が強くマイナーキー感を押し出しているわけではないが、ジャケットを含め、内省的かつ暗い雰囲気を放つ。Peter Murphy の叫び声一つとっても独特の世界観をもっており、この無機質なビートやコード感と共に、聴いていると仄暗い暗闇に沈み込んでいくような感覚が得られるだろう。（Kono）

Black Sabbath / Heaven And Hell（1980）Vertigo

脱退した Ozzy Osbourne（Vo.）の後任として、元 Rainbow の Ronnie James Dio を迎えた 9th。稀代のヴォーカルを得、ある種のマニアックさがキモでもあった 70 年代から一転、ドラマティックな様式美メタル路線で天下取りのサウンドを提示した。特筆すべきは Geezer Butler のベース。歌うようにうねりまくり、楽曲に表情をつける点において、下手するとギターよりも仕事をしている。"Neon Knight" と表題曲、"Die Young" は金字塔だが、それら名曲の間を埋める曲にも、"Lady Evil" や "Wishing Well" など一生忘れられないナンバーが。個人的には、数多い彼らの作品のなかでベストの 1 枚。（杉本）

The Cramps / Songs The Lord Taught Us（1980）I.R.S.

70年代からニューヨークで活躍していたパンクレジェンドによる記念すべき1st。ロックのもついかがわしさが強調された異色のパンク名盤。B級ホラーやレトロSFにインスパイアされたシアトリカルなスタイルで、サイコビリーにとってはジャンルの確立を手助けしたお爺ちゃん的存在。Ba. レスでガレージやロカビリーをプレイしている（The Sonicsのカバーも収録）が、ミニマルというより単純でスカスカなドラム、スタンダードなリフながら不思議な浮揚感を醸し出す2本のギター、神経症の権化のようなアクの強いヴォーカルによって、うっとりするほどぐにゃぐにゃなサイケ世界に誘われる。（U）

Faithful Breath / Back On My Hill（1980）Sky

80'sジャーマンスラッシャーRiskの前身として知られる、Heinz "Heimi" Mikus（Gt.）率いるバンドの2nd。60年代後半に結成、シンフォニックなプログレッシブロックバンドとして74年に1stをリリースしており、本作の時点ですでにベテランである。身をヴァイキング風に装い、ファンタジックかつ勇壮な世界観の楽曲を70'sプログレそのままの曲調で、80年代のプロダクションで録音した結果……、出来上がったのは今日「エピックメタル」と呼ばれるものであった。A面にはコンパクトながらもインプレッシブな楽曲を4曲、B面には16分超の大曲を1曲収録。（杉本）

Killing Joke / Killing Joke（1980）Malicious Damage

イギリス・ニューウェーブの一派を代表する存在にして、インダストリアルの元祖にも数えられるロンドンのパンクバンドによる1st。クラウトロックが英国のハードコアパンクのフィルターを通ったような音楽で、聴き方によってはBlack Sabbathの無機質な部分をミニマルに反復した人力テクノともいえる。酩酊や幻惑というよりは、無慈悲、冷徹といったキーワードのほうがしっくりくるサウンドではあるが、そうした要素が〝元祖スラッジコア〟的な部分もあるGodfleshなどに引き継がれているものと解釈すれば、本書のラインアップに加えておくことも無意味ではあるまい。（杉本）

Moonriders / Camera Egal Sylo（カメラ＝万年筆）（1980）ORPLID

前2作に続き、映画をモチーフとした6th。ジャケットはフランスの映画監督Jean-Luc Godardの作品のオマージュ。XTCやThe Policeなどのニューウェーブの影響から全体的にソリッドな音像で、ギターのリフはまるで下水道を旋回しながら飛んでいく乾いたカミソリのようである。湿り気に閉じ込められた乾きは爽やかさとは正反対で、酒にひどく酔った男の焼けるような喉の渇きに似ている。13曲目の「欲望」ではフレンチポップシンガーのSerge Gainsbourg的な性的倒錯が歌われており、鈴木慶一の変質者じみたヴォーカルがこれ以上ないほどにギラギラと光っている。（杉山）

1980年代

Ozzy Osbourne / Blizzard Of Ozz（1980）Jet

どうしたって Randy Rhoads（Gt.）からの切り口で取り上げがちなのは仕方のないこと。でももう一度 B 面ラスト 2 曲、ここに針を落としてみてほしい。これは間違いなく『Technical Ecstacy』と『Never Say Die』（『Sabotage』も含めていいかな？）がなければ生まれ得ない音楽じゃないか！ 70's 後半の Black Sabbath での実験と、Randy のクラシカルな資質が化学反応してどこか陽気な、でもとてもシリアスにも聴こえる当時最新のヘヴィメタルが生まれた。Ozzy と Randy が間違いなくベストパートナーであり、がっぷり四つで音楽を作っていた証……だからこそ Randy の死は Ozzy を狂わせる。（hAe）

Roky Erickson And The Aliens / Roky Erickson And The Aliens（1980）CBS

The 13th Floor Elevators のリーダーである Roky Erickson（Vo.）が、彼のバンド The Aliens を率いて録音したソロ 1 作目。プロデュースは元 Creedence Clearwater Revival の Stu Cook。The 13th Floor Elevators よりもソリッドになったサウンドで、コンパクトかつキャッチーなハードロックをプレイ。ホラー映画などをモチーフとした世界観で「demon」「zombie」「lucifer」なんて単語が飛び出すものの、楽曲そのものは明るい明るい！ 郷愁を感じさせるようなメロディが良いフックになっている。Roky のヴォーカルは表現力の豊かさとも相まって、ときに Mick Jagger のように聞こえる。（杉本）

Sarcofagus / Cycle Of Life（1980）JP Musiikki OY

70 年代後半にフィンランドのヘルシンキで結成。「フィンランド初のヘヴィメタルバンド」とも呼ばれるバンドの 1st。70 年代のヘヴィサイケやプログレ、ハードロックなどプロトメタルの影響を色濃く残した NWOBHM 風のメタル。"Hermit" はフルートを使用したアコースティックナンバー。本作と同年に 2nd をリリースし、82 年に Kimmo Kuusniemi Band 名義でアルバムをリリースした後、解散。00 年代に再結成。10 年代までに 3 枚のアルバムをリリースし、20 年に再び解散。21 年に最初期の音源を収録したカセットがリリースされた。本作は 10 年に Svart Records から再発されている。（加藤）

Witchfynde / Stagefright（1980）Rondelet

ドゥームの文脈で語られることもある、NWOBHM バンドの 2nd。まさにドゥーム的な表題曲で幕を開けるが、その後は Thin Lizzy なども彷彿とさせるメロディアスなブリティッシュハードロックが並ぶ。特に "Moon Magic" は、しっとりした NWOBHM サウンドを代表するともいえる名曲だ。他の同系列のバンドではあまり見られない空間系エフェクトをかけた幻想的なギターワーク、そこに乗る儚くも美しいコーラスが素晴らしい。サタニックなメタルを愛好する向きには 1st が人気だが、メロディ派にはぜひ本作にトライしてみてほしい。（Kono）

Black Sabbath / Mob Rules（1981）Vertigo

脱退した Bill Ward（Dr.）の後任に、Vinny Appice を迎えて制作された 10th。本作の顔役は、前作に続いて喉を振るわせた Ronnie James Dio（Vo.）はもちろん、絶妙にタメたタイム感が楽曲にとてつもないヘヴィネスをもたらした Vinny に他ならない。特に、タイトル曲でドラムがフィルインしてきた瞬間に生まれるグルーヴの横ノリ感は、80 年代メタル随一。その他、"Turn Up The Night""The Sign Of The Southern Cross""Falling Off The Edge Of The World" などドラマティックな楽曲が目白押しで、本作も名盤中の名盤。以降、Dio と Vinny は切っても切れない関係に。（杉本）

Cirith Ungol / Frost And Fire（1981）Liquid Flames

発売当時はイギリスの音楽雑誌から「史上最低のバンド」と叩かれ、最近では Metal Blade Records のボス Brian Slagel をして「なぜ欧州で再評価されているのか理解不能」と某音楽雑誌のインタビューでいわしめてしまった程の音楽性を誇る。その最大の理由はおそらく、Tim Baker（Vo.）の独自極まりない奇妙かつ強烈な唱法。彼の声は聴き手を混乱の坩堝に陥れるが、音楽は Manilla Road と同様に、小説『The Lord Of The Rings』の世界観をヒロイックなギタープレイと聴き手の予想を上回る劇的な曲展開で表現している。エピックメタル史上、最重要アルバムの一つ。（JERO）

Demon Pact / Eaten Alive（1981）Slime

昔、バンド仲間がこのシングルの B 面 "Raiders" を聴かせてくれて、「最近、彼女と情を交わすための事前準備をしているときに、いつもこの曲のサビが頭のなかで流れるんよ」と。それ以来、似たようなシチュエーションでは俺も同曲を脳内再生してしまうように。それくらい中毒性のある曲です。80 年代当時、オフィシャルでリリースしたのは本作だけというマイナー NWOBHM バンドだけど、70's オカルトロックのフィーリングと 80's メタルのスピード感が融合した良バンドだった。10 年には High Roller Records からディスコグラフィ盤も出た。（杉本）

Discharge / Why（1981）Clay

「酩酊と幻惑」どころかシャキッとさせる音楽だけど、影響力という点からすればやっぱり無視出来ない。重要なのは、この頃のまさに元祖 D ビート的なスタイルそのものを、例え一つのマテリアルとしてでも参照しているドゥーム／ストーナーバンドが数多いということ。ある種の音楽性のシンプルなアーキタイプであるがゆえに間口は広く、音楽作品単体として聴いても飽きのこない名盤である。彼らもまた Black Sabbath を始めとする伝統的なブリティッシュロックの影響下にあったということは、後世のもう少しテンポを落とした作品でより明らかになる。（杉本）

Whitesnake / Come An' Get It（1981）Liberty

元 Deep Purple の David Coverdale（Vo.）率いる、イギリスのハード
ロックバンドによる 4th。Coverdale の出自、およびその後のバンド
のスタイルからハードロックバンドだと認識されており、現にそう感
じさせる曲もあるのだが、この時期のバンドの本質はパブなどでも流
れていそうな英国ブルースロックにあるように思える。猥褻なジャ
ケットに見合った騒がしい曲はお酒に合うし、染みるようなマイナー
調のヘヴィブルース "Don't Break My Heart Again" や "Lonely Days,
Lonely Nights" なんかは、聴いていると渋い大人になれそうな気がし
てくる。このような曲での Coverdale は素晴らしい。（Kono）

Heavy Load / Death Or Glory（1982）Thunderload

スウェーデン出身の 4 人組ヘヴィメタルバンドによる 2nd。前作で
披露した 70 年代産ハードロックの影響色濃い初期のサウンドから脱
却を果たし、NWOBHM ムーブメントを通過した彼らはバンド名に
ふさわしいサウンドへ音楽性を変更。異教徒との戦いに挑むヴァイ
キングのごとき悲壮感と哀愁が漂う楽曲をプレイするバンドへと変
貌した。真のヘヴィメタルマニアならば "Heavy Metal Angels（In
Metal And Leather）" を聴いた瞬間に魂は踊り、血は湧き立つだろう。
勇猛なメロディとドラマティックな展開を擁したヘヴィメタルアン
セムだ。後のエピックメタルのルーツの一つでもある。（JERO）

Iron Maiden / The Number Of The Beast（1982）EMI

大英帝国のメタルモンスターがもつ長いキャリアの節目をどこに置く
か、という論には諸説あるが、本書ではあえて Clive Burr（Dr.）の在籍
期間で区切ってみたい。彼のドラミングにはパンキッシュな荒々しさ
と、それゆえに放たれる一種異様な煙たさがあった。それが、もとも
とオカルティックな精神をもつ彼らのサウンドの瘴気を増幅していた
かもしれない。特にこの 3rd は、本作から加入した Bruce Dickinson（Vo.）
の表現力豊かな歌唱も相まって、"Children Of The Damned"、表題曲、
"Hallowed Be Thy Name" のように元祖オカルティックドゥーム／エ
ピックメタルと呼べそうな楽曲が並んだ。（杉本）

Meat Puppets / Meat Puppets（1982）SST

Curt（Gt. & Vo.）と Cris（Ba. & Vo.）の Kirkwood 兄 弟、Derrick
Bostrom（Dr.）によって結成されたアメリカ・アリゾナ州出身のト
リオによる 1st。拡散的な音楽性からオルタナティブロックの古株と
して知られるが、本作の時点では Bad Brains もビックリのヤケッパ
チ気味に速いハードコアパンクである。ノイジーかつトラッシーな
音像ではあるが、狂ったように掻き鳴らされるギターのフレーズは
ブルースベースでかなり計算されており、60 ～ 70 年代のクラシック
クロックを高速回転させたような代物。音づくりと曲調が洗練され
た 2nd 以降、一筋縄ではいかぬ正体が露わになってくる。（杉本）

Ozzy Osbourne / Speak Of The Devil（1982）Jet

Don Airey（Key.）脱退のため、Black Sabbath ナンバーで埋めつくされたライブ盤。Tony Iommi が弾く "Smoke On The Water" のショックには遠くおよばないが、ストラトで演奏されるサバスの違和感もかなりのモノ。しかしそこはブレイク直前の Brad Gillis（Gt.）、曲によってレスポールを使用しつつ、まったく新しい解釈で弾き倒していて正直カッコイイ……けどなんだか複雑。やはり Ozzy のソロ曲中心のセットで、後に発掘された同タイトルの映像版こそ、Brad にピッタリだ。しかしこのコンビネーションが余程良かったのか Ozzy は同系統の後任を探し、黒髪のギターヒーローを連れてくることになる。（hAe）

Witchfinder General / Death Penalty（1982）Heavy Metal

80 年代初頭のイギリスにおいて鮮やかな栄光を飾った NWOBHM。その陰でひっそりと生まれた忌わしき 4 人組が、同国出身である偉大な先達 Black Sabbath の世界観を、同時期のムーブメントを無視したかのごとき独自の解釈で表現した記念すべき 1st。英国調のはかなげなギターの調べで始まり、当時としては珍しいダウンチューンしたギターリフが繰り広げる楽曲は非常にキャッチー。人を食ったような Zeeb Parkes（Vo.）の歌唱法は粗雑に聴こえるが、70 年代ブリティッシュハードロックのスタイルを踏襲し、耳に残る旋律を歌い上げている。（JERO）

Amebix / No Sanctuary（1983）Spiderleg

Crass を中心としたアナーコパンクの系譜に連なり、後のメタルクラストの元祖ともされる、イギリスのハードコアパンクバンドがリリースした 12 インチ EP。ギターとドラムがミニマルなパターンを無機質に繰り出す間で、生命を育む土壌のように有機的なベースがうねる、特異なサウンドを繰り出す。ニューウェーブの影響下にあることは明らかだが、それ以前に Black Sabbath と Pink Floyd が息衝いたグルーヴをもつ。80 年代に 2 枚のフルアルバムを制作して解散するも、08 年に再結成。11 年には実に 24 年ぶりの 3rd アルバムをリリースする。（杉本）

Black Sabbath / Born Again（1983）Vertigo

元 Deep Purple、Gillan などの Ian Gillan をヴォーカルに加え、オリジナルメンバーの Bill Ward（Dr.）が復帰した 11th。曲調は、初期のヘヴィネスを取り戻したものから、王道の 80's ブリティッシュハード然としたものまで幅広いが、いかんせん無機質なリフとブルージーな Gillan の歌の食い合わせが悪く、印象に残りにくいアルバムであることは否めない。それでも、狂気のシャウトが炸裂する "Disturbing The Priest" やドゥーミーな "Zero The Hero" など、いくつかの佳曲を生んだ。赤ん坊の写真を加工したという不気味なアートワークは、彼らの長いキャリアのなかでも優れた作品の一つ。（杉本）

1980年代

Cassle / Midnight Fantasy（1983）Azra

79年にアメリカ・カリフォルニア州で結成され、アルバムを残すことなく消滅した地下バンドが、当時残した4曲入りEP。70年代プログレッシブロックからの影響を音に残し、80年代のメタルバンドらしいソリッドさに欠けるところが、当時でも古臭かったんだろう。しかしこれが、今聴けば立派なエピックドゥームにしか聞こえない逸品なのである。キーボードサウンドと様式美性を強調した音像は、Black Sabbath よりも Rainbow の血が多く入ったシロモノ。このキーボードがまた、ハードな楽曲でもピアノ音色に固執している点がなんとも珍味。11年に Shadow Kingdom Records からディスコグラフィ盤が再発。（杉本）

Demon / The Plague（1983）Clay

イギリスのハードロックバンド Demon の3rd。初期2枚は NWOBHM として語られるが、本作はキーボードの割合が増え、ややプログレハード的なサウンドへ変化し始めた。とはいえ、このバンドの音楽的な根本は、Dave Hill（Vo.）のハスキーな声を生かしたメロディアスなハードロックかと思われるので、さほど違和感はない。むしろ、ほのかににじみ出るプログレッシブな要素が英国風味の哀愁を引き立てていて味がある。バンド名やジャケ、邦題から想像出来るようなおどろおどろしい要素は全くなく、普遍的なハードロックの名作だ。Thunder などのファンにも聴いてもらいたい。（Kono）

Dio / Holy Diver（1983）Warner Bros.

元 Rainbow 〜 Black Sabbath の Ronnie James Dio（Vo.）が、Vinny Appice（Dr.）、 元 Sweet Savage の Vivian Campbell（Gt.）、 元 Rainbow の Jimmy Bain（Ba.）と結成したバンドによる1st。80年代のメタル黄金期を代表する、完全無欠の名盤の一つ。各楽曲の完成度の高さに加え、曲順も練り込まれている。スピーディな冒頭曲を経て荘厳な表題曲に続く流れは次作でも踏襲。様式美路線を代表する "Rainbow In The Dark" などはもちろん、ブリティッシュロック然とした "Invisible" やドゥーミーな "Shame On The Night" など、地味な曲も活きている。（杉本）

Mandy Morton Band / Valley Of Light（1983）Banshee

イギリスの70年代フォークロックバンド Spriguns の女性シンガー Mandy Morton が率いるバンドによる唯一作。自主レーベルから83年にリリースされた本作は、季節外れのサマー・オブ・ラブとでもいうべき哀愁に満ちたサイケポップの逸品。アコースティックギターを効果的に用いたトラディショナルでフォーキーな音像に、プログレ的構築美も時折顔を覗かせる。メタル界隈における後世のヴィンテージリバイバルとは関係のない70年代から地続きの音楽だが、ヘヴィでスローな楽曲にはいわゆるドゥーム的な味わいもある。Jefferson Airplane のカバー "Somebody To Love" を収録。（杉本）

Manilla Road / Crystal Logic（1983）Roadster

アメリカが生んだ偉大なるエピックメタルバンド二大巨頭の一つ、Manilla Road（もう一つは Cirith Ungol）が世に放った 3 作目。鬼才・故 Mark Shelton（Gt. & Vo.）が頭に思い浮かべたのは、己が受けた幻想文学と古典文学からの影響をもとに、叙情的かつ浪漫溢れるサウンドを表現する独自の世界。Mark による、ビブラートをきかせた独自の歌唱法によるメロディは憂いを秘め、タイトル曲のように勇壮なプレイをフィーチュアしたヒロイックな展開と、心に突き刺さるセンチメンタルな楽曲群は、聴く者の心を大いに揺さぶること必至。（JERO）

Manowar / Into Glory Ride（1983）Megaforce

私がヘヴィメタルを聴き始めた 00 年頃は一部に熱狂的なファンがいる正統派メタルバンドだったし、ネット上のマニア界隈では「漢メタル」なんて呼ばれていた。サブジャンルが細分化するなか、近年ではエピックメタルの源流の一つとしてさらなる信奉者を獲得している。Kiss 調のハードロックに大仰なメロディをまぶしたサウンドでデビューしたが、本作 2nd は北欧神話などに根差した世界観を描くのにふさわしいシアトリカルな方向性に舵を切り、重く暗い楽曲群を揃えた。彼らの子孫たるエピックドゥームについては本書では軽く触れるに留めるが、本作は金字塔の 1 枚として挙げておく。（杉本）

Mercyful Fate / Melissa（1983）Roadrunner

デンマークのカルトメタルバンドによる 1st にして最高傑作。しばしばブラックメタルへの影響と共に語られるが、その実、妖しくダークなツインリードで奏でられる巧妙なリフが彼らのコアであり、King Diamond（Vo.）のファルセットヴォイスは良いスパイスとなってゴシカルな雰囲気を醸し出している。技巧的なメタルではあるが、いやらしさはさほど感じず、むしろストレートに聴ける。Ronnie James Dio（Vo.）期の Black Sabbath のような、様式美リフ・オリエンテッドがお好きなやさぐれ耽美派諸兄は、翌年の 2nd ともあわせてぜひ。（U）

Ritual / Widow（1983）Legend

NWOBHM のカルトトリオが当時残した唯一のフルアルバム。冒頭曲は Black Sabbath の "Heaven And Hell" のリズムパターンを拝借したかのような大曲で、同時期の英国メタルバンドで Black Sabbath 系（しかも曲のリリース時期も近い）というのは比較的珍しい。まぁ、トータルではドゥームメタルというわけでもなく、Motörhead や Venom に似た R&R チューン、Satan ら哀愁スピードメタル一派にも似た泣きのナンバーなど、バラエティに富んだ楽曲を収録。これらをナヨナヨの無個性派ヴォーカルとペラペラ音質でプレイした、いかにも地下臭いメタル作品である。（杉本）

Sabbrabells / Sabbrabells（1983）Explosion

Genocide Nippon や Crowley と並んで「日本三大サタニックメタルバンド」に数えられる、関東のバンドによる 1st。正統派メタル然としたギターのリフ、哀愁のメロディ、派手なルックスなどはいかにも 80 年代のヘヴィメタルといった風情。"Devil's Rondo"、「鏡張りの部屋」、"Black Hill" など代表曲を多く含む、ジャパニーズメタルの傑作の 1 枚である。同時に、ミドルテンポを基調とした楽曲、おどろおどろしい声でオカルティックな世界観を展開するヴォーカルなど、ドゥームメタル的なフィーリングも満載。80 年代に 3 枚のアルバムを残して解散。近年復活したので、新作のリリースが待たれる。(杉本)

Black Flag / My War（1984）SST

ハードコア、そして「過激＝速い」という概念を崩壊させた 2nd アルバム。タイトル曲の終盤で喚き叫ぶ Henry Rollins や、A 面の少しトリッキーな楽曲も素晴らしいが、特筆すべきは B 面。ひたすら遅く、不穏な空気を漂わせている。この時点ですでにスラッジコアの原型のようなものが提示されているのだ。本作に影響を受けた Melvins は一気にスラッジコアへと方向転換して『Lysol』を作り、『Lysol』に触発された Sleep が『Jerusalem』(『Dopesmoker』) を完成させた。このアルバムがドゥーム／ストーナー界に与えた影響は計り知れない。(鉛)

Black Flag / Family Man（1984）SST

前作『My War』の後にリリースされた 3rd アルバム。前作で提示したスラッジコアの方向でいくのかと思いきや、A 面がまさかのポエトリー・リーディングで B 面がインスト。「詩と曲を一緒にやれよ！」とツッコミたくなる怪作。B 面の楽曲は変拍子を使ったりと複雑な構成なんだが、いかんせん技術よりパワーのほうが目立っており、独自のプログレッシブ・ハードコアを展開している。こういう一筋縄ではいかない感じが Black Flag の魅力だと思う。ちなみにこの後は、ハードロック寄りの『Slip It In』をリリースする。ほんとこの3rd は何だったんだ？ (鉛)

Celtic Frost / Morbid Tales（1984）Noise

メタルマニアの一部からは大魔王のごとく崇められている Hellhammer を前身とする、スイスのサタニックトリオによる 1stEP。極悪なルックスと疾走感あるサウンドから、スラッシュ／ブラックメタルの元祖と謳われることが多い。しかし、ハードコアパンクやニューウェーブ、ゴシックまで飲み込んだサウンドは、同時代の地下暗黒音楽を地獄の釜で煮込んだような懐の深さをもち、当然ドゥームメタルとの親和性もある。無機質かつミニマルなリフレインが渋いのなんの。「ウッ！」の掛け声一発で場の空気をもっていく Tom G. Warrior（Gt. & Vo.）は、裏街道のロックスター。(杉本)

Led Zeppelin / Listen To This, Eddie（1984）Independent

有名なブートレグ。後期にしては調子が良い Jimmy Page（Gt.）と、すべてを破壊せんばかりの勢いで手数を発揮する John Bonham（Dr.）があまりにも凄まじい。彼らを批判した Eddie Van Halen にあてつけたとされるタイトルにも納得。酩酊ポイントは、Robert Plant（Vo.）と Jimmy のコンビネーションが素晴らしい、"Since I've Been Loving You" から "No Quarter" にかけての流れ。特に後者は、幻想的な曲が迫力ある演奏でパワーアップしており、中盤に追加された John Paul Jones（Ba.）による長尺のピアノソロも感動を呼ぶ。アートワークは複数存在する。（Kono）

Metallica / Ride The Lightning（1984）Megaforce

いわゆる「BIG4」はすべて本書に登場するが、とりわけ本書と親和性が高いのは Metallica である。90 年代以降はもとより、スラッシュメタルをプレイしていた時期でも、ブリティッシュロック成分と Black Sabbath 由来のグルーヴが楽曲に最も多く投影されていた。特にこの 2nd はスラッシュ期の代表作とされるが、誰が聴いても異論なくスラッシュメタルと認められるのは 8 曲中半数程度に留まり、リフと流麗なリードの構築美で構成される湿り気ある色調が支配的である。全曲名曲だが、白眉は "For Whom The Bell Tolls"、"Fade To Black"、そして "Creeping Death"。（杉本）

Nemesis / The Day Of Retribution（1984）Fingerprint

Leif Edling（Ba. & Vo.）率いる、Candlemass の前身となったスウェーデンのバンドによる EP。初期 Black Sabbath からブルージーな鷹揚さを排除し、暗黒性を北欧的な解釈で引き継いだ、美しくもとことん陰性のドゥームメタル。後身バンドで以後数十年にわたって追求していく異形の音楽の根幹は、本作の時点で既に確立されている。叙情的な Black Sabbath というか、陰鬱な Rainbow というか。Candlemass で演奏される楽曲の雛形も散見される。高音質派のリスナーは Candlemass を聴けば充分だと思うが、80 年代前半の瘴気がこもった音質を愛する方々はぜひ。（杉本）

Saint Vitus / Saint Vitus（1984）SST

70 年代後半、Dave Chandler（Gt.）を中心に Tyrant として結成され、後に改名。ヘアメタル全盛だったロサンゼルスの地下音楽シーンから放たれた 1st。Black Flag の Greg Ginn のレーベル SST からリリースされているように、ハードコア界隈との親交が深く、スラッジコアへの影響大。Black Sabbath に根差したダークで引きずるようなサウンド、Scott Reagers ののっぺりとした歌声、こもり気味の音質と、アンダーグラウンドの妖しさ満載の 1 枚。バンド名を冠した表題曲、NWOBHM 風の "White Magic / Black Magic"、ギターソロが光る "The Psychopath" など、全曲必聴。本作を最高傑作に推す声は多い。（加藤）

Swans / Cop（1984）K.422

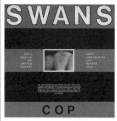

鬼才 Michael Gira（Gt. & Vo.）率いる、アメリカのエクスペリメンタル・パンクバンドによる 2nd。当時でいう既存の音楽的様式美に調和する部分といったら、リズムが単調に反復されること（すなわち、崩壊していないということ）くらいかと思えるほどに、お天道様に背を向けたジャンクでノイジーなアンダーグラウンド絵巻。スローなテンポとディストーションギター、呪詛のようなヴォーカルに、後の Godflesh やスラッジコア勢が参照したであろう要素が散見されるが、メタル的な文脈の外でこの冷徹さに魅了される人も多く、ノイズ／アヴァンギャルド界隈にも信奉者が多い印象。（杉本）

Trouble / Trouble（1984）Metal Blade

Saint Vitus、Pentagram と並ぶ、80 年代のアメリカンドゥーム界の最重要バンドによる 1st。発売当時はセルフタイトルだったが、Def American に移籍してリリースした 4th が同タイトルだったため、後に『Psalm9』と改題された。Black Sabbath からの影響が濃厚なヘヴィリフを用いたスローパートが中心だが、NWOBHM や正統派メタル風の疾走パートがあるのが特徴。Eric Wagner の高音ヴォーカルは Rob Halford スタイル。スローでヘヴィな冒頭曲から疾走する 2 曲目へ雪崩れ込む展開は Black Sabbath『Paranoid』を彷彿。CD 版には Cream のカバー "Tales Of Brave Ulysses" を収録。（加藤・杉本）

Warlord（US）/ And The Cannons Of Destruction Have Begun...（1984）Metal Blade

Rainbow のフォロワーは、走ればメロディックスピードメタル、引き摺ればエピックドゥームと呼ばれることが多い。ミドルテンポなら？ そのまんま様式美メタルである。要するに、元素記号は同じということ。これら 3 つのスタイルをすべて体現しているのが、アメリカ・カリフォルニア州の Warlord である。オカルティックなコンセプトをもち、地下臭バリバリのサウンドだが、今日では「エピックメタルのレジェンド」としての確固たる評価基盤を確立している。「クサクサ」「シケシケ」という形容がぴったりの、思いついても使用するのをためらうような禁断のフレーズが満載。（杉本）

Antisect / Out From The Void（1985）Endangered Musik

イギリス産アナーコパンクの雄にして、メタルクラストの祖ともいわれるダークネスハードコアバンドのシングル。83 年の 1st で Discharge 直下の D-Beat サウンドにうねりを加えたようなサウンドを提示した彼らだが、本作ではスラッシュメタルからの影響が顕著な、いわゆる〝メタルパンク〟の原型的な音楽を展開している。あんまり細かい聴き方をするのもなんだが、やっぱり彼らには Black Sabbath の影響をビンビンに感じてしまう。特に、静謐なパートの裏で鳴るベースが……。ギターはメタリックで激渋なリフを弾くが、頓着のないミニマルさがメタル／ハードロックとは明らかに異質。（杉本）

Asylum / The Earth Is The Insane Asylum Of The Universe（1985）Independent

後に Unorthodox へと発展するメリーランド州のトリオが残したデモ。08 年に Shadow Kingdom が CD で再発した（ジャケット写真は本盤のものを掲載）。そのブックレットによると、Motörhead、Black Sabbath、Led Zeppelin の影響が濃いそうで、確かにそれらのバンドのエッセンスだけを抽出したような、非常に硬派かつ愚直なヘヴィメタルを聴かせる。渋すぎるアー写がマニア以外のリスナーを遠ざけるが、内容もポピュラリティをほとんど排除したメタル版純文学的サウンド。特に Black Sabbath の血が濃いと思われるが、音は 80 年代という時代性を反映してか、ややソリッド。（杉本）

Black Hole / Land Of Mystery（1985）City

イタリアのカルトメタルトリオの、80 年代唯一のレーベル流通作。Robert Measles が中心人物で、本作ではベース、キーボード、ヴォーカルを兼務する。Witchfinder General が Black Sabbath の落とし子なら、彼らは孫分くらいにあたるかもしれない、当時としては比較的珍しい直系スタイル。ベースラインが Geezer Butler を踏襲している。しかし、ここにイタリアンロック特有の、アトモスフェリックなプログレッシブネスが加わることで、縦ノリあるいは横ノリのメタル的カタルシスはほとんど捨象され、怪しげなオカルティックドゥームとなっている点が最大の特徴。（杉本）

Corrosion Of Conformity / Animosity（1985）Death

Black Flag にみられた、Black Sabbath 由来のうねりが練り込まれたアメリカンハードコアがストーナーロックとして結実するさまを追うためには、ノースカロライナ州出身の Corrosion Of Confomity を避けて通るわけにはいかない。クロスオーバーの名盤として名高い本作 2nd を含む 80 年代の音は、ヤケッパチ気味の 2 ビートとスラッシーなリフが支配的なハードコアパンクだが、ひとたびビートダウンするやグルーヴからブルースベースの旨味汁がしたたり落ちるのだ。次作 EP から専属ヴォーカルが加入するが、本作でマイクをとるのは Mike Dean（Ba.）。（杉本）

Devil Childe / Devil Childe（1985）Pentagram

元 Virgin Steele で後にソロ名義で作品を量産する Jack Starr（Gt.）率いる、アメリカのヘヴィメタルトリオによる唯一作。比較的メジャー寄りの音楽性をもつ彼の他のキャリアからは考えられないくらい、マニアックでアンダーグラウンドな音を封じ込めた 1 枚。Venom と Pentagram がファックしたような黒さで、ドロドロとうねる曲から暴走機関車のように爆走する曲まで強烈至極。劣悪な音質を抜きにすれば、曲調は違えど Slayer の 1st くらいの凄味はある。ドラムとヴォーカルを兼任するのは、元 Pentagram で後に Raven に参加する Joe Hasselvander。（杉本）

The Jesus And Mary Chain / Psychocandy（1985）Blanco Y Negro

Iggy Pop や The Velvet Underground などサイケな 60's ガレージから
の流れを汲み、英 The Sun 紙ではライブの様子を「新しい Sex
Pistols」と評された轟音シューゲイザーの先駆による 1st。すべての
楽器にこれでもかとばかりにリバーブがかかり、柔らかく美しいメロ
ディはうるさいくらいのフィードバックノイズの奥に配されている。
総合的な完成度は 4th『Honey's Dead』に軍配があがるが、殺伐とし
た尖り方、ぐにゃぐにゃ具合は本作が上。全体に漂う単調な気怠さ、
なんの意味もないどころか邪魔でしかないノイズが心を掻き乱し、ハ
ラハラする音づくりにはパンクの精神を感じる。(U)

Mercy / Witchburner（1985）Fingerprint

後に Candlemass に参加する Eddie "Messiah" Marcolin（Dr. & Vo.）
が所属していた、スウェーデンのヘヴィメタルバンドの 2nd。
NWOBHM 的なスピード感があった 1st から一転、Black Sabbath 直
系の音楽性に寄り、8 分超のスローな大曲 "I'm Your Pervert Priest"
から幕を開ける。Messiah の歌唱法も、後に Candlemass などで聴
かせる伸びやかなスタイルにシフト。オカルティックで荘厳なドゥー
ムにふさわしい風格を醸し出した。本作をもって Messiah は脱退す
るも、バンドは Rick Wine（Vo.）と Faith の Peter Svensson（Dr.）
を後任に迎えて作を重ねる。(杉本)

The Mezmerist / The Innocent, The Forsaken, The Guilty（1985）Independent

Thomas Mezmercardo なる人物によるカリフォルニアのカルト・サ
イケデリック・ドゥーム／ヘヴィメタルバンドによる 1st EP。ドラ
ムはなんと Black Sabbath の Bill Ward。Cirith Ungol あたりのエピッ
クメタルに通じるドラマティックな展開に、King Diamond ばりの
カン高い奇妙なヴォーカルが乗る。さらに、浮遊するギターによる
スペーシーでアシッドな空気が充満。Mercyful Fate に帰着する暗黒
カルト性も満載で、恍惚の地下サイケメタルが詰まった逸品。オリ
ジナルは 500 枚プレスの激レア盤。未発表 EP が収録されて DVD も
付いた再発盤が 13 年にリリースされている。(田村)

Ozric Tentacles / Tantric Obstacles（1985）A Real Kavoom

Ed Wynne（Gt. Key. 他）を中心に結成されたイギリスのプログレ／
サイケ／スペースロックバンドによる自主制作期 2 作目。Gong か
らの影響が強そうなジャズ／フュージョン、民族的なリズムやエス
ニックなメロディと、トランスミュージック的なシンセサイザー使
いが特徴的。Ed とそのシンセを担当した Joie Hinton は 86 年にアン
ビエントユニット Nodens Ictus を、Joie は 89 年に加入する Merv
Pepler（Dr.）とサイケデリックトランスの元祖的ユニット Eat Static
を結成するなど、エレクトロニカ方面との繋がりも深いバンドであ
る。(加藤)

Pentagram / Pentagram（1985）Pentagram

71年結成。当初はBlack Sabbathインスパイアドなプロトメタル的ハードロックをプレイしていたが、80年代以降はアメリカンドゥームの代表格となるPentagramが、結成15年目にして放った1st。メンバーはBobby Liebling（Vo.）、Victor Griffin（Gt.）、Martin Swaney（Ba.）、Joe Hasselvander（Dr.）。ヘヴィネス、妖しさ、ローファイな音質とドゥームのすべてが詰まった大傑作。音使いにハードコア的な無機質さがあるのもポイント。邪悪な"Death Row"、初期Cathedralもライブでカバーしていた"All Your Sins"、アップテンポの"Sign Of The Wolf(Pentagram)"などなど、とにかく名曲揃い。（加藤）

Saint Vitus / Hallow's Victim（1985）SST

2nd。彼らの作品のなかで最もドゥーム成分が少ないストレートな作風だが、Church Of Misery（JPN）もカバーしたキャッチーなアップテンポ曲の"War Is Our Destiny"、「これぞドゥーム！」な"Mystic Lady"、ハードコア風に疾走する表題曲、Black Sabbath影響下の"Prayer For The（M）asses"など名曲多数。相変わらずのモコモコ音質も素晴らしい。Scott Reagers（Vo.）は、声質は地味ながらも表現力豊かな語り部だったと思うが、本作と同年のEP『The Walking Dead』で脱退。後に、SSTから両作のカップリングCDがリリースされる。（加藤）

Trouble / The Skull（1985）Metal Blade

アメリカンドゥームレジェンドによる、前作と同じ布陣で制作された2nd。サウンドプロダクションが向上し、Black Sabbath直系のリフはよりヘヴィに、かつダークな雰囲気が強くなった。前作同様、疾走パートを織り込み、正統派メタルをも思わせるソリッドなリフワークをフィーチュアしながら、楽曲はプログレッシブロック的な複雑な展開をみせる。3曲目"The Wish"は11分超えの大曲。後にRise Above Recordsを主宰し、ドゥームメタルの大御所となるCathedralを結成するLee Dorrianが「未来永劫フェイバリットのドゥームメタルアルバム」として偏愛する1枚。（加藤）

Würm / Feast（1985）SST

Black FlagのChuck Dukowski（Ba. & Vo.）、The MentorsなどのEd Danky（Gt. & Vo.）らによるバンドの唯一のアルバム。メタリックなパンクに、KissやAlice Cooperなどのアリーナ型ハードロックとブルースを注入した陽の気の強いサウンド。結成は74年で、後者の要素が主軸だったとも解せる。知名度は低いが、後のストーナーロックからThe Shrine、Satan's Satyrsら10年代バンドとの親和性も見出せる。5曲目"Padded Cell"はBlack Flagのカバー。90年代初頭にEdが逝去。18年にコンピレーション盤がリリース。20年に再結成した。（加藤）

Yngwie J. Malmsteen's Rising Force / Marching Out（1985）Polydor

Steeler ～ Alcatrazz でその名声を高めたネオクラシカル速弾き王者によるソロ 2 作目。名シンガー Jeff Scott Soto の代表作の一つでもある。Rainbow はエピックドゥームのルーツの一つだと思っているのだが、その音楽性と Jimi Hendrix などの精神性を継承しつつ、ヘヴィメタル的な切り口で研ぎ澄ました彼の音楽性もまた、ときにドゥームと解釈出来る。特にスロー／ミドルテンポの曲でのリフには魔力が宿っている。例えば、本作に収録されている "Don't Let It End" や "Disciples Of Hell"。いわゆる〝速い曲〟なのに疾走感よりも重苦しさが先にくる "Anguish And Fear" は白眉。（杉本）

Bad Brains / I Against I（1986）SST

ハードコアパンク史に残る大名盤『Rock For Light』のリリース後、しばしの活動休止を挟んでの復帰作 3rd。バカテクで暴走しまくるスラッシュも、H.R.（Vo.）が Jah（神）のメッセージを伝えるレゲエも収録されていないが、洗練された硬質な音づくりとクリーントーンのカッティングが浮遊感ある新たな魅力を生んでいる。前作まではやけくそ気味だったヴォーカルはときにソウルフルであり、説得力が増している。ファンキーなリズムとハードコアパンクが衝突して生まれた楽曲群は Living Colour や Red Hot Chili Peppers などへの影響も大きく、元祖ミクスチャーとしての地位を築くことになった。（浜島）

Beastie Boys / Licensed To III（1986）Def Jam

ハードコアパンク出身ながら、白人ヒップホップの先駆けとして Def Jam から放ったデビュー作。プロデューサーはレーベル創設者の Rick Rubin。Black Sabbath や Led Zeppelin 他多数のハードロッククラシクスのモチーフを用いて作成した楽曲群は、ヒップホップがもつ横ノリのボトムを強靭なリフで補強したようなサウンド。90 年代以降に隆盛を誇るミクスチャーロック勢に与えたインスピレーションは測り知れないだろう。パーティロックを皮肉った "Fight For Your Right" が代表曲と目されているのもまた皮肉なことだ。Slayer の Kerry King（Gt.）がゲストで参加している。（杉本）

Black Sabbath Featuring Tony Iommi / Seventh Star（1986）Vertigo

Tony Iommi（Gt.）のソロとして企画されていたものの、レコード会社の都合で「Black Sabbath Featuring ～」名義になってしまったという。本書では便宜上、Black Sabbath の 12th として数える。当初は看板を外すつもりだったためか、憑き物が落ちたような王道のハードロック作品が並ぶ。ここにブリティッシュハード界隈で稀代の歌唱力を誇る Glenn Hughes が参加。パワフルな冒頭曲 "In For The Kill" や叙情的な "No Stranger To Love" など、間口の広い魅力をもつ楽曲が揃った。ドラムは後に Kiss などで有名になる Eric Singer。本作以降、ほとんどの作品のキーボードは元 Quartz の故 Geoff Nicholls。（杉本）

Boredoms / Anal By Anal（1986）Trans

アナルミュージックのパイオニア Boredoms の 1stEP。アナルという絶対的な「コスモ」から噴出する「カオス」と正面から対峙したコンセプト作品。1曲目 "Anal Eat" で1人の男が「カオス」を口に含む。2曲目 "God From Anal" では、「カオス」という強烈なイニシエーションのなか、純白の陶器製の祭壇の前で、人類の苦しみを一身に引き受ける決意をする。その苦しみのなかで、この世の不条理と無限に広がる「コスモ」を一身に受け止め、3曲目 "Born To Anal" でスカトロジストとしての再生を遂げて世の光となる。彼の救世の物語は『Vision Creation Newsun』（99年）で再び描かれることになる。（杉山）

Candlemass / Epicus Doomicus Metallicus（1986）Black Dragon

Nemesis を前身とする、スウェーデンのドゥームメタルバンドによる 1st。「エピックドゥームメタル」を意味するタイトルから、同ジャンルの草分けかつ象徴的な作品として位置付けられる。2nd から激ウマの Messiah Marcolin（Vo.）を得て大出世するが、中心人物である Leif Edling（Ba.）がヴォーカルを兼務する本作から、すでに音楽性の骨子は出来上がっている。というか加入後の Messiah の歌い方も、本作での Leif の歌唱スタイルをなぞったものだろう。漆黒の闇のようなスローナンバーのなかに、北欧らしい美旋律を湛えた。冒頭の "Solitude" を始め、6曲すべてが代表曲。（杉本）

Dwarr / Animals（1986）Brand X

ドゥームメタル史に残るカルト名盤！ なのかは知らないが、少なくとも 80 年代のアメリカンアンダーグラウンドメタル界の特異点の一つではあるだろう。マルチミュージシャン Duane Warr がすべてのパートをプレイする、その名も Dwarr による 2nd。ドロドロとしたスローな曲調はドゥームメタル的ではあるが、シケシケ＆ヘロヘロの演奏で描かれる叙事詩的な音世界は、Manowar の『Into Glory Ride』を腐敗させたようなエピックメタルとも思える。80 年代にカルト作品を2枚リリース。00 年代にも、パンチのきいたシケジャケの怪作を2枚リリース。（杉本）

Fates Warning / Awaken The Guardian（1986）Metal Blade

プログレッシブメタルの草分けとして名高い、アメリカのバンドによる 3rd。後の高 IQ なサウンドに定評のある彼らだが、初期は同時代の米国に散見された、欧州風の叙情味をフィーチュアしたパワーメタルをプレイしていた。同時に、くぐもった音質やうねるリフが Black Sabbath 由来の湿り気を主張。ネリネリと高音を絞り出すヴォーカルも含め、エピックドゥームにも親和性が高いサウンドを鳴らしていたことに再度注目してもいいだろう。とはいえ、一筋縄ではいかぬ変拍子とメロディセンスには、やはりただならぬ気配を感じる。今日まで作品をリリースし続けている。（杉本）

Gore / Hart Gore （1986） Eksakt

80 年代から 90 年代にかけて活動していた、オランダのエクスペリメンタル・ハードコアバンドによる 1st。Black Sabbath 由来のうねるリフを、ハードコアのフィルターを通して無機質化し、Killing Joke ばりのミニマル感覚で叩きつけたインストゥルメンタル小品をプレイ。ポピュラリティ皆無の極悪なサウンドではあるが、リフマニアにとっては中毒性あり。元祖スラッジコア／ポストメタルの一角に数えられることが多い。翌年にリリースしたほぼ同路線の 2nd と、ライブ音源などをコンパイルした 2 枚組 CD が Southern Lord からリリースされている。（杉本）

Iron Cross / Iron Cross （1986） Independent

アメリカ・フロリダ州の地下バンドが残した唯一のフルアルバム。Iron Maiden を筆頭とするツインギターをフィーチュアした正統派メタル、Mercyful Fate を彷彿とさせるオカルトメタル、スラッシュメタル前史的な疾走をみせるパワーメタル……。様々な要素が、サブジャンル未分化の 80's マインドの下で渾然一体になっている。今日、NWOTHM と呼ばれるバンド群の一部が 80 年代メタルをメタ認知したうえで志向しているスタイルの原型的サウンド。なかでも彼らは、主たる曲調をスロー～ミドルテンポに置いており、Black Sabbath 的なドロドロのリフも激ハマりで元祖ドゥームメタルと呼べる魅力もある。（杉本）

Jesters Of Destiny / Fun At The Funeral （1986） Metal Blade

アメリカ・カリフォルニア州はロサンゼルスで結成されたバンドの 1st。うねるグルーヴも交えたメインストリーム系のポップなヘヴィメタルが中心なのだが、コズミックなシンセや、ノイジーなギターなどの非メインストリーム要素が挟み込まれている。60's サイケを思わせる部分もあって個人的には Satan's Satyrs の後期作を思い出した。「史上初のオルタナティブメタル」と呼ばれることもあるようだ。88 年に解散し、15 年に再結成。Bruce Duff（Ba. & Vo.）は、00 年代後半から 10 年代前半にカルトサイケバンド Circle などに参加した。（加藤）

Kilslug / Answer The Call （1986） Taang!

82 年に結成された、アメリカ・マサチューセッツ州ボストンのバンドによる 1st。地下室に監禁されてヘロイン漬けにされた Black Sabbath とでも評したくなるノイジー＆ドゥーミーなサウンド。Black Flag や Melvins と比べると知名度は劣るが、スラッジコア、グランジの先駆けのような楽曲が並ぶ。歌詞は大麻にサタンにドラッグと人を食ったユーモアに満ちており、ヘロヘロのヴォーカルと相まって基地の外感がすんごい。88 年頃に解散。一部のメンバーはカルトドゥームバンド Upsidedown Cross へ。07 年に再結成。21 年に Larry Lifeless（Vo.）が死去。（加藤）

Ozzy Osbourne / The Ultimate Sin（1986）Epic

Ozzy が Ozzy であることが辛く困難だった時代、20 世紀最大のミスキャストが Jake E. Lee（Gt.）だった。もちろん本作においても Ozzy の存在は大きいし、そもそも一節歌えば彼の色に染めてしまう強力な個性だけれど、ここに最高の Jake が聴けるという事実はすぐにわかる。Ozzy 史上最もドゥームと無縁の音楽。Jake にクレジットを放棄させたり、本作が再発のカタログから外されたりとケチ臭い話題にも事欠かないが、我々はひたすら Jake を楽しめばいい。たとえ Ozzy 自身が気に入っていようがいまいが価値は不変だし、また一方でミスキャストのまま続くものでもないんだな、と思い知らされもする。（hAe）

Paul Chain Violet Theatre / In The Darkness（1986）Minotauro

イタリアのメタルバンド Death SS のオリジナルメンバーだった Paul Chain（Gt. & Vo.）によるソロプロジェクトの 1st.本作には 78 年から 86 年までの 8 曲が収録されている。Black Sabbath、ガレージ、サイケ、ニューウェーブ、ゴシックなど、様々な音楽の脱力した部分を飲み込んだようなヘナヘナシケシケの演奏と歌が絶妙で、初期の曲は元祖グランジではなかろうか。80 年代の楽曲はいくぶんカッチリとしており、Witchfinder General などと並べて元祖ドゥームと呼べるメタル作品に仕上がっている。以後、Paul Chain 名義（無印）や「Paul Chain 〜」名義で大量の作品をリリースする。（杉本）

Saint Vitus / Born Too Late（1986）SST

ワシントン DC で活動していた The Obsessed の Scott "Wino" Weinrich がヴォーカルとして加入した 3rd.前作で薄れていたダウナーなフィーリングを取り戻し、ドゥーム史に残る名盤となった。前任の Scott Reagers とは対極にある Wino の野太いヴォーカル、リフからリードまで印象的なプレイを連発する Dave Chandler（Gt.）、と思いきや単調なリフをひたすら繰り返すことを躊躇しないミニマルさ、そしてやっぱりローでこもり気味の音質と、どこをとっても隙がない完璧なアンダーグラウンドドゥーム作品。タイトル曲でもある冒頭曲は、ドゥームを愛する者すべてのアンセムだ。（加藤）

Spacemen 3 / Sound Of Confusion（1986）Glass

82 年に Jason Pierce と Peter Kember（共に Gt. Key. & Vo.）を中心にイギリスのラグビーで結成された 80's サイケの極北バンド。My Bloody Valentine らに多大な影響を与え、シューゲイザーの源流ともいわれる。デモ集のタイトル『Taking Drugs To Making Music To Take Drugs To』を地で行く、轟音フィードバックノイズと 2 コードのめくるめくミニマルガレージサイケデリア。この後さらに音楽性を拡張していくも、Jason と Peter の不仲により 91 年に解散。Jason は Spiritualized で世界的に大ブレイク、Peter は Spectrum などで活動するかたわらプロデューサーとしても活躍。（加藤）

友川かずき / 無残の美（1986）Sound World

ギターの弦を弾き切り、語尾に異様な力を込めた秋田弁の歌を絞り出す彼のライブを観たことがあるだろうか？　そのインパクトから、即座に拒絶する人と捉われてしまう人に二分される。本来、録音には向かないのだが、本作は後年のパンキッシュともいえる訴求力には欠けるものの、彼の資質をよく表している。鉄道自殺した弟の慰霊や追悼ではなく、過程と行為を肯定し、受容し、無残の美として共感を示す表題曲には彼の生き方が投影されており、聴き手は世界に対する違和感に巻き込まれる。この強烈な異化体験にこそ彼の魅力がある。また本作はバンドをバックにしており、比較的聴きやすい。（リベラリスト）

1980年代

Black Sabbath / The Eternal Idol（1987）Vertigo

前作のツアーから本作のレコーディングにまで参加していた Ray Gillen（Vo.）の後任として、後期 Black Sabbath の顔役となる Tony Martin（同）を初めて迎えた 13th。ドラムは前作に続いて Eric Singer、ベースは元 Rainbow 〜 Ozzy Osbourne の Bob Daisley。一聴すると Ronnie James Dio 時代以来の様式美路線を思わせ、存在感を増したキーボード、Dio によく似た Tony の歌唱法がそれに拍車をかける。一方で、基調のグルーヴは Singer のブライトなドラムにあり、ベースラインも淡白。80's メロディアスハードがサバス風の影を帯びたもの、とも解釈出来るか。メロディは総じて良い。（杉本）

Candlemass / Nightfall（1987）Axis

Black Sabbath のヘヴィリフに北欧特有のクラシカルなメロディと叙情性を取り入れた、スウェーデンはストックホルム出身の元祖エピックドゥームメタルバンドによる 2nd。今作から、元 Mercy の圧倒的歌唱力を誇る巨漢＆爆発頭のシンガー、Messiah Marcolin と、Lars Johansson（Gt.）、Jan Lindh（Dr.）が加入。壮大な世界観を表現するのにふさわしいラインアップによる録音で、彼らの最高傑作にして同ジャンルの最高峰に数えられる作品となった。5th 以降は解散・再結成を経つつ、フロントマンを頻々と変えながらもほぼ同路線の作品を安定的にリリースしていく。（加藤・杉本）

Coven（80's）/ Worship New Gods（1987）Crom

80 年代にデビューしたアメリカはミシガン州のヘヴィメタルバンドによる 1st。60 年代にカルトアイテムをリリースした同国の同名バンドとは無関係。Black Sabbath の血を正面から受け継いだ、ドゥーム色の濃い楽曲をプレイ。同時に純金属の煌めきがあり、北欧神話的な世界観とも相まって荘厳なエピックメタルとして楽しめる。ヴォーカルは、声量は申し分ないがピッチが甘いという致命的な弱点が。しかし、雰囲気モノや地下メタルを聴く耳なら受け入れられるだろう。91 年の 2nd リリースに際して Coven 13 と改名。その後は沈黙していたが、13 年に復活作 3rd を発表した。（杉本）

Dark Quarterer / Dark Quarterer（1987）Label Service

イタリア出身のヘヴィメタルバンドによる 1st。今でこそエピックメタルといわれているが、個人的にはダークサイドのブリティッシュハードロックがもつヘヴィネスに、シンフォプログレ的な叙情性をまぶしたようなサウンドに聞こえる。ヴォーカルの声は弱々しいが、メロディを歌おうという努力を感じる。このバンドの主役はFulberto Serena（Gt.）で、録音は粗いものの、暗く美しいクラシカルなメロディをこれでもかとばかりに弾き倒してくれる。なかでもインスト曲の "The Ambush" は素晴らしい出来だと思う。イタリアンプログレ好きにもお薦め。（Kono）

Dream Death / Journey Into Mystery（1987）New Renaissance

愛すべきポンコツスラッシュを量産した名レーベル New Renaissance Records からリリースされた、〝遅い〟スラッシュメタルバンドの唯一作。遅いといってもベイエリア系のミドルテンポ曲のようなものではなく、ドゥーム／ストーナーの先駆けのようなサウンドである。ドゥームとスラッシュとなると、まるで正反対のジャンルのように思われるが、このバンドは引きずるようなリフにもスラッシュ的な刻みが見受けられ、素直に疾走する曲もあるので、まさしくこれはドゥームスラッシュだ。レーベルカラーから主にスラッシャーに支持されている気がするが、ドゥームファンにも聴いてみてほしい。（Kono）

Flames Of Hell / Fire And Steel（1987）Independent

アイスランドのウルトラオブスキュア・カルトトリオによる唯一作。Black Sabbath のドス黒い瘴気をベースに、Cirith Ungol と Mercyful Fate がファックしたかのごとき怪奇な楽曲群をプレイ。ヴォーカルは Cirith Ungol の Tim Baker が腹を下したかのような、非人間的怪鳥音と悪魔的低音を使い分ける奇人。ギターはペケペケで弾けてないリードを弾き倒すその心意気も良し。曲調はスローからシャッフル、疾走まであるが、ミニマルでしかも大曲志向。音質劣悪。しかし存在感だけは物凄いという、まさにアンダーグラウンド怪作。我こそはという方は、ぜひお試しを。（杉本）

Green River / Dry As A Bone（1987）Sub Pop

シアトルの伝説であり、グランジ／オルタナシーン最強のバンドによる、グランジの名門レーベル Sub Pop からリリースされた EP。メンバー自身が 70 年代を通過していることによるハードロック的展開やリフを、MC5 や The Stooges にも通じる荒々しく暴力的な演奏で聴かせるサウンドは、後のストーナーロックの雛形のようでもある。この後、本作と並ぶ名作 1st『Rehab Doll』を制作するも内部抗争が勃発し、リリースを待たずしてバンドは解散。Mudhoney と Mother Love Bone（後の Pearl Jam）に分裂し、伝説は引き継がれてゆくことになる。（浜島）

1980年代

Loop / Heaven's End (1987) Head

86 年に結成。知名度では劣るが、Spacemen 3 と並ぶブリティッシュネオサイケの最高峰（My Bloody Valentine ともあわせて「御三家」と呼ばれることも）の 1st。耳をつんざくノイジーでギンギンなファズギター と、トランシーなリズムの執拗な反復にドラッギーな浮遊感を織り交ぜた、The Stooges と Hawkwind と The Jesus And The Mary Chain をちゃんぽんしたようなサウンドである。 3 枚のアルバムを残して 91 年に解散。中心人物の Robert Hampson（Gt. & Vo.）は Godflesh に短期間在籍した他、ソロで活動。13 年に Loop を再結成。（加藤）

Opal / Happy Nightmare Baby (1987) SST

元 Rain Parade の David Roback（Gt.） と 元 The Dream Syndicate の Kendra Smith（Ba. & Vo.）を中心に結成されたバンドの 1st。T-Rex、The Velvet Underground、The Doors らの影響色濃い頽廃的サイケ。何もかもどうでもよさそうな Kendra の気怠い歌声にしびれる。ペイズリーアンダーグラウンドやインディーロックの文脈で語られるべきバンドであろうが、どんよりと渦巻く灰色のグルーヴは、ドゥーム者なら同レーベルに所属していた Saint Vitus 初期作との共通点も見出せるのでは。ツアー中に Kendra が脱退、後任として Hope Sandoval が加入したことで Mazzy Star へと発展する。（加藤）

Outskirts Of Infinity / Lord Of The Dark Skies (1987) Woronzow

イギリスはロンドンのトリオの 1st。本作でベースを弾いているのは The Bevis Frond の Nick Saloman で、リリースは Nick が主宰するレーベルから。Hawkwind 風のエピックな世界観と疾走感をミックスした Jimi Hendrix 影響下のヘヴィサイケ。"Stoned Crazy"（後の作品のタイトルにもなっている）、92 年の再発盤には "Growing Weeds" なんて名前の曲もあってストーナーのバイブスをビンビンに感じる。冒頭の 2 曲は NWOBHM っぽくも聴こえる。5 曲目 "Tales Of Brave Ulysses" は Cream のカバー。94 年までに 5 枚のアルバムをリリースした。（加藤）

Pentagram / Day Of Reckoning (1987) Napalm

大傑作である 1st の 2 年後に発表された 2nd。衝撃度は前作に及ばないが、こちらも名盤。冒頭を飾る表題曲はアップテンポだが、以降はミドル〜スローテンポ中心であり、後世において一般的に「ドゥームメタル」と呼ばれる音楽には、本作のほうが近い。音は 70's ハードに回帰したような丸さを帯びており、過激さは少ないがおしなべて佳曲が並んでいる。Victor Griffin（Gt.）のソロが光る "When The Screams Come" や、スウェーデンのドゥームメタルバンド Burning Saviours のバンド名の元ネタでもある 9 分超えの 5 曲目も素晴らしい。（加藤）

Trouble / Run To The Light （1987）Metal Blade

リズムセクションが、Dennis Lesh（Dr.）と後に Debris. Inc に参加する Ron Holzner（Ba.）に交代。Poison、L. A. Guns、D. R. I. などとの仕事で知られる Jim Faraci をプロデューサーに迎えて制作された、Metal Blade Records からの最後のリリースとなった 3rd。複雑な曲展開は前作と同様だが、ドゥーム色が減退し、ヘヴィメタル色が増している。冒頭の "The Misery Shows" など、スラッシュメタル的アプローチの曲も目立つのは時代ゆえか（もう少し時代が下ると、スラッシュ側がドゥームに近づいてくるけど）。ドゥームファンからの評価は低いが、決して悪い内容ではない。（加藤・杉本）

Walkingseeds / Skullfuck （1987）Probe Plus

86 年にイギリスはリヴァプールで結成されたバンドの 1st。ハードコアパンクとヘヴィサイケがファックした Mudhoney にも通じるサウンドで、「サイケデリック・グランジ」とも形容される。スローかつノイジーな Black Sabbath の "Iron Man" のカバーを収録。"Blue Cheer" なんて名前の曲があったり、次作（こちらも良い）では Blue Öyster Cult のカバーを収録していたりと、プロトメタルへの露骨な憧憬を滲ませている点もポイント高い。90 年代半ばごろに解散。Sonic Youth などのプロデュースで知られる Don Fleming が参加していた時期もあるという。（加藤）

The Bevis Frond / The Auntie Winnie Album （1988）Reckless

60 年代後半から活動している Nick Saloman（Gt. & Vo.）が、86 年に結成したイギリスのカルトサイケバンド（実質 Nick のワンマンプロジェクト）の 4th。Teenage Fanclub や Dinosaur Jr. が楽曲をカバーするなど、グランジ／オルタナティブ勢からの厚い支持でも知られる。英国産らしい湿度高めのサイケデリックロックを基調にしながら、オルタナ、ギターロック、ストーナーまでを先取りした楽曲の数々は、本書的に層が薄くなりがちな 80 年代において前後の時代を繋いでいるかのような作風だ。バンドは今なお現役で、大量の音源をリリースしている。（加藤）

Blue Öyster Cult / Imaginos （1988）Columbia

70 年代後半から、ポップセンスを発揮した名作をリリースしてきた彼らが、再びメタリックさ、ヘヴィさを前面に押し出してきた 11th。同時にオカルティックな要素も取り戻しており、これまでに培ってきたポップさも残したドラマティックなサウンドを提示している。近代的なアレンジで蘇った名曲 "Astronomy" は古いファンには受け入れられないかもしれないが、抒情的かつドラマ性に長けた 5 曲目や、ここにきて初めてバンド名を冠した楽曲など聴きどころは多い。都会的な冷たいセンスが魅力の一翼を担うバンドだったが、本作ではその冷たさが再びヘヴィなオカルティズムと結びついている。（Kono）

Danzig / Danzig (1988) Def American

稀代のフロントマン Glenn Danzig (Vo.) が、Misfits 脱退後に結成した Samhain を改名したバンドの 1st. Misfits でもみせていた暗黒のスピリットが、テンポを落としたヘヴィロックの上で解き放たれている。華々しい 80's メタルとはアプローチを異にする原始的なロックを、Black Sabbath ばりの黒さで意図的に塗り潰したような異端のサウンド。グランジ／オルタナティブの文脈でしばしば語られるが、後のドゥーム／ストーナー勢とも接点がある音だ。ただ、Glenn の非凡すぎるヴォーカルが、ありきたりなサブジャンルに押しこめられることを拒否している。(杉本)

Dinosaur Jr. / Bug (1988) SST

アメリカ・マサチューセッツ州はボストンで元 Deep Wound の J Mascis (Gt. & Vo.) と Lou Barlow (Ba.) に、Murph (Dr.) を加えたトリオ編成で結成。本作は、再結成前のオリジナルメンバーによる最後の作品となった 3rd. ノイズを撒き散らしながらカッティングするギター、弾力あるリズム隊が織りなすヘヴィロックながら、郷愁すら感じさせる切なくポップなメロディを歌うヴォーカルが特異点。この脱力加減は同時代のグランジ／オルタナティブロッカーの姿勢に少なからず影響を与えたであろう。腐る寸前にまで熟したガレージ／ハードロックの果実が、甘ったるい匂いを放っている。(杉本)

Genocide Nippon / Black Sanctuary (1988) King Klassic

79 年に我が国・福井で結成。Sabbrabells、Crowley と共に「日本三大サタニックメタルバンド」と並び称された生けるレジェンドによる 1st. 竹内稔浩による、低～高音を行き来しながらおどろおどろしく歌い上げるアクの強いヴォーカルと、オカルティックで不気味なリフが鮮烈な印象を残す、ミドルテンポの個性派ヘヴィメタルだ。国際的なトレンドとは無縁の音だがカルト的人気を博しており、今日〝ドゥーム〟の範疇で語られる音楽との親和性も高い。叙情的なフレージングに長けており、インスト曲 "Silently Falling" ではバンドとしてのスキルの高さを見せつける。(杉本)

Jane's Addiction / Nothing's Shocking (1988) Warner Bros.

85 年にアメリカ・カリフォルニア州はロサンゼルスで結成。セルフタイトルのライブアルバムを経て発表されたスタジオ録音の 1st. メジャーレーベルからの配給でオルタナティブロックの最前線へ躍り出た。しばしば Red Hot Chili Peppers (本作にも Flea がゲスト参加) と並び称されるが、ファンキーグルーヴにパンキッシュなジャンクさと独特のアイロニカルなセンスを混ぜた音楽性は一癖も二癖もあり、一聴すると取っつきにくい。しかし、ベースラインやペンタトニックフレーズのギターに潜む粘ついた感触には往時の西海岸ヘヴィロックが息衝いており、ロックの原始的な衝動性をもつ。(杉本)

Living Colour / Vivid （1988）Epic

Mick Jagger に見出された、ロックバンドとしては比較的珍しいアメリカの黒人 4 人組による 1st. ヒップホップやファンクとロックをミックスした同時代のミクスチャー勢と比べると、ヘヴィなハードロックを指向しながら、ファンキーなグルーヴやヴォーカルのソウルフルな歌い回しなどに、〝自ずと〟ブラックミュージックの要素が滲んでいる点が大きな特徴。グルーヴィーなリフを叩きつけるようにして曲を紡ぐ手法は代表曲 "Cult Of Personality" などに顕著で、当時「黒い Led Zeppelin」とも形容された。"Funny Vibe" には Public Enemy の Chuck D と Flavor Flav がゲスト参加。（杉）

Masters Of Reality / Masters Of Reality （1988）Def American

Kyuss や Queens Of The Stone Age などのプロデュースでも知られるストーナー／デザートロック界のインフルエンサー Chris Goss（Gt. & Vo.）率いるアメリカのヘヴィロックバンドの 1st. Led Zeppelin などの 70's クラシックス的なうねりのなか、Chris はメタル／ハードロックの定型にはまらないメロディラインの歌を披露。多彩なアイデアを盛り込んだ作風はまさにミュージシャンズミュージシャンといった風格で、ドゥーム／ストーナー前史的なオルタナティブの名盤と呼ぶにふさわしい。Chris 以外のメンバーは頻々と交代し、後には Ginger Baker や Kyuss 関係者が参加した作品もある。（杉本）

Mudhoney / Superfuzz Bigmuff （1988）Sub Pop

88 年、アメリカ・ワシントン州はシアトルで結成された伝説的グランジバンド。当初のメンバーは、元 Green River の Mark Arm（Vo.）と Steve Turner（Gt.）、元 Melvins の Matt Lukin（Ba.）、元 Bundle Of Hiss の Dan Peters（Dr.）。本作はそんな彼らの 1st EP。ジーパンに白シャツという出で立ちで肉体的エネルギーを発散しているアートワークも含め、グランジロックを象徴する存在である。MC5、Blue Cheer、The Stooges といった 60 〜 70 年代のガレージ／ヘヴィサイケが、Black Flag 以降の土壌で芽吹いた。後に初期シングル集とのカップリング CD としてリリースされる。（杉本）

Ozzy Osbourne / No Rest For The Wicked （1988）Epic

アメリカンギターヒーローの系譜に振れていた Ozzy が、ついに辿り着いた美少年（当時、ね！）Zakk Wylde（Gt.）は、まさに Ozzy の全キャリアの落とし子だった。ターゲットペイントのレスポールで Black Sabbath サウンドをフォローし、Randy Rhoads のクラシカルなフレーズも、Jake E. Lee のフラッシーなテクニックも弾きこなす金髪の美少年（だから当時！）に、ツアーでは Geezer Butler（Ba.）までもが合流し、ここに Ozzy のソロは完成をみる。次作『No More Tears』以降は「オズボーンズ」などでマスコット化が進み、引退する ↔ しない、Black Sabbath をやる ↔ やらない、と周りを振り回しまくる。（hAe）

筋肉少女帯 / 仏陀 L（1988）Toy's Factory

日本の不条理詩ハードロックバンド筋肉少女帯の 1st。帯には「おーふくビンタハードパンク」、ジャケには「SUBMISSION HARD PUNK」と書いてある（「往復ビンタ」は「サブミッション」なのか？）。実際の音は、パンクの下敷きの上にプログレ的な展開とピアノの旋律を加えたハードロック。上記のジャンル表記の通り、狂気と笑気の瀬戸際にある 1 枚で、作詞も手がける大槻ケンヂ（Vo.）がよく曲の元ネタとして使っている江戸川乱歩作品のオチみたいなアルバムだ。一聴してひとしきり笑った後、背中にうすら寒いものを感じてほしい。(Itoh)

Acid Reich / Mistress Of The Perpetual Harvest（1989）Cool Beans

Monster Magnet の創設メンバーである Dave Wyndorf（Gt. & Vo.）、John McBain（Ba.）、Tim Cronin（Dr. & Vo.）と、Ripping Corpse の Shaune Kelley（Gt.）らによるプロジェクトの唯一作。Pink Floyd のカバーを収録。スペース／ハードロックを軸としながらもフリークアウト感を全面に押し出したアシッド臭の強烈なサウンドは、「Monster Magnet の原液」を飲まされているかのよう。John いわく「Amon Düül に Uli Jon Roth を加えたようなサウンド」。入手困難だったが、21 年にスペインの Mental Experience からアナログ盤で再発された。（加藤）

Black Sabbath / Headless Cross（1989）I.R.S.

ドラムが Cozy Powell、ベースが Laurence Cottle に交代した 14th。曲調はよりドゥーミーかつドラマ性を増しており、『Heaven And Hell』の続編とも呼べそうな堂々たる暗黒様式美を展開。やはり Cozy の存在が大きく、ある意味 AOR 的だった前作に比べ、ハードロックとしての牙を取り戻している。どうしても Dio と比較されがちな Tony Martin（Vo.）は、透明感のある声質と伸びやかなファルセットに独自の価値を宿らせ、彼以外に本作の語り部はありえないと確信出来るほどに説得力を増した。黄金期を過ぎてもこういう大名盤を作れるところが、大御所の大御所たる所以だよなぁ。（杉本）

Death SS / Black Mass（1989）Metalmaster

イタリアを代表するホラーメタル大家 Death SS による 2nd。幅広い音楽性をもちつつも、軸足をシャープなスピードメタルに置いたバンドなので、演奏は基本的にタイト。しかし、アトモスフェリックなアプローチも一級品であり、表題曲などのようにオカルティックな空気感のなかで展開するミドル〜スローテンポの楽曲も良い。土地柄を反映したものか、89 年という時代にしては籠った音質も味わい深い。90 年代以降はいっそうシャープでブライトな音づくりをするようになり、インダストリアル的な要素が増加。アー写がクリアになると、途端にコミックバンド臭くなるのが玉に瑕。（杉本）

Godflesh / Streetcleaner（1989）Earache

元 Fall Of Because、Napalm Death の Justin Broadrick（Gt. & Vo.）と、元 Fall Of Because の G. C. Green（Ba.）によって結成された、イギリスはバーミンガムのヘヴィロックバンドによる 1st。全編打ち込みによるドラムを配した、工業地帯を思わせるような無機質・冷徹なサウンドから、インダストリアルメタルの元祖といわれる。ハードコア感覚の強さはメンバーの出自から納得出来るが、Killing Joke の血も流れていそう。凶暴なヴォーカルと押し潰すようなリフなど、後のスラッジコアに繋がり得る要素も散見される。00 年代中盤を除いてコンスタントに作品を発表。Justin は後に Jesu を結成する。（杉本）

Ham / Buffalo Virgin（1989）One Little Indian

88 年結成、アイスランドのポストパンクバンドによる 2nd。同国を代表するアーティスト Björk がファンだと公言し、コラボをしたこともある。硬質でミニマルなリズムは Killing Joke や後のインダストリアル的、Óttarr Proppé（Vo.）と Sigurjón Kjartansson（Gt. & Vo.）による詠唱、うめき声は Swans の影響と思われるが、トゲトゲしいトレモロギターを使用した曲はブラックメタルにも聴こえる。スローなテンポ中心なのでドゥーム耳でも楽しめる。ABBA のカバーも収録。オルタナティヴとしか形容の出来ない怪作である。94 年に解散。01 年に再結成した。（加藤）

Ice-T / The Iceberg: Freedom Of Speech... Just Watch What You Say（1989）Sire

後にハードコアバンド Body Count を結成し、Black Sabbath や Motörhead とのコラボでも知られるラッパー Ice-T の 3rd。何しろのっけから "Black Sabbath" に乗せた、戒厳令を敷くアイロニカルなスピーチである。この人は優れたハードロックリフが、ギャングスタラップの殺伐とした世界のなかで切れ味を増すことをいち早く見抜いていた 1 人だ。音の構造としても、その名の通り繰り返しを旨とする「リフ」は、一定のリズムの上でラップを展開するヒップホップとの相性が抜群なのだ。そうした観点では Aerosmith と Run-D.M.C. のコラボが先駆だが、本書的には暗めなこっちを。（杉本）

Lard / The Power Of Lard（1989）Alternative Tentacles

Dead Kennedys の Jello Biafra（Vo.）と Ministry のメンバーが手を組んだプロジェクトによるデビュー EP。無機質なスラッシュビートの上に Jello の牧歌的なヴォーカルが乗り、壮絶なケミストリーを生み出した冒頭の表題曲は、名刺代わりとしては充分過ぎるほどの名曲。Jello が陽気に歌いリズムがグルーヴする "Hellfudge" や、30 分超にわたって重々しい轟音が淡々と地獄絵巻を描き出す "Time To Melt" と、全 3 曲それぞれが違う色をもちながらもプロジェクトバンドにありがちな散漫さはなく、バンドとしての個性をすでに確立していた。（浜島）

Laughing Hyenas / You Can't Pray A Lie（1989）Touch And Go

Nagative Aproach の John Brannon（Vo.）らによって 85 年に結成。アメリカ・ミシガン州のバンドによる 2nd。プロデュースは後に Nirvana や Tad を手がける Butch Vig。ハードコアやノイズロックに括られることが多いようだが、ブルージーなうねりとハードコアの弾力性を兼ね備えたリズム隊、掻きむしるようなノイズからサイケデリックな浮遊感をも湛えたギター、怒号中心ながら随所でメロディをなぞるヴォーカルと、ドゥーム／ストーナー／スラッジとも大いに重なるスタイルだ。むしろこっち側でもっと語られるべきバンドでは。18 年に Third Man Records から再発された。（加藤）

Nirvana / Bleach（1989）Sub Pop

我が国（の、特に俺みたいな 30 代くらいの世代）では「高校生のコピーバンドの定番曲である "Smells Like Teen Spirit" をプレイしたバンド」というイメージがつきまとい、またファッションとしてのバンド T シャツ界隈の常連バンドでもあることから、なかなか「好き」と公言しづらい。Nirvana しか好きじゃない奴はにわかだが、しかし Nirvana の良さがわからない奴もやっぱり信用出来ない。Black Sabbath のヘヴィネス、Black Flag の爆発力、60 年代ガレージ／サイケの酩酊性をコンパイルし、キャッチーに編集する手腕たるや。本作 1st では、数曲で Melvins の Dale Crover がドラムをプレイ。（杉本）

Raging Slab / Raging Slab（1989）RCA

83 年に結成されたアメリカのバンドによる 2nd。本作のドラムは後に Monster Magnet、The Atomic Bitchwax へ参加する Bob Pantella。ご機嫌にブギーするサザンロックとメタルのエッジ、疾走感を交えたサウンドで「Lynyrd Skynyrd meets Metallica」とも評される。後のニューオリンズ界隈よりも Black Crows らとの親和性が高い陽性のサザンメタルである。Melvins などの Dale Crover がサポートドラムを務めていたこともある。00 年代にはドゥーム／ストーナー系のレーベル Tee Pee から作品をリリースした。（加藤）

Sacrilege / Turn Back Trilobite（1989）Metal Blade

女性ヴォーカルを擁するイギリスのメタルクラストの雄。クラスティなハードコアパンクだった初期を経て 1st、2nd とメタル成分の比率を高めてきた彼ら。クロスオーバー、今ならメタルパンクと呼ばれそうな曲調であっても、リフのミニマルな展開とドス黒く塗り潰された音像が明らかにハードコアの血を主張していた。本作 3rd では、ドゥームメタルと呼べるほどにテンポを落としたことにより、もう一つの美点であったリフ作り、曲作りの上手さがより際立つ結果となった。漆黒の色彩はそのままに、憂いと湿り気を帯びたリフが英国ロックの血を主張しているのがたまらない。（杉本）

Saint Vitus / V （1989） Hellhound

デビュー時から在籍していた SST を離れ、ドイツの名門ドゥームレーベル Hellhound に移籍して発表された 5th。アコースティックギターや女声ヴォーカルを取り入れた "When Emotion Dies" や、Scott "Wino" Weinrich （Gt. & Vo.） が書いた "Ice Monkey"、7分超えの大曲 "Jack Frost"、サバスライクな "Angy Man" など、バラエティに富んだ楽曲を収録。オールドスクールなドゥームメタルの多面的な魅力を凝縮した。盤石ともいえる安定感だが、本作を最後に Wino は脱退して The Obsessed の再結成へ。92年の6thでは Count Raven の Christian Linderson、95年の7thでは再び Scott Reagers がマイクをとる。（加藤）

Snake Nation / Snake Nation （1989） Caroline

Corrosion Of Conformity の Mike Dean（Ba. & Vo.）と Woody Weatherman（Gt. & Vo.）、コミックアーティストで後に Melvins などの作品を手がける Brian Walsby （Dr. & Vo.） によって結成されたバンドの唯一作。COC の『Animosity』（85年）をミドル〜スローテンポに寄せてドゥーミーなグルーヴを強調したスタイルで、ジャズやファンク風のパートも新鮮で聴きごたえ十分。5曲目 "Babylon" は Blue Cheer のカバー。後の『Blind』（91年）に繋がる佳作、アーリー・グランジ／ストーナーと捉えることも出来ようが、現代においてはメイニアのニッチな需要も満たせそう。（加藤）

Soundgarden / Louder Than Love （1989） A&M

グランジ誕生前夜の80年代半ばから活動し、あの Sub Pop も彼らのために立ち上げられたとまでいわれるバンドによる、2nd にしてメジャー移籍第一弾。他のグランジバンドと同様に、Black Sabbath の現代的解釈ともとれるヘヴィネス、サイケを内包したギター、Led Zeppelin を下地にしたリズムと、ハードコアパンクを通過したと思しき豪快さが全編を貫いている。Chris Cornell による Robert Plant をも凌ぐハイトーンと、〝庭園に音を宿す〟かのような懐の深さをあわせもつヴォーカルは、同時代のグランジ群と比べて頭一つ抜けているように思う。"Big Dumb Sex" はシーンを象徴する永遠のアンセム。（浜島）

Stillborn / Necrospirituals （1989） Radium 226.05

Colossus を前身とし、スウェーデンのバンドとしては比較的早い時期からドゥームメタル的な音楽をプレイしていた4人組による 1st。一定のリズムの上で抑揚に乏しいヴォーカルがつぶやくように歌うスタイルやアトモスフェリックな演出から、元祖ゴシックメタルといわれることも。ギターは Black Sabbath 的に沈み込むスタイルから、Aerosmith などアリーナ型のアメリカンロックをも思わせる陽の気まで散発。サブジャンルの特質に捉われない作風が面白い。作を重ねるごとに、Corrosion Of Conformity のようにスラッシュがモダングルーヴを身につけたようなサウンドに変貌した。（杉本）

Tad / God's Balls（1989）Sub Pop

88 年にグランジの始祖ともいわれる Bundle Of Hiss のメンバーらによってアメリカ・ワシントン州シアトルで結成。数々の災難に見舞われ商業的成功を得られなかったことも語り草なバンドによる 1st。プロデュースは Skin Yard の Jack Endino。Black Sabbath らプロトメタルからリフとグルーヴを抽出してノイズロックで塗り固めたウルトラヘヴィロックである。インダストリアル、スラッジやストーナーにも繋がるエッセンスが凝縮された 1 枚。99 年に解散。Tad Doyle（Gt. & Vo.）はドゥーム／スラッジバンド Brothers Of The Sonic Cloth で活動中。（加藤）

Thee Hypnotics / Live'r Than God（1989）Situation Two

80 年代後半のイギリスに突如として現れた黒レザー 4 人組。MC5 や The Stooges、The Doors などの影響を感じさせる、60 年代からタイムスリップしてきたかのようなヘヴィ＆サイケデリックかつソウルフルなサウンド。アメリカでも注目を集め、Nirivana や Mudhoney らと共演した。本作はライブアルバムだが実質的な 1st で、アメリカ盤は名門 Sub Pop による初の海外作品リリースとなった。それなりの人気を博したが、アルバムをリリースするごとにヘヴィネスが減退していき、4 枚のアルバムを残して 98 年に解散。18 年に再結成した。（加藤）

Virulence / If This Isn't A Dream…（1989）Alchemy（US）

後のデザート／ストーナーロックの雄 Fu Manchu の前身として知られる、アメリカはカリフォルニア州で 80 年代後半に活動していたハードコアパンクバンドが残した唯一のフルアルバム。スラッシングで直情的な US ハードコアスタイルにのっとりつつ、Black Flag よろしくタメをも効かせた曲調に、後の片鱗をみることが出来る。リリース元の Alchemy Records は日本のそれではなくサンフランシスコのレーベル。10 年に Southern Lord Recordings がリリースしたディスコグラフィ盤では、Void のカバーを含むライブ音源や 86 年リリースの自主製作カセット収録曲などが聴ける。（杉本）

花電車 / The Golden Age Of Heavy Blood（1989）Alchemy（JPN）

Boredoms で活動していた Hira（Vo.）を中心に結成されたヘヴィロックバンドによる 1st。ドラムは後に Boredoms に加入する楢川陽二郎、ベースは後に ETT を結成する青柳努。アシッド感を強烈に発しながらノイジーかつヘヴィなギターが暴れまくり、情熱的なシャウト中心のヴォーカル（日本語歌詞による文学的なエレメントも絶妙）、野太いベース、テクニカルかつダイナミックなドラムにより、サイケデリックな空気を強力に放出しながら、凄まじい勢いとパッションをみなぎらせるハードロックを展開。並みのストーナーロック／ヘヴィサイケバンドには達し得ない至高のサウンドが詰まった超名作。（田村）

1990s

Alice In Chains / Facelift（1990）Columbia

かつて「グランジ四天王」と呼ばれたバンド群のなかで、最もヘヴィメタルと親和性の高い音を出していたバンドの1st。ドラッグ癖でも群を抜いており、本作制作時の4人中2人が既に亡くなっている。アンサンブル的には80年代のアメリカンハードロックにも通じるダイナミクスをもったサウンドだが、どこまでも暗く美しいニューウェーヴィーなメロディ、そして内省的で沈鬱な歌詞が明らかにそれ以前のメタル／ハードロックとは異質な、突然変異種のような作品だ。故Layne Staley（Vo.）の歌唱は、後続のバンド群が安易に彼らのフォロワーたるを退ける、唯一無二の圧倒的個性。（杉本）

Black Sabbath / Tyr（1990）I.R.S.

Tony Martin（Vo.）、Cozy Powell（Dr.）を含む布陣（Tony Iommi〈Gt.〉を含め、これもある意味「三頭政治」といえるか）で制作された2作目にして、通算15枚目のアルバム。ベースはNeil Murray。楽曲はより壮大になり、キーボードやクワイアの存在感が増した。凡百のエピックドゥーム勢やRainbowフォロワー群には到達不可能な、暗黒様式美の頂上サウンドがここに完成。その分、ギターのリフ一発で黙らせるような即効性は減退したものの、TonyとCozyは水を得た魚のように活き活きと辣腕を振るっている。"Feels Good To Me"という、らしからぬバラード曲をシングルカット。（杉本）

Exit-13 / Green Is Good!（1990）Ecocentric

後にBrutal Truthの歴代ドラマーや、同バンドや元Anthrax、S.O.D.などのDan Lilker（Ba.）が参加したことでも知られる、アメリカのグラインドコアバンドによる1st。アルバムタイトルからもわかる通りの自然主義……というか、マリファナ臭がプンプン漂う連中である。激重激速のエクストリームパートに、アコースティック要素、変拍子、ノイズなどを交えたアヴァンギャルドな構成をとっているが、酩酊パートにはBlack Sabbathルーツと思われるブルージーなリフを織り込んだ。メタル／ハードコア野郎は、ハッパを決めるときにはやっぱりBlack Sabbathなんですかねぇ。（杉本）

Eyehategod / In The Name Of Suffering（1990）Intellectual Convulsion

88年結成。ニューオリンズ出身、スラッジコアの代表格バンドによる1st。病巣の写真を使ったジャケ、不穏な曲名に歌詞と、目を背けても脳裏に焼きついて離れない残酷美のイメージはこの時点で徹底されている。Black Sabbath、Black Flag、Saint Vitusが手荒に攪拌されている音はカオスそのもの。とはいえ、ブルース／サザンロックの「出汁」と素材の「旨味」がはっきりと滲み出ている。トレードマークのフィードバック音は、さながら口腔内を痺れで満たす花椒、中華料理でいうところの「麻」（≠大麻）である。味が馴染むのは93年の次作からだが、本作の野趣、野蛮な味わいも魅力的だ。（加藤）

Ghost（JPN）/ Ghost（1990）P.S.F

84年に結成された、東京のサイケデリックフォークバンドの1st。本作ではアコギ、ベース、パーカッションにバンジョー、フルート、サックスなどを計4人のメンバーで担当しており、エレキギター奏者不在のアコースティックサウンドを聴かせる。クレジットでいう「whisper（ささやき）」や歌が挿入される曲もあるが、基本的にはインストゥルメンタルが主体。東洋的な旋律を交えたスピリチュアルな音像はポピュラーミュージックの範疇で語り切れるサウンドではないが、ドゥーム／サイケに精神性を重視する向きならトライする価値はある。ハードロック的なカタルシスは皆無。（杉本）

Helmet / Strap It On（1990）Amphetamine Reptile

89年にPage Hamilton（Gt. & Vo.）を中心に結成された、アメリカはニューヨークのヘヴィロックバンドによる1st。オルタナティブ／モダンヘヴィネスの呼び声と共に語られることが多く、Pantera が「動」ならこちらは「静」、アチラが「陽」ならコチラは「陰」、そんな地味目な評価を受けることもしばしば。だが、80'sUS ハードコアからの影響を感じさせるヴォーカルや、シューゲイジングなエフェクトなど、聴き込めば深く潜れる要素が満載。そして何より、反復され続けるリフが生む快楽が強烈。徹底的に無機化されたギターサウンドはコンクリートジャングルにおける建設現場を思わせる生々しさ。（杉本）

Mother Love Bone / Apple（1990）Polydor

Pearl Jam の前身が残した唯一のフルアルバム。このバンドがシアトルの伝説として語り継がれているのは、ネルシャツにボロボロジーンズのグランジ時代において、派手なファッションとルックスで個性的な歌詞を歌うカリスマ Andrew Wood が本作のリリースを待たずして逝ってしまったことにも起因しているようだ。R&B やファンクにも通じるリズム感は Led Zeppelin を手本にしているように感じるし、どこか暗黒的で、はかなくも美しいアルペジオで奏でられる楽曲は Ozzy Osbourne がいた5〜7th あたりの Black Sabbath を思わせる。ちなみに、Andrew の命日は Randy Rhoads と同じ。（浜島）

Slayer / Seasons In The Abyss（1990）Def American

彼らの1stは明らかに Venom の影響下にあり、従って Black Sabbath の血を強く引いていたわけだ。前作『South Of Heaven』の表題曲は、メタルの速度を極めた3rd から一転してテンポをぐっと落としたぶん、そのルーツが浮き彫りになった重要な作品である。そして本作5th の表題曲。これは出足がモロに Black Sabbath の看板曲を彷彿とさせる。Tom Araya（Ba. & Vo.）は、メロディの抑揚少なく単語を叩きつけるような歌い方がヒップホップやニューヨークハードコアとの親和性が指摘されるが、それ以前に Ozzy Osbourne 的である。ガナらないときの声質は特に近いと思う。（杉本）

Sons Of Kyuss / Sons Of Kyuss（1990）Black HIghway Music

元々は Katzenjammer という名前で 87 年に結成、後に Kyuss へと改名する Sons Of Kyuss 唯一の音源である 8 曲入り EP。よく読み方でネタにされるバンド名は、テーブルトーク RPG「Dungeons & Dragons」のクリーチャーから取られている。全 8 曲中 4 曲は Kyuss の 1st『Wretch』にも収録されており、路線も完全に一緒で、Danzig や Metallica の影響が色濃いダークでパンキッシュかつメタリックなロック。ちなみに本作レコーディング時、John Garcia（Vo.）、Josh Homme（Gt.）、Brant Bjork（Dr.）らはまだ 10 代後半という若さだった。（加藤）

Trouble / Trouble（1990）Def American

Metal Blade を離れ、Def American へ移籍してリリースした 4th。プロデューサーはレーベルオーナーの Rick Rubin。前作で Ron Holzner（Ba.）と Dennis Lesh（Dr.）が 参 加 し、本 作 で は Dennis が 元 Zoetrope の故 Barry Stern に交代している。前作までのメタル然とした音楽性を捨て、70's ハードロック的なヘヴィグルーヴを導入。Eric Wagner も金切り声からハードロック風の歌唱にシフトした。後に隆盛を誇るストーナーロックを先取りしたようなサウンド。次作にはおよばないが、"At The End Of My Daze"、"The Misery Shows（Act II）"、"Black Shapes Of Doom" など名曲多数。（加藤）

Winter / Into Darkness（1990）Future Shock

初期には Brutal Truth の初代ドラマーだった Scott Lewis が在籍していたことでも知られる、アメリカ・ニューヨークの伝説的トリオによる唯一のフルアルバム。Hellhammer 〜 Celtic Frost や Amebix などを極限までスローかつヘヴィにしたような、生命の存在を許さない永久凍土のごとき圧殺ドゥームデス。94 年に EP、99 年に本作とその EP をカップリングしたコンピレーションをリリースしている。10 年には再結成した。Stephen Flam（Gt.）は、Unearthly Trance や Ramesses のメンバーらと結成した Serpentine Path に在籍していたこともある。（加藤）

灰野敬二 / 滲有無（1990）P. S. F

轟音のアヴァンギャルドな音像から立ち現れる叙情性こそが灰野の本質と思う。70 年代のロスト・アラーフからおよそ半世紀の間にリリースした作品数は膨大で、その全貌を掴むのは容易ではないが、コマーシャリズムとは無縁である点は一貫している。それでも灰野の音楽性は不失者に代表される残響の重層する爆音ギターとエイトビートのリズムが一応存在するタイプと、ソロ活動にみられるリズムのズレから生じる儚さと静寂に比重を置いたタイプの二つに大別されよう。彼の作品を一つ抽出するのは無謀だが、人間の原初的衝動を音像化した本作を挙げておきたい。（リベラリスト）

Angel'in Heavy Syrup / Angel'in Heavy Syrup（1991）Alchemy（JPN）

90年代に活動していた、大阪の女性サイケデリック・プログレッシブロックバンドによる1st。ブリブリのヘヴィなファズからフォーク調のクリーントーンまで変化自在なギター、独特のうねりを効かせるベース、浮遊し儚さ満点のヴォーカルと、彼女たちらしい陶酔的な世界観が早くも開花。後の作品と比べてアシッドフォークの要素も強く、60〜70年代ブリティッシュシーンを彷彿させるヴィンテージな雰囲気が最も色濃く出た作品でもある。海外でも人気が高かったのも十分頷ける。森田童子のカバー「僕と観光バスに乗ってみませんか」も透逸。（田村）

Blood Farmers / Permanent Brain Damage（1991）Independent

アメリカ・ニューヨーク州のバンドが91年に50本ほど制作したデモ音源。70's プロメタル、Black Sabbath とB級ホラー映画の世界観の融合というコンセプトと緊迫感溢れる演奏から放たれる不穏で殺伐としたサウンドは、Church Of Misery や Electric Wizard にも影響を与えた。Dave Depraved の Tonny Iommi と Jimi Hendrix が融合したようなギターはドゥーム界随一。James Hetfield 風のヴォーカルは好みの分かれるところ。日本の Leaf Hound Records が04年に再発（ジャケは本作を掲載）した。95年に1stをリリース、08年に奇跡の初来日を果たし、14年には19年ぶりの新作をリリースした。（加藤）

Cathedral / Forest Of Equilibrium（1991）Earache

Napalm Death で速度の極北を極めた Lee Dorrian（Vo.）による次なるバンドは、異様にスローなテンポで展開される異形のヘヴィロックだった。Lee の歌はまだグロウルヴォイスを引き摺っており、この遅さも極端を旨とするエクストリーム音楽の表現形式の一つと解せるが、彼らはここにトラッドやプログレなど古き良き英国ロックの気風を封入。Lee のレーベル Rise Above のカラーも合わせ、90's 以降に隆盛をみせた「ドゥームメタル」の旗印となった1枚。ベースは後の Year Zero の Mark Griffiths、ギターは元 Acid Reign の Gaz Jennings と Adam Lehan、ドラムは Dream Death 〜 Penance の Mike Smail。（杉本）

Corrosion Of Conformity / Blind（1991）Relativity

アメリカ・ノースカロライナ州のヘヴィロックバンドによる3rd。本作からギターは、後に Down にも参加する Pepper Keenan を加えた2本体制に。ヴォーカルは本作のみ参加の Karl Agell。80年代にプレイしていたスピード違反気味のクロスオーバースラッシュのなかで、元々あった Black Sabbath 成分が増大。結果として音楽性は黄金期の Metallica に接近し、最もヘヴィメタル的な様式美を感じさせる作品に仕上がった。同時代的には、うねるグルーヴ感の強調という点がキーワードで、後続への影響力大。彼らもまた、次作から90年代ヘヴィネスを代表するようなスタイルへ。（杉本）

Dead Moon / Stranded In The Mystery Zone（1991）Music Maniac

The Weeds や The Lollipop Shoppe などで 60 年代からのキャリアを
もつアメリカ人ロッカー Fred Cole（Gt. & Vo.）率いるガレージロッ
クバンドの 4th。いかなる環境で聴いても耳を捉えるような Fred の
粘つくハイトーンと、救いようのない暗いメロディ。フィジカルな
ヘヴィネスは希薄でも、精神的な重さは同時代のヘヴィメタルやグ
ランジのなかで頭一つも二つも抜けている。無理にメタルとリンク
させる必要はないが、リフのなかには 60 〜 70's ヘヴィロックの切
れ味を残したものもあり、ドゥーム系のリスナーにもアピールしそ
う。イカすアートワークも含め、名作。（杉本）

Discharge / Massacre Divine（1991）Clay

シングル、EP、コンピレーションなど大量の音源をリリースしてい
るが、フルアルバムとしては 3rd にあたる。前作に続いて、スピー
ドをグッと落としたヘヴィロックをプレイしていることから、初期
の D-Beat スタイルを求める向きには比較的人気がない作品だが、な
かなかどうしてスルメ盤である。メタリックなリフと跳ねるリズム
がモダンヘヴィネス的だが、Black Sabbath からの流れを汲む伝統的
なブリティッシュヘヴィロックとも解せる。本作と次作のギターは
Andrew Green。彼を含め、Discharge の歴代ギタリストたちは皆、
リフづくりの名人である。（杉本）

Galactic Cowboys / Galactic Cowboys（1991）Geffen

アメリカ・テキサス州はヒューストンから登場した 4 人組による 1st。
グランジ／オルタナティブが隆盛を誇っていた当時、その流れのなか
に位置づけることは出来ようが、どこにもカテゴライズ出来ない特異
点のような存在だった。Black Sabbath をよりカッチリとさせたヘヴィ
ロックとしての Metallica 的なリフワークを基調としながら、The
Beatles を彷彿とさせるポップな歌メロとコーラスワークをフィー
チュアしたパートと、カントリー的なパートがごった煮になり、変拍
子を交えながら展開する。00 年までコンスタントに作品を発表。活
動休止を経て 16 年に再結成し、翌年に新作をリリース。（杉本）

In The Colonnades / Scrap Metal Value（1991）CBR

80 年代から活動していた、ツインギターとキーボードを擁するス
ウェーデンの 6 人組による 2nd。なんとも形容するのが難しいサウン
ドだ。Black Sabbath が根っこにあるのは、"Sabbath Bloody
Sabbath" をカバーしていることからも明らかだが（ただし、ほとん
ど原型を留めていない）、客に色目を使わないそっけなさはオルタナ
ティブ的。ネットリと絡みつく声質のヴォーカルはニューウェーブ
的だ。ここに、Rainbow 直系のオルガン音色のキーボードが乗る点
がなんとも奇妙なのだ。これでヒット曲の一つでもあれば、何らか
のサブジャンルのオリジネイターになっていたかもしれない。（杉本）

Metallica / Metallica（1991）Elektra

アメリカのメタルモンスターによる大ヒット作にして、音楽スタイルを大きく転換した問題作でもある 5th。90 年代のラウドロックシーンを先取りしたかのようなヘヴィグルーヴを基調とした曲調は、多くのスラッシャーを落胆させると共に、新たなフォロワーを生んだ。しかし、NWOBHM に根差した丁寧なリフワークと Black Sabbath 流のヘヴィネス、メロディセンスこそが彼らの魅力とみるならば、本作は 4th 以前と本質的には変わっていないばかりか、研ぎ澄まされてすらいる。捨て曲なしの傑作だ。むしろ、本作と次作以降の間の溝をどう解釈すべきかが、21 世紀に託された課題である。（杉本）

Monster Magnet / Spine Of God（1991）Primo Scree

89 年に結成された、Dave Wyndorf（Gt. & Vo.）率いるアメリカ・ニュージャージー州出身のバンドの 1st。後にキャッチーなハードロック路線へ傾斜していき、メジャーでも成功を収めるが、本作では Hawkwind のスペーシーさとガレージの荒々しさを内包した、フリーキーで図太いグルーヴのヘヴィロックを展開する。そのマニアックさ、アクの強さから、ストーナーロックのクラシックとして崇められている名盤。"Sin's A Good Man's Brother" は Grand Funk Railroad のカバー。バンドは安定的に活動を続けており、18 年には 10th をリリースした。（加藤）

My Bloody Valentine / Loveless（1991）Creation

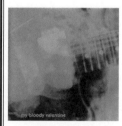

84 年、アイルランドで結成。彼らのファンの主流派は多分ドゥームメタルファンではないし、超ビッグネームながらハードロック／ヘヴィメタル界隈で取り沙汰されることも少ない。というわけで完全に畑違いのセレクションなのかもしれないが、60 〜 70 年代のサイケ／ガレージと 90 年代以降の「ポスト〜」と呼ばれるジャンル群の、80 年代における結束点の一つとして無視出来ない。といいつつ、誰もが認める歴史的名盤である本作 2nd を前に理屈っぽい講釈は無用。轟音ノイズの背後に漂う、繊細な飴細工のようなメロディに身を任せるだけで天国に行けますよ！（杉本）

The Obsessed / Lunar Womb（1991）Hellhound

Saint Vitus を脱退した Scott "Wino" Weinrich（Gt. & Vo.）が再結成し、メンバーを刷新して放った 2nd。ベースは後に Kyuss や Goatsnake を渡り歩く Scott Reeder、ドラムは後に Goatsnake を結成する Greg Rogers。本作における Wino のリフワークは、数多ある彼のディスコグラフィのなかでも神懸かっている。3 ピースゆえの贅肉なき演奏、ドゥーミーなスロー／ミドルテンポの楽曲と、DC ハードコアの血を感じさせるファストな楽曲を織り交ぜた構成は、聴き手を一瞬も飽きさせない。特に、名曲 "Back To Zero" 以降は完全無欠の展開。ヘヴィロック史に残る大名盤。（加藤）

Pearl Jam / Ten（1991）Epic

元 Green River の Stone Gossard（Gt.）と Jeff Ament（Ba.）が、Mother Love Bone を経て結成したバンド。本作でドラムを叩いている Dave Krusen は、後に Candlebox へ加入する。商業的な成功という面でも、人脈の系譜という点でも、アメリカ・ワシントン州はシアトルのグランジシーンを語るうえで外すことが出来ない最重要バンドの一つである。本作 1st は 60 ～ 70 年代的なガレージ／ブルース／サイケロックをハードコアパンク通過後の荒々しさで叩きつけたヘヴィロック。Eddie Vedder の粗削りながらも瑞々しいヴォーカルを含め、デビュー作らしいエネルギーに溢れている。（杉本）

Primus / Sailing The Seas Of Cheese（1991）Interscope

84 年、スラップ超人 Les Claypool を中心に結成。Les の Blind Illusion 時代のメンバーで元 Possessed（US）、Joe Satriani にも師事した Larry LaLonde（Gt.）、そして Tim "Herb" Alexander（Dr.）という布陣で音源デビューし、本作 2nd で評価を確固たるものに。Les の独特のセンスに裏打ちされた奇妙なベースリフと奇矯なヴォーカルにリードされる、ファンキーなヘヴィロックをプレイ。徹底的に反復されるリズムが快楽を増幅。個人的には、Comus のマテリアルをブツ切りにしてミニマルに再構成したような魔術性を感じる。00 年に解散するも再結成を経て、近年もアルバムをリリースしている。（杉本）

Revelation / Salvations Answer（1991）Rise Above

アメリカ・メリーランド州はバルチモア出身のドゥームメタルバンドによる、Cathedral の Lee Dorrian 主宰の Rise Above Records からリリースされた 1st。結成当初は Panic と名乗っていたが、86 年に Trouble の楽曲から拝借して Revelation に改名。ドゥーミーなスローパートと NWOBHM 風のアップテンポなパートで構成されたサウンドは、まさに初期 Trouble。ペラペラの音質と、口が裂けても「上手い」とはいえない味のあるヴォーカルも含め、これぞドゥーム（ジャケにも「DOOM」と太鼓判が）！ 07 年にボーナストラック、テレビ番組出演時の映像を追加し、日本の Leaf Hound Records が再発。（加藤）

Skin Yard / 1000 Smiling Knuckles（1991）Cruz

85 年にアメリカ・ワシントン州はシアトルのシーンでいち早く活動を始め、後続への影響も大きいバンドによる 4th。90 年代初期といえば Pantera の台頭、Metallica の〝ブラックアルバム〟そしてグランジ旋風により、多くのスラッシュメタルバンドが自身の武器であるスピードを捨てて迷走しだした時期だが、80 年代からぶれることなく自分達のロックを追及してきた彼らだからこそ辿り着いた、地を這うサウンドとメタリックなリフの融合は、流行に便乗したニセモノ達とは文字通り重みが違う。これ以降、多くのスラッシュメタルバンドはこの境地にたどり着くことなく消滅していく。（浜島）

White Heaven / Out（1991）P. S. F

ゆらゆら帝国や Boris のプロデュースで知られる石原洋（Gt. & Vo.）を中心に結成。後にエンジニアとして活躍する中村宗一郎（Gt.）、YBO^2 他の栗原ミチオ（Gt.）、Marble Sheep の松谷健（Gt.）など錚々たる顔ぶれが参加していたことで知られるバンドの 1st.。プロデュースは Ghost（JPN）の瀧沢大志。石原のディープで艶のある歌声を乗せ、パンキッシュな轟音ガレージサイケとどこまでも沈み込むダウナーな楽曲とで編まれたヘヴィロック。97 年に解散。99 年に石原を含む元メンバーらが The Stars を結成。アナログ盤は長らく入手困難だったが、20 年にリマスターのうえ再発された。（加藤）

裸のラリーズ / '67-'69 Studio Et Live（1991）Rivista Inc.

息苦しいほどに整然とした日本において、ノイズミュージックは根を伸ばしてきた。いわゆるジャパノイズの源流として語られるのが裸のラリーズで、『'67-'69 Studio Et Live』はこの伝説的な地下集団の初期音源集である。タイトルが示唆するのは、本作がノイズロックの世界的な誕生と全く同時期に生み出されたということだ。フィードバックの霧のなかで、時折鬼火のように揺れる憂鬱な歌声。彼らの禍々しい芸術は、あらゆるアヴァンギャルドミュージックが成熟しきった現代においても強烈な光を放っている。聴かずに一生を終えてもかまわない。しかし、知らずに死ぬのは惜しい。（杉山）

Alien Boys / Doom Picnic（1992）Rave

87 年結成、ドイツ・ハンブルグの 4 人組による 6 曲入り EP。同年に Gun Records からリリースされた CD にはボーナストラック 1 曲が追加されている。プロデュースは Nirvana、最近では High On Fire で知られる Jack Endino。活動当初はポストパンクをやっていたようなのだが、ドゥーム、グランジ／オルタナ、80's メタルとスペースロックが入り混じった奇怪なサウンドに変貌した。同じドイツの Hellhound Records あたりからリリースされていたら、90's ドゥームの珍品として好事家の間で語り継がれていたのではないだろうか。94 年までに 3 枚のアルバムを残した。（加藤）

Black Sabbath / Dehumanizer（1992）I.R.S.

発売当時は、『Mob Rules』期メンバーの復帰に期待が高まったためか、モダンなヘヴィネスに支配された作風に賛否両論が巻き起こった 16th.。しかし、本作は楽曲の質からいえば、間違いなく 90 年代における彼らの最高傑作だ。「キャッチーな曲を書ける」という絶対的強みが、同時代のドゥーム／ストーナー勢のなかから頭一つ抜けるのに大きく作用している。"TV Crimes" の冒頭リフなどに散見される、無機質なハードコアテイストも魅力。そんな本作の立役者は、手数に頼らない後ノリのリズムが異様なブルータリティを生んでいる Vinny Appice（Dr.）だろう。（杉本）

Blind Melon / Blind Melon（1992）Capitol

Led Zeppelin はプロトメタルバンドの一つに数えられるが、彼らの本領はむしろ音楽性の拡散にあったと思っている。ということは本来的にオルタナティブな性格をもっていたのであって、80 年代の王道ハードロック／ヘヴィメタル界隈よりも、90 年代のオルタナティブロック勢とより親和性が高い。それにしても、このアメリカ・カリフォルニア州の 5 人組は Led Zeppelin によく似ている。同バンドからメタル的なエッジを落とし、粘り腰のグルーヴを増幅したようなサウンドだ。95 年に Shannon Hoon（Vo.）がオーバードーズで死去。活動休止、再結成を経て 08 年に 4th をリリースした。（杉本）

Cain（UK）/ Cain（1992）Trident Music International

Doom 他様々なハードコアパンクバンドでプレイしてきた John Doom（Gt. Key. & Vo.）と Pete Nash（Ba.）、Filthkick の Clive Meldrum（Dr.）など 4 人組の、イギリスのハードコア界隈の人脈によるドゥームプロジェクトが残した唯一作。10 分前後の鈍重な大曲を中心とした構成で、強いて同時代で類似の音を挙げるなら、同じハードコアパンクをルーツにもつ Lee Dorrian が作った Cathedral の 1st（91 年）か。ただ、古き良き英国のフォーク／プログレへの憧憬をみせたアチラに対し、コチラはより冷徹なサウンドで、宇宙と交信するようなエフェクトも。（杉本）

Cocobat / Cocobat Crunch（1992）Stinky

スラップ超人 Take-Shit（Ba.）率いる、日本のヘヴィロックバンドによる 1st。英 KERRANG！誌から「Pantera への日本からの返答」と評されたのは有名。本作と次作は、元 Lawshed で後の Grubby ～ Pulling Teeth の Suzuki（Gt.）、後の Dessert の Ryuji（Vo.）を含む伝説の布陣。モッシーな横ノリのグルーヴは 90 年代型のモダンヘヴィネスと親和性が高いが、NWOBHM を始め古典的なヘヴィメタル／ハードロックに知悉した教養の深さが、風化しない普遍的な魅力に繋がっている。93 年の Toy's Factory 盤には King Crimson のカバーを収録。（杉本）

Count Raven / Destruction Of The Void（1992）Hellhound

スウェーデンが誇る B 級ドゥームメタルの帝王による 2nd にして最高傑作。彼らは 87 年に結成し、当初は Stormwarning という名で活動していたが、89 年に現在のバンド名に改名した。Dan Fondelius（Gt. & Vo.）の、Ozzy Osbourne そっくりの歌声にダークでヘヴィなリフ、スウェーデンのバンドらしい叙情性やプログレッシブな要素もあり、単なる Black Sabbath クローンに留まっていない。Dan の手によるキーボードインストも聴きどころの一つ。90 年代に 4 枚のアルバムを残して解散するも、03 年に復活。09 年には 5th、21 年には 6th をリリースした。（加藤）

Doom Snake Cult / Love Sorrow Doom（1992）JL America

「あの」といってもいいだろう、アメリカのウルトラオブスキュアアンダーグラウンド・ドゥーム／デス／ブラックメタルバンド（どんなよ）Goatlord の Ace（Vo.）が参加していたドゥームメタルバンドによる、唯一のフルアルバム。初期の Cathedral や 90 年代初頭の Rise Above Records がリリースしていた作品と共通する、往時のエクストリームメタルを下敷きとしたスローかつ攻撃性を失わないスタイル。特に彼らのサウンドは、カビと苔に覆われた地下室の臭気と瘴気をムンムンに発散する、呪われたシロモノ。Goatlord と同じく初心者お断りの音楽だが、しかし凄みは万人に伝わると思う。（杉本）

Faith No More / Angel Dust（1992）Slash

稀代の変態ヴォーカリスト Mike Patton を輩出したことで知られる、カリフォルニア州はサンフランシスコのヘヴィロックバンドによる 4th。ヘヴィメタル、ファンク、ヒップホップなどをごった煮にしたミクスチャースタイルの衝撃性では、世間的に代表作とされる前作が勝るが、なんというかいびつな積み木遊びのような作品だった。本作は、Mike の歌心に裏打ちされた高尚なまでのポップネスが、巧みなキーボードワークと共に統一感をもって全編を貫いており、より完成度が高い。もちろん、ともすれば毒針で刺すような皮肉っぽさも健在。この美しいジャケを裏返してみるがよい。（杉本）

Giant Sand / Center Of The Universe（1992）Restless

「砂漠の Lou Reed」「オルタナ・カントリーのゴッドファーザー」との異名をとる Howe Gelb（Gt. & Vo.）率いるバンドの 9th。アメリカ・アリゾナ州ツーソンの出身で、デザートロックと形容されることも。Calexico のメンバーが在籍していたことでも知られる。カントリー、フォーク、ゴスペルなどのルーツミュージックにノイジーなディストーションギターを交えて紡がれるサイケデリック・アメリカーナ。入出力に違いはあれど、その精神性はパームデザートの方のデザートロックとも通じる。定型化されたストーナーに飽いている読者諸氏が聴けば引っかかるものがあるかも。（加藤）

Hawkwind / Electric Tepee（1992）Essential

イギリスが生んだスペースロック大王による 17 枚目のスタジオアルバム。本作は Dave Brock（Gt. Key. & Vo.）、Alan Davey（Ba. Key. & Vo.）、Richard Chadwick（Dr.）のトリオ編成で制作された。宇宙を漂うようなアンビエント、ヒプノティックなトランスなどエレクトロニックミュージックの要素と大量のエフェクトを交えながら、Lemmy Kilmister 在籍時を彷彿とさせる 1 曲目 "LSD" や 4 曲目 "The Secret Agent"、シンフォニックな "Snake Dance"、"Sadness Runs Deep" など 70 年代の作風の楽曲を中心に据えた快作である。（加藤）

The Jesus Lizard / Liar（1992）Touch And Go

アメリカのパンク／ハードコア／オルタナバンドを数多く輩出する老舗レーベル Touch And Go を代表するバンドによる 3rd であり、レーベルの品番 TG100 となった記念すべき作品。Steve Albini のプロデュースにより研ぎ澄まされた音像はソリッドで重く、凶暴で荒々しく、そしてダウナーである。そこに David Yow（Vo.）のハイテンションな叫びが重なることにより、オルタナ全盛期においても異端であったことは間違いない。脳天に響き渡るサウンドはパンクもメタルも超越しており、カテゴライズ無用である。Kurt Cobain がリスペクトしていたことでも知られている。（浜島）

Kyuss / Blues For The Red Sun（1992）Dali

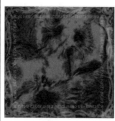

いわゆる〝Kyuss スタイル〟を確立した 2nd。プロデューサーは Masters Of Reality の Chris Goss。前作までにみられたメタル要素は鳴りを潜め、ブルース基調のロックに接近。分厚く重く歪んだ Josh Homme のギター、Nick Oliveri の轟音ベース、Brant Bjork のダイナミックなドラム、John Garcia のソウルフルなヴォーカル、砂漠を連想させるサウンドスケープ。メタルでもグランジでもない〝ストーナーロック〟がここに誕生した。PV も作られた "Green Machine" を始め、名曲揃い。次作に比べると曲がコンパクトにまとまっており、ストーナー入門に最適。（加藤）

L7 / Bricks Are Heavy（1992）Slash

タンポン投げに局部露出と、Donita Sparks（Gt. & Vo.）による過激なパフォーマンスが取り沙汰されがちな、アメリカ・カリフォルニア州はロサンゼルス出身のガールズロックバンドによるメジャー第一弾の 3rd。1st（88 年）は Epitaph Records、2nd（90 年）は Sub Pop、98 年のライブ盤は Man's Ruin Records からのリリースと、アンダーグラウンドに根差した足腰の強靭さは筋金入り。本作は Nirvana の『Nevermind』などを手がけた Butch Vig とバンドの共同プロデュース。ガレージやパンクに由来するプリミティヴなロックに、Black Flag の粘りやメタル的なソリッドネスも練り込んだ。（杉本）

Malombra / Malombra（1992）Black Widow

古くは Goblin や Biglietto Per L'Inferno、80 年代なら Paul Chain や Devil Doll など、イタリアンシーンに連綿と受け継がれているオカルティックプログレカルトの系譜。好事家のハートをわしづかみにする魅力はあるものの、肝心の楽曲が雰囲気先行でフックに乏しいものが多いのが玉に瑕だが、92 年に本作 1st を録音したこの Malombra は、ときに Angel Witch を思わせる走りもみせ、ヴォーカルも中高音ナヨ声の無個性派ながらそれも NWOBHM 的であったりして、メタル者には比較的おいしい音である。01 年までに 3 枚のアルバムをリリースしたが、いずれも国内ではあまり見かけない。（杉本）

Melvins / Lysol（1992）Boner

既存の枠にとらわれない独自の活動を続けるアメリカの生けるレジェンド Melvins。本作は Flipper、Alice Cooper のカバーを含み、約 30 分にわたって 6 部構成の 1 曲を展開する 4th。反復リフが 10 分近くに及ぶ冒頭の "Hung Bunny" は、Earth（US）と共に後のヘヴィドローン勢に多大な影響を与えた。カバー曲も出色の出来栄え。当初は『Lysol』と題されていたが、同名の消臭スプレーを販売しているメーカーからクレームがついたため、セルフタイトルへの変更を余儀なくされた。後年、『Eggnog』とのカップリング LP が発売。そこには『lice all』の文字が……。（加藤）

Penance / The Road Less Travelled（1992）Rise Above

87 年に New Renaissance Records から 1st をリリースした Dream Death が改名したバンドの 1st。前身時代から片鱗はあったが、レーベルからジャケットにいたるまで、そっくり「ドゥーム」に宗旨替えした 1 枚。しかし、プロトデスメタルとでもいうべきアグレッシブな音楽をプレイしてきた彼らだけあり、スローな楽曲のなかにも依然として獰猛なエクストリーム音楽の牙を宿している。それは、元 Napalm Death の Lee Dorrian（Vo.）が結成した Cathedral の 1st にも似た、この時代のドゥームメタル特有の空気感だろう。（杉本）

Rage Against The Machine / Rage Against The Machine（1992）Epic

Led Zeppelin など 70 年代ヘヴィロックとヒップホップの、90 年代における邂逅を代表する 1 枚。強力なリズム隊による圧倒的グルーヴを伴ったリフの反復のうえに、怒気を孕んだラップヴォーカルが乗る様は、人力ヒップホップなのかハードロックなのか。そんな線引きなど無用である。聴き手の体幹に直接訴えるようなグルーヴと Zack De La Rocha（Vo.）のアジテーションがもつ爆発力に、個人的には MC5 の 1st を思い出す。90 年代のモダンヘヴィロックの始祖的な扱いだが、もはやロック一般の普遍的名盤に数えて良いだろう。一時代の幕開けを宣言した歴史的名盤に共通する清々しさが、本作にもある。（杉本）

Rollins Band / The End Of Silence（1992）Imago

元 Black Flag の Henry Rollins（Vo.）がソロキャリアとしてスタートしたバンドによる 3rd。Slayer や Nirvana との仕事でも知られる Andy Wallace をプロデューサーに迎えてメジャーデビュー、バンドの知名度を確たるものにした（そのぶん、今では中古市場に溢れかえる結果に）。ソロキャリアでは Black Flag 後期でもみせていたクラシックロックテイストのヘヴィロック路線をさらに推し進め、本作ではブルースやプログレッシブロックのようなアプローチも展開、10 分超の大曲も収録するなど音楽的に深化してみせた。バラエティに富む楽曲群を縦串で貫く Henry の怒号が説得力抜群。（杉本）

1990年代

Screaming Trees / Sweet Oblivion（1992）Epic

当時のシアトルのグランジシーンを描いた映画『Singles』は、内容よりも劇中で使われている楽曲が注目を集めた。そのサントラはグランジ／オルタナティブロックを語るうえで外せない数々のバンドを収録しているが、錚々たるメンツのなかで、儚くも切ない名曲 "Nearly Lost You" で一際異彩を放っていたのが彼らだった。本作 6th は同曲を収録した出世作。60～70 年代サイケからの影響を色濃く反映した楽曲と、かの Kurt Cobain にも引けを取らない Mark Lanegan による魂に問いかけてくるようなヴォーカルが紡ぐメロディは、当時のグランジシーンにおいてもトップクラスである。（浜島）

Sleep / Sleep's Holy Mountain（1992）Earache

アメリカ・カリフォルニア州発。1st から趣を変え、Black Sabbath 直系の「これぞドゥーム」といった珠玉の名曲揃いの 2nd。だが、重さやうねり具合は Black Sabbath のそれよりもエグい。キャッチーでありながら反復による酩酊感も感じられるリフの数々に、時空が歪んでいるんじゃないかと思うほど独自のタイム感で絡んでくる Chris Hakius のドラムは、まさしく眠りを誘う心地よさ。PV も制作され、映画『Gummo』にも使われた "Dragonaut" は必聴。また、stoner という言葉が歌詞に使われたことから、ストーナーロックの元祖ともいわれていたりする。（鉛）

Solitude Aeturnus / Beyond The Crimson Horizon（1992）Roadrunner

前身では Solitude と名乗っていた、アメリカ・テキサス州のドゥームメタルバンドによる 2nd。見慣れない Aeturnus という言葉は、「Eternal（永遠の）」の意。ミドルテンポを基調とし、様式美的な展開と抒情的なメロディをフィーチュアしたエピックなスタイルは、現在まで続くキャリアを通して不変。80 年代の、Iron Maiden 影響下にある US アンダーグラウンドパワーメタル的な硬質感を伴っている点が特徴である。ハイトーンを武器とする Robert Lowe（Vo.）は後に Last Chapter や Candlemass に参加し、Grief Collector や US パワーメタルの名門 Tyrant でもマイクをとる名手。（杉本）

Split（Antrobus / The Flying Hat Band）/ Buried Together（1992）World Wide

Glenn Tipton（Gt. & Vo.）が Judas Priest 加入以前に率いていた The Flying Hat Band の、デビューアルバム用に録音されたデモ音源を収録したスプリット。Glenn のヴォーカルは渋いブリティッシュヴォイスで味わい深いし、急激なリフ展開や転調など当然のように Black Sabbath の影が色濃いけど、もっと驚くのは初期 Judas Priest との親和性、というか兄弟でしょこれは！　後に Glenn が合流したときにも、誰も不思議に思わなかったんじゃないか？　Carl Palmer（Dr.）の兄弟である Steve Palmer（Dr.）も一緒に合流すれば、Judas Priest の初期 2 枚はもっと良かったかも？（hAe）

Stone Temple Pilots / Core（1992）Atlantic

Black Flag のライブで出会ったという Robert DeLeo（Ba.）と Scott Weiland（Vo.）によって結成された、アメリカ・カリフォルニア州のバンドによる1st.デビュー盤にしてメジャーレーベルからの配給、ヒット曲である "Sex Type Thing" と "Plush" を含み、大ヒットを記録した。Black Sabbath を始め 70 年代のヘヴィロック・クラシックス的なグルーヴに、David Coverdale を彷彿とさせる Scott のソウルフルなヴォーカルが乗るアンサンブルは大いにハードロック的ではあるが、やはり Black Flag 由来のパンク／ハードコアの血やオルタナティブ感覚が息衝いた 90 年代特有のサウンド。（杉本）

Trouble / Manic Frustration（1992）Def American

セッションプレイヤーとして Rick Seratte（Key.）が参加した他は、前作と同じ布陣でハードロック路線を推し進めた 5th。後に Church Of Misery（JPN）がカバーした "Come Touch The Sky" から、アップテンポの "'Scuse Me" と "The Sleeper"、ザクザクと刻むギターと横ノリのグルーヴが心地よい "Fear" にいたる 1 〜 4 曲目までの流れは完璧。続くアコースティックバラードの "Rain" は男泣き必至の名曲。その他、スライドギターのソロが光るタイトル曲や、ラストを飾る叙情的なバラード "Breathe…" も素晴らしい。捨て曲が一切ない大名盤。（加藤）

Unorthodox / Asylum（1992）Hellhound

80 年代にアメリカで活動していた Asylum の Dale Flood（Gt. & Vo.）と Ron Kalimon（Dr.）に、Jeff Parsons（Ba.）を加えたバンドの 1st。タイトルが『Asylum』だから、事実上の後身バンドと見てよいか。前身時代は、70 年代の Black Sabbath 的なメタルを 80 年代的なソリッドさでプレイしていた激渋バンドだったが、今作は「これぞドゥーム！」と呼びたくなるうねりが支配するなか、やや正統派メタルも臭わせる配合具合となっている。少し The Obsessed に似ている部分も。ドラマティックに展開したりフレーズで印象付ける楽曲も登場しており、バンドがスケールアップしたことを感じる進歩作。（杉本）

V.A. / Master Of Misery – Black Sabbath: The Earache Tribute（1992）Earache

90 年代のエクストリーム音楽シーンを牽引した名門レーベル Earache がリリースした、所属アーティストらによる Black Sabbath トリビュート盤。Cathedral、Sleep などドゥーム／ストーナー勢によるカバーはさもありなんという感じ。Brutal Truth（彼らは 3rd にも "Cornucopia" の名カバーを収録している）は意外にも大人しくまとめてきた。面白いのは OLD や Pitchshifter らインダストリアル系による原曲破壊具合かな。人によっては受けつけないだろう。同レーベルの振れ幅の大きさを改めて思い知らされる 1 枚。再発盤には Iron Monkey、Anal Cunt などが追加。（杉本）

ヘンリー川原 / 幽体離脱体験（1992）Green Energy

意識変性に関する音源を多数制作しているヘンリー川原による、「サウンド LSD」シリーズの一つ（他は「サブリミナル セックス」「へんな気持ちになる」）。ブックレットによれば、バイノーラル、ヘミシンク、3-D ソニックムーブ、パルスの各エフェクトを用いた本作により、約 70％の人が意識と肉体の遊離感を体験しているという。確かに、環境音楽のような電子音には妙なリラックス感があり、私は幽体離脱はしなかったものの眠くなった。注意書きにもある通り、車の運転中には聴かないほうがいいだろう。あえて野暮なカテゴライズをするなれば、シンセメインのクラウトロックのようなもの。（杉本）

16 / Curves That Kick（1993）Bacteria Sour

Eyehategod、Acid Bath、Crowbar などと並んで同国のスラッジコアオリジネイターに数えられることもある、アメリカ・カリフォルニア州はロサンゼルス出身の 4 人組による 1st。スラッシュメタルがルーツにあることを思わせるクランチなリフに、バキバキのベース、跳ねるようなグルーヴを強調したようなサウンドは同時期のミクスチャーと親和性が高く、「スラッジ」がまだ様式化していなかった時代だけに今となっては興味深い。メンバーはスケーター界隈と繋がりがあったようで、ジャケットを手がけている Pushead のレーベルからリリースされている。（杉本）

The Almighty / Powertrippin'（1993）Polydor

スコットランドのヘヴィロックバンドによる 3rd。オーセンティックなハードロックを下敷きにしながら、パンクの爆発力と Motörhead の疾走感を伴った音楽性でメジャーシーンを駆け抜けた猛者。重心を低く構えた音づくりとアンサンブルにはモダンヘヴィネスからの影響も感じられ、粘り腰のグルーヴからはグランジも読み取れる。モッシュもヘッドバンギングも歓迎という音なので、難しいことは考えずにまずはこの快楽指数の高い楽曲群に身を委ねるのが吉だろう。速い曲が好きな方は次作を。Ricky Warwick（Gt. & Vo.）は後に Thin Lizzy メンバーに。（杉本）

Anthrax / Sound Of White Noise（1993）Elektra

90 年代に入りモダンヘヴィネス化したスラッシュメタルバンドは多いが、彼らはそのなかでもラディカルにスタイルを変えてファンを困惑させたバンドの一つ。本作 6th では元 Armored Saint の John Bush（Vo.）を迎え、新たな境地を迎えた。スラッシャーからの評判は悪いが、練り込まれたリフワークと John のキャッチーな歌メロが織りなす楽曲にはスルメのような味わいがある。あえて欠点を挙げると、ミドルテンポの曲ばかりで約 1 時間も収録されていることに少々胃もたれする。まぁ、CD 時代のヘヴィロック作品ってそんなのばっかりだけど。（杉本）

Brujeria / Matando Güeros （1993） Roadrunner

謎の覆面メキシカングラインダーとして登場した Brujeria（ブルヘリ
ア）の、悪名高き生首ジャケ 1st。Asesino（Gt.）と Greñudo（Dr.）
は Fear Factory、Hongo（Ba.）は Napalm Death、Güero Sin Fe（Ba.）
は Faith No More などのメンバーである。怒気を孕んだスペイン語で
まくしたてる胡散臭いオッサン声のヴォーカルと、ミドルテンポを基
調とした楽曲が激渋。本書の監修者である加藤は、速い音楽はあまり
聴かないのかと思いきや、この手のグラインドはよく聴いている。ド
ラッグについて歌っているからか。スローでグルーヴィーなパート、
モヤがかかったような弦楽器隊のサウンドは煙たい。（杉本）

Cathedral / The Ethereal Mirror （1993） Earache

ドラムが元 Acid Reign の Mark Ramsey Wharton にチェンジし、脱
退した Mark Griffiths の代わりに Gaz Jennings がベースを弾いた
2nd。激遅の極点に達していた前作から一転、普遍的なロックグルー
ヴが支配的なサウンドになった。Lee Dorrian（Vo.）も魔性の濁声で
メロディをしっかりと歌うように。以降の彼らのみならず、90's
ドゥームの在り方までを基礎づけた記念碑的作品。"Ride" における
確信犯的な三連リフにツインリード、"Midnight Mountain" の手数多
いドラム、"Fountain Of Innocence" を始め随所に散見されるフォー
ク要素など、60 〜 70's マインドを全身から発散。（杉本）

Cop Shoot Cop / Ask Questions Later （1993） Interscope

Church Of Misery（JPN）の Tatsu Mikami（Ba.）がファンジン「KABBALA」
#15 のインタビューで「Salem 後期によく聴いていたバンド」として
取り上げていたことで極々一部のメタルファンにも知られた、アメリ
カ・ニューヨーク州のジャンクバンドによる 3rd。変拍子を用い、鉄
の塊が襲いくるようなメタルパーカッションやサンプリングによる機
械的サウンドと、それに負けないタフなメロディを聴かせるヴォーカ
ルが印象的であり、近未来 SF 映画の世界へと誘うような雰囲気を端々
から感じることが出来る。シングルカットされた "Room 429" は後に
Strapping Young Lad にもカバーされる超名曲。（浜島）

Crowbar / Crowbar （1993） Pavement Music

Kirk Windstein（Gt. & Vo.）率いる、アメリカ・ルイジアナ州はニュー
オリンズ出身のバンドによる 2nd。プロデュースは Philip Anselmo
ということもあり、Pantera などと同系列のモダンヘヴィネスの文
脈で語られることも多いが、Kirk や他のメンバーが Down や
Eyehategod などにもリンクしていることから、ドゥーム／スラッジ
シーンの人脈ハブ地点としても重要なバンドである。ギターソロを
排除した曲作りや無機質な疾走感からはハードコアを感じるも、リ
フ自体は米南部の泥沼ロックの湿気を含んだブルーステイストだか
ら面白い。Led Zeppelin の "No Quarter" カバーは必聴。（杉本）

Cynic / Focus（1993）Roadrunner

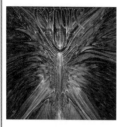

Rush の冷徹なまでのテクニカルさに Metallica のヘヴィネスを加えた Dream Theater が、90 年代プログレッシブメタルの礎を築いた。それは、70 年代のプログレッシブロックとは遠縁関係にありながら、あくまでも別モノの音楽だった。ところで、この両者にまたがる音楽をプレイした、文字通りプログレ中のプログレが Cynic だ。それも、当時としては先鋭的だったデスメタルという土壌でやってのけたのだ。ヘヴィメタルとしても、文字通りオルタナティブ中のオルタナティブだ。世界観も、従来のメタルとは乖離した神経系。本作のファンに熱狂的な人が多いのも頷ける。（杉本）

Devil Doll / The Sacrilege Of Fatal Arms（1993）Hurdy Gurdy

1990年代

デビューは 87 年、リアル「吸血鬼ドラキュラ」のような風貌のスロヴェニア出身者 Mr.Doctor（Vo.）率いる混声音楽集団による、同名映画のサウンドトラックである 4th。編成は一般的なロックバンドのラインアップに、ピアノ、ヴァイオリン、チェロ、オルガン、アコーディオンなどが名を連ね、コーラス隊も参加するという大所帯。オカルティックかつゴシカルなモチーフを、ときにはヘヴィメタリックな音も用いて描き出しているが、正直にいってメタル的なカタルシスには欠ける。雰囲気重視の音を 1 トラック約 80 分といった構成で垂れ流すスタイルは、彼らの作品におおむね共通。（杉本）

Earth（US）/ Earth 2（1993）Sub Pop

Nirvana の Kurt Cobain（Gt. & Vo.）と親交が深かったことでも知られる Dylan Carlson（Gt.）と Dave Harwell（Ba.）の 2 人が、グランジ全盛期の Sub Pop からリリースした驚愕のヘヴィドローンアルバム。2 本の弦楽器のみによる重低音ミニマルリフが延々 70 分以上続き、聴き終わる頃には一度死んで生まれ変わったような気分を味わえる。ドゥーム／ストーナーの極北として認知されているが、ノイズミュージシャンやポストロック界隈からも支持されている。Dylan の薬物中毒により 97 年に活動停止、03 年に再始動、12 年には初の、14 年には 2 度目の来日公演が実現した。（加藤・杉本）

Eyehategod / Take As Needed For Pain（1993）Century Media

88 年に結成された、アメリカ・ルイジアナ州はニューオリンズの 5 人組による 2nd。Jimmy Bower（Gt.）のブルースや 70's ハードロックからの影響も感じさせる Black Sabbath 由来のリフ、ハードコアの殺伐としたグルーヴに、Mike Williams の病的な絶叫ヴォーカルが乗るスタイルはクローンを数えきれないほど生み出した。不穏なフィードバック音や嫌悪感を催させるバッドテイストなアートワークを含め、スラッジコアというジャンルを完成させた歴史的名盤。「スラッジって何？」という方（そんな読者がいるとは思えないが）は、本作から入門しましょう。（加藤）

Graveyard Rodeo / Sowing Discord In The Haunts Of Man （1993）Century Media

Corrosion Of Conformity などの Pepper Keenan が在籍していたことも
あるアメリカ・ルイジアナ州ニューオリンズのバンドによる 1st。結成
は 79 年までさかのぼり、NoLA バンドのインタビューなどで名前はよ
く出るが、レコ屋でまず音源を見かけない印象。Exhorder 直系のスラッ
シュ／グルーヴメタルにクロスオーバー風のファストパートとスラッ
ジーなスローパートで緩急をつけながらアグレッシブに迫る。ジャン
ルが定形化する以前ならではの味わいがある。バンドはメンバー交代
と活動停止、再開を繰り返し、本作でヴォーカルを務め、07 年の再結
成にも参加していた Perry McAuley が 19 年に逝去。(加藤)

Kingston Wall / II （1993）Trinity

フィンランドはヘルシンキの 3 人組による 2nd。数多あるディスク
ガイドのなかでもかなり音楽的振れ幅が広い方であろうと思われる
本書においても、彼らは異彩を放っている。繊細な音づくりと細や
かなアンサンブルは Rush などのプログレハードに通じるが、アー
トワークが示す通り随所に練り込まれた中東風のメロディと、ダン
サブルなテクノテイストが、安易に既存の系譜に連ねられることを
拒否している。あまりにも個性的だと、カッコ良いとか悪いとかを
超越する。Donna Summer の "I Feel Love" をカバー。国内盤は、今
は亡き伝説のゼロ・コーポレーションからのリリース。(杉本)

Lenny Kravitz / Are You Gonna Go My Way （1993）Virgin

アメリカのシンガーソングライターであり、レコーディングにおい
ては多くの楽器をこなすロックミュージシャン Lenny Kravitz の 3rd。
ここ日本では車の CM でもお馴染みの大ヒット曲 "Are You Gonna
Go My Way" を収録。同曲にも如実に現れている Jimi Hendrix や Led
Zeppelin といったクラシックロックのリフの切れ味と、ソウルフル
でファンキーな黒い足腰のバネが強烈なグルーヴを生む。オールド
ファッションな音楽スタイルの組合せという点では同時代のミクス
チャー勢とも似るが、印象的なバラードを含め、歌ものとしての良
さが追求されているところが美点。(杉本)

Life Of Agony / River Runs Red （1993）Roadrunner

Roadrunner Records が Biohazard の次に売り出そうとしていたとい
う、アメリカ・ニューヨーク州のハードコアバンドによる 1st。プロ
デューサーは Type O Negative の Josh Silver。往時のインダストリ
アルメタルにも通じるザカザカとした質感のギターサウンドを基調
としながら、スラッシュからビートダウン、そして明らかに Black
Sabbath を参照していると思われるうねりたっぷりのグルーヴパー
トを行き来する特異なスタイル。野太くも歌心あるヴォーカルも相
まって、Pantera と Danzig の隠し子のような様相を呈していた。活
動休止・再開を挟みながら、現在もバンドは継続中。(杉本)

Mindfunk / Dropped（1993）Megaforce

89 年に結成したアメリカのバンドによる 2nd。Louis Svitek（Gt.）は当時 Ministry の一員だった。ドラムが元 Celtic Frost の Reed St. Mark から、後に Mos Generator に参加する Shawn Johnson に交代。ファンクメタル的なスタイルだった前作から一転、プロデューサーに Terry Date を迎え、初期 Soundgarden を彷彿とさせるソリッドなハードロックとなった。サイケデリックな浮遊感、カウベルの使用やクセのないヴォーカルなど、ストーナーロックと重なる部分が多い。グランジ勢とストーナー勢のちょうど中間に位置付けられそうな作品だ。95 年の 3rd を最後に解散。（加藤）

My Dying Bride / Turn Loose The Swans（1993）Peaceville

90 年代に花開いたゴシックメタルを代表するイギリスのバンドによる、初期の名作 2nd。Black Sabbath からの影響は当然のこと、スローでダークという点でドゥームメタルとも共通項の多いサウンドではある。しかし、沈鬱な耽美さはゴシックロックやニューウェーブ的であり、アグレッションを演出する方法論はオールドスクールデスメタル的であり、60 ～ 70 年代的な要素は演劇的なシンフォロックの血が濃い印象。つまり音楽的潮流としては別の支流だと思われ、快楽のポイントもいわゆるドゥーム／ストーナーとはちょっと違う。Paradise Lost の項でも似たようなことを書かせて頂きました。（杉本）

Neurosis / Enemy Of The Sun（1993）Alternative Tentacles

アメリカ・カリフォルニア州はオークランドで 85 年に結成。当初はスラッシンなハードコアパンクだったが、3rd からドゥーミーなグルーヴとプログレッシブなフィーリングを強調したスタイルに変貌。初期の名作とされる本作 4th では、その方向性をさらに深化させた。スラッジコアの先駆的なバンドに数えられることもあるが、インダストリアル、ノイズ、現代音楽まで飲み込んだそのサウンドは、90 年代前半にして早くも「ポスト～」と呼ばれる領域にまで達していた。Black Sabbath も根底にはあるが、80 年代メタルリスナーの耳にはまったく愛想がない点がポイント。（杉本）

Omnia Opera / Omnia Opera（1993）Delerium

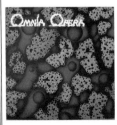

80 年代半ばにイギリスはウスターシャー州で結成されたバンドによる初の CD アルバム。Hawkwind と Gong をミックスして、ヘヴィサイケデリックな歪んだギター、ハードコアパンクのノイジーな荒々しさをぶち込んだヘヴィスペースロック／アシッドパンク。トランスミュージック風のミニマルなフレーズから勇壮なメロディまで奏でるシンセサイザー、男女混成の多彩なヴォーカル（専属が 2 人、兼務が 3 人）も強烈な印象を残す。最近人気急上昇中の Slift などが好きな方はぜひ。97 年に『Red Shift』をリリースした後、解散。06 年に再結成し、11 年に『Nothing Is Ordinary』をリリースした。（加藤）

Outrage / Spit（1993）Atco

90年代に押し寄せたモダンヘヴィネスの波は、我が国が誇るスラッシュメタルの重鎮にも押し寄せた。本作 5th は、まるで人力インダストリアルのような "Mr. Rightman" で幕を開ける。ヘヴィグルーヴを強調したサウンドではあるが、無機的ではなく普遍的なロックの粘りが根底にあるから、バンドの個性まで損なわれてはいない。むしろ "How Bad?" や "The Key" のように、テンポを落としたことでより明確になった橋本直樹（Vo.）の歌心など、美点もある。代表作とされる次作『Life Until Deaf』（95年）は、本作のヘヴィネスと80年代からのスピード感が止揚された結果ではないだろうか。（杉本）

Paradise Lost / Icon（1993）Music For Nations

「ドゥームメタル」と口にした場合、多くの場合は Black Sabbath が根底にあることを示唆しているが、60～70's ロックに根差したうねりあるヘヴィロックを指すのか、その他諸々の「テンポが遅いメタル」を指すのかは文脈によりまちまちだ。本書の射程は主に前者だが、デスメタルから派生してテンポを落とし、ニューウェーブやゴシックロックの要素を加えた「ゴシックメタル」も、広義の「ドゥーム」ではある。ジャンルを代表する1枚としてイギリスの5人組による本作 4th を挙げておこう。リズム隊のヒンヤリとした質感が、本書に掲載した他の多くの「ドゥーム」とは異質と思ってもらえるだろうか。（杉本）

PJ Harvey / Rid Of Me（1993）Island

イギリスの女性シンガーソングライターによる 2nd。過酷なツアーを満身創痍で乗り越えて作られた本作は、レコーディングエンジニアに Steve Albini を迎えており、冷酷無比なサウンドメイキングと湿度の高い悲哀が合わさって見事な化学反応が起きている。アンニュイな表情をみせるモノクロのジャケットも、内容を端的に表現している。ジャンルとしてはグランジやオルタナの系譜に位置付けられるのだろうが、アメリカのバンドのそれとは毛色が違う。Joy Division や The Smith にも通じるこのえもいわれぬ暗さは、やはりイギリスという土壌から醸し出されるのだろうか。（鉛）

Sevenchurch / Bleak Insight（1993）Noise

ツインギター編成の、イギリスのドゥームメタルバンドによる唯一のフルアルバム。ドゥーム／ストーナーシーン黎明期の、カルト的名盤の一つである。10分超の曲が5曲の全6曲構成で、収録時間は約70分。ほぼスローなテンポではあるものの、様々な声色を使い分けるヴォーカル（といってもおおむね読経のようなトーンではある）、必殺のドゥームリフからアコースティックギターによるコードストロークまで多彩な音色を奏でるギター、妖しいテンポチェンジで見せ場を作りだすリズム隊と、バラエティ豊かに練り込まれた楽曲が聴き手を飽きさせない。Cathedral の 1st が好きな人はぜひ。（杉本）

Sun Dial / Return Journey（1993）Acme

Modern Art で活動していたマルチ・インストゥルメンタリスト Gary Ramon（Gt. & Vo.）が 90 年に結成したイギリスのバンド。本作は、60's〜ネオサイケ風の 1st、シューゲイザーだった 2nd、エレクトロニカやアンビエント要素を取り入れた 3rd を経てリリースされた 4th。リリースは Gary の運営するレーベル Acme から。火を吹くファズギターを全面に押し出したガレージロッキンなスペースロックで、プロトメタルやストーナーのヴァイブスも満載。60's 風の甘美なメロディも清涼剤のように心地よく響く。06 年に本作と 1st が Relapse Records から再発されている。（加藤）

Tarot / To Live Forever（1993）Bluelight

Ronnie James Dio や Tony Martin 期の Black Sabbath を彷彿とさせる、フィンランドの暗黒様式美メタルバンドによる 3rd。冒頭を飾る表題曲は名曲。涼やかなキーボードをうっすらと敷き、疾走する曲よりもミドルテンポの曲で本領を発揮するあたりに本格派の風格が宿っている。しかし、全 14 曲 約 75 分はいくらなんでも長すぎだ。Black Sabbath"Children Of The Grave" のカバーは変なリズムアレンジが格好悪いし、もっとぜい肉をそぎ落としてアルバムをスリム化したほうが、より名作になったに違いない。Marco Hietala（Ba. & Vo.）は Nightwish などでも活躍。（杉本）

Toadliquor / Feel My Hate - The Power Is the Weight（1993）Soledad

89 年結成。アメリカ・ワシントン州はオリンピアを拠点に活動していたスラッジコアバンドによる唯一のアルバム。錆びた鉈を振るうようなリフと地を這うテンポを主軸に、D-Beat や Black Sabbath 直系のドゥームリフを交えた、Grief、Noothgrush に通じる冷徹無慈悲なスラッジをプレイ。99 年に解散。現役当時に残した音源はアナログ盤のみで、メンバーの情報も少なくカルトな存在だったが、03 年に『The Hortator's Lament』、18 年に『Cease & Decease』と題された未発表音源を含むコンピレーション盤が Southern Lord からリリースされた。（加藤）

Upsidedown Cross / Evilution（1993）Taang!

アメリカ・マサチューセッツ州はボストンのドゥームメタルバンドによる 2nd。91 年の 1st には Dinosaur Jr. や後の Witch（US）でも知られる J. Mascis（Dr.）が参加していた。ダサいロゴデザインとタイトル、何を意味しているのかわからない地球と、パッとしないオルタナメタルみたいなジャケとはある意味不釣り合いなことに、中身は地下室感満点のカビ臭カルトドゥーム。音程が不明瞭になるほど歪んだ弦楽器と、グランジが腐敗したような歌唱法のヴォーカルが、聴き手が曲の輪郭を把握することを拒否する不定形のヘヴィロックを展開。人を選ぶが、キワモノ好きは棚の肥やしにどうぞ。（杉本）

Voivod / The Outer Limits（1993）MCA

数多くのスラッシュメタルバンドがモダンヘヴィネスの波に飲み込まれて迷走した 90 年代前半、このカナダの食人鬼スラッシャーは予想の斜め上をいく奇想天外な変貌を遂げた。もともと片鱗をみせていたプログレッシブ趣味と、ロッキンなグルーヴがドッキング。Michel Langevin（Dr.）の描く珍妙な SF アートワークの世界を体現するような音楽となった。キーボードが導入され、変拍子で展開する楽曲は Rush を彷彿とさせる。17 分超の大曲も収録。Pink Floyd のヘヴィロック金字塔 "The Nile Song" をカバー。付属の 3D 眼鏡をつけてブックレットを見ると少しだけ楽しいぞ。（杉本）

マリア観音 / 背徳の扉（1993）Erect

鬼才・木幡東介（Vo.）率いる日本のロックバンドによる 2nd。自らの音楽を「ハードコアプログレッシブ歌謡ロック」と謳い、木幡が影響を受けたと公言する 60 〜 70 年代の昭和歌謡曲やフォークロックからの影響をもとに、日本語の歌詞にこだわり続ける。自由奔放に熱唱する姿は唯一無二であり、彼の歌を一聴するだけで脳裏に耳に焼きつく。サウンドの核となっているのは松居徹（Gt.）によるフリーキーかつダイナミックなプレイで、木幡の歌との対比が彼らの個性となっている。松居は次作に参加後、バンドを脱退し DMBQ に加入した。（JERO）

35007 / Especially For You（1994）Lazy Eye

オランダのストーナーロックバンドの 1st。バンド名は「Loose（ルース）」と読む。なぜか？ それは、バンド名をひっくり返してみればわかる。人間の声も効果音的に使用されてはいるが、基本的には Hawkwind とクラブミュージックが合体したような、ミニマルなリズムを基調としたインストゥルメンタル作品である。楽曲によって表情を多彩に変えながら、そこかしこに散りばめられたスペーシーなマテリアルが聴き手を涅槃の境地へ誘う。ラストの曲は 10 秒程度のトラックがひたすらに連なっており、アルバム全体で 35 トラックにもなっている。CD ならではのお遊びか。（杉本）

Acid Bath / When The Kite String Pops（1994）Rotten

ニューオリンズの名物に「ガンボ」という料理がある。日本でいうところの「ごった煮」で、このバンドの音楽性はまさにそれだ。ルイジアナの湿地帯が放つ瘴気をたっぷり吸い込んだスラッジとグルーヴメタルという同時代・同地域のサウンドに、デスメタルとグラインドを咀嚼し、陰鬱なクリーンヴォーカルとダーティヴォーカルを巧みに使い分ける Dax Riggs の歌声を活かしたバラードやアコースティック曲までを配した唯一無二の傑作。強引なテンポチェンジは癖になる中毒性あり。退廃的な歌詞は読み物としても素晴らしい。96 年に 2nd をリリース。97 年に Audie Pitre（Ba.）が交通事故で急逝。同年に解散。（加藤）

Alice In Chains / Jar Of Flies （1994） Columbia

2nd と 3rd の間にリリースされた EP で、故 Mike Starr（Ba.）に代わり Ozzy Osbourne バンドでプレイしていた Mike Inez（Ba.）が加入。持ち味でもあったヘヴィネスを排し、アコースティックを中心とした楽曲を揃えた。それがかえって、彼らの魅力の一側面だったメロディの魅力を際立たせる結果となった。ソングライティング面でも飛躍を見せており、シングルカットされた "No Excuses"、"Don't Follow" など、ポップスと比べても遜色ないポピュラリティをもつ楽曲を収録。聴き手にとっての、感情面での没入度も増しており、本作を最高傑作に推す声は多い。（杉本）

Black Sabbath / Cross Purposes （1994） I.R.S.

Tony Martin（Vo.）が復帰、ドラムには Rainbow や Quiet Riot などでキャリアを積んだ Bobby Rondinelli が加入した 17th。前作での異様なヘヴィネスは鳴りを潜め、『Seventh Star』の頃に近いオーソドックスなブリティッシュハードの佳曲が集まった。まぁ正直なところ、前作までのアルバムでは毎回、薄皮 1 枚分でも最先端の要素を貼り重ねてきた彼らだけに、目新しさのない本作の地味な印象は拭えない。大味なプロダクションとアートワークにも滋味は感じられないが、しかし Tony の歌メロには魅力あり。"Cross Of Thorns" のような新たな名曲も生んだ。（杉本）

Boredoms / Chocolate Synthesizer （1994） WEA Japan

ノイズバンド・ハナタラシの EYE（Vo.）を中心に結成された、日本のアヴァンギャルドロックバンドによる 4th。ノイジーな効果音、サンプリング、暴虐のリズム隊、そして EYE による喚き、呟き、絶叫、歌らしきもの……それらが渾然一体となって襲い来る、台風のような 1 時間。ベースを始めとするヘヴィな音像からはサイケロックの影響が垣間見えるし、ハードコアパンク的なドラムも時折。EYE のヴォーカルにはポップな面もある。しかし、それらもすべてはトータルでの奇音を作るためのマテリアルに過ぎないというところに、なんだか体の末端部分がヒンヤリしていくのを感じる。（杉本）

Brutal Truth / Need To Control （1994） Earache

90 年代エクストリーム音楽を代表するバンドは？　という問いへの回答には諸説あろうが、個人的に Brutal Truth はその一つ。前作ではメタル的な解釈のグラインドコアの完成形を提示した彼らだが、本作は新任 Rich Hoak（Dr.）のドタバタとした手数の多さと共に、音楽性も拡散。ハードコアパンクやデスメタルはもちろんのこと、スラッジやノイズにまでいたる過激音楽の総合商社のようなサウンドを形成した。そのぶん曲調も多岐にわたるが散漫というわけではなく、これらが根底では地続きであるということを示した点において、Napalm Death の 1st と並ぶ総合便覧的名盤といいたい。（杉本）

1990年代

Circle / Meronia（1994）Bad Vugum

circle:meronia

フィンランド西海岸の町ポーリで91年に結成。膨大なリリースと多岐にわたる音楽性で知られるバンドの1st。後に多種多様なメタル要素を取り入れて New Wave Of Finnish Heavy Metal を掲げる彼らだが、本作では同時代の Spacemen 3 や Loop に通じるミニマルなリフの反復を基調としたクラウトロックスタイル。Magma よろしく独自言語「メロニア語」で歌われ、パンキッシュになったり、ブラックメタル風の金切声があったりと、後にカルト的存在となる片鱗を覗かせている。金属製の外骨格の下は不定形の流動体生物でした、といった具合の底知れなさ。（加藤）

Corrosion Of Conformity / Deliverance（1994）Columbia

Pepper Keenan（Gt.）がヴォーカルを兼務するようになり、ベースに初期メンバーだった Mike Dean が戻った4th。前作からさらに70'sロックヴァイブスが強調され、本能に訴えかける泥臭グルーヴが支配的な作風になった。Keenan の歌い回しも含め、後続へ大きな影響を与えた。特に冒頭曲 "Heaven's Not Overflowing" のような、跳ねるリフの上に甲高いヴォーカルが乗るスタイルは、ストーナーロックの黄金律の一つを確立したといってもいいだろう。以後、彼らは同布陣で、ブルースベースのうねりを旨とした普遍的ヘヴィロック路線の作品を量産していく。（杉本）

Cows / Orphan's Tragedy（1994）Amphetamine Reptile

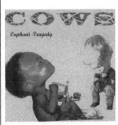

アメリカ・ミネソタ州はミネアポリスの伝説的パンクバンドによる7th。80年代後半に活動開始し、98年の解散までに9枚のアルバムを残した。ハードコアパンクからスタートした奔放なエネルギーを軸に、ロックンロールからノイズまで幅広く音楽性を展開。過激な方法論に依拠しながらも重金属に色目を使うことのない、徹頭徹尾オルタナティブな存在感を放っていた。本作は、Blue Cheer や MC5 などを彷彿とさせる元祖アメリカンヘヴィロックのグルーヴが全開の快作。ブルースから同時代的なポップネスまで、バブルガム的な音楽性をトラッシーな音像のなかに包み込んだ。（杉本）

Dizzy Mizz Lizzy / Dizzy Mizz Lizzy（1994）Medley

デンマーク出身のトリオの1st。バンド名が The Beatles による Larry Williams の同名曲カバーに由来しており、The Bealtes 的なポップネスや透明感のあるメロディが際立っていたことから、我が国では「北欧メタルの新星」的な扱いで売り出された。96年の2ndではそれらの要素が削ぎ落とされていたから「コケた」という扱いを受けたが、そもそも彼らはグランジに根差したヘヴィロックがリズムの根底にあるバンドだった。変拍子や転調などテクニカルな要素を、3ピースという最低限の編成で盛り込んだ。98年に解散するも再結成を経て16年に3rdをリリース。（杉本）

Doomstone / Those Whom Satan Hath Joined（1994）Nosferatu

アメリカのカルトドゥームデスバンド5人組による1st。各メンバーがふざけたステージネームを名乗っており、Cross Turner Upside Downer（Dr. & Key.）は Deceased や October 13、Keeper Of The Brazilian Death Metal Albums（Ba.）も Deceased、The Flying Winged Demon Of Necromancy（Gt. & Key.）は Grand Belial's Key でもプレイ。ブックレットを開いてイラストを見れば一発でわかるが、かなり悪魔成分の濃いバンドである。高音で喚くヴォーカルもブラックメタル的。ブルースルーツも感じさせながら複雑怪奇に展開するリフからは Mercyful Fate も感じるが、総じてポピュラリティは希薄。（杉本）

Dystopia / Human=Garbage（1994）Life Is Abuse

「元祖スラッジコア」といわれることもある、アメリカ・カリフォルニア州のハードコアバンドによる1st EP。冷徹で無機質なリフを地べたに這いつくばるようなテンポでプレイするパートを含み、クラスト／グラインドコア的な凶暴性を根底にもつ。そのサウンドは Winter（US）や Napalm Death などとも共通項があり、スラッジといっても、粘ついたブルースベースのリフを主軸とする Eyehategod などとは異なる音世界だ。ハードコアサイドからテンポを落としたアプローチのサンプルとして、音楽史的には興味深い存在。Dino Sommese（Dr. & Vo.）は後に Asunder、Noothgrush でもプレイ。（杉本）

Electric Wizard / Electric Wizard（1994）Rise Above

イギリスを代表する、現行ドゥームメタルの王者。前身の Eternal で活動していた Jus Oborn（Gt. & Vo.）が、後輩の Tim Bagshaw（Ba.）と Mark Greening（Dr.）を誘って結成。Cathedral の Lee Dorrian に気に入られ、Rise Above Records からリリースされた1st。アートワークも Cathedral でお馴染みの Dave Patchett によるもの。初期 Black Sabbath の影響下にあるヘヴィでスローなリフに、サイケデリックな浮遊感を織り交ぜたドゥームメタル。次作以降で確立される、狂気の超重量級ドゥーム／スラッジとは異なるが、楽曲のクオリティは高い。（加藤）

Failure / Magnified（1994）Slash

90 年結成、ロサンゼルス出身のオルタナティブロックバンドによる2nd。Nirvana や Alice In Chains ら同時代のグランジ勢と親和性の高い、陰鬱だが美しいメロディのヘヴィロックをプレイ。Black Flag ルーツが顕著なシアトル一派に比べ、インダストリアルにも通じる硬質で冷たい音づくりが特徴的。3 枚のアルバムを残して 97 年に解散。以後、Ken Andrews（Gt. & Vo.）はプロデューサー／エンジニアとして活躍する。Greg Edwards（Ba. Key. & Dr.）は Lusk、Autolux 他、A Perfect Circle にサポートで参加。15 年に再結成 4th をリリース。これも悪くなかった。（杉本）

Fudge Tunnel / The Complicated Futility Of Ignorance（1994）Earache

80 年代末にイギリスで結成されたヘヴィロックバンドの最終作 3rd。Alex Newport（Gt. & Vo.）は Max Cavalera とのプロジェクト Nailbomb や、Ratos De Porão のプロデュースなどでも知られる。音楽性を一言で語るのが難しいバンドで、Fear Factory や Godflesh のようなインダストリアル調の無機質さのなか、Helmet や Pantera、Sepultura ばりのリフやノイズが飛び出す。パンチ力は強くても 80 年代メタルリスナーの耳には優しくない、という点でやはりオルタナティブな存在。横ノリのグルーヴとハードコアなヴォーカルは強力で、スラッジコアにカテゴライズされることもある。（杉本）

High Rise / Live（1994）P.S.F

南條麻人（Ba. & Vo.）と成田宗弘（Gt.）による、東京を代表するアンダーグラウンドサイケバンド。裸のラリーズを彷彿とさせる、深くリバーブのかかったギターとヴォーカル。ただ、裸のラリーズと絶対的に違う点は、ヘヴィさだ。ひしゃげたディストーションサウンドに、ワウペダルが踏まれ続ける。冒頭の "Sadame"、そして "Ikon" と、彼らは何か日本語シンボルを歌詞に含め、圧倒的音圧で聴く人を魅了する。今回ライブ盤を紹介した理由は一つ。彼らはライブハウスにいるバンドだからだ。94 年の作品だが、この音は今なお色褪せない。ぜひとも周囲をはばからずレコードをかけ、爆音に身を委ねて頂きたい。(h)

Iron Man / The Passage（1994）Hellhound

18 年に亡くなった黒人ギタリスト Alfred Morris III 率いるアメリカのバンドによる 2nd。Larry Brown（Ba.）は Force と Rat Salad でも Alfred とキャリアを共にしていた。Alfred が「黒いアイオミ」などと呼ばれていたように、一聴して Black Sabbath 直系といえるアンサンブル。そこに泥と煙をまぶしつけたようなくすんだ音像は、Saint Vitus ら同国の地下ドゥームに通じるものがある。もとは Black Sabbath のトリビュートバンドとしてスタートしており、メンバーが入れ替わり立ち代りカバー曲を披露する微笑ましいライブ映像が再発 CD のボーナス DVD などで見られる。（杉本）

It Is I / Evolve（1994）Dwell

Asbestosdeath を脱退した Thomas Choi（Gt.）が、同じく Asbestosdeath の元メンバーである Oswald Aguilar（Gt. & Vo.）らと結成したバンドによる唯一のフルアルバム。Asbestodeath 譲りの殺伐としたスラッジ／ハードコアに、初期 Godflesh を思わせるインダストリアルや、ストーナー、グルーヴメタルといった同時代的要素をまぶした重厚かつ緊迫感に溢れたサウンド。ミステリアスなアートワークも含め、カルトな名作である。Thomas は Noothgrush へオリジナルメンバーとして参加した後、ストーナーバンド Operator Generator を結成。（加藤）

King's X / Dogman（1994）Atlantic

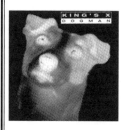

その嚆矢は 70 年代末にあるアメリカのベテランオルタナティブトリオによる 5th。70's ハードロックのうねりをもつブルースベースのヘヴィなバッキングに、ソウルフルなヴォーカル、時折姿を現す甘くポップなメロディという特異な音楽性。現在ではこうしたサウンドも、広義のハードロックの範疇で語られることに違和感がなくなった。多くのアルバムを発表しており収録曲数も多く、集中して聴き通すにはエネルギーを要するが、それぞれに印象的な楽曲がある。本作なら 3 曲目 "Pretend" や、Jimi Hendrix のカバー "Manic Depression" あたりがギラリと光っている。（杉本）

Korn / Korn（1994）Immortal

説明不要、後に凡百ならぬ凡万のフォロワーを生んだアメリカの怪物バンドによる 1st。かくいう俺（U）も、青春の一部を捧げてしまった。他にも代表作はあるが、「映画は 1 作目が良い」というのと似た心境でやっぱりここに戻ってくる。ベースがやたらにバキバキいってるのが気持ち良い。明らかに Black Sabbath が根底にある真っ黒フィーリングのヘヴィネスに、ニューウェーブ風の暗さと、オルタナティブの先達らの愛想のなさをミックス。グルーヴの基調はヒップホップ的だが、ドゥーム／スラッジ勢との違いは上記要素の配分具合によるものなのではないかと思っている。（U・杉本）

Kyuss / Welcome To Sky Valley（1994）Elektra

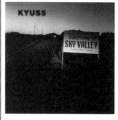

砂漠発、宇宙行き。後のシーンに絶大な影響を与えた、ストーナー／デザートロックの教典。Ba. の Nick Oliveri が脱退し、元 The Obsessed の Scott Reeder が加入した。プロデュースは前作に続き Chris Goss。1 〜 3、4 〜 6、7 〜 10 曲目の三部構成をとっているが、各曲は独立している。貪欲ともいえるほどバラエティ豊かな楽曲を一つのアルバムとして見事にまとめきっており、初期衝動と円熟が絶妙な調和をみせている。Across The River のカバーである 9 曲目 "N.O." には、元 Across The River、Fatso Jetson などの Mario Lalli（Gt.）がゲスト参加している。（加藤）

Mary Beats Jane / Mary Beats Jane（1994）MCA

オルタナ／グランジも飽和状態に達した 90 年代半ばにスウェーデンから登場した、ツインギターを擁するヘヴィロックバンドの 1st。スラッシュメタルからの影響が濃いクランチギター、ハードコアの突進力を兼ね備えた爆撃ドラム、突如として挿入されるラップコアのような展開や、Alice In Chains を彷彿とさせる内省的なハーモニー。ミクスチャーロックがある程度様式化していた時代において、北の地から本来的な意味でのごった煮ロックを提示した。97 年の 2nd を最後に活動休止。スウェディッシュハードコア的な咆哮と James Hetfield 的な歌い回しを操る Peter Dolving（Vo.）は The Haunted へ。（杉本）

Megadeth / Youthanasia（1994）Capitol

90年代に入ってモダンヘヴィネス化したスラッシュメタルバンドの なかで、Megadethはテンポを落としてもソリッドさを失わなかっ た。有名曲の含有率では前作『Countdown To Extinction』に劣るが、 リフとメロディの充実度では本作6thに軍配が上がる。自然にノれ るミドルテンポの楽曲が多いぶん、リフレインの魅力がいっそう際 立っている。Dave Mustaine（Gt. & Vo.）の表現力が増したこともあり、 歌モノとしても抜群の聴きごたえがある。名手Marty Friedman（Gt.） のリードは、『Rust In Peace』ほどに突き抜けたプレイはないにせよ、 楽曲を扇情的に盛り上げている。（杉本）

Moahni Moahna / Temple Of Life（1994）SMC

Tommy Rehn（Gt. & Tp.）、Henrik Flyman（Gt. & Fl.）を中心とする スウェーデンのハードロックバンドによる1st。音楽性とリンクしな いバンドロゴのデザインや、パッとしないアートワークと、ビジュ アル面では良いとこなしだが内容はとても良い。Ronnie James Dio 期のRainbowや様式美時代のBlack Sabbathの血を受け継ぎ、荘厳 なミドルテンポを基調に堂々たるエピックドゥームを展開。特に Martin HäggströmのヴォーカルはTony Martinを彷彿とさせるスタ イルで、『Headless Cross』や『Tyr』の続編を求める向きには掘り出 しものだろう。（杉本）

Mystic Charm / Shadows Of The Unknown（1994）Shiver

オランダのドゥーム／デスメタルバンド4人組による唯一のフルア ルバム。本稿を書くために初めてブックレットを開き、ヴォーカル が女性だと知った。それくらい、性別による特徴がまったくみえな いひしゃげた喚き系デス声である。スローな曲調からとりあえず ドゥームにカテゴライズされるサウンドではあるが、弦楽器隊の刻 みとバスドラムが同期してヘヴィネスを生み出す様はCeltic Frost影 響下のオールドスクールデスメタル的だ。そういう意味ではドンピ シャで本書の射程にはまるバンドではないが、さておきこのショボ ショボジャケには愛着を禁じ得ない。（杉本）

Pantera / Far Beyond Driven（1994）EastWest

アメリカ・テキサス州のヘヴィメタルバンドによる7thにして、モダ ンヘヴィネスの騎手として音楽シーンを牽引する存在となった、 Philip Anselmo（Vo.）加入後4枚目のアルバム。同体制におけるサウ ンドがもつパワーの源は、弾力的なリフとリズム隊が生む強烈なグ ルーヴと、Philipの強靭な喉による歌心ある怒号。その魅力は、楽曲 のテンポが極端に速く、あるいは遅くても損なわれることがない。特 にグルーヴィーな楽曲が生む快楽は、ほのかに臭わせるサザンロック テイストとも相まって、ストーナー／スラッジと親和性が高い。Black Sabbath"Planet Caravan"のカバーを収録。（杉本）

Pride & Glory / Pride & Glory（1994）Geffen

Ozzy Osbourne のバンドでデビューした Zakk Wylde（Gt. & Vo.）が、次なるキャリアとしてサザンロックをプレイするために組んだトリオによる、唯一のフルアルバム。バンジョー、マンドリン、ハープ、カウベルと得物を揃え、泥と太陽の匂いがする本格サザンロック／ブルースをプレイ。とはいえギターはやはり Zakk 節炸裂で、前キャリアでもみせたフルピッキングの剛腕速弾きやヘヴィなグルーヴも注入。こうした要素とサザンロックが融合しているのも、90 年代におけるオルタナティブロックの一つの形か。国内盤などの Black Sabbath"The Wizard" のカバーは出色の出来栄え。（杉本）

Quorthon / Album（1994）Black Mark

Bathory の Quorthon による 1st ソロアルバム。ここで聴けるのはスラッシュでもブラックでもヴァイキングメタルでもない、普遍的なロックンロール／ハードロック。わざわざソロを名乗っているので当然 Bathory とは違うスタイルなのだが、それにしてもイメージとかけ離れた音楽性である。なぜかバックの音づくりは Bathory そのままなのでギターは刺々しくヘヴィ。そこに浮遊感を漂わせた覇気のないノーマルヴォイスが乗るので、ハードロッキンなストーナーロックにも聴こえる。Bathory ファンからは話題に上がることすらない作品だが、純粋にヘヴィロックアルバムとしては好内容である。（田村）

Smile / Maquee（1994）Headhunter

02 年に Fu Manchu へ加入する Scott Reeder（Dr.）らによって 92 年に結成。アメリカ・カリフォルニアのトリオによる 1st。ファジーなストーナーロック調のイントロからエモ、ポップパンク調に転じる冒頭の "Rock Anthem For The Retarded Teenage Hipster Population" から個性が際立っている。続く "Staring at the Sun…"はうねるグルーヴと重厚なヘヴィネスのシアトル系グランジと、ストーナー／グランジ／エモ〜ポップパンクが同一線上に存在する、文字通りの〝オルタナティブ〟ロックである。13 年に本作と同じオリジナル編成で再結成した。（加藤）

Solstice / Lamentations（1994）Candelight

アートワークにも現れている通り、ヴァイキング伝説などにルーツをもつと思われるエピックな世界観のドゥームメタルを展開するイギリスのバンドによる 1st。湿り気と憂いを湛えたオケのテンポをグッと落とし、Black Sabbath にも通じる暗黒の音階を用いて、暗く、美しく、スローな大曲を紡ぐ様はスウェーデンの Candlemass にも似る。ただしヴォーカルは NWOBHM に散見されたような〝無個性派〟であり、強烈な英国臭を放っている。2 本のギターが泣きのフレーズを奏でるバッキングは、Wishbone Ash など 70 年代の叙情派ハードロックを思わせる古典派。（杉本）

The Stone Roses / Second Coming（1994）Geffen

80 年代後半にイギリス・マンチェスターから巻き起こった「マッドチェスター」ムーブメントの中心的存在だったバンドの最終作 2nd。映画『Shaun Of The Dead』でもネタにされていたように、発表当時の評価はいわゆる「ガッカリ盤」。しかし狂熱の過ぎ去った今となれば、奔放なギターとキレッキレのリズム隊が織りなす上質過ぎるブルースロック。うねりまくりのグルーヴが心地いい "Driving South"、ファンキーな "Ten Storey Love Song"、暴力的までにダンサブルな "Begging You" など名曲多数。浮遊感のあるヘタウマなヴォーカル、クラブミュージックのビート＆グルーヴも独自の妙味として機能している。（加藤）

Super Junky Monkey / キャベツ（1994）Riot Label

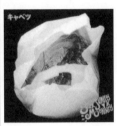

90 年代に活動していた日本の伝説的ガールズミクスチャーロックバンドによる 1st にして、93 年の Heaven's Door（東京）におけるライブを収録したアルバム。「和製 Red Hot Chili Peppers」とでも呼びたくなるテクニカルなカッティングギターとスラップベースをフィーチュアし、ハードコアテイストも強いハイエナジーなヘヴィロックをプレイ。うねりまくる有機的なグルーヴ、アジテートしまくるヴォーカルが放つ殺気は、ライブ盤ならでは。99 年、Mutsumi（Vo.）の逝去をきっかけに活動休止。以降、断続的にライブを行い、10 年には FUJI ROCK FESTIVAL に出演した。（杉本）

V.A. / Nativity In Black（1994）Sony

モダンヘヴィネスが花開いていた 94 年、猫も杓子もガチもポーザーも「Black Sabbath リスペクト」を表明していた時世に投下された、主にモダンヘヴィロック系アーティスト群による同バンドのトリビュートアルバム。Megadeth の "Paranoid" や Faith No More の "War Pigs" が有名だが、時代性をモロに反映した傑作は冒頭を飾る Biohazard の "After Forever"。同曲が本来もつハードコア的な質感と、ラップコアが見事に融合。ミクスチャーロックとして非の打ちどころがない格好良さである。Ozzy Osbourne や Bruce Dickinson など大御所の参加にも要注目。（杉本）

V.A. / Tribute To Black Sabbath: Eternal Masters（1994）Priority

スラッシュ／デスメタル、ハードコアなど、〝激音系〟のバンド群による Black Sabbath のトリビュートアルバム。既発表音源の寄せ集めだが、原盤には比較的珍しいものもあり、こうしてまとめて聴けるのはありがたい。原曲の良さをブチ壊しにしたトンデモカバーが多いが、Cadavar や Cannibal Corpse なんかは「もしもデスメタルバンドのリフが Black Sabbath 風だったら」と置き換えて聴くとけっこうアリである。個人的には、Coffin Break によるノリノリな "Hole In The Sky"、Pantera かと聴き間違えるような Exhorder による "Into The Void" に注目。（杉本）

Wicked Lady / Psychotic Overkill（1994）Kissing Spell

60年代末から70年代初めにかけて活動していたイギリスの地下ハードロックバンドによる、72年に録音した最終音源を集めたコンピレーション。Hawkwind や初期の Motörhead を彷彿させる、疾走感あるミニマルなリフを反復しながら展開。Deep Purple の暗い曲や Black Sabbath をも思わせる、ヘヴィなダークサイケをプレイしている。The Jimi Hendrix Experience"Voodoo Chile" のカバーも収録。解散後、中心人物の Martin Weaver（Gt. & Vo.）は Dark で活動する。12 年には、68 年から 72 年にかけての音源を集めた『Axeman Cometh』と共に、Guerssen から再発。（杉本）

Wool / Box Set（1994）London

活動後期には Dave Grohl が参加していたことで有名な伝説の DC ハードコアバンド Scream の中心メンバーだった、Peter（Vo.）と Frantz（Gt.）の Stahl 兄弟によって結成されたバンドによるアルバム。Scream の頃にもあったポップな要素を強調した内容で、初期パンク的に疾走する曲や、決してヘヴィではないがポップでありながら重く混沌を極めるロングナンバーも収録している。バンドロゴの元になった煙草のような爽快さより、ウールに包まれるような温かみを感じる。Peter は Goatsnake、Frantz は Foo Fighters や Luna Sea の J との活動でも知られている。（浜島）

スピッツ / 空の飛び方（1994）Polydor

東京出身のロックバンドによる 5th にして、以降お決まりとなる「女の子ジャケット」シリーズ 1 枚目となるアルバム。捨て曲の少ないバンドだが、特に本作から 00 年頃までの作品はいずれも、定番のヒット曲を含む充実した内容でお薦めだ。草野マサムネ（Vo.）の甘いルックスと声質、そして邦楽ヒットチャートの常連であることから、俺が 10 代の頃は「メタル者が聴いちゃいけない音楽」と思っていた。しかしその実は、うねるベースと後ノリのドラムが生む強靭なグルーヴを武器とする、良心的なヘヴィロックである。Pixies や King's X あたりのポップな曲が好きな人は試してみてほしい。（杉本）

不失者 / 悲愴（1994）P. S. F

灰野敬二の膨大な作品群はいずれも商業性皆無で、リズムやコードすらも不定形で難解なものが多い。70 年代末に結成され、現在まで彼のパーマネントなバンドとして存続している不失者は、サウンドも含めて普遍的なロックバンドとしての体裁をなしており、ハードロックファンにもお薦め出来る。本作は全 4 曲入りの 4th。1 〜 3 曲目は灰野によるギターリフを主体とした楽曲で、ミニマルに、しかし揺らぎながら反復されるリズム隊のうえで、残響までをもフレーズの一部とするかのようなヘヴィなギターが叙情性を醸し出している。4 曲目は、40 分超にわたりノイジーな轟音が支配する混沌絵巻。（杉本）

Abstrakt Algebra / Abstrakt Algebra（1995）Megarock

Leif Edling (Ba.) が Candlemass の 1 回目の解散中に結成したドゥームメタルバンドが、当時残した唯一のアルバム。2 本いるギターの片割れも元 Candlemass で、Hexenhaus ～ Memento Mori の Mike Wead、ヴォーカルは Swedish Erotica ～ Treat の Mats Levén。基本的には後に Leif が携わる多くのバンドと同様、Candlemass の血を受け継いだ重く暗い様式ドゥームメタルながら、Mike の個性によるものか時代性を反映したものか、ギターにスラッシーでソリッドな質感が強いのが特徴。ネルシャツを着たメンバー写真やなんとなく社会派っぽいアートワークは、オルタナ的なセンスに寄せたのか？（杉本）

Astral Rising / In Quest（1995）Active

前身は C.O.T.L.O.D. 名義でデスメタルをプレイしていたフランスのドゥームメタルバンドによる 2nd にして、最終作。プロデューサーは Gorefest、Massacra、Protetor などを手がけた Tim Buktu。こうした背景からも窺い知れるように、音づくりには 90 年代前半のオールドスクールデスメタル的なシャープさがある。曲調はスロー～ミドルが基調で、Black Sabbath からブルースベースの要素を抜いたような耽美派。メランコリックなメロディや切なく歌い上げるヴォーカルには、Paradise Lost など同時代のゴシックメタル勢との親和性も感じられる。（杉本）

Axe / Live 1969（1995）Kissing Spell

女性ヴォーカルを擁するイギリスのオブスキュアサイケバンドによる 69 年のライブ音源を、Kissing Spell が発掘リリースしたもの。全曲、有名なミュージシャンの楽曲のカバーよりなる。必ずしもオリジナルバージョンに準拠しているわけではないようで、本体のクレジットに従えば元ネタは次の通り。Jefferson Airplane、Canned Heat、Traffic、Neil Young、Judy Collins、Tim Rose。演奏はお世辞にも上手いとはいえないが、いなたいセッションの音の隙間に、独特の浮遊感を漂わせている。情報が少なすぎてバンドの詳細は不明だが、1993 年には未発表アルバムも同レーベルが発売している。（杉本）

Black Sabbath / Forbidden（1995）I.R.S.

Cozy Powell（Dr.）が復帰した 18th。ベースは Neil Murray。Ice-T をゲストに迎えた "Illusion Of Power" が屈指の珍曲とされる。しかし、実のところヘヴィなリフの反復によって曲を組み立てる古典派ハードロックの方法論と、反復されるトラックのうえでラップを展開するヒップホップとの親和性は高く、ラップメタルやミクスチャーロックが全盛だったという時期柄を差し引いても、本曲のアプローチは理にかなったものだと思う。その他、初期のヘヴィネスを取り戻したような曲と、普遍的なロックグルーヴを運ぶ曲が混在。同時代のドゥーム勢と比べても聴き劣りしない完成度。（杉本）

The Brian Jonestown Massacre / Spacegirl And Other Favorites （1995）Candy Floss

90 年結成。盟友（だった）Dandy Warhols との関係を描いたドキュメンタリー映画『Dig!』で期せずして注目を集めた、奇才 Anton Newcombe（Gt. & Vo. 他）率いる US ネオサイケの代表格バンドによる、初期音源のコンピレーション。同年リリースの 1st では My Bloody Valentine 影響下のシューゲイザー色が強かったが、本作ではバンド名の元ネタである The Rolling Stones を始めとする 60's サイケが散見される。翌年の 2nd で 60's に完全回帰。その後も手を変え品を変えながら、徹底的な反商業主義と多作ぶりによってカルトとしての確固たる地位を築いている。（加藤）

The Cardigans / Life ＋ 5 （1995）Polydor

スウェディッシュポップ界の大御所による 2nd。『Life』と題されたオリジナル盤は 11 曲入りだが、日本盤はボーナスを含む 16 曲入り。そのうちの 1 曲が Black Sabbath"Sabbath Bloody Sabbath" だから、本書ではこの「＋ 5」盤を掲載（その他のエディションにも同カバーは収録）。ギターとベースがハードロック好きというからこの選曲は驚くにあたらないが、瞠目すべきは同曲をオシャレにアレンジする彼らの手腕であり、かつ原曲そのものが有していた音楽的な振れ幅でもある。もしこのカバーがなかったとしても、彼らの音楽は本書で紹介し得るフィメールフロンテッド・サイケポップである。（杉本）

Cathedral / The Carnival Bizarre （1995）Earache

以降、長期にわたってリズム面を支える Leo Smee（Ba.）と Brian Dixon（Dr.）が加入した 3rd。リフが似ることをいささかも恐れぬレベルで、Black Sabbath インスパイアドを主張。これもまた後のドゥームメタラーの方法論の一つに。Tony Iommi（Gt.）も "Utopian Blaster" にゲスト参加した。数多い魔女狩りメタルの、90 年代における金字塔 "Hopkins（The Witchfinder General）" は 96 年 EP のリーダートラックにも。以後、ほぼモロパクリフが登場するほどに Black Sabbath に寄せた 4th、緻密なアレンジが光るポップな 5th と、安定的に英国ハードの守護神道を邁進する。（杉本）

Celestial Season / Solar Lovers （1995）Displeased

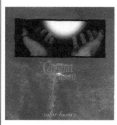

ゴシックなドゥーム／デス・バンドとしてデビューし、次作『Orange』（97 年）でブリブリのストーナーロックへと変貌を遂げるオランダのバンドによる 2nd。本作はそんな彼らの過渡期の作品。リフはストーナー寄り、なのにデス声、ヴァイオリンや叙情的なメロディといったゴシック要素もある、「ストーナーに片足突っ込んだゴシックドゥーム」という他では聴くことの出来ない独特すぎる仕上がり。"Vienna" はイギリスのニューウェイヴバンド Ultravox のカバー。ブレイクコアアーティストの Bong-Ra が在籍していたといわれるが、これは本人が否定している。（加藤）

Down / Nola（1995）EastWest

Panteraで 90's ヘヴィネスの頂点に立った Philip Anselmo（Vo.）を中心に、Eyehategod の Jimmy Bower（Dr.）、Corrosion Of Conformity の Pepper Keenan（Gt.）、Crowbar の Kirk Windstein（Gt. & Ba.）らニューオリンズ界隈を中心とする猛者たちによって立ち上げられたプロジェクトの1st。サザンロックやブルース、70's ハードいったルーツミュージックを、ウイスキーと紫煙で燻し上げた極上のヘヴィロック。Philip は Pantera とは異なるアプローチで渋い歌声を披露しており、Pantera 解散後は彼のメインバンドとなった。02 年にリリースされた 2nd も超名盤。（加藤）

Fight / A Small Deadly Space（1995）Epic

本書の執筆のために、実に 10 年以上ぶりに取り出して聴いてみた。Rob Halford（Vo.）が Judas Priest 脱退後に、当時隆盛を誇っていたモダンヘヴィネスの波に乗って始めたとされるバンドの 2nd。世間的には駄作といわれることが多い、というか、ほとんど忘れ去られているかも。確かにリフは同時代のラウドロック勢に比べて陳腐で地味だし、前作にみられたような突出した曲もない。けど、「幻惑と酩酊」というコンセプトに照らせば、1st よりもこっちなんじゃ？特に、お得意の金切り声が抑え目な Rob の歌の脱力加減と、最低限担保されているポップネスが良い感じ。（杉本）

Fu Manchu / Daredevil（1995）Bong Load

カリフォルニア、照りつける太陽、灼けた砂浜——バギーでぶっ飛ばせ！ オレンジカウンティを拠点とする、ストーナーロックの守護神による 2nd。前作『No One Rides For Free』はまだカッチリ、ドッシリしていたが、本作はひたすらに軽快である。70 年代ハードロックをハードコアパンクの推進力に乗せたドライヴィン＆スケーティンなご機嫌サウンドに、快楽のツボを突くようなカウベル、中学生レベルの英単語でのコール＆レスポンス（Super! Cruiser!）、随所で滲み出るサイケデリックなフレーバーで身も心も弾む。Sleep、Kyuss の作品と共にストーナーロックの雛形を提示した 1 枚。（加藤）

G//Z/R / Plastic Planet（1995）TVT

Black Sabbath を脱退した Geezer Butler（Ba.）率いるバンドの 1st。ドラムは元 Cacophony、元 Wild Dogs、Ozzy Osbourne のソロなどの Deen Castronovo、ヴォーカルは Fear Factory の Burton C. Bell。Pantera や Fear Factory らが地ならししたモダンヘヴィネスの大地で荒れ狂う、人力インダストリアル。当時の Geezer ファンがこのような音楽を歓迎したかどうかは不明だが、Burton の咆哮はハマっており、作品としての完成度は高い。ノーマルヴォイスによるコーラス部分には荘厳なおどろおどろしさがあり、90 年代の Black Sabbath に通じる部分もある。（杉本）

Iron Maiden / The X Factor（1995）EMI

長いキャリアをもつイギリスのメタルモンスターによる、初の駄作との汚名を着せられることが多い 10th。その筆頭要因として挙げられる Blaze Bayley のヴォーカルは、確かに声の伸び、表現力など様々な点で前任者に劣るが、本書に登場する他の有象無象に比べれば上手いほうだから気にすることはない。時代性を反映したような暗い作風と大曲志向もエピックドゥームと解釈してしまえば、「さすがは御大！」と称賛したくなるフックに富んでいるじゃないか。あえて欠点を挙げるとすれば、Steve Harris（Ba.）自身によるプロデュースとミキシングか。特にペラペラのギターサウンドはいただけない。（杉本）

Mad Season / Above（1995）Columbia

Pearl Jam の Mike McCready（Gt.）が依存症のリハビリ施設で John Baker Saunders（Ba.）と意気投合したことで結成。Alice In Chains の Layne Staley（Vo.）、Screaming Trees の Barrett Martin（Dr.）が参加したバンドによる唯一のフルアルバム。ブルースやカントリーに根ざしたメロウなアメリカンロックが主体。ラウンジミュージックのような 8 曲目 "Long Gone Day" にはビックリ。それを自らの色に染め上げる Layne（と Screaming Trees の Mark Lanegan）の歌声も凄い。99 年に John、02 年に Layne がオーバードーズで逝去した。（加藤）

Paradigma / Mare Veris（1995）Head Not Found

Blackend を前身とするノルウェーのドゥームメタルバンドによる唯一のフルアルバム。ヘヴィでスロー、かつ耽美なメロディを織り込んだオケによる、ゴシカルなオールドスクールドゥームをプレイ。テンポチェンジによる場面展開も多く配置されており、そのドラマツルギーは Iron Maiden などのオーソドックスな正統派メタルを思わせる。ヴォーカルはデスヴォイスとテノール、ソプラノの 3 人。ディープなグロウル（ブックレットでは「Bass vocals」とクレジット）を聴かせた Tom Kvålsvoll（Gt. & Vo.）は 後 に Dødheimsgard、Nocturnal Breed、Sarkom などのブラックメタルバンドにも参加する人物。（杉本）

The Quill / The Quill（1995）Megarock

80 年代後半から Quil 名義で活動していたスウェーデンのバンドが、The Quill と改名してリリースした 1st。Cream や Black Sabbath、あるいは同国のレジェンド November などを彷彿とさせる 70's グルーヴロックに、80's ハードスタイルの伸びやかな歌唱が乗る。ドゥーム／ストーナーの範疇ではあっても、ある種のマニアックさよりはオーソドックスなダイナミクスを強調した小気味良いヘヴィロックだ。大きくサウンドを変えることなくコンスタントにアルバムをリリースし続けている。Roger Nilsson（Ba.）は後に Spiritual Beggars に参加。（杉本）

Red Hot Chili Peppers / One Hot Minute（1995）Warner Bros.

〝レッチリ〟らしいアルバムでは明らかにないのだが、本書向きにはこの 6th をチョイスしたい（90 年代のドゥーム／ストーナー以外のバンドは、そんなのばっかり）。John Frusciante の後任に Jane's Addiction の Dave Navarro（Gt.）を迎え、彼らの作品では比較的珍しい、ハードロック的な太いギターリフが支配的な作風になった。リズム隊はご存じ Flea（Ba.）と Chad Smith（Dr.）の鉄人 2 人だから、生み出されるグルーヴも超強力である。Anthony Kiedis のヴォーカルは次作で開花するメロディアスなスタイルに移行しつつあり、ビートリーな歌メロがサウンドに花を添えている。（杉本）

Reef / Replenish（1995）Sony Soho Square

イギリスはグラストンベリーのバンドによるデビュー作。Led Zeppelin、Free の血を受け継ぎ、同時代の Black Crowes らとも呼応するブルースロック。"Naked" がソニー製 MD の CM とタイアップしてヒット。本作はゴールドディスクを獲得している。次作以降は〝渋く〟洗練されていくが、本作のダンスミュージック由来と思われる足腰の強さ、荒削りな初期衝動感はストーナー勢ともオーバーラップ。Chris Robinson と比較されることの多い Gary Stringer（Vo.）の歌声は、Kyuss などの John Garcia にも似ている。03 年に解散、10 年に再結成。（加藤）

Skid Row / Subhuman Race（1995）Atlantic

「Bon Jovi の弟分」にしては幾分タフでストロングな音楽性でデビューした、アメリカ・ニュージャージーのハードロックバンドによる 3rd。ヘヴィメタリックな質感を増した前作もイノベイティブな作風だったが、今作は曲調をガラリとグランジ風に変えてきた。もともとのファン母体が兄貴分のバンドなどに代表される 80 年代型のハードロック／ヘヴィメタルリスナーだったから、当然のように駄作扱いされた。今日、ほとんど顧みられることもない作品だが、本書のフィルターを通して再評価の機運を高めたい。やたらとアレンジが細やかで、曲調が多彩なストーナーとしてご提案いたします。（杉本）

Sudden Death / Suddenly...（1995）Rockadelic

カリフォルニア州はパサデナのバンドが 72 年に録音し、お蔵入りになっていたデモ音源。Led Zeppelin、Black Sabbath の影響下にある、ファナティックなハイトーンヴォーカルを乗せたプロトドゥーム。初期 Trouble を彷彿とさせるような場面も。1 曲目や 3 曲目などの静謐なトリップソングも良い。John Binkley（Ba.）によれば、Columbia / Epic Records とプロデューサー Kim Fowley による「Black Sabbath へのアメリカからの返答」バンドを発掘するプロジェクトの一環として、Columbia のスタジオでライブレコーディングされたという。おどろおどろしいジャケは 79 年の映画『Que Viva Mexico!』から。（加藤）

Truly / Fast Stories…From Kid Coma（1995）Capitol

グランジ隆盛期にアメリカ・ワシントン州はシアトルで結成。Sub Popからリリースされた前作EPは、自己のルーツに真摯に向き合い、60年代末を席巻したサイケデリックロックを新たな解釈で突き詰めた傑作だった。本作は、大きな期待を背負いながらメジャーに移籍しての1st。メンバーの出自（Soundgarden、Screaming Trees）にも通じるハードロック、ガレージの要素が強くなり、それらをカラフルでサイケな情念でもって聴かせる。ラストの8分にも及ぶ"Chlorine"はNirvanaとHawkwindの合わせ技のようであり、バンドの本質を現わしている。（浜島）

White Zombie / Astro-Creep: 2000（1995）Geffen

ソロや映画監督として活躍し、ホラー映画マニアとして知られるRob Zombie（Vo.）が率いていたバンド。バンド名の由来も同名の映画。85年にデビューし、当初はジャンクでトラッシーなオルタナティブロックだったが、92年の3rdで90年代へヴィネスの旗手の一つに。そして放った本作4thが、バンドとしては最大の売上げを記録した。モダングルーヴを基調としたインダストリアルサウンドに、Rob持ち前の毒々しくいかがわしい（それこそ、往年のホラー映画のような）センスが融合。各時代のロックシーンに必ず存在していた、ロックの胡散臭さを体現する一派に数えて良かろう。（杉本）

Year Zero / Creation（1995）Hellhound

Cathedralの1stでベースを弾いていたMark Griffiths（Gt.）を含む、イギリスの4人組ドゥームメタルバンドによる最終作2nd。ドゥームの名門であるHellhound Recordsからのリリースであり、同門のSaint VitusやThe Obsessedを彷彿とさせる、Black FlagなどのUSハードコアに正統派メタルの整合性をもたせたような正統派ドゥームをプレイ。Victor Griffinのソロ作にも通じるコンパクトでキャッチーなスタイルだ。Russ McAteer（Vo.）はこのバンド以外ではほとんど無名のシンガーだが、Scott "Wino" Weinrichを思わせる節回しで、個性的かどうかはさておき悪くはない。（杉本）

Bardo Pond / Amanita（1996）Matador

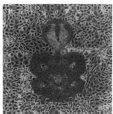

91年結成、MichaelとJohnのGibbons兄弟（共にギター）らを中心としたフィラデルフィアのバンドによる2nd。スウィートでシューゲイジングなドローンにブルースが染み込んだ酩酊感の強い音を放つ。フルートも兼務するIsobel Sollenbergerの脱力感満点の歌声、二匹の蛇が絡み合った（交尾？）ジャケや妙にエロティックな曲名と、音／イメージ共にストーナーロックとの親和性も十分。Dead Meadowなどの筋弛緩系ストーナー好きにはたまらないだろう。メンバーによる数多くのサイドプロジェクトがあり、なかでもAlasehirはより直球のストーナーロックをプレイしている。（加藤）

Birth Control / Jungle Life（1996）Green Tree

ジャーマンハードロックの大御所による、再結成後の名盤。もはや初期からのメンバーは Bernd Noske（Dr. & Vo.）のみだが、存在感とエッジを増したギターサウンドが好作用。Black Sabbath ばりのヘヴィネスと Rainbow を彷彿とさせるドラマ性が、楽曲にヘヴィメタル的カタルシスをもたらした。ここに、バンドの従来からの持ち味であるキーボードワークを主軸としたプログレッシブネスが融合することにより、結果として同時代または後世の、古典回帰派ドゥーム系バンドがお手本にしたくなるであろう音世界を描き出すにいたった。Bernd は 14 年に死去するも、バンドは 16 年に再復活を遂げている。（杉本）

Blood Duster / Yeest（1996）Dr Jim's

05 年の来日公演時にはステージ上で放尿を披露した、オーストラリアの変態ポルノゴアグラインドバンド。本作はあまりにもドイヒーなジャケットでフルアルバムよりも有名な作品。音づくりやアンサンブルとしてはグラインドコアの体裁を保ちながら、ブルージーでロッキンなフレーズを多用することからグラインドロックの代表格としても知られる。特に、ビートダウンパートでのリフの旨味はスラッジコア勢にも通じるものがあり、アプローチは違えども結果として後の Bongzilla あたりが追求する快楽音楽を早くも体現していたといえるかもしれない。（杉本）

Carcass / Swansong（1996）Earache

ゴアグラインドの元祖と謳われる 1st と 2nd、Michael Amott（Gt.）を迎えてメロデスの礎を築いた 3rd と 4th に続く本作 5th は、Michael の後任に元 Devoid の Carlo Regadas を迎えた。デスメタルという文脈から聴けば、拉げたヴォーカルの喚きはそのままに、音に隙間をもたせたリフが普遍的ロックヴァイブスを運ぶ珍作。とはいえ、突然変異というよりは彼らの場合、"Genital Grinder" や "Buried Dreams" といった過去の楽曲にもブルースベースの出汁が出ていたわけで、Bill Steer（Gt.）が次のキャリアを Firebird に進めたことを鑑みれば、バンドとしてもこれが順当な進歩作と思えなくもない。（杉本）

Cîntecele Diavolui / The Devil's Songs（1996）Dark Dungeon Music

初期 Emperor のメンバーで、ソロとして人気を博している Mortiis が、90 年代にいくつかやっていたアンビエントプロジェクトの一つ。ここでは Vukodlak を名乗っている。全編まるでロールプレイングゲームの音楽のような、どこか牧歌的ですらあるオルガンがひたすら流れる。聴いていくうちに妙な陶酔感に襲われる、かなり中毒性の高い作品である。オリジナルは Mortiis 自身のレーベルから 5 曲入り EP でリリース。さらに 98 年に Cold Meat Industry から 3 曲追加されてリリースされているが、その 3 曲は宗教色の強い不気味で荘厳な世界を繰り広げている。（田村）

Eyehategod / Dopesick（1996）Century Media

Billy Anderson をプロデューサーに迎えた 3rd。Down などの Pepper Keenan も録音・編集作業に参加しているという（クレジットなし）。1st を彷彿とさせる地下臭を放つ音像のなか、ハードコアパンクのアグレッションとドゥームのデプレッションに前作譲りのグルーヴを交えて全方位に憎悪を撒き散らす。タイトル通り、麻薬的で病的な 1 枚。Mike Williams（Vo.）が絶叫と共にボトルを粉砕する（大流血したそうだ）イントロも印象的な "My Name Is God（I Hate You）"、"Dixie Whiskey" など代表曲も多数。前作同様、本作もまたスラッジの青写真となった。（加藤）

Grief / Miserably Ever After（1996）Theologian

元 Disrupt のメンバーらによって結成され、スラッジコア最初期から活動していた、アメリカ・マサチューセッツ州ボストンの 4 人組による 3rd。Eyehategod など同時代のスラッジャーに比べるとブルース色は希薄で、ハードコアの殺伐としたグルーヴが主体。全編 hate、hate、hate で、通して聴いていると気が狂いそうになる。後にベースとして加入する Eric Harrison による病的なアートワークも完璧にフィット。"Angry Man" は Saint Vitus のカバー。01 年に解散後は断続的な活動となっていたが、14 年に 2nd からバンド名をとった Come To Grief 名義で再結成した。（加藤）

Harvey Milk / Courtesy And Good Will Toward Men（1996）Reproductive

92 年にアメリカ・ジョージア州で結成されたバンドの 2nd。バンド名は自身がゲイであることを公言していた同名の政治家から取った。80 年代までのメタルやハードロックの様式を徹底的に破壊し、ノイズと沈鬱な重低音をまぶした前衛的なヘヴィロックを展開。Black Sabbath からの血を感じる音像と生々しいロックヴァイブスを湛えた演奏で、早い時期からスラッジコアと呼べる音楽をプレイしていた。メランコリックなフレーズやノーマルヴォイスの歌唱をフィーチャした楽曲もあるが、とにかく暗い。そんな彼らのイチオシバンドが ZZ Top というのは驚きである。（杉本）

The Heads / Relaxing With...（1996）Rooster Rock

今すぐブッ飛びたい？　それなら The Heads を聴こう。本作は、90 年にイギリスはブリストルで結成されたバンドによる 1st。MC5、The Stooges、Hawkwind などに影響を受けたという、サイケデリックなヘヴィロックを展開する。全曲素晴らしく、開始 1 秒で踊れるナンバーを多数収録。ストーナー黎明期の当時から、「女」をフィーチャしたアートワークを推していた点にもセンスの鋭さを感じる。本作は後に、未 CD 化だった初期音源とラジオセッションを収録した 2 枚組で再発された。彼らの作品はすぐに廃盤になってプレミア化するパターンが非常に多いので、買えるうちに買うべし！（加藤）

Jessamine / The Long Arm Of Coincidence（1996）Kranky

94 年に結成した、アメリカ・オハイオ州のスペースロックバンドによる 2nd。本作制作時はシアトルを拠点にしていた。物憂げな男女ツインヴォーカルに、たゆたうようにうねるベース、ジャジーなドラム、宇宙と交信するようなアナログシンセにオルガン。そこにザラついたディストーションギターを交えた音像は、Can や Neu!、Silver Apples らをグランジのフィルターに通過させたようなユニークさである。98 年に 3rd『Don't Stay Too Long』をリリースした後、解散。Rex Ritter（Gt. & Vo.）と Andy Brown（Key.）は Fontanelle で活動するように。（加藤）

Kula Shaker / K（1996）Columbia

ブリットポップムーブメントもたけなわの 95 年、インド音楽をモチーフにした音楽性で登場したイギリス・ロンドン出身の 4 人組による 1st。バンドの中心人物である Crispian Mills（Gt. & Vo.）は仏教徒であり、東洋哲学に傾倒。バンド名は 9 世紀のインドの王に由来し、サウンドも 60's ブリティッシュビート的なポップロックに東洋的な音階をミックス。古いようで新しい独自のサイケデリックロックを作り上げた。この界隈のバンドがメタル／ハードロックリスナーから支持されている印象は薄いが、00 年代以降のヴィンテージリバイバルを経た耳には大いにアピールすると思う。（杉本）

1990年代

Las Cruces / S.O.L.（1996）Brainticket

アメリカ・テキサス州のドゥーム／ストーナーロックバンドによる 1st。マイナーで地味な印象のバンドだが、内容は良い。US 地下ハードコア感覚のある出汁の上に、古き良きアメリカンロックの泥臭いブルースベースの粘つくリフを乗せたスタイルは、Saint Vitus や The Obsessed、Trouble など同国のレジェンド群を彷彿とさせる。決定的な個性は、暑苦しいダミ声ながらも独特の節回しでメロディを歌う Mark A. Zamarron（Ba. & Vo.）の歌心か。00 年代の空白期間を経て 10 年に 3rd『Dusk』をリリース。またも空白期間を経て近年また動きがみられる。（杉本）

Lord Wind / Forgotten Songs（1996）Full Moon Productions

ポーランドのブラックメタルバンド Graveland のフロントマンである Rob Darken によるソロプロジェクトの 1st。Rob がすべてのパートをプレイしている。ケルティックでフォーキーな演奏の上で、ブラックメタルテイストの割れたヴォーカルがペイガニックな歌詞を喚き散らかす音像。と書くとヴァイキングメタル的なものを想像すると思うが、一聴してほとんどどれも同じに聞こえるフレーズを徹底的に反復する全 11 曲 約 50 分という内容はかなり前衛的。誰にでもお薦め出来る作品ではないが、この〝ドゥーム本〟のラインアップに加えてもバチは当たるまい。（杉本）

Magic Dirt / Friends In Danger（1996）Au Go Go

91 年結成、オーストラリアのバンドによる 1st。メインストリーム寄りのオルタナ、グランジをベースに、随所でアンダーグラウンドのストーナー／スラッジテイストをミックスして L7 風のやさぐれたフィメールヴォーカルを乗せたサウンドは、時代的にかなり異質だ。当時としては評価しにくい作品だったのではないだろうか。最終曲 "I Was Cruel" のシングル盤が名門 Man's Ruin から前年にリリースされていたり、この後に The Heads とスプリットをリリースするなどしていたが、作品を重ねるごとにメジャー志向に。10 年に解散、18 年に再結成している。（加藤）

Melvins / Stag（1996）Atlantic

あの Atlantic Records からの最後のリリース作品となった 8th。そもそも、彼らがメジャーデビューしたというのがおかしな話ではある（失礼）。暴走ハードロック、ヘヴィなパンクナンバーから変拍子、綺麗で優しいメロディの曲、そしていつものノイズやら変な音のするよくわからんトラックと、メジャー時代の作品で一番バラエティに富んだ内容となっている。とはいえ、ライブでの定番曲もあったりと、キャッチーで非常に聴きやすいアルバムでもある。グランジがメインストリームで輝いていた時代の、最後の打ち上げ花火ともいえる……かも。（鉛）

Metallica / Load（1996）Elektra

Corrosion Of Conformity の Pepper Keenan のような歌い方をする James Hetfield に加え、楽曲も普遍的ロックグルーヴに支配されるようになった 6th。そのぶん NWOBHM 影響下のリフワークや、さらにその背後にある Black Sabbath ライクな湿り気は鳴りを潜めており、4th から 5th への変転以上に、5th と本作の間には深い溝が横たわっていると感じる。2 枚組を想定して制作されたという次作も含め、冗長で捨て曲の多い構成が指摘されるが、楽曲単位では聴きどころが多い。2 枚からシングル曲を中心に 10 曲くらい抽出して 1 枚に収めれば、名盤になったと思うのだが……。（杉本）

Necromandus / Orexis Of Death（1996）Audio Archives

Tony Iommi に見出されたイギリスのハードロックバンドによる 1st。録音されたのは 73 年だが、解散のためお蔵入りとなり、ようやくリリースされた。ジャケットからも伝わるように地下室臭の漂うサウンドだが、ヘヴィさよりもジャズロック的な要素が強い。派手なソロ回しなどは少ないが、軽快な演奏からは高い実力が窺える。Black Sabbath っぽさは Ozzy Osbourne を意識しまくったヴォーカルに止まるが、適度にオカルティックな雰囲気を保ちつつアートロックの香りも醸し出すこのサウンドはかなり面白い。16 年にまさかの再結成を果たし、翌年に新作をリリース。（Kono）

Only Living Witness / Innocents（1996）Century Media

アメリカ・マサチューセッツ州はボストン出身のヘヴィロックバンドによる 2nd。元スラッシュメタルバンドのメンバーなどを含む編成で 89 年に結成し、Black Sabbath 的なうねりを取り入れた頃の Corrosion Of Conformity のようなクロスオーバーサウンドを展開していた。歌心あるヴォーカルは Kyuss の John Garcia をも思わせ、無機質にすり潰すようなグルーヴ感は Helmet を彷彿。4 曲目や 8 曲目にはメロウで Pink Floyd 的な曲も配するなど、バンドの懐の深さを窺わせる。フルアルバムとしては本作が最終作。11 年、多くの作曲を手がけていた Eric Stevenson（Dr.）が死去。（杉本）

Sepultura / Roots（1996）Roadrunner

賛否両論ある作品だ。ブラジルからスラッシュメタルバンドとしてデビューした彼らは 3rd、4th でその極みに達し、5th で豹変した。民族音楽のリズムと横ノリのグルーヴを大胆に導入し、本作 6th ではその方向性をさらに推し進めた。結果、初期からのファンを失望させたが、新たなファンをつかんでモダンヘヴィネスの雄としての地位を築いた。大地の呼び声を表現したようなトライバルリズムが支配する熱狂の音像は、初期のサタニックなスタイルとは異なった意味でリチュアリスティックだ。本作を最後に中心人物だった Max Cavalera（Gt. & Vo.）は脱退し、97 年に Soulfly を結成する。（杉本）

Serpent / In The Garden Of Serpent（1996）Radiation

Entombed、Therion、Carbonized など、スウェディッシュデスメタル界隈の人脈によるドゥームメタルバンド 4 人組の 1st。Saint Vitus や The Obsessed 系のオールドスクールなタイプで、ヴォーカルやギターのスタイルは Scott "Wino" Weinrich を彷彿とさせる。遅すぎず速すぎもしないテンポが心地良い各楽曲は、コンパクトな収録時間のなかにフックある展開を盛り込み、その名の通り大蛇がとぐろを巻くようなうねりをみせている。全 10 曲 約 51 分。97 年に 2nd を発表。99 年には 3rd を制作したものの、陽の目を見たのは活動を休止して久しい 16 年だった。（杉本）

7 Zuma 7 / 7 Zuma 7（1997）Drunken Maria

Nymphoid Barbarians From Dinosaur Hell を前身とする、オランダのストーナーロックバンドによるデビュー作 EP。公式にリリースされた音源は本作と 00 年の 1st『Deep Inside』（Suburban Records）のみだが、両作ともアートワークを含め、ストーナーの何たるかを語り切った名盤中の名盤だ。Kyuss スタイルのブリブリにイワしまくるデザートサウンドを基調としながら、彼らはより原始的なハードロックのエナジーを注入。この分野にありがちな高音での呟きに終始しない、歌心あるヴォーカルがリードしているため、楽曲の表情も豊か。（杉本）

Acid Mothers Temple & The Melting Paraiso U.F.O. / Acid Mothers Temple & The Melting Paraiso U.F.O.（1997）P.S.F

河端一（Gt.）を中心に結成された、異能音楽集団によるセルフタイトル作。第二期 Deep Purple と Karlheinz Stockhausen のサウンドを足して 2 で割ったような音楽を演奏しようとしていたら、大阪の路上で Daevid Allen（Gong）と偶然出会ってしまい、そのままセッションを繰り広げていたら凄まじいトリップ感を生み出してしまったかのごときサイケデリックサウンド。ステレオのスピーカーがぶっ壊れたかと錯覚するほどの狂気と暴力性に溢れ、美しい静寂に包まれたかと思えばその直後にはインプロを駆使してトランス状態へと突入する。極北の現代音楽だ。（JERO）

Acrimony / Tumuli Shroomaroom（1997）Peaceville

90 年代に 2 枚のアルバムを残した、英国のストーナーレジェンドの 2nd。ダウンチューニングされた弦楽器隊によるファジーな音像と、シャッフルやシンコペーションを多用したリズムによるグルーヴの創出、ハイトーンの気怠いヴォーカルが 90 年代ストーナーの王道サウンドを形成。とはいえ重いだけではなく、Hawkwind など 70's サイケハードからの影響が顕著な、スペーシーな浮遊感の演出の上手さが、妖しげなアートワークとも相まって彼らの存在感を頭一つ抜けたものにしている。解散後、Lee Davies（Gt.）は Lifer へ、他のメンバーは 09 年に Sigiriya として再結成する。（杉本）

Dark Sun / Feed Your Mind（1997）Metamorphos

Nik Turner とのコラボレーション経験もある、フィンランドで 91 年に結成されたバンドの 1st。12 弦ギターやバイオリン、シンセサイザー奏者を擁し、ゲストも含めると 12 人もの演者がクレジットされている。Hawkwind スタイルのスペースロックに Pink Floyd をミックスしてグランジ風のヘヴィなギターを導入。ヴォーカルは AOR かと聴き紛うほど力強く爽やかな歌声で、トリップ感は薄めだがキャッチーで耳に残る。同時代のストーナロックに比べると筋肉量が少なめだが、10 年代以降のバンドとは大いに共鳴し得るサウンドだ。16 年にドイツの Space Rock Production から再発された。（加藤）

Death Organ / Universal Stripsearch（1997）Ad Perpetuam Memoriam

後に Spiritual Beggars や Opeth で活躍するキーボード奏者 Per Wiberg が在籍していたことでも知られる、スウェーデンのギターレス・オルガンハードロックバンドによる 2nd。当時は「オルガンロック＋デスメタル」という形容もされていたが、ヴォーカルはデス声ではなく咆哮するスタイル。とにかく、Atomic Rooster や Indian Summer を彷彿させるハモンドオルガンのインパクトが絶大。変拍子を盛り込んだタイトなリズムも、何気に素晴らしい仕事っぷりである。Rush の "Tom Sawyer" と Fear Factory の "Scapegoat" のカバーは、意外な組み合わせながら逸逸だ。（田村）

Eldopa / 1332 （1997） East Bay Menace

アメリカはカリフォルニア州のハードコアバンドによる唯一のフルアルバム。爆走するスラッシンマッドな曲調を基調としながら、不気味な音階を使ってグッとテンポを落とすスラッジ的展開もあり、エモーショナルな和音を響かせる弦楽器隊からはニュースクール／ポストハードコア的な要素も感じる。これら各要素を渾然一体にし、ひたすらエネルギッシュな全12曲約35分のなかに封じ込めた個性派。同年、権利問題からバンド名を1332に改名し、翌年には活動停止。メンバーには後のKalasのAndy Christ（Ba.）やPorn（The Men Of）のSean Tyler（Dr.）などがいた。（杉本）

Electric Wizard / Come My Fanatics... （1997） Rise Above

「世界一ヘヴィなバンド」としてその名を地下音楽界に浸透させた大傑作にして、ドゥームメタル史上に残る名盤2nd。前作ではBlack Sabbathルーツのオーソドックスなスタイルだったが、本作で完全に壊れた。ドラッグの影響から生まれたという極端にブーストした低音──すべてが快楽と酩酊に振り切れている。個人的に、本ディスクガイドの作品のなかで最もヘヴィな1枚。と、ヘヴィさにばかり注目しがちだが、Black Sabbathに根ざした楽曲とガレージサイケを思わせるヴォーカルは極めてキャッチーであり、多くのフォロワーには受け継がれなかった重要なポイントである。ドゥーム界の中興の祖といえるかも。（加藤）

Fu Manchu / The Action Is Go （1997） Mammoth

ファズを効かせたヘヴィロックンロールを身上とし、Kyussと並ぶストーナーロックの代表格になった彼ら。後にNebulaを結成するEddie Glass（Gt.）とRuben Romano（Dr.）が脱退し、Bob Balch（Gt.）と1stのプロデューサーも務めた元KyussのBrant Bjork（Dr.）が新たに加入して制作されたのが、代表作とされる本作4thである。瞬発的な快楽を重視したような、コンパクトかつキャッチーな楽曲が並ぶ。プロデュースは当時White ZombieのJ Yuengerが手がけた。アートワークに登場しているのは、70年代の伝説的なスケートボーダーであるTony Alva。（加藤）

Last Chapter / The Living Waters （1997） Brainticket

2枚のアルバムを残したアメリカ・テキサス州のドゥームメタルバンドによる1st。実直というか愚直なドゥームメタルで、ロックンローラー集団が各々の個性を発揮して作ったというよりは、サラリーマンが業務として淡々と作ったような印象。アートワークも当時流行の発展途上CGによるものでイケてない。それでも本作が現代のマニアに思い出されることがあるとすれば、それはSolitude AeternusのRobert Lowe（Vo.）が参加しているから。クレジットにはゲストとあるが全曲歌っている。彼の功績により、様式美モノとしては社員食堂の定番メニューくらいには食える仕上がりになっている。（杉本）

Lid / In The Mushroom（1997）Peaceville

95 年、『Plastic Green Head』発 表 後 に Trouble を 脱 退 し た Eric Wagner（Vo.）と、当時はゴシックメタルをやっていたイギリスの Anathema の Danny Cavanagh（Gt.）によるプロジェクト唯一のフルアルバムで、90 年代ストーナーの隠れた名盤。タイトルやアートワークが示す通りの、サイケデリックなヘヴィロックをプレイしている。メタリックなエッジを備えつつもポップでキャッチーな楽曲の数々が秀逸。"Randy Scouse Git" は The Monkees、日本盤や 02 年の再発盤に収録された "Don't Let Me Down" は The Beatles のカバー。（加藤）

Memento Mori / Songs For The Apocalypse Vol.4（1997）Black Mark Production

元 Candlemass ～ Hexenhaus の ス ゴ 腕 Mike Wead（Gt.）が、元 Candlemass の Messiah Marcolin（Vo.）を得て結成した Memento Mori は、90 年代に 4 枚のハイクオリティなアルバムを残した。スラッシーな音像の Hexenhaus とは異なるスロー～ミドルテンポを基調とした楽曲で、Mike の奏法とも相まって 〝ネオクラシカル化した Candlemass〟とでもいうべき北欧暗黒叙情様式美の世界を描き出した。1st では Michael Schenker Group の "Lost Horizons" を、本作 4th では Scorpions の "Animal Magnetism" をカバー。選曲の渋さもさることながら、エピックドゥームに仕立て上げる手腕や見事。（杉本）

Motorpsycho / Angels And Daemons At Play（1997）Sony

北欧を代表するヘヴィロックバンドであり、ノルウェーでは国民的人気を誇るトリオによる 97 年作。30 年のキャリアで数え切れないほどのアルバムをリリースし、作品ごとにガラリと作風を変えてくることで知られる。筆者は数年前にライブを観る機会があったのだが、ヴィンテージサイケからストーナー、ポストロック／メタルにまでいたる広範な音楽性と、それらを一つにまとめ上げる手腕が圧巻であった。本作ではヴィンテージなサイケテイストをうっすら漂わせる硬質のオルタナ／インディーロックをプレイ。近年のプログレ、ポストメタル影響下のストーナーを先取りしたような楽曲が白眉。（加藤）

Royal Hunt / Paradox（1997）Semaphore

デンマークの様式美メタルバンドによる 4th。個人的には、Tony Martin 期の Black Sabbath が展開した暗黒様式美に対する、90 年代北欧からの回答だと思っている。前作までもみせてきた、キーボードが主導するキラキラの哀愁フレーズとポップな歌メロの魅力はそのままに、荘厳かつプログレッシブといってもいい構築美を加味。印象的な導入から始まる全 8 曲の構成は『Headless Cross』を彷彿とさせ、"Long Way Home" には "When Death Calls" に酷似したフレーズさえ登場する。演奏面における計算し尽くされた遊びのなさが良くも悪くも彼らの持ち味だが、それが本作では好作用している。（杉本）

side1990年代

Royal Trux / Sweet Sixteen （1997）Virgin

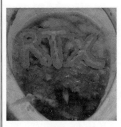

Pussy Galore の Neil Hagerty（Gt. & Vo.）が、ガールフレンドの Jennifer Herrema（Vo.）と始めたエクスペリメンタルなオルタナティブロックユニット。初期はノイジーでジャンクな代物だったが、次第にバンドとしての体裁をなし、本作 6th にいたってはポップといっていい程のまとまりをみせている。しかしこれを聴きながら車を運転していた俺は道を間違え、進路変更が上手くいかずに走れば走るほど目的地から遠ざかり、飯屋が存在しないエリアに突入してしまって昼飯も食いそびれ……、どこにも辿り着けない心地がした。それでも秋晴れの空で気分だけは良かった。（杉本）

Scald / Will Of The Gods Is Great Power （1997）MetalAgen

ロシアのヘヴィメタルバンドが残した、本稿執筆時点で唯一のフルアルバム。中心人物の Agyl（Vo.）死去に伴い、残されたメンバーは Tumulus として活動していたが近年、Procession や Deströyer 666 の Felipe Plaza Kutzbach をヴォーカルに再結成。本作もボーナス CD を加えた 2 枚組で 19 年に再発された。北欧神話に根差した世界観と Agyl（Vo.）の出で立ち、長尺の荘厳な楽曲、過剰なまでに勇壮なメロディから、エピックドゥームのカルト作品として再評価されている。音質はへっぽこ、全パートお世辞にも上手くはなく、楽曲もダラダラと長いが、我こそはという方はぜひ。（杉本）

Slo Burn / Amusing The Amazing （1997）Malicious Vinyl

Kyuss 解散後の 96 年に、John Garcia（Vo.）が地元パームデザートの仲間たちと結成したバンドの EP で、唯一の公式音源。プロデュースは Kyuss から引き続き Masters Of Reality の Chris Goss が担当した。Kyuss の広範な音楽性をギュッと圧縮してヘヴィ＆ソリッドに仕上げたストーナーチューン 4 曲。特に 3 曲目 "Pilot The Dune" は名曲！後の Unida を始めとする John のキャリアのファンなら、手に入れて損はない内容だ。本作発表後、Ozzfest に出演するなどしたが、解散。17 年に再結成し、いくつかのフェスに出演した。（加藤）

Spiritualized / Ladies And Gentlemen We Are Floating In Space （1997）Dedicated

90 年に Spacemen 3 の Jason Pierce（Gt. Vo. 他）が結成した、イギリスのスペースロックバンドによる 3rd。邦題は『宇宙遊泳』。Elvis Presley の名曲 "Can't Help Falling In Love" の引用から始まる本作に収録されているのは、前作までの特徴だったミニマルなドローンにホーンセクション、ブルースハープ、ゴスペル聖歌隊らを巻き込んで築き上げられた、壮大かつ緻密なコズミックウォール・オブ・サウンド。その只中を漂う孤独な宇宙飛行士 Jason の素朴な歌声が胸に迫る。うねるグルーヴが心地良い "Come Together"、Dr. John がピアノで参加した "Cop Shoot Cop…" などの酩酊ソングも良い。（加藤）

TNT / Firefly （1997）Norske Gram

ノルウェーのメロディアスハードの至宝 TNT。80 年代の作品群は、叙情派リスナーの間で伝説として語り継がれている。しかし、時折みせていたブルースベースの泥臭いハードロックへの憧憬を前作で結実させたとき、ファンたちは大いに落胆し、本作 6th でついに見放した。グランジのようになった TNT の音楽は旧来のファンを突き放し、かといって新たなファンを獲得することもほぼなかった。Ronni Le Tekrø（Gt.）の異様にトリッキーな速弾きも違和感しかない（それは従前からか）。しかしグランジサイドからみれば、甘いハーモニーを聴かせる異色作として評価出来ると思うが、どうだろうか。（杉本）

The Yellow Monkey / Sicks （1997）ファンハウス

88 年に結成した日本のロックバンドによる出世作 7th（メジャーデビュー後のみのアルバムでは 6th にあたり、タイトルはそれに由来）。ジャパニーズメタルをルーツにもち、メジャーデビュー後はグラムロックに J-POP のフィールドで勝負出来るポップネスを掛けあわせた独自の音楽性を追求してきた。本作にはシングルヒット曲「楽園」を収録。歌謡曲的な親しみやすさの背後で、Jimi Hendrix などを思わせる生々しいロックの質感とサイケデリックなフィーリングをもつサウンドが鳴り響く。口当たりは良いが、アルコール度数はむやみやたらと高い危険なカクテルのよう。（杉本）

Altamont / Civil War Fantasy （1998）Man's Ruin

Melvins のドラムである Dale Crover（Gt. & Vo.）、Acid King の Joey Osbourne（Dr. & Vo.）と Dan Southwick（Ba.）によるサイドプロジェクトとして結成されたヘヴィロックトリオによる 1st。ギターはブリブリに歪んでおり、彼らの出自であるスラッジ／ストーナー系のうねる質感ももちろんあるが、それよりも鉈でぶった切るようにソリッドなリフとキメの強いリズム隊が、展開をパワフルに推進していく様が特徴的。サブジャンルの方程式に自らを落とし込んでおらず、ときには Aerosmith のような陽気をも感じる。より拡散的な音楽性をみせた 2nd もお薦め。（杉本）

Devin Townsend / Infinity （1998）Hevy Devy

Steve Vai にヴォーカルとして見出されてシーンに鳴り物入りで登場、その後はギタリストやプロデュース活動も含むマルチプレイヤーとして活躍している Devin Townsend によるソロ作品。彼が率いるエクストリームメタルバンド Strapping Young Lad とは打って変わった清涼感と爽やかなメロディを主調としながらも、幾重にも重ねられた音の洪水、という点ではやはり彼の他の作品と変わりはない。聴き手に集中力を要求する、ミルフィーユのように重層的な音像のなか、天を貫くような美旋律を耳が捉えたときの恍惚感は、「幻惑＆酩酊」というよりは「覚醒」と表現すべきか。（杉本）

Earthlings? / Earthlings? (1998) Crippled Dick Hot Wax!

Goatsnake 他の Pete Stahl (Vo.)、元 Queens Of The Stone Age 他の Dave Catching (Gt.) を中心としたバンドによる 1st。元 Nirvana の Dave Grohl がドラムで参加している。ストーナー調の曲やパートもあるにはあるものの、Pink Floyd から The Smashing Pumpkins のようなオルタナティブロック、US ネオサイケやインディーロックにも通じるチルでエクスペリメンタルなデザートロックが基調。メンツからノリノリのドゥーム／ストーナーを期待して聴いた当初はかったるくも感じられたが、今改めて聴いてみると、その懐の深さに惹きつけられる。(加藤)

Electric Wizard / Supercoven (1998) Bad Acid

いくとこまでイッてしまった 2 曲入り EP。Sleep の『Dopesmoker』に匹敵する、ドゥームの福音書。明らかに普通ではないテンションから放たれる一触即発のヘヴィアシッドジャム。角砂糖を口に含んだまま歌っているような Jus Oborn (Gt. & Vo.) の歌声も完全に狂気の沙汰。リリース元はファンジンで有名な英国の Bad Acid。後に Southern Lord からボーナストラック 2 曲を追加して再発された。現在はどちらも廃盤状態。一刻も早い再々発が望まれる。Rise Above Records のコンピレーション『Rise 13 - Magick Rock Vol.1』(99年) で表題曲の原型を聴くことが出来る。(加藤)

Entombed / Same Difference (1998) Music For Nations

スウェディッシュデスメタルの大御所にして、Death 'n' Roll のオリジネイター Entombed による 5th。その Death 'n' Roll は、時代性を反映したものかさらなる変化を遂げ、スウェデス特有の錆びたノコギリで切り刻むようなリフから、石斧を叩きつけるような極太のリフが支配する怪力ロックに。L-G Petrov のヴォーカルのスタイルも、デス声から野太い咆哮にシフトしている。結果として、70's ロックが現代的なヘヴィネスをまとったドゥーム／ストーナーロックや、グランジ／オルタナティブ勢と類似したグルーヴに到達。比較的人気のない作品だが、本書の文脈から聴き直すと興味深い。(杉本)

Farflung / The Belief Module (1998) Bad Acid

元 Hawkwind の Nik Turner の人脈上にある Tommy Grenas (Gt.) によるロサンゼルスのサイケデリック／スペースロックバンドによる 3rd。Hawkwind や Amon Düül の影響下に留まらない、ぶっ飛びトランス空間を形成。グネグネと歪みまくったヘヴィなギターと、宇宙空間と LSD 効果を想起させるシンセサイザーによるアシッド感覚満載のサウンド。静と動を巧みに組み合わせた曲展開も見事だが、それを掻き消すほどの強烈なトリップ感が全体を包み込む。彼らの作品のなかでもロック要素が薄くトランス成分がより押し出され、これぞヘヴィスペースロックの名作といい切れる作品。(田村)

Fatso Jetson / Toasted （1998） Bong Load

アメリカはカリフォルニア州パームデザート出身、元 Yawning Man の Mario Lalli （Gt. & Vo.）、Larry Lalli （Ba.）、Tony Tornay （Dr.）によって結成されたデザートロックバンドの 4th。共同プロデュースは、Kyuss の作品などを手がけたことで知られる、Masters Of Reality の Chris Goss。多彩なアレンジや奇抜なフレーズ、緊迫感溢れるジャムで魅せる、極上のブルースロックを展開する。即効性も充分だが、聴けば聴くほど深みを増す傑作。残念なことに日本ではあまり知られていないが、酩酊サウンドが好きなストーナーズは要チェック。（加藤）

Greenmachine / The Earth Beater （1998） Fandle

我が国は金沢が生んだヘヴィロックモンスターが、98 年に発表した 2nd。アメリカの名門である Man's Ruin からもリリースされた。03 年には Boris の Atsuo （Dr. & Vo.） と Church Of Misery （JPN） なども手がけている中村宗一郎によってリマスタリング、Thug とのスプリット 7 インチに収録されていた 3 曲を追加して Diwphalanx からも再発されるなど、マスターピースとして後世においても聴き継がれている傑作。スラッジ？　ストーナー？　ロックンロールですよ、これは。バンドは解散、再結成を経て現在も活動中。19 年に 4th、20 年に 5th をリリースした。（加藤）

Jerry Cantrell / Boggy Depot （1998） Columbia

Alice In Chains のギタリストである Jerry Cantrell （Gt. & Vo.） が、Layne Staley の不調に伴う本体の停滞期に放った 1 作目のソロアルバム。Sean Kinney がドラムを務め、Fishbone の Angelo Moore（サックス）、Pantera の Rex Brown （Ba.） や Primus の Les Claypool （Ba.） などがゲスト参加している。メインソングライターが共通しているから当然だが、Aliche In Chains から Layne の声を抜いたような音楽性であり、もともとコーラスを多々披露していた Jerry のヴォーカルが全面に出てくることに違和感は少ない。グランジやヘヴィロックと距離を置いたナンバーでは、メロディセンスが際立っている。（杉本）

Massive Attack / Mezzanine （1998） Virgin

反復による陶酔感と過去の諸作からの引用を是とする点でドゥーム／ストーナーとヒップホップは似ているなと思う。このイギリス・ブリストルのユニットによる 3rd はヒップホップの手法により、スローでヘヴィかつサイケデリックなロックを構築した。Sepultura がカバーした代表曲 "Angel" や "Dissolved Girl" などの歪んだギターを使用した曲がニューメタルに影響を与えたとされるが、そのまた先を行くポストロック／メタル的でもある。"Risingson" に The Velvet Underground、"Man Next Door" に Led Zeppelin、"Group Four" に Pink Floyd がサンプリングされている。（加藤）

Monster Magnet / Powertrip（1998）A&M

アメリカ・ニュージャージー州出身のハードロックバンド 4 人組による 4th。フリーキーなストーナーロックとしてキャリアをスタートさせた彼らだが、スペーシーでサイケデリックなアクの強さはそのままに、よりアッパーグラウンド寄りのヴァイブスを強めながら、この名盤に辿りついた。聴き手にどんなイマジネーションを喚起したかったのか、ジャケットがあまりにもダサいのが玉に瑕だが、内容は良い。個人的には最高にサイケでセクシーでポップなロック。グラムっぽい雰囲気もあるが、俺（U）が思うに The Doors の後継者は他でもない彼らだ。"Space Lord" は名曲。（U・杉本）

Naevus / Sun Meditation（1998）Rise Above

90 年代前半から活動していたドイツのドゥームメタルバンドによる 1st。Black Sabbath をベースに、Cathedral や The Obsessed を彷彿とさせる 90 年代のヘヴィネスを加えた、当時としてはオーソドックスなスタイルのドゥームメタルをプレイ。ヴォーカルは Ozzy Osbourne 的な無気力型。一聴すると地味な印象を受けるが、練り込まれたベースラインやポップなメロディを紡ぐ歌心あるヴォーカルが良い仕事をしており、語弊を恐れずにいえば我が国のスピッツあたりに似た魅力がある。90 年代末に一度解散し、各メンバーは Sacred Steel や Voodooshock などそれぞれの活動へ移るが、12 年に再結成。（杉本）

1990年代

Nightstick / Ultimatum（1998）Relapse

グラインドコアやファストコアに多大なる影響を与えた Seige のドラマー、Rob Williams らによるノイズ・スラッジ／ドゥームバンドの 2nd。フリージャズそのままのサックス、喚き絶叫するヴォーカルアシッドな空気を発散しながら随所でノイズ化するギター、フリーキーなリズム、グラインドコアからドゥーム／スラッジまでをカオティックにぶち込んだ曲展開と、完全に常軌を逸している。これらのぶっ飛んだヴァイオレンスサウンドにサイケデリックな混沌が加わることで、狂気の域まで達した。暴力的音楽のすべてを投げ込んだ一方で、強烈な幻覚作用も引き起こす。危険極まりない作品である。（田村）

Northwinds / Great God Pan（1998）Black Widow

本書では比較的少数派である、フランスのドゥームメタルバンドによるデビュー作。サンクスリストにある Black Sabbath、Witchfinder General、Saint Vitus などからも想起出来るように、メタルルーツの古典派ドゥームをプレイ。さらに Paul Chain や Black Widow などを挙げていることも納得の、ユーロプログレやトラッドテイストが織り込まれている点が特徴で、Marco という人物がキーボード、フルート、ケルト楽器で楽曲をカラフルに盛り上げている。滋味あるサウンドだが、NWOBHM を思わせる無個性派のヴォーカルがやや薄味に過ぎるか。Black Sabbath のカバー "A National Acrobat" を収録。（杉本）

Orange Goblin / Time Travelling Blues （1998） Rise Above

イギリスのドゥーム／ストーナーロックを代表するサイケデリック守護神の 2nd。前作は一言でいえば「若干の Hawkwind ＋ほぼ Cathedral の 2nd」といった風合いだったが、今作でレトロ SF の薫り漂う浮遊感とブルージーな哀愁、Motörhead のようなドライブ感を獲得。Rise Above Records 時代の初期 5 作品はどれも素晴らしいが、この作品でヘヴィー辺倒ではない、彼ららしさが少しずつ花開き始めた。第 10 惑星から謎の信号を受信した彼らがこの度の時間旅行で邂逅した、時間を発明した男や原爆博士は果たして何を語るのだろうか。次作とあわせて必聴。（U）

Puffy / Jet CD （1998） Epic

60 〜 70′ クラシックロックを現代的な音圧で蘇らせ、浮遊感ある女声ヴォーカルを乗せるのがヴィンテージリバイバルのトレンドの一つであるならば、もしかして Puffy はその先駆け？　などと無理矢理な解釈をする必要はない J-POP の名盤 2nd。奥田民生によるプロデュースの下、作詞・作曲には同氏と井上陽水、草野正宗、トータス松本など錚々たる面子が集結。サーフロック、ガレージ、ハードロックなんかが渾然一体となり、ポップなメロディにリードされる楽曲軍はシンプルに極上。そんななか、Dr. StrangeLove 作曲で Black Sabbath から King Crimson 風に展開する「小美人」が異色すぎる。（杉本）

Roachpowder / Viejo Diablo （1998） Outside Society Productions

スウェーデンのハードロックバンド Skintrade のメンバーらによって結成されたバンドの 1st。バンド名は Skintrade の 2nd アルバムから。"New Orleans" なんてタイトルの曲があることからもわかるように、Down や Crowbar といった NoLA 系ヘヴィロックをベースに、Monster Magnet 風のコズミックな酩酊ストーナーをミックスしたスタイルが特徴。ヴォーカルは Philip Anselmo と Dave Wyndorf を足して 2 で割ったようで、硬軟を巧みに使い分ける器用さが際立っている。Monster Magnet 成分が増し、ジャケが最高にカッコよくなった 01 年の 2nd も良い。（加藤）

Salem Mass / Witch Burning （1998） Gear Fab

71 年から 77 年にかけて活動していたアメリカ・アイダホ州の地下バンドが 71 年に酒場で録音したという音源の発掘リリース。いかにもマイナーバンドという風情のいなたい音像ではあるが、全体を覆う不穏な雰囲気が鮮烈な印象を残す作品である。魔女狩りをモチーフとしたオカルティックな作風の真骨頂は、10 分超に及ぶ冒頭の表題曲が体現。ジャズ／ブルースロック風の反復のなかに、オルガンサウンドのキーボードを主体としたミステリアスなフレーズを散りばめた。その他の楽曲も、小ぶりながら細やかなアレンジが際立つ逸品揃い。カルトハードロックマニアはぜひ。（杉本）

Soulfly / Soulfly（1998）Roadrunner

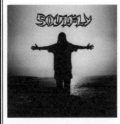

元 Sepultura の Max Cavalera（Vo.）が、第二のキャリアとしてスタートしたバンドの1st。Max 在籍時の Sepultura がラスト2作でみせていた、横ノリのモダングルーヴとブラジル伝統音楽のリズムをさらに強調。思い切りダウンチューニングした音像のヘヴィさに意識が向きがちだが、Max が咆哮と共に紡ぐラップはオリジナリティの塊で、様々な過激音楽をミックスしたものにヒップホップやダンスミュージックのエッセンスを加えた楽曲群は快楽性充分。激音パートとアコースティックな民族楽器パートを行き来する曲調は、次代のプログレッシブロックの一形式を提示してもいたと思う。（杉本）

Spiritual Beggars / Mantra III（1998）Music For Nations

Carnage、Carcass、そして Arch Enemy とメロディックデスメタルのスターダムを駆け上がった Michael Amott（Gt.）の、もう一つのキャリアにおける 3rd。メンバーは The Mushroom River Band や Kayser でもマイクをとる Spice（Vo.）、Firebird や Grand Magus のバッテリーとなる Ludwig Witt（Dr.）、Opeth にも参加する Per Wiberg（Key.）ら。70's ハードを核としながらエクストリームメタル由来のヘヴィネスを備えたサウンドに、強靭な喉から絞り出される歌とカラフルなハモンドやメロトロンもフィーチュア。同時代のありがちなドゥーム／ストーナーとは一線を画す懐の深さ。（加藤・杉本）

System Of A Down / System Of A Down（1998）American

94年にアメリカ・カリフォルニア州で結成。満を持してリリースした本作 1st で、当時隆盛を誇っていたラウドロック界の変異種として取り沙汰された。その要因は Daron Malakian（Gt.）の奇妙なフレージングと、明朗な歌唱とシャウトを行き来しながら躁気味に歌い倒す Serj Tankian のヴォーカルに負うところが大きいだろう。器用な歌い回しは Jello Biafra（Dead Kennedys）の再来のよう。爆発力あるサウンドには US ハードコアの血が流れている。音の根幹は、Korn に代表される横ノリグルーヴの沈鬱なヘヴィロックであり、真っ黒に塗り潰された音像からは Black Sabbath を感じる。（杉本）

Terra Firma / Terra Firma（1998）Steamhammer

Unleashed の Fredrik Lindgren（Gt.）と Count Raven や Sait Vitus などの Lord Chritus（Vo.）によって結成された、スウェーデンのドゥーム／ストーナーロックバンドによる 1st。MC5、Blue Cheer、The Stooges など 60〜70年代なガレージ／サイケを、Motörhead に通じるドライブ感でロールした、ヴィンテージかつハイエナジーなヘヴィロックをプレイ。小難しいことは抜きにして走り去る全10曲約40分が清々しい。Lord のいわゆる Ozzy クローンな歌い方も、このブライトな曲調のなかでは新鮮に響く。バンドは 01 年の 2nd を最後に消滅。Lord は Lord Vicar へ。（杉本）

Thorr's Hammer / Dommedagsnatt（1998）Southern Lord

後に Goatsnake を結成する Greg Anderson（Gt.）、その Greg と共に Sunn O))) を結成する Stephen O'Malley（Gt.）、Greg と Stephen と Burning Witch を結成する Jamie Sykes（Dr.）らによる伝説のデス／ドゥームメタルバンドが 90 年代に残した唯一の EP。ノルウェー人女性ヴォーカルである Runhild Gammelsæter の、地獄から湧き上がってきたかのような強烈な低音グロウル声、そしてすでに Sunn O))) を予見させるのズルズルとのたうち回るドローンリフが、暗黒に染まりきった世界を展開。歪み切った激重リフや呪術的な Runhild のノーマルヴォーカルからは酩酊感すら漂う。（田村）

Underground Serchlie / スケキヨ（1998）ユニバーサルビクター

筋肉少女帯のヴォーカル である大槻ケンヂのソロプロジェクト。6 曲入りのミニアルバムで、同年にリリースされたアルバム『アオヌマシズマ』と対になっている。ノイズ、アヴァンギャルド、ファンクなど多様な音楽性を融合することを目指し、80 年代パンクシーンを始めとする当時のライブハウス文化のごった煮感を音源で再現したのではないかと想像する。ほとんど雑音とうめき声に埋め尽くされた曲と、ピアノ主体のバラードが共存する 1 枚。地下音楽の奇抜さを上手い具合に希釈して、案外普通に聴けるくらいのところで留めているのが面白い。（Itoh）

ゆらゆら帝国 / 3 × 3 × 3（1998）ミディ

90 年代以降の日本のサイケロックシーンを代表するバンドによる、メジャー 1 枚目のアルバム。金属的なサウンドのギターリフから始まる本作は、キャッチーなメロディと耳障りなノイズが同居する分裂症的な〝ゆら帝サウンド〟を基礎づけた作品。バラエティに富んだ楽曲は名曲揃いだが、理解不能な歌詞をトーキングスタイルで囁くヴォーカルと不穏なノイズがブギーのリズムに乗る 8 曲目の標題曲から、ファズ爆発のギターソロが炸裂する 10 曲目までの流れがハイライトだろう。それまで見ていたサイケな夢を醒まさせるような、「パーティはやらない」で締めくくられる流れも実によく出来ている。（脇坂）

Acid King / Busse Woods（1999）Man's Ruin

Lori S（Gt. & Vo.）率いる、カリフォルニアの 3 人組ヘヴィロックバンドの 2nd。ベースは元 Buzzov・en の Brian Hill。Black Sabbath の遅い曲のテンポをさらに落とし、ブリブリにファズを効かせた、ズルッズルのストーナーをプレイ。ほとんどユニゾンに終始する弦楽器隊による飽くなきリフの反復が、聴き手を酩酊へ誘う。Lori の気だるげなヴォーカルが往年のアシッドフォークのような聴き味を醸しており、ハマればアートワークのような深い森の風景が見えてくるかもしれない。04 年 の Small Stone 盤 に は、Hawkwind の "Motörhead"、Bachman-Tuner Overdrive の "Not Fragile" のカバーを収録。（杉本）

Angel Rot / Unlistenable Hymns Of Indulgent Damnage（1999）Man's Ruin

元 White Zombie の Tom Five（Gt. & Vo.）が結成したアメリカのトリオによる、唯一のフルアルバム。Man's Ruin からのリリースとは思えない、イタリアあたりの地下オカルティックバンドのようなジャケットに違わぬ、カルト臭プンプンのヘヴィロックをプレイ。同時代のサブジャンル的な枠組みに自らをはめ込む気は皆無のようで、演奏している音楽を一言でいい表すことは難しい。Black Sabbath、Pentagram、Venom など 70～80 年代のオールドスクールなサタニックメタルとトラッシーでジャンクなハードコアが合体したかのような、唯一無二の音楽。（杉本）

Angel Witch / Sinister History（1999）Zoom Club

80 年の 1st で NWOBHM の開幕を宣言すると共に、暗黒抒情の世界をスピードメタルに乗せて歌った Angel Witch。そんな彼らが Black Sabbath から受け継いだ黒い血を直接飲み下したいならば、このコンピレーション盤に収録された 78 年のデモ音源がお薦めだ。冒頭を飾るアルバム未収録曲 "Baphomet" のヘヴィネスたるや！ その他の曲も、遅きも速きも真っ黒に塗り潰されたリフが満載で、ときにハードコアパンク的ですらある。もちろん、持ち前の流麗なリードプレイもこの頃から輝いている。同年と 81 年におけるライブ音源も収録。（杉本）

Bat Cave / Bat Cave Rocks… Don't Fuck With The Tunnel（1999）Born

Pantera、Korn、Sepultura、Soulfly……ラウドロック一派が彩った 90 年代を総括するかのように我が国から登場したバンドの 1st。キックの強いリズムとダウンチューンドなヘヴィリフが暴力的かつ快楽的なグルーヴを生み、JIBI（Vo.）のアングリーヴォイスが聴き手をアジテイトする。ストリートファッションブランドの着こなしは、オーバーサイズ＆腰パンを旨とする当時のキッズの憧れ。01 年、02 年に行われた伝説の国内ラウドロックフェス Beast Feast では、海外勢に勝るとも劣らぬ勢いをみせていた。CD の盤面では謎の草の吸い方が図解されている。（杉本）

Bongzilla / Stash（1999）Relapse

アメリカはウィスコンシン州のマリファナ馬鹿一代 4 人組。こいつらが出てきてから、"Bong" とか "Weed" が入ったバンド名がやたら増えた。ファニーなキャラクターとは裏腹に、確かな演奏力に裏打ちされたグルーヴィー＆キャッチーなサウンドがスラッジシーンに新風を巻き起こし、クローンを大量に生み出した。とてつもなくヘヴィながらブルースベースのネットリした音階をなぞる弦楽器隊と、ハードコアルーツの凶暴な高音スクリームが目印。日本盤（Ritual Records）帯の「銃弾詰めるな、ボングを詰めろ！」は至言。09 年に解散したが、10 年代に復活。（加藤・杉本）

Candlemass / From The 13th Sun（1999）Music For Nations

エピックドゥームの元祖による 7th。リフの反復に重きを置き、沈み込むような遅重曲からアップテンポ、うねるグルーヴを強調した楽曲まで揃え、コズミックなエフェクトも導入。Björn Flodkvist（Vo.）は前任者、後任者とも異なるオジー声。エピック要素こそ減退したが、アコースティックギターなどを効果的に使用したドラマ性は健在。初期 Black Sabbath を包括的かつ同時代的に再解釈した高品質なドゥームメタルだ。ブックレットには「史上最高のバンドー Black Sabbath に本作を捧ぐ」と記されている。「酩酊と幻惑」という本書のテーマには、彼らの作品のなかでは本作が一番ハマっているかも。（加藤）

Cavity / Supercollider（1999）Man's Ruin

92 年に Daniel Gorostiaga（Ba.）と Rene Barge（Vo.）を中心に結成。Floor や Torche のメンバーが在籍していたことでも知られる、アメリカ・フロリダ州はマイアミの伝説的バンド。本作は名門 Man's Ruin からリリースした 3rd。後に先鋭的な音楽性でスラッジの拡張に一役買うことになる彼らだが、本作では濃密な煙の中でノイズと怒号が渦巻き、ドゥーム／ストーナーのグルーヴを基調とした Bongzilla にも通ずるノリの良い酩酊轟音スラッジをプレイ。00 年代前半に解散。15 年に Cavity A.D. 名義で再結成し、17 年に 5th『After Death』をリリースした。（加藤）

Core / The Hustle Is On（1999）Tee Pee

後に The Atomic Bitchwax に参加する Finn Ryan（Gt. & Vo.）が在籍していたストーナーロックバンドによる 2nd。96 年の 1st で『Revival』という象徴的なタイトルを冠していたが、本作はもう「Blue Cheer の再来」といってしまいたい。爆音での再生を要求する "The Monolith Problem" で幕を開け、リズム隊はうねりにうねりまくり、ギターはファジーながらも決してメタル的なドンシャリ感はもたず、気持ちの良いブルースソロをグイグイと。プログレッシブな要素もあり。同時に、懐古趣味に終始せず、ポップかつオルタナティブに、バブルガム的な楽曲を展開する。名盤。（杉本）

Five Horse Johnson / Fat Black Pussy Cat（1999）Small Stone

95 年に活動開始したアメリカ・オハイオ州のブルースロックバンドによる 3rd。レーベルやアートワークがストーナーロックを連想させるが、彼らの音楽はあくまでもオールディーズなロックンロールである。黒人のそれというよりは、白人が継承したブルーススタイルのハードロック的なエッジが強く、アメリカンロックの陽気で乾いた空気のなかを Eric Oblander（Vo.）によるハープが鳴り響く様は痛快だ。スタンダードナンバーのような楽曲が並ぶが、すべてメンバーによって書き下ろされている点もポイント。アルバムもコンスタントにリリースしており、17 年までに 8 枚を発表。（杉本）

Gaza Strippers / Laced Candy （1999） Man's Ruin

The Supersuckers や The Didjits でプレイしていた Rick Sims（Gt. & Vo.）を中心に結成された、アメリカ・イリノイ州はシカゴ出身のロックンロールバンドによる 1st。Blue Cheer や The Stooges ゆずりのガレージサウンドを、パンキッシュかつハイエナジーにドライブ。うねるグルーヴ感もさることながら、全編を貫く陽の気とも相まって、Guns N' Roses や Aerosmith のイキの良い楽曲を集めたようなご機嫌さ。同系統のバンドのなかでも The Hellacopters や Turbonegro あたり、あるいは Buckcherry なんかが好きな人にもお薦め出来るかも。（杉本）

Goatsnake / 1 （1999） Man's Ruin

元 Thorr's Hammer 〜 Burning Witch、 現 Sunn O))) などの Greg Anderson（Gt.）、The Obsessed の Guy Pinhas（Ba.）と Greg Rogers（Dr.）、Earthlings? の Pete Stahl（Vo.）によって結成された、アメリカのドゥームロックバンドの 1st。「Yeahhh!!!」という絶叫で幕を開け、大地を揺るがすヘヴィリフとうねるグルーヴが支配する冒頭曲でもう 100 点。極端にヘヴィでスローな曲もあるが、Pete の歌心あるノーマル声のヴォーカルにリードされるので非常にキャッチー。04 年には、00 年の EP『Dog Days』とのカップリング版が Southern Lord から再発された。（加藤）

1990年代

Hangnail / Ten Days Before Summer （1999） Rise Above

ドゥーム／ストーナーの古典的名盤とされる作品が大量に発表された 90 年代末、名門 Rise Above からリリースされたイギリスの 4 人組による 1st。01 年の 2nd を最後に活動が途絶えたが、その後も作品を発表し続けていれば大御所の一角に数えられることになったであろうことは間違いのないクオリティ。Orange Goblin などと同様、60 〜 70's ガレージ／サイケにモダンなグルーヴを注入。誇り高きブリティッシュハードロックの硬質な舌触りをほんのりと感じさせる点がポイントである。Harry Armstrong（Gt. & Vo.）は後に End Of Level Boss や The Earls Of Mars に。（杉本）

Iron Monkey / Iron Monkey / Our Problem （1999） Earache

イギリスのスラッジシーンの最重要バンドだった 5 人組による、97 年の 1st と 98 年の 2nd をカップリングした編集盤。09 年に同レーベルから再発された盤には、Black Sabbath のカバーと、Church Of Misery（JPN）とのスプリットに収録されていた 3 曲も追加されている。Black Sabbath 由来のリフと緩急をつけた展開でグイグイと迫る凶暴なサウンド。今は亡き John Morrow（Vo.）の獰猛な歌声も、聴きどころの一つ。ドラムの Justin Greaves は Crippled Black Pheonix で活動中。再結成後、Jim Rushby（Gt.）がヴォーカルを兼務し、17 年に 3rd『9-13』をリリースした。（加藤）

Karma To Burn / Wild Wonderful Purgatory（1999）Roadrunner

インストゥルメンタル・ストーナーロックの元祖であるアメリカ・ウエストバージニア州のバンドの、名盤 2nd。前作はレーベルの意向によりヴォーカル入りだったが、ギター、ベース、ドラムのみという三人編成になった本作で本領を発揮した。70's ハードロックの骨格に、ヘヴィでメタリックなリフと極太のグルーヴを筋肉としてまとった酩酊ロック。バンドは 02 年に解散するも、09 年に復活。10 年から立て続けにアルバムを発表した。そのうち 1 枚は、1st をインストゥルメンタルで再録した作品だ。21 年、中心人物の William Mecum（Gt.）が死去したことにより解散した。（加藤）

Melvins / The Maggot（1999）Ipecac

前作に続き、再びインディーズで作を重ね始めた 10th にして、Faith No More 〜 Fantomas の Mike Patton のレーベル Ipecac Recordings からリリースされた 3 部作の 1 作目。全曲暴走ハードコアってな内容になっており、Metallica にも通じるヘヴィな疾走感が満載である。1 曲が無駄に 2 トラックに分かれているという、いつも通りの悪ふざけも健在。シャッフル再生をしようものなら曲がぶつ切りになり、カオスとなること請け合い。そこも計算していたのか？　これだよこれ、この悪ふざけこそ Melvins なんだよ！　19 年には、まさかの単独来日公演を果たした。（鉛）

Misdemeanor / Five Wheel Drive（1999）Meteorcity

スウェーデンの女性 5 人組による EP。Brant Bjork と、Earthlings? 他の Dave Catching がバンドと共同でプロデュース。デザートロックの聖地 Rancho De La Luna で録音され、元 Earthlings? の Fred Drake が 1 曲目 "Snowballing" にキーボードで、4 曲目 "Love Song" に John Garcia がヴォーカルで参加。いずれもシンプルなストーナーチューンであるが、座組みによって高品質に仕上がった稀有な一例だ。特に 4 曲目が良い。もしかして John が歌えばなんでも名曲になるのでは……？　バンドは 00 年代に 2 枚のアルバムを残してフェードアウトしてしまった。（加藤）

Nebula / To The Center（1999）Sub Pop

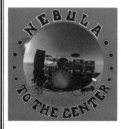

Eddie Glass（Gt. & Vo.）、Mark Abshire（Ba.）、Ruben Romano（Dr.）という、元 Fu Manchu の 3 人が結成したバンドによる 1st。Fu Manchu 直系の爆走ロックンロールにサイケデリックな要素をオンしたサウンドが身上だが、本作ではアコースティックギターやシタール、シンセを導入し、古巣の影から脱却した初期の傑作。Mudhoney の Mark Arm（Vo.）が参加した "I Need Sombody" は The Stooges、"Between Time" は Randy Holden のカバー。バンドは 10 年に「ツアーに疲れた」として解散するも、17 年に再結成。19 年には最新フルアルバムをリリースした。（加藤）

Pentagram / Review Your Choices（1999）Black Widow

イタリアの名（迷？）門ドゥームレーベル Black Widow からリリースされた、5 年ぶりの 4th。Victor Griffin（Gt.）は脱退しており、Bobby Liebling（Vo.）と Joe Hasselvander（Gt. Ba. & Dr.）だけでレコーディングされた。ヘヴィで切れのあるリフを始め、本業がドラムであるとは思えないほどに Joe の八面六臂ぶりが凄い。"Living In A Ram's Head"、"Review Your Choices"、"Forever My Queen" はリメイク曲。次作も同布陣で制作。04 年の 6th では Joe が抜け、Internal Void の Kelly Carmichael（Gt.）、Adam Heinzmann（Ba.）、Mike Smail（Dr.）らが参加。（加藤）

Sally / Sally（1999）Rise Above

Penance の Lee Smith（Vo.）を擁する、イギリスのストーナーロックバンドによる 1st。アルバムは本作と 03 年の 2nd のみ。ジャケットもパッとしないので、いまとなっては人口に膾炙することがほとんどないバンドだが、当時のストーナー戦国時代に良作を残した。ブリブリのデザートサウンドに、60 〜 70's のロッキンな質感と、90 年代の津波のようなヘヴィネスを封入。この手の音楽が好きな人間なら本能で腰をフリフリしたくなる、高品質な楽曲群である。8 曲目 "Sonic Mountain" のあと、30 分以上にわたって効果音を垂れ流し続けるようなトラックは完全に冗長と思えるが……。（杉本）

Solarized / Neanderthal Speedway（1999）Man's Ruin

2 枚のアルバムを残して消えたアメリカ・ニュージャージー州のストーナーロックバンドによる 1st。アートワークやアルバムタイトル、曲名が示している通り、宇宙と車とトリップが大好きな Kyuss 系列のブリブリヘヴィロック（01 年の 2nd もほぼ同じテイスト）。というわけで、当時大量に存在した同系統のバンド群のなかでの際立った特徴には乏しいが、そこはさすが Man's Ruin といいたくなる高クオリティの作品である。同じニュージャージー州の大先輩 Monster Magnet の Ed Mundell（Gt.）と Tim Cronin（Perc.）が数曲でゲスト参加している。（杉本）

Sons Of Otis / Temple Ball（1999）Man's Ruin

カナダが生んだヘヴィコズミックストーナー大王が、名門 Man's Ruin からリリースした 2nd。極限まで歪んだ音像と延々反復するワンリフ、楽器というか、もはや効果音と化した聴き取り不能のダミ声ヴォーカルによるアシッドでスペーシーなドゥーム曼荼羅は、職人芸の域に達している。弦楽器が飛び道具的エフェクトやサイケデリックなリードプレイを繰り出してくるので、ヘヴィなグルーヴが支配的ながらもいわゆる「圧殺ドゥーム」に終始していない点がポイント。"Mississippi Queen" は Mountain のカバーだが、いわずもがな元型を留めていない。（加藤・杉本）

Spirit Caravan / Jug Fulla Sun（1999）Tolotta

Scott "Wino" Weinrich（Gt. & Vo.）が、95 年の The Obsessed 解散後に、Earthride の Dave Sherman（Ba.）、元 Iron Man、Unorthodox などの Gary Isom（Dr.）と結成したバンドによる 1st. 当初は Shine と名乗っていたが、同名バンドがいたために改名した。The Obsessed に、Black Sabbath や Pentagram ら 70 年代選手ががもっていた妖しさを足したような、スピリチュアルドゥームロックを展開。2 枚のアルバムを残して 02 年に解散。03 年にはディスコグラフィアルバムをリリース。14 年に現 Saint Vitus の Henry Vasquez（Dr.）を迎えて復活した。（加藤）

Supernaut / Supernaut（1999）Kissing Spell

73 年に英国で結成されたバンドが 74 年に録音したとされる音源集。あの Vertigo Records と契約の約束をするも「ヘヴィすぎる」として拒否されたという（ライナーノーツ情報）。5 人のメンバーがクレジットされているものの、アー写には 3 人だけ。数々の発掘音源で知られる Kissing Spell からのリリースだが、発売から 20 年以上経って追加の情報も証言も一切出ていないので、フェイクだった可能性もある。Sabbathy なヘヴィ＆ダウナーリフの反復を基調とし、ムーグっぽいシンセを導入したインスト主体のアングラドゥームメタル。これが本当に 74 年産だったら、恐ろしく〝先鋭的〟だったといえる。（加藤）

Unida / Coping With The Urban Coyote（1999）Man's Ruin

Kyuss 解散後、Slo Burn を経て John Garcia（Vo.）が Miguel Cancino（Dr.）、Arthur Seay（Gt.）、Dave Dinsmore（Ba.）と結成したバンドの 1st. 前キャリアの延長線上にある、ストレートなデザートロック。John の歌声がとにかく冴えわたっており、シンプルなリフで展開する "Thorn"、アップテンポの "Black Woman" は名曲。本作発表後、American Recordings と契約し、2nd『For The Working Man』をレコーディングするもお蔵入りに。バンドは 00 年代前半に解散するが、12 年に再結成。本作は長らく廃盤だったが、14 年に Cobraside Distribution が再発。（加藤）

We / Livin' The Lore（1999）Voices Of Wander

92 年に結成された、ノルウェーのヘヴィロックバンドによる 4th. 当時、あまりこの手のバンドが世界的には話題にのぼらなかった同国において、Masters Of Reality や Queens Of The Stone Age のサポートを務めたことでも知られる出世頭である。同時代のドゥーム／ストーナーロックに則した音楽性ながら、細やかなアレンジで聴かせる多彩な曲調を武器としており、特にギターの緻密なアレンジには舌を巻く。"This Day" や表題曲にように、長尺の幻惑酩酊曼荼羅を展開する楽曲も。トータルでは非常に優れたバンドだと思うが、バンド名はこれで良いのかね。（杉本）

Zen Guerrilla / Trance States In Tongues（1999）Sub Pop

結成は 80 年代後半というベテラン。アメリカのロックバンドが、レーベルを Compulsiv Records、Alternative Tentacles と渡り歩いて Sub Pop からリリースしたアルバム。60 年代末的なサイケ／ガレージ色の濃いハイエナジーなロックンロールという持ち味はそのままに、直線的なスタイルだった前作とは対照的にグルーヴィーな路線にシフトした。といっても中期 Corrosion Of Conformity のイキの良い曲のような、ノリノリの 3 連リフがフィーチュアされた曲が目立ってくらいなんですけど、ドゥーム／ストーナーにも連なる曲調に持ち前のブチ切れ加減が合わさって、激熱なんだわ。（杉本）

太陽肛門 / 恍惚 !!（1999）梵天

梵天レコードや、今はなきオルタナパブリッシングの創設者でもある川保天骨（Ba. & Vo.）率いるバンドが、自身のレーベルからリリースした 2nd。1st では Cathedral と人間椅子をミックスしたような土着的かつ呪術的なドゥームロックだったが、川保が意識変性を体験したことにより、サイケ、クラウト、トランスが入り混じった怪作に。「死・エロス・トランス」を人生の三大命題とする川保の追究は止まるところを知らず、次作では人力トランスの域にまで踏み込む。解散はしていないものの、00 ～ 10 年代は川保が会社経営に忙殺され、やりたいけど時間がなかったという。（加藤・杉本）

人間椅子 / 二十世紀葬送曲（1999）Meldac

朝から打ってるスロットが夜になっても当たらないときに叫ぶ言葉……。それは、「ブラックサバス！！！」んなわけあるかい！　その後、Black Sabbath のメンバーを紹介してくれる親切仕様に、果たして国内の何人の若人が暗黒ブリティッシュハードの世界に足を踏み入れたのだろうか。テレビ番組がデビューのきっかけであり、アクの強い日本語詞から色モノバンドと目されがちではあるが、その音楽性は前述のバンドに Budgie と King Crimson を掛け合わせたような通好みの硬派なスタイル。外タレ勢のドゥーム／ストーナーブームとは文脈を異にするが、本書でも絶対に無視出来ないバンド。（U・杉本）

根本敬・湯浅学 / 時代の体温―陰核・混沌の隣人たち（1999）水声社

「幻の名盤解放同盟」の中心メンバーである特殊漫画家・根本敬と音楽評論家・湯浅学による CD 付き書籍。99 年に東京の世田谷美術館で開催された「時代の体温」展で制作された根本の画集と、湯浅が制作して同展の会場で流した音源を再構成したもの。CD には、彼らがフィールドワークを通じて収集した「因果者」（73 歳でデビューしたラッパーとか、年中喧嘩してる裏の家族とか）たちによる「音霊や音痕や音塊」（本書より引用）と電子音などをコラージュのようにミックスしたものを収録。脱力電波系だが、ポップに編曲されており中毒性あり。鑑賞していると「電気菩薩」に逢えるかもしれないよ。（杉本）

Agents Of Oblivion / Agents Of Oblivion（2000）Rotten

Acid Bath 後期のインタビューを読むと、Sammy Pierre Duet（現 Goatwhore）がブラックメタルを、Dax Riggs が David Bowie などを熱く語っていて、音楽性の違いが如実に出ているのが面白い。解散後にその Dax（Gt. & Vo.）と Mike Sanchez（Gt.）が結成したバンドの唯一作は、Acid Bath の 2nd をデカダンなグラムロックで燻したようなヘヴィロック。"Dead Girl" は Acid Bath からの再録。T-Rex のカバー "Cosmic Dancer" からドゥーミーなラストへの流れは出色で、現在の耳にも新鮮かつ独創的。Dax のずば抜けたメロディセンス、ほの暗い陶酔感を醸し出しているキーボードも秀逸。（加藤）

The Atomic Bitchwax / II（2000）Tee Pee

Monster Magnet の Chris Kosnik（Ba. & Vo.）、元 Monster Magnet の Ed Mundell（Gt.）、そして Keith Ackerman（Dr.）が 90 年代前半に結成した、ニュージャージー州のヘヴィロックバンドによる 2nd。ガッツリとしたロックヴァイブスが強い、スピード感（シャブじゃなくて）あるストーナーロックをプレイ。インストの比重が高いバンドで、ブギーからスペースロックまで振れ幅広く酩酊サウンドを繰り出す。Atomic Rooster の "Play The Game" をカバー。現在はドラムを Bob Pantella、ギターを Garrett Sweeny が担当しており、全員が Monster Magnet 関係者である。（杉本）

Bohren & Der Club Of Gore / Sunset Mission（2000）Wonder

ドゥーム／ダークジャズというジャンルにおいて最も偉大なバンドによる 3rd。ジャズバンドには不相応なこのバンド名は、彼らがルーツにエクストリームメタルをもつがためである。前 2 作ではジャズ要素の薄いドローンアンビエントを展開していたが、今作よりサックスを加え、一気にダークジャズへと舵を切った。不眠症の帰還兵が真夜中に当てもなく車を走らせる姿――映画『Taxi Driver』は間違いなく、本作のモチーフの一つになっているだろう。しかし、映画のような救いはこのアルバムでは描かれない。世紀末のドライブミュージック。（杉山）

Cocco / ラプンツェル（2000）Speedstar

女優、作家など様々な顔をもつマルチアーティスト Cocco の、シンガーソングライターとしての 3rd。J-POP ファンを含めて幅広い層から支持されているが、ハウリングから始まってヘヴィなグルーヴの海に雪崩れ込む冒頭曲からしてただごとではない。ハードロック、グランジ、ポストロックなどからの影響を感じさせるオケは歌謡曲界隈では十二分にオルタナティブなサウンドで、Dr. StrangeLove の根岸孝旨によるプロデュースと編曲の手腕が光る。同時に、Cocco の力強くも透明感ある歌声と、内省的で独特の世界観をもつ歌詞がやはり最大の魅力。（杉本）

Dead Meadow / Dead Meadow（2000）Tolotta

98 年結成、ワシントン DC のバンドによる 1st。リリースは Fugazi のベース、Joe Lally のレーベルから。なんといっても 1 曲目 "Sleepy Silver Door"。靄がかかった音像にヘヴィでサイケデリックなギター、ヒプノティックなグルーヴとシューゲイザー〜インディーロックのメロウネスのカクテルで酩酊必死の名曲。広大なサウンドスケープを展開するインスト "Greensky Greenlake"、フォークソング "At The Edge Of Wood" なども秀逸。ハードコア、メタルの要素は皆無ながら「これもストーナー」と許容（認定？）されたことで当該ジャンルに与えた影響は大きい。（加藤）

Deftones / White Pony（2000）Maverick

1st 〜 3rd がプラチナディスクを獲得し、01 年度のグラミー賞を受賞するなど華々しい実績をもつアメリカ・カリフォルニア州のヘヴィロックバンドによる代表作 3rd。いわゆるニューメタル一派に括られがちなバンドではあるが、ガチムチタフガイ兄貴御用達のモッシュパーティ的な曲調ではない。しばしば Radiohead との親和性が注目されるように、ポストロックやポストハードコアともリンクし得る、空間的かつ内省的なサウンドが身上である。その肝はやはり、フロントマン Chino Moreno（Vo.）の繊細さと激情を兼ね備えた感情的な歌だろう。（杉本）

Demon Cleaner / The Freeflight（2000）Molten Universe

Kyuss の楽曲からバンド名をとった、スウェーデンのストーナーロックバンドによる 1st。Blue Cheer や Jimi Hendrix など、ハードロック前夜の古典的アメリカンロックに回帰していくタイプのサウンド。アートワークにも表れている通り、車やドライブに関する曲が多いんだけど、ブリブリのファズギターが紫の煙を出しまくってるわけで、これは飲酒運転というか酩酊運転になるんじゃないの？ まぁ、気持ち良ければ何でも良いか！ 02 年のアルバムを最後に解散。Daniel Lidén（Dr.）は Greenleaf のメンバーでもあり、Demon Cleaner 解散後には Dozer にジョイン。（杉本）

Electric Wizard / Dopethrone（2000）Rise Above

98 年の EP 『Supercoven』発表後、Jus Oborn（Gt. & Vo.）がドラッグでアレになったり、他のメンバーが警察の厄介になったりしたため、99 年までの活動休止を経て発表された 3rd。2nd からの系譜に連なる狂気のドゥーム／スラッジ路線は変わらないが、練り込まれた楽曲の構成でより「聴かせる」作風。冒頭の "Vinum Sabbathi" や 7 曲目 "We Hate You" などは非常にキャッチー。3 曲目 "Weird Tales" は 15 分に及ぶ三部構成の大曲。2 曲目 "Funeralopolis" はスローに始まり中盤でテンポアップする、いわゆる "Electric Funeral"（Black Sabbath）タイプの曲で、本作屈指のキラーチューン。（加藤）

2000年代

Eyehategod / Confederacy Of Ruined Lives（2000）Century Media

4th。ベースが同郷のストーナーバンド Suplecs の Danny Nick に交代。プロデューサーは Ugly Kid Joe のギターで、後に Superjoint Ritual や数々のニューメタルバンドの作品を手がける Dave Fortman。アングラの極みのような 1st から 10 年。本作はビクターから日本盤もリリースされ、後に初来日も果たした。ドゥーム／ハードコアと、ブルース／サザンロックの黄金比による基本的な路線は変わらない。名盤2nd から引き継いだノリの良さが、輪郭のクッキリとした音像（特にベースとドラム）も相まって際立っている。とっつきやすさでは彼らのディスコグラフィーのなかでも随一である。（加藤）

Firebird / Firebird（2000）Rise Above

古典的ロックへの回帰志向を高めて Carcass を脱退した Bill Steer（Gt. & Vo.）が、Blacksmith を経て結成したトリオの 1st。ベースは Cathedral の Leo Smee、ドラムは Spiritual Beggars の Ludwig Witt。The Yardbirds や Cream、Fleetwood Mac などの 60's 英国ロックを彷彿とさせるプリミティヴな音楽性ながら、ヘヴィロックミュージシャンズによるアタックの強い演奏により、結果として同時代のドゥーム／ストーナーロックと遜色のない音像を形成するに至った。そしてこの原点回帰志向が 00 年代以降、シーンにおいては一つのトレンドにもなっていく。（杉本）

Garadama / Garadama 1（2000）Alchemy（JPN）

「大阪の奇跡」と呼ばれたヘヴィサイケバンド Subvert Blaze の柿木義博（Gt. & Vo.）が 94 年に結成した、3 ピースバンドの 1st。脳髄を揺さぶるような柿木の強烈なダミ声と、轟音ディストーションギターにまず殺される。さらに、歪んだベースとタイトなドラムの暴力的なグルーヴで亡骸を蹂躙された後、サイケデリックなダウナーパートで底なし沼に沈められる。ヘヴィロックのクラシックとして崇められても良いような名盤だが、レーベルカラーゆえかメタル界隈には広く認知されている印象がない。しかも現在は廃盤状態。再発を切に希望する 1 枚。（加藤）

Go! Go! 7188 / 蛇足歩行（2000）Express

「超天然 GS キュートパンクバンド」との謳い文句でデビューした、鹿児島出身の 3 人組による 1st。グループサウンズ的な郷愁のなか、かすかにめんたいロックの牙をも覗かせる歌メロが特徴的。〝アフター椎名林檎〟を思わせるヴォーカルも寄与してか、当時の学生バンドガールズに人気を博していた。しかしそのサウンドは 60 ～ 70 年代のアメリカンヘヴィサイケ、といったらいい過ぎかもしれないが少なくともグランジのディープな側面はしっかり受け継いだもので、ストーナーロックとの境界線もあってなきがごとし。10 年までに 8 枚のアルバムを制作。ユウ（Gt. & Vo.）はチリヌルヲワカにも。（杉本）

Internal Void / Unearthed（2000）Southern Lord

アメリカはメリーランド州のドゥームメタルバンド 4 人組による 2nd。当時のドゥーム／ストーナーブームに乗っかったようなバンドではなく、80 年代後半にデビューし、93 年に 1st をリリースしているベテランである。楽曲を構成するマテリアルはすべてオールドスクール。当然のように Black Sabbath を基礎としながら、ハードコアパンクをも思わせる要素をもつあたりは Saint Vitus よろしく US 地下ドゥームの系譜に連なるサウンド。また、高い演奏力に裏打ちされた様々な小技を随所で披露し、サザンロックを彷彿とさせるような楽曲もある。（杉本）

Iommi / Iommi（2000）Divine

Tony Iommi（Gt.）のソロ志向は、レコード会社の意向で Black Sabbath 名義となった『Seventh Star』（86 年）の頃からあり、96 年には『Seventh 〜』と同様に Glenn Hughes をヴォーカルに据えた作品を録音するも、04 年までお蔵入りに。という紆余曲折を経て奇しくも Tony のソロ 1 作目となった本作は、各曲をヘヴィロック界隈の異なるヴォーカルが担当する、企画色の強いもの。基本的には Black Sabbath 『Reunion』（98 年）のスタジオ音源のような無機質なヘヴィロックだが、トップアーティスト群の個性豊かなヴォーカルによりスルメ系の味わいあり。Ozzy Osbourne（Vo.）と Bill Ward（Dr.）がゲスト参加。（杉本）

JPT Scare Band / Sleeping Sickness（2000）Monster

アメリカはミズーリ州のトリオが 70 年代前半に録音したものの、お蔵入りになっていた音源の発掘盤。バンド名の「JPT」はメンバーの頭文字から。えげつなく弾きまくるファズギター、ブリブリのドライヴィンなベース、重たく荒々しいドラムが織りなす、凶暴なアシッドロック。ヴォーカルが入る普通の（？）曲もあるが、10 分を超える長尺曲などは聴いているだけであっち側にもっていかれそう。というか、基本的にはヘヴィなブルースセッションであり、楽曲としての体裁はほとんど整っていないのである。怪しいアートワークも含め、カルト的人気が高い 1 枚。Earthless などのファンは必聴。（加藤・杉本）

Kittie / Spit（2000）Artemis

モダングルーヴもたけなわの 90 年代後半に結成、00 年に放たれたカナダの 4 人組ガールズバンドによるデビューアルバム。ドス黒くヘヴィなリフ、深く沈み込み、または大きく横に揺れるモッシーなリズムセクション、そして感情を込めて吐き出される呪詛のようなヴォーカル。これはもう、「女版 Korn」と呼んでしまいたい（ベースはあんなにバキバキいってないけど）。インディーズレーベルからのリリースゆえだろうか、同時代のメジャーなラウドロック群と比べて、演奏音が生々しくオールドスクール的ロックヴァイブスをもっている点が魅力的である。（杉本）

Lowrider / Ode To Io （2000）MeteorCity

90年代半ばに結成し、Nebulaとのスプリットも語り草。当時残したフルアルバムが本作のみという点も彼らの伝説性を高めている、スウェーデンのストーナーロックバンド4人組。ファジーにザラついたロッキンなリフを、バンド名よろしくモータードライヴィンなノリで快調に飛ばすロックンロールスタイル。Fu ManchuやOrange Goblinの、ノリの良い曲を集めたような小気味良さ。金太郎飴的な作品が多くなりがちなこの界隈ながら各曲の粒も立っており、頭一つ抜けた完成度を誇っている。00年代前半に解散も、10年代に再結成。新作もリリースした。（杉本）

Mammoth Volume / Noara Dance （2000）The Music Cartel

スウェーデンのストーナーロックバンドによる2nd。70年代のハードロックやプログレッシブロックをベースに、デザートロックやドゥームメタルを通過した、彼ら独特のストーナーロックを展開。ファズを効かせたBlack Sabbath直系のヘヴィリフを主軸に、ブルースロック的なギターやアコースティックギターによる美しいパート、そしてLed Zeppelinの『Houses Of The Holy』を想起させるプログレッシブな場面があったりと、多彩な音楽性を吸収。本作はそれらを自らの音楽性として昇華しており、才能の高さを感じさせる傑作である。（田村）

Mondo Generator / Cocaine Rodeo （2000）Southern Lord

KyussやQueens Of The Stone AgeなどのNick Oliveri（Ba. & Vo.）が、同じく両バンドのファミリーであるJosh Homme（Gt.）やBrant Bjork（Dr.）などと結成したプロジェクトの1st。Nick自身が登場しているアートワークが示すスカム＆トラッシュな雑然性をサウンドでも体現した。楽曲によって各メンバーが入れ替わり立ち代わりする構成は、一貫性に乏しい。ストーナーを主軸にしていることは確かだが、ハードコアパンクやサイケなどのマテリアルをロウなままごった煮にした、闇鍋的オルタナティブロック。多彩な音楽的要素を生煮えのまま胃に流し込むがよい。（杉本）

Negative Reaction / The Orion Chronicles （2000）Game Two

Ken E. Bones（Gt. & Vo.）率いるスラッジの老舗、Negative Reactionの2nd。多作なバンドだが、各曲がコンパクトにまとまっている他のアルバムに比べ、本作が最もエクストリーム度が高い。何しろ、38分超に及ぶ"The Moon Song"、そして5分少々の"Hypothemia"のみという極端な構成なのだ。基本的に、ブルースベースの圧殺系重低音に高音喚きヴォーカルが乗るスタイルを基調としているが、大曲では静寂のパートを挟むなど音量やリズムの緩急をつけつつ、とはいえ音像はジャケのように砂漠っぽい砂色一色で進行する。隠しトラックでHawkwindのカバー"Lord Of Light"を収録。（杉本）

Oversoul / Seven Days in November... (2000) Brainticket

98 年に、元 Revelation でカルトドゥームバンド Doomstone にも参加していた Dennis Cornelius（Gt. & Vo.）を中心に結成された、アメリカ・オクラホマ州のバンドによる唯一作。US 盤は Solitude Aeturnus のギターである John Perez のレーベル Brainticket からのリリース。伸びやかな歌唱を乗せた、Trouble や Revelation 直系のメロディック＆ドラマティックなドゥームメタル。時代を反映したソリッドでクリアな音づくりが特徴的。02 年に Dennis が Revelation の再結成に参加したことで解散。Dennis は後に Place Of Skulls にも参加した。（加藤）

Pawnshop / Aloha From Saturn (2000) Beard Of Stars

ノルウェー発、土星行き。4 人組ストーナーロッカーによる 2nd。Kyuss や Fu Manchu を彷彿とさせる、オーソドックスなデザートロックをプレイ。リフから歌メロまでキャッチーに作り込まれており、ほぼ 2 〜 3 分とコンパクトにまとめられた楽曲群は非常に聴きやすい。この手のバンドには比較的多い自動車キチガイなテイストを醸し出しており、速度計を模した盤面によると時速 100km 超のスピードがお好きなようだから、酩酊しながらだとすればかなりの危険運転である。気持ち良くなりながら地球上を走っていたら、いつのまにか宇宙に行っちゃったみたいなブッ飛び感。（杉本）

Pharaoh Overlord / #1 (2000) Ektro

フィンランドが誇るカルトバンド Circle のメンバーによるサイドプロジェクトとして始動したバンドの 1st。スピードメタルをやったりジャズロックをやったりと、Circle 同様に振れ幅の大きい音楽性と流動的なラインアップが特徴（Circle ほどではないがリリース数も多い）。本作では Kyuss などデザート系のストーナーロックをミニマルなクラウトロックに通過させたような、リフが延々と反復するインストゥルメンタルを全編にわたって展開する。正直、シラフで聴き通すのはキツい。20 年には 6 枚目のアルバムで、Isis などの Aaron Turner とコラボした『6』をリリースした。（加藤）

Puny Human / Revenge Is Easy (2000) Small Stone

Josh（Gt.）、Jason（Ba.）の Diamond 兄弟を擁するアメリカ・ニューヨークのストーナーロックバンド 4 人組による 1st。ブリブリのファズギターをフィーチュアし、3 連のリズムを多用するスタイルながら、デトロイトロックにも通じる陽でガッツィーなノリが強い点が特徴。ドラッグに耽溺して宇宙世界を逍遥するというよりは、ウイスキー片手に目の前のバーカウンターをグルグルお目々で見つめるような空気感がある。男やもめの生活感に根差したような音楽だ。28 個もある邪魔くさい空トラックを経た後に、シークレットとして Aerosmith のカバーを収録している。（杉本）

Queens Of The Stone Age / Rated R （2000） Interscope

元 Kyuss の Josh Homme（Gt. & Vo.）が結成したバンドの 2nd。本作から Kyuss 時代の盟友 Nick Oliveri（Ba.）と Screaming Trees の Mark Lanegan（Vo.）が加入。プロデュースは Chris Goss で、ベースやバックヴォーカルとしても参加。ドラッグの名前を連呼する冒頭の "Feel Good Hit Of The Summer"（Rob Halford がゲスト参加）、頭空っぽな女声コーラスが耳から離れなくなる "Quick And To The Pointless" を始め、ポップだがどこかひねくれている色彩豊かな楽曲はどれも中毒性が高い。ストーナーというアンダーグラウンドなジャンルの枠を超え、ロック界に広く衝撃を与えた大名盤。（加藤）

Roadsaw / Rawk N ' Roll （2000） Tortuga

94 年結成、マサチューセッツ州はボストンのバンドによる 3rd。Raw ＋ Rock n' Roll で Rawk N' Roll。これ以上の説明が必要だろうか。冒頭 "Right On Through" からのハイエナジーチューン三連打で気分はもう荒くれバイカーギャングの一員。ハモンドオルガンを使用した "Foot"、Black Sabbath の "Planet Caravan" を思わせる "Burnout" などでメリハリを効かせつつも最後までテンションは落とさず地の果てまで突っ走る。本作発表以降は断続的に活動しており、19 年には 8 年ぶりの 6th をリリースした。Craig Riggs（Vo.）はストーナーバンド Sasquatch でドラムも担当。（加藤）

Sea Of Green / Time To Fly （2000） The Music Cartel

2 枚のアルバムを残して消滅したカナダのトリオによる 1st。プロデュースは Deep Purple、Nazareth、The Police などで知られる Nick Blagona。メタリックな質感を伴ったブリブリのストーナーサウンドをイワしながら、売れ筋のオルタナティブロックを思わせる細やかなアレンジも聴かせる。Pink Floyd"Breathe" のハマリカバーも演奏出来る実力派。それでいてバンドは短命に終わり、各メンバーもチラホラ音楽活動をしているようだが、目立つ成功は収めていないようで、世の中間違ってる。……などと思うほど俺もウブではないが、シーンの裾野の広さはしみじみと感じる。（杉本）

Sheavy / Celestial Hi-Fi （2000） Rise Above

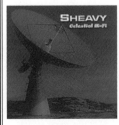

Green Machine（日本の似た名前のバンドとは無関係）を前身とする、カナダのドゥーム／ストーナーロッカーによる 3rd。Ozzy Osbourne のような歌い方をする Steve Hennessey（Vo.）を筆頭に、デビュー時から顕著だった Black Sabbath からの影響はそのままに、普遍的なロックヴァイブスをももつリフによって各曲をキャッチーに構築し、全編をコンパクトかつ高品質にまとめあげた。この手のジャンルの金科玉条ともいえるコズミックでスペーシーな世界観、アートワークもハマっている。10 年代にいたるまで、コンスタントに作品を発表し続けている。（杉本）

Sloth / The Voice Of God （2000） The Music Cartel

イギリスのドゥームメタルバンドによる唯一のフルアルバム。本作の布陣は、後に Serpent Venom でキャリアを共にする Gaz（Vo.）と Roland（Gt.）、元 Mourn で後に Angel Witch に加入する Will（Ba.）、そして "Hellish Crossfire On Wooden Coffins" という楽器をプレイしているらしい Vince（Dr.）。Black Sabbath の重く暗い曲を、よりドラッギーかつスペーシーに沈み込ませた作風は初期 Electric Wizard を彷彿。基本的には弦楽器とドラムがユニゾンのズルズル系ではあるが、エクストリーム一辺倒ではなく随所に古典的ロックのフックを盛り込んでいる点が味。全 7 曲 約 60 分。（杉本）

The Smashing Pumpkins / MACHINA / The Machines Of God （2000） Virgin

88 年にアメリカ・イリノイ州のシカゴで結成されたオルタナティブロックバンド。紆余曲折を経たのち、本作 5th はオリジナル編成で制作された（ただし、完成直後にベースの D'arcy Wretzky が脱退、元 Hole の Melissa Auf der Maur がサポートで参加。そして本作を最後に一時解散）。音の厚みはハードロック的で、うねるグルーヴはサイケ調。そこにビートリーなポップネスを湛えたヴォーカルが乗る。音の隅々まで丁寧に〝トゲ〟が取り除かれている点が、攻撃性を旨とするメタルとファン層を分かつ最大の要因かもしれない。しかし 10 年代以降はこんな感じの音のレトロドゥームも増えてくるんだよな。（杉本）

Solace / Further （2000） MeteorCity

90 年代後半に結成、現在まで活動を継続しているアメリカ・ニュージャージー州のドゥーム／ストーナーバンドによる 1st アルバム。時代性を反映したものか、ギンギンの音圧のなかにある種ニューメタル的なビートダウンパートを織り交ぜながら、練り込まれたオールドスクールリフで楽曲を展開。咆哮とメロディアスな歌唱を織り交ぜるヴォーカルも同時代的だが、キャッチーにまとめられた楽曲には嫌味がない。後のリイシュー盤には、こうしたバンドでは珍しい Iron Maiden の "Another Life" と、The Misfits の "We Bite" のカバーを収録。いずれも良い出来なので要チェック。（杉本）

Soulpreacher / When The Black Sun Rises... The Holy Men Burn （2000） Berserker

アメリカ・ノースカロライナ州のドゥームメタルバンドによる EP。ギタリストとベーシストはエフェクトも兼務している。冒頭曲はブルースベースの塩辛いリフをフィーチュアしたスラッジーな曲だが、その後フューネラルドゥーム、ポストロックなど様々な要素が顔を覗かせる。一貫して、ブラックメタルのような喚きヴォーカルが負のオーラを放つ。ラストは約 18 分にわたって効果音を垂れ流す前衛的なライブ音源。バンド名と同名のエフェクターを出しているメーカー Electroharmonix（原文ママ）をサンクスリストに入れている。タイトルの "Sun" は、アートワークでは "Sunn" と書き表されている。（杉本）

Suplecs / Wrestlin' With My Lady Friend（2000）Man's Ruin

Man's Ruin（男を駄目にするもの）……なんと魅惑的なフレーズだろう。ドラッグ、アルコール、車、ギャンブルなど、退廃的かつ享楽的な世界を歌うストーナーミュージックを扱うレーベルが掲げるのにふさわしい看板である。そして個人的に、同レーベルの精神性を見事に体現していると思うのが、彼らアメリカ・ルイジアナ州のトリオだ。バンド名が想起させる格闘技もまぁ男っぽい趣味だし、本作 1st はタイトルもアートワークも、色んな意味でキマってる。彼女にボコられるのが気持ちイイ！　ちなみに音楽性は、Fu Manchu スタイルの陽気でスケーティングなストーナーである。（杉本）

V.A. / Nativity In Black II（2000）Priority

94 年にソニーからリリースされた、ラウドロック系ミュージシャンを中心とした Black Sabbath トリビュートアルバムの第二弾。今回も Megadeth や、御大 Ozzy Osbourne が 2 曲参加している他、System Of A Down や Soulfly など当時の視点では気鋭のバンドを起用した内容になっている。いずれのバンドもそれぞれの持ち味を活かしながら原曲を様々に料理しており、時代を経ても古びないマテリアルとしての Black Sabbath の魅力に気付かされる。一方で、比較的原曲に忠実ながらも一味違う迫力を見せつける Pantera の、バンドとしての基礎体力の高さには舌を巻く。（杉本）

Vibravoid / 2001 Love Is Freedom（2000）Triggerfish Music

90 年代前半に Motley Motion の名前で結成。Christian Koch（Gt. & Vo.）を中心としたドイツはデュッセルドルフのバンドによる 1st。Syd Barrett 在籍時の Pink Floyd から Hawkwind、Ash Ra Tempel らクラウトロックにいたるまでの 60 〜 70 年代前半のサイケデリックロックを総括したようなスタイル。本作は頻繁に再発されており、いずれも豪華な特典付き仕様である。15 年の 15 周年記念リマスター盤からタイトルが『2001』に改題され、曲順が変更された。個人的にはキャッチーで洒脱な導入から進むにつれズブズブになっていく改題後の構成が好み。（加藤）

Abramis Brama / När Tystnaden Lagt Sig...（2001）Record Heaven

90 年代末に 1st をリリースしたスウェーデンのハードロックバンドによる 2nd。うねりを強調したサウンドは、明らかに同時代のドゥーム／ストーナームーブメントから派生したもの。しかし、彼らの場合はヘヴィネスや新奇性を控えめにしたサウンドが極めて 70's 的で、Witchcraft などと並んでリバイバル古典派ドゥームの先駆けであったかもしれない。同郷のレジェンド November を彷彿とさせる。比較的コンスタントにアルバムをリリースしているが、一部を除いて歌詞や曲名はスウェーデン語である。ハードロック界隈における同国のブランド性を把握したうえでの逆張り戦略か？（杉本）

Black Rebel Motorcycle Club / B.R.M.C.（2001）Virgin

98年結成。Marlon Brando 主演の映画『The Wild One』に登場するバイカーギャングから名前を拝借したトリオの1st。00年代初頭に巻き起こったガレージロックリバイバルの渦中に登場し、90's シューゲイザー譲りの轟音ギターとフィードバックノイズを絡めた漆黒のロックンロールを武器に、見事時代をサバイブ。今も第一線で活躍中だ。黒の革ジャンをまとったアー写、モノクロで統一されたアートワークもシンプルかつクールで、彼らの美学が光っている。ロックアンセム "Whatever Happened To My Rock'n'Roll（Punk Song）"、酩酊必至の "Spread Your Love" など名曲多数。(加藤)

Bleed For Pain / 邯鄲の夢（2001）Earthbound

元 Church Of Misery（JPN） の Hideki（Vo.） や Intestine Baalism、Another Dimension での活動で知られる Noken（Gt.）が在籍し、今もなお多くの信者を有する山梨は甲府市のハードコアバンドによる唯一作。トリプルギターから繰り出される様々なエクストリームミュージックを吸収したリフの嵐に、時折挿入される叙情性とテクニカルなギター、グラインド勢も真っ青なブラストビートからなる楽曲は、ハードコアを核としながら誰にも真似出来ない究極のオリジナリティをもつ。裸のラリーズのカバーですら自分達の色に染め上げている。後にも先にもこんな凄いバンドは存在しない。(浜島)

Blind Dog / The Last Adventures Of Captain Dog（2001）MeteorCity

スウェーデンのトリオによる1st。メタリックなエッジの骨太リフと手数の多いドラムが疾走感を煽るストーナーメタルを軸に、鈍重ドゥームからヘヴィバラードやアコースティック曲もあり。ヴォーカルは親父声とクリーンを巧みに使い分け、随所でハーモニカやオルガンも導入される。これ1枚でお腹いっぱいの欲張りリセット全12曲だ。同時代の似たような芸風のバンド群の作品と比べても、遜色がないどころか頭一つ抜けている。一部でのカルト的人気に留まっているのが不思議でならない。08年に3rd（デジタルのみ）をリリースした後、解散。(加藤)

Bottom / Feel So Good When You're Gone...（2001）Man's Ruin

アメリカの女性3人組による2nd。プロデュースは Biliy Anderson、アメリカ盤は Man's Ruin、イギリス盤は Rise Above からリリースという、この界隈ではこれ以上ないお墨付きの一品。圧殺へヴィネスと暴力的グルーヴが支配するスラッジロックンロール。オルタナ的な浮遊感とメロディがほどよいアクセントとなっている。05年に3rd、14年に Sina（Gt. & Vo.）以外のメンバーを刷新して4th をリリース。3rd までリズム隊を務めた Nila（Ba.）と Clementine（Dr.）は、Led Zeppelin のカバーバンド Zepparella を結成してそこそこ成功している。(加藤)

Brain Donor / Love Peace & Fuck（2001）Impresario

イギリスはウェールズ生まれ、70年代後半からネオサイケ／ニューウェーブ畑で活動してきたミュージシャンで、日本のロックについての著書『JAPROCKSAMPLER』（訳＝奥田祐士、邦版＝白夜書房）を物すなどライターとしても活躍するJulian Cope（Gt. Ba. & Vo.）が、SpiritualizedのメンバーTony Foster（Gt.）、Kevin Bales（Dr.）と99年に結成したバンド。本作は1st。The Stooges、MC5風のガレージロックにグラムロックの毒々しさとクラウトロックのアシッド感を注入した怪物。ライブでは派手な衣装＆化粧姿まで披露し、Julianのファンの間では物議を醸したそうだ。（加藤）

Cathedral / Endtyme（2001）Earache

エクストリーム音楽の表現手法が激化の一途をたどった90年代を経て、彼らにとっての00年代初のアルバムとして投下された6th。時代性を反映したものか、ポップなまでにロッキンでキャッチーなサウンドを提示していた前作とは打って変わった、ハードコア感覚を強調した作風。それゆえ、同時代のラウドロックを愛好する方々には本作のファンが多い印象だが、古き良き英国ロックの色気はやや薄れた。とまれ、冒頭のイントロから突入する"Melancholy Emperor"は、クラスティなリフとドラムがNapalm Deathと、さらにそれ以前のHellhammerまで思わせる激渋スタッフ。（杉本）

Church Of Misery（JPN）/ Master Of Brutality（2001）Southern Lord

我が国が誇るChurch Of Miseryによる歴史的名盤1st。複数のEPやスプリットを経て、本作から現NepenthesのYoshiaki Negishi（Vo.）が加入。前任者とは明らかに異なる、野蛮な獣声に呼応するかのように楽器隊も凶暴化。アナログシンセサイザーが導入されたことでサイケやクラウト的な浮遊感も加わり、現在まで続くスタイルを築き上げた。ブルータルといっていいほどヘヴィなサウンドだが、何といっても肝はTatsu Mikami（Ba.）のブルース、70'sハード、Black Sabbath由来の研ぎ澄まされたリフワーク。"Cities On Flame"はBlue Öyster Cultのカバー。（加藤）

Dozer / Madre De Dios（2001）Man's Ruin

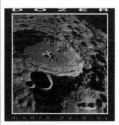

90年代半ば以降、スウェーデンから大量に出現したストーナーロックバンドのなかでも頭一つ抜けた存在感を放つ4人組の2nd。コズミックな効果音から幕を開けるも、アートワークに描かれているのはこの手のバンドによくある観念的な宇宙絵図ではなく、月面そのものというリアルさが新鮮。60～70年代の粘つくガレージロックをパンキッシュに回転させた、グルーヴィーかつドライヴィンなヘヴィロックは至極痛快。メンバーはGreenleafにも。そのGreenleafともメンバーを共有している同郷のDemon Cleanerとは、複数枚のスプリットを制作する仲。（杉本）

Fireball Ministry / FMEP （2001）Small Stone

アメリカ・カリフォルニア州はロサンゼルスのストーナーロックバンドによるEP（Fireball MinistryのEPだから『FMEP』ね）。土地柄か陽の気を発散するロッキンなノリが強く、しかも一本調子にならない作曲センスが持ち味。特にスロ〜ミドルナンバーでみせる、極端にドゥームっ気を注入しないブリティッシュマインドがこの手のジャンルのなかではかえって新鮮だ。そして本作の目玉は、8曲中5曲も収録されたカバー曲群。Alice Cooper、Judas Priest、Blue Cheer、The Misfits、Aerosmithというチョイスと各曲の調理法からは、てらいなくロックの〝核〟を掴もうという意欲を感じる。（杉本）

The Glasspack / American Exhaust （2001）Riverrock

アメリカ・ケンタッキー州の、Dave Johnson（Gt. & Vo.）を中心とするストーナーロックバンドの1st。60年代末〜70年代初頭のガレージ／サイケ／ハードロックを、陽の気とただならぬ弾力をもって叩きつけたような全8曲のヘヴィロック群はコンパクトでキャッチー。リフも楽曲も非常にアゲアゲである。7、8曲目ではトーンダウンし、ズルズルとした酩酊からのチルアウトぶりを見せつける幕引き。8曲目は約15分あり、13分半頃から隠しトラックがスタートする。Tour SecurityとしてMurphyなる者がクレジットされているが、ブックレットを見る限り人類ではないようで。（杉本）

Libido Space Dimension / Libido Space Dimension （2001）梵天

日本のサイケデリック・ストーナーロックバンドによる1st。ドゥーム、ストーナー、サイケ、ブルース、民族音楽、トランス……ありとあらゆるジャンルを飲み込み、別次元のヘヴィミュージックへと昇華させている。骨太でブルージーなリフからFu Manchuよろしくご機嫌ファズギターまでが随所で唸っており、実に気持ち良い音空間を創造している。なかでも8曲目 "Nehang" の、反復リフロックからトランスへ雪崩れ込む展開は圧巻。まさしく涅槃へぶっ飛ばされてしまいそうだ。Libido Space DiminsionすなわちL.S.D.——バンド名に違わぬ極上のトリップサウンドである。（鉛）

Mojobone / Crossroad Message （2001）Victor

Spiritual BeggarsやDeath Organのキーボード奏者Per Wibergがギターとヴォーカルをも兼務する、スウェーデンのヘヴィロックバンドの1st. 活動開始は96年。その後にPerが〝本職〟として加入するSpiritual Beggarsの活動の合間を縫って楽曲制作を続けて完成した。その本職におけるサイケデリックなムードを担っていたのがPerのキーボードなわけだが、本作では骨太なギターリフを強調した。界隈のドゥーム／ストーナー系のバンドと同様、60〜70年代ロックのフィーリングを根底にもち、ヴォーカルは歌ものといっても良いほどにソウルフル。一方で、ラウドロック的なソリッドさは時代性を反映したものか。（杉本）

Muse / Origin of Symmetry（2001）Mushroom

94 年にイギリス・デヴォン州はティンマスで結成されたバンドによる 2nd。Radiohead と Nirvana と Queen と Rush をミックスしたような作風で、ピアノやストリングス、フューチャリスティックなシンセを交えて壮大な〝セカイ〟観を描くヘヴィプログレッシブロックだ。Jeff Buckley を彷彿とさせる Matthew Bellamy（Gt. & Vo.）のエモーショナルな歌声も聴きどころの一つ。焦燥感を煽るファズギター、重く歪んだベースにタイトなドラムは、ストーナー耳にも旨味あり。Greenleaf などが好きな人はぜひ。21 年のリミックス盤はヘヴィさが減退しているのでオリジナル盤で聴いてほしい。（加藤）

The Mystick Krewe Of Clearlight / The Father, The Son And The Holy Smoke（2001）Man's Ruin

Eyehategod や Jimmy Bower（Gt.）、元 Eyehategod の故 Joe LaCaze（Dr.）、Ross Karpelman（Key.）らが結成したバンド。本作は、サンフランシスコのドゥーム／スラッジバンド Acid King とのスプリット CD（ジャケは、Acid King が表面、彼らが裏面となっている）。Acid King は Billy Anderson、The Mystick Krewe Of Clearlight は Dave Fortman がプロデュース。インストゥルメンタルでサイケデリックなハード／サザンロックをやっているが、Saint Vitus や The Obsessed などの Scott "Wino" Weinrich（Gt. & Vo.）がゲスト参加。Wino 御大は 1 ミリも自重せずに、いつも通りの熱唱。（加藤）

Noothgrush / Failing Early, Failing Often（2001）Slap A Ham

アメリカ・カリフォルニア州出身のスラッジコアレジェンドによる、95 年から 97 年までに録音されたコンピレーションやスプリット用の音源、未発表音源などを集めたもの。Black Sabbath よろしくモッタリとしたリズムの楽曲であっても、ブルースベースのスラッジ勢とは異なりあくまでも冷徹かつ無機質な雰囲気を失わない、凶暴なハードコアをプレイ。終始咆哮を聴かせるヴォーカルの放つ雰囲気が殺伐としている。詫び錆びのある展開にこだわることなく各曲がブツ切りのようである点もパンキッシュで、レーベルのカラーに合っている。Chiyo Nukaga（Dr.）は日本人。（杉本）

Operator Generator / Polar Fleet（2001）Man's Ruin

Asbestosdeath、It Is I の Thomas Choi（Gt.）が結成した、アメリカ・カリフォルニア州サンノゼのストーナーロックバンドによる唯一のアルバム。テンポチェンジで巧みに緩急をつけた展開に、リバーブをたっぷり効かせたキャッチーなクリーンヴォーカルとスペーシーなエフェクトを交え、It Is I から引き継いだようなスラッジ的ヘヴィネスも顔を出す。Acrimony や Spiritual Beggars など欧州勢に近い手触りで、全 8 曲 32 分というコンパクトな尺に見合わぬ密度の高さ。隠れた傑作であったが、22 年に Yob の Mike Scheidt がフェイバリットとして挙げたことでごく一部で注目を浴びた。（加藤）

Orange Sunshine / Homo Erectus （2001） Motorwolf

「オランダの Blue Cheer」の異名をとる、99 年に結成されたトリオ
の 1st。徹底してレトロな音像による、ドラッギーでサイケデリック
なモーターブルーズ。「69 年録音」という、Leaf Hound Records が
リリースした日本盤の嘘ライナーノーツを信じてしまった人が多い
のも無理はない。脱力気味に喚きたてるヴォーカル、Jimi Hendrix
ばりにファジーな爆音ギター、モコモコと内臓をえぐるベース、扇
情的なドラム、すべてが神々しいほどに激しく、そして胡散くさい。
以後、マイペースに作を重ねるが、どの作品もアートワークも含め
てギンギンに良いです。（加藤・杉本）

Outrage / Volume One （2001） 30 Min.

顔役である橋本直樹（Vo.）脱退の危機を乗り越え、バンドのレーベ
ルからリリースした再出発作 EP。前作『Who We Are』（97 年）での
ヘヴィネスとは異なる、70's ハード、ガレージ、サイケに根差したズ
太いヘヴィロックを聴かせる。スラッシュメタル黎明期以前から活動
しているがゆえの、音楽的ルーツの深さ。私が初めて彼らのライブを
観たのはこの 3 人編成時であり、個人的な思い入れも深い。07 年の
橋本復帰に際してバンドが再結成したかのごときお祭り騒ぎになった
ときは、釈然としないものを感じた。この時代を経たからこその閃き
は、現在進行形の作品の端々からも感じ取れる。（浜島）

Oysterhead / The Grand Pecking Order （2001） Elektra

Primus の Les Claypool（Ba. & Vo.）、Phish の Trey Anastasio（Gt. &
Vo.）、The Police の Stewart Copeland（Dr.）によって結成されたスー
パーバンドによる、唯一のスタジオアルバム。メンバーの卓越した
演奏テクニックと、作曲における奇妙なセンスが融合。このアート
ワークがすべてを物語っている。つまりは変態。シャープな音質に
よるフュージョンを基調としながら、70 年代テイストのヘヴィロッ
クやプログレッシブロックを思わせるアレンジも。本書的には、や
はり Les の極太ベースサウンドに注目したい。19 年に急遽再結成し、
ライブアルバムをリリースした。（杉本）

Pale Divine / Thunder Perfect Mind （2001） Game Two

95 年に結成されたアメリカ・ペンシルヴァニア州の当時トリオが、
満を持してリリースした 1st。本作の布陣は、後に Beelzefuzz など
に参加する Greg Diener（Gt. & Vo.）と Darin McCloskey（Dr.）、そ
して Jim Corl（Ba.）。60 ～ 70's サイケと Black Sabbath 由来のハー
ドロックを 90's 初頭風のヘヴィネスで叩きつけた、初期の Cathedral
や Electric Wizard、Revelation などを彷彿とさせる実直で激渋な
ドゥームメタル。リフや展開には明らかに構築派のブリティッシュ
マインドが宿っており、同時代の米国スラッジ勢とは区別される。
コンスタントに活動を続け、20 年には 6th を発表。（杉本）

Paul Chain "The Improvisor" / Container 3000 – Sign From Space（2001）Beard Of Stars

Death SS の初代ギタリスト、Paul Chain。Violet Theatre 名義を含む彼のソロ作品の多くは、ドゥーミーなテイストこそ濃いもののそれ以上にアトモスフェリックかつ前衛的で、シアトリカルではあってもポップに編集する気が皆無なので、早い話がとっつきにくい。むしろ、この The Improvisor 名義での本作あたりが本書に掲載するのにふさわしいかもしれない。ドラマーとギタリストを加えた 3 人編成（Paul は、Ba. Key. Vo. その他エフェクトなどを担当）で奏でるミニマルでスペーシーなサウンドは、さながら「人力トランス」とでも形容すべき音楽。Hawkwind が好きな方はぜひ。（杉本）

Place Of Skulls / Nailed（2001）Southern Lord

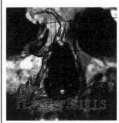

96 年に Pentagram を脱退した Victor Griffin（Gt. & Vo.）が、00 年に Death Row のメンバーだった Lee Abney（Ba.）、後に Pentagram の『Last Rites』（11 年）でもプレイする Tim Tomaselli（Dr.）と結成したバンドの 1st。プロデュースも後に同作を手がける Travis Wyrick。呪術的な妖しさを抑えた The Obsessed 風のドゥームロックで、Victor のヴォーカルも Scott "Wino" Weinrich を思わせる親父声である。全 9 曲で収録時間は 40 分未満と、コンパクトにまとめた。スタンダードナンバーの "Don't Let Me Be Misunderstood" をカバー。現在は廃盤状態。（加藤）

Red Aim / Saartanic Cluttydogs（2001）I Used To Fuck People Like You In Prison

95 年にドイツで結成。アートワークから明らかなようにストーナーロックをプレイする 4 人組の 2nd。ブルース、ロックンロール、ブギー、サイケから電子曼荼羅にまでいたる多様な音世界を、陽気な酩酊ロックという一つのかすがいで繋いだ好盤。本作リリース後には Metal Blade Records と契約し、メンバー変更を経つつ 4th まで発表した後、メンバーはパワーメタルバンド Powerwolf を結成。ほとんど宗旨替えといって良いほどに音楽性とプレイする界隈を変えたが、一般的なメタルリスナーにはおそらくそちらのキャリアのほうが有名だろう。（杉本）

Tool / Lateralus（2001）Volcano

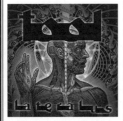

こいつは当時、俺にとっての最強の作品を 10 枚くらい挙げるとしたら、必ず食い込んでくる 1 枚だった。とにかく全編、何もかもが素晴らしい。ただ音像がヘヴィなのではなく、リズムの紡ぎ方、アートワーク、歌詞のすべてが見かけ倒しではない重さを生み出している。演奏力も高く、絶妙に構築された不可思議な暗黒世界が体中に侵入してくる。本作を再生しながら、俺は何度も幻聴を聴いた事がある。いや、それは幻聴ではなくこのディスクに込められた音楽なのだ。やはり Maynard James Keenan（Vo.）の声がいい。実に表情豊かで、真の意味で歌っているのだと思われる。理想のヴォーカリスト。（U）

Viaje A 800 / Diablo Roto Dë... （2001）Alone

Los Natas（The Natas 名義）ともスプリットをリリースしていた、スペインはアンダルシア地方のバンドによる 1st。音の隙間を活かした酩酊ブルースロックを核に、鈍足ドゥーム、パンキッシュなストーナーロック、Hawkwind 風のスペースロックにフリージャズ風の要素を交えたクラウトロックと、「ストーナー」の要素すべてが詰まっているといっても過言ではない大傑作。後の Earthless らのスタイルを先取りしたような先鋭さも無視出来ない。スペイン語のラフなヴォーカルも最高。バンドは紆余曲折を経ながらも活動中で、19 年に 5th『Santa Águeda』をリリースした。（加藤）

Warhorse / As Heaven Turns To Ash... （2001）Southern Lord

Grief の Terry Savastano（Gt.）を含むアメリカ・マサチューセッツ州のトリオが残した、唯一のフルアルバム。8 〜 10 分の長尺曲を中心とした圧殺轟音スラッジ／ドゥーム。曲間やイントロにアコースティックギターや浮遊感のあるパートを挟むことで静と動を効果的に演出し、天国が灰と化す様を眺めているような悲哀のドラマを描き出す。ドゥーム史上屈指の名盤だと思うが、流通が悪く、長らく廃盤状態だったために知名度が低かった。15 年に同レーベルからめでたく再発された。バンド名は、70 年代イギリスの同名バンドにちなんだものだという。（加藤）

The White Stripes / White Blood Cell （2001）Sympathy For The Record Industry

Jack White（Vo. Gt. & Pf.）と Meg White（Dr. & Vo.）による兄妹ギミックデュオで、ガレージロックリバイバルの代表格による 3rd。ブルースを軸に、ガレージ、パンクロック、カントリーを編纂し、デュオという最小編成で出力するセンスと手並みたるや。プロトパンク／メタルの狂熱と自由奔放な精神、そしてポップネスに満ち溢れている。直接的ではないにしろ、一部のモダンレトロバンドにも影響を与えているのではないだろうか。11 年に解散。Jack はソロで活動するかたわら、自身で立ち上げた Third Man Records から Melvins や Sleep などの作品をリリースしている。（加藤）

Astrosoniq / Soundgrenade （2002）Freebird

オランダのストーナーロックバンドによる 2nd。Hawkwind を直接参照したかのようなスペースサウンドと、Kyuss 系のストーンド・グルーヴを主軸とするヘヴィロックを展開。ここまではよくあるタイプだが、彼らの場合はときとして Aerosmith や Mötley Crüe ばりのアメリカンなロッキンチューン、90 年代以降の Metallica などに見られる細やかなリフアレンジ、そして、まるで Michael Jackson のようなダンサブルナンバーまで飛び出してくるところがポイント。大陸の奥地からの、北米への憧憬の眼差しを感じるが、全体的に高水準にまとまっているので楽しく聴き通せる。（杉本）

Audioslave / Audioslave（2002）Epic

Rage Against The Machine の Tom Morello（Gt.）、Tim Commerford（Ba.）、Brad Wilk（Dr.）に、元 Soundgarden の Chris Cornell（Vo.）を加えた 4 人組による 1st。Rage Against The Machine はもともと、70's ハードロックがもっていたグルーヴをヘヴィネスで増幅し、90 年代のサウンドを代表したバンドだった。ソウルフルな Chris のヴォーカルを得て、オケも歌モノ向けにリビルド。その骨子がより明確になった。本作でも、楽曲によっては Tom のトリッキーなギタープレイが楽しめる。全米で 300 万枚以上の売上げを記録するヒット作になった。07 年に活動休止。（杉本）

Bongzilla / Gateway（2002）Relapse

アメリカはウィスコンシン州の大麻道一直線 4 人組の 3rd（01 年の『Apogee』は EP として扱われることもあるが、レーベル資料などでは 2nd アルバムとして扱われている）。前作から THC 含有量がさらにアップ。ゴジラサイズのビッグでファットなリフの反復を巧みに伸縮させて酩酊を誘発させる。エクストリームなヘヴィネスをキャッチーに仕立て上げる技巧とセンスは、同系統のバンドのなかでも群を抜いている。大麻礼賛スラッジの最高峰であり、その道への「入り口」としてもパーフェクトな作品。Electric Wizard『Dopethrone』（00 年）をサイケデリックに着色したようなジャケも最高。（加藤）

Boris / Heavy Rocks（2002）Quattro

ストーナーからヘヴィドローン、アンビエント、現在はシューゲイザー、歌謡曲テイストまで取り込んだ多彩かつ孤高の音楽性で、日本のみならず海外でも圧倒的な人気を誇る 3 人組。Acid King の Lori S らがゲスト参加したこの 4th は初期の 代表作であり、タイトル通り最もストレートに〝ヘヴィロック〟を追求した 1 枚。サイケデリックな激遅ドゥームの "Heavy Friends" から続く、"Korosu"、"Dyna-Soar"、「ワレルライド」という爆走ロックンロールの連打は圧巻。ちなみに、ロック色の強い作品では「BORIS」、実験テイストの濃い作品では「boris」と表記を使い分けており、本作は大文字の作品。（加藤）

The Datsuns / The Datsuns（2002）V2

全員が Datsun 姓を名乗る、ニュージランド出身の 4 人組による 1st。HR/HM とはあまり関係のないところでメジャーになったため、メタル者からの支持が厚いとはいえないものの、うねる 70's ハードロックをパンキッシュなコンパクトさでまとめ上げた楽曲、跳ねるリズム、甲高いヴォーカルなどからストーナーのヴァイブスをビンビン感じる。MC5 や The Stooges あたりもルーツにあると思われ、暴力的に爆走する楽曲も熱い。アンダーグラウンドな瘴気は希薄だが、聴けば聴くほどにスタイリッシュなポップネスが実は深い根っ子をもっていることに気付かされる 1 枚。（杉本）

Deadboy & The Elephantmen / If This Is Hell, Then I'm Lucky （2002） Elephantmen Recording Company

南部ゴシックメタル、あるいはオルタナティブ・スワンプロック。
Acid Bath、Agents Of Oblivion を経て Dax Riggs（Gt. & Vo.）が結成
したバンドの 1st には、新しいジャンル名が必要だ。ドゥームから
スワンプ、ゴシックロック、ヴィンテージサイケを織り交ぜ、極上
のメロディと Acid Bath 譲りの曲展開で聴き手を深く暗い夢幻へと
誘う。Acid Bath の延長線上としての彼のキャリアはここで頂点を極
めた。06 年に大幅に編成を変えて 2nd をリリースした後、解散。以
降、Dax はソロ名義で活動中。本作は 08 年にソロ名義で再発された。
（加藤）

DoomSword / Resound The Horn （2002） Dragonheart

エピックメタルが Rainbow や 80 年代の Black Sabbath の血を引い
ている限り、ドゥームメタルとの線引きは非常に曖昧なものになる。
本書では基本的なアイテムを除き、そっちにはあまり深入りしないよ
うにしている。しかし、バンド名に「Doom」を冠しているイタリア
の彼らはピックアップしておこう。この時期に同時多発的にみられた、
ヨーロピアンテイストが強い古典派メタル一派の一つ。音楽性は長
尺な楽曲が増えた後期 Iron Maiden 的であり、世界観はジャケの通
りヴァイキング。本作 2nd は 7 分前後の曲を 7 曲収録。ちなみに、
バンド名の Doom と Sword の間に、スペースは入らない模様。（杉本）

Earthride / Taming Of The Demons （2002） Southern Lord

元 Internal Void で後に Church Of Misery（JPN）に参加する Eric
Little（Dr.）、元 Wretched や Spirit Caravan などの Dave Sherman（Vo.）
を含む、アメリカ・メリーランド州のドゥームメタルバンド 4 人組
による 1st。極太・激重のサウンドで、サザンロックとブルースの旨
味がたっぷり染み込んだリフと、Dave の Philip Anselmo と Lemmy
Kilmister を混ぜたようなシャガレ声の歌をじっくり聴かせる構築派。
音像的には Down に似ている。マニアックになりがちなジャンルで
はあるが、各曲にフックをもたせてコンパクトにまとめているあた
りが美点。（杉本）

Electric Wizard / Let Us Prey （2002） Rise Above

イギリスのドゥーム帝王による、前作と同布陣で制作された 4th。
前作の延長線上にあるウルトラヘヴィな "…A Chosen Few" で幕を
開け、続くハードコア調のアップテンポナンバー "We, The
Undead"、ヴァイオリンとピアノを使用したインストゥルメンタル
の "Night Of The Shape"、中近東風のメロディが耳に残る "Mother
Of Serpents"（再発盤に収録）など、実験的な要素を含む曲が目立つ
多彩な内容。音像は歪んでいるものの整合性がとられており、耳に
は馴染みやすいのだが、肝心要のリフに印象的なものが少ないのが
痛いところ。（加藤）

Floor / Floor （2002）No Idea

92 年に元 Cavity のメンバーによって結成された、アメリカはフロリダ州のバンドの 1st。初期は長らくドラムが定まらなかったが、本作制作時の Steve Brooks（Ba. & Vo.）、Anthony Vialon（Gt.）、Henry Wilson（Dr.）が以降のパーマネントな布陣となる。重く歪んだスラッジに高音ヴォーカルの切ない歌声が乗り、ポップでキャッチーなメロディが奇妙な爽快感を感じさせる。バンドは 2nd を制作して 04 年に解散。Steve は〝ストーナーポップ〟を標榜する Torche、Henry は House Of Lightning へ。後に再結成し、14 年に 3rd『Oblation』をリリースした。（加藤）

Jucifer / I Name You Destroyer （2002）Velocette

93 年結成。アメリカ・ジョージア州アセンズ出身、Amber Valentine（Gt. & Vo.）と Edgar Livengood（Dr. & Ba.）の夫婦デュオによる 2nd。ノイジーなスラッジ／ドゥームからオルタナ、シューゲイザー、フォーク、トリップホップ風とカテゴライズを拒絶する広範な音楽性で、Portishead meets Black Sabbath とも形容される。本作ではキーボードにホーン、ボンゴ、果てはスクラッチ音まで飛び出す。ときには童女、ときにはファム・ファタール、ときには悪鬼と百面相のごとく表情を変える Amber の歌声にも舌を巻く。コンスタントに作品をリリースしており、20 年には 8th をリリースした。（加藤）

Lamp Of The Universe / Echo In Light （2002）Cranium

ニュージーランドの爆走ストーナーバンド Datura のメンバーだった Craig Williamson（Gt. Vo. 他）が、Datura 解散後の 99 年に始動させたワンマンプロジェクトの 2nd。シタール、タブラを用いたラーガロックとミニマルに反復するアコースティックギター、浮遊感のある中性的ヴォーカルを交えたサウンドは東洋思想に傾倒した Amon Düül といった風情。催眠・リラックス効果はなかなか強力で、聴きながらこれを書いている筆者は今、猛烈な眠気と戦っている。精力的に音源を発表するかたわら、Craig はサイケデリックドゥームバンド Arc Of Ascent でも活動中。（加藤）

Liquid Sound Company / Inside The Acid Temple （2002）Nasoni

Solitude Aeturnus の John Perez（Gt. Vo. 他）と Last Chapter の Jason Spradlin（Dr.）を中心に結成された、アメリカ・テキサス州はアーリントンを拠点とするバンドによる 2nd。エンジニアリングとミックスを担当したのは Dixie Witch の Clayton Mills。東洋風の旋律とミニマルなリフを主軸に、女性声の詠唱やシタール、ジャズ風のパートやヘヴィなギターを合わせ、ガレージサイケ風の曲で起伏をもたせた。ケミカルもオーガニックもイケちゃうトータル・サイケな作風である。21 年には 4th『Psychoactive Songs For The Psoul』をリリースした。（加藤）

Los Natas / Corsario Negro （2002） Small Stone

94年にNatas名義で結成、アルゼンチン出身。南米を代表するストーナーロックバンドだったトリオによる3rdアルバム。プロデューサーはBilly Anderson。デビュー時こそKyussフォロワーだったものの、徐々に脱却。ドゥーム版「ツァラトゥストラはかく語りき」導入部（曲名は『2001年宇宙の旅』からか）で幕を開ける本作で、ドゥームからスペースロック、そして偉大なる南米サイケの先達までをも飲み込んだ独自の宇宙を創造した。8枚のアルバムを残し、12年に解散。Sergio Chotsourian（Gt. & Vo.）はArarat、Soldatiなどで活動中。（加藤）

Mastodon / Remission （2002） Relapse

Today Is The Dayから派生したバンド、という前情報から高校生のときにDISK UNIONで購入した作品。先入観からジャンキーすぎる音を覚悟していたが、聴いてみるとそうでもない。全体を通して、人外な殺伐さは抑えめで、人間味溢れる泥臭さを感じさせるサウンド。その後の作品で彼らは「21世紀初頭における傑出したメタルバンドの一つ」という評価を確固たるものとしたが、私のなかでは本作がベスト。"March Of The Fire Ants"後半部の意表を突いたメロディアスな単音弾きに、脳髄がもっていかれた思い出がある。退廃性とメロディのギャップに萌える1枚。（ちんいち）

Mountain / Mystic Fire （2002） Lightyear

アメリカンハードロック界のレジェンドによる、何回かの解散・再結成を経ての7th。布陣はLeslie West（Gt. & Vo.）、Corky Laing（Dr.）、Chuck Hearne（Ba.）他、特定の曲でRitchie Scarlett（Ba.）とTodd Wolfe（Gt.）。御大の復活作を聴くときに求められがちな、評価に一定の下駄を履かせるような大人の忖度は本作には不要。太い極上のリフと粘々のリズムセクションを現代的な音質でアグレッシブに聞かせる、同時代のヘヴィロック群に勝るとも劣らぬ傑作に仕上がっている。円熟味を増したLeslieが歌う"Nantucket Sleighride"のセルフカバーは、名曲に新たな魂を吹き込んでいる。（杉本）

The Mushroom River Band / Simsalabim （2002） MeteorCity

Anders Linusson（Gt.）とSaso（Ba.）を中心に、96年にスウェーデンで結成されたドゥーム／ストーナーロックバンドの2nd。若年のドラマーであるChris Rockström、当時Spiritual Beggarsと兼務していたSpice（Vo.）を加えた4人編成が、基本的な布陣。ブリブリで煙たいヘヴィなロックンロールを基調とし、タイトな疾走感のなかでSpiceのアグレッシブな咆哮が響く音像は、同時期のEntombedが到達した世界ともリンクする部分がある。SpiceはSpiritual Beggarsで忙しく、活動がままならない面もあったようだが、フルアルバム2枚を含む複数の音源を残した。（杉本）

M-Squad / Smoke（2002）Primate Media

Blood Farmers の Eli Brown（Ba. & Vo.）と、Blood Farmers の 1st で リズム隊を務めていた Matt Holt（Gt.）、Mike Jett（Dr.）が結成した バンドの 2nd。ジャケットは 60 年代初頭から活動しているアーティ スト Isaac Abrams の手によるもの。60 年代後半〜 70 年代前半のサ イケデリックの残り香と、Black Sabbath の不吉な影が見え隠れする プロトメタルスタイルの傑作である。しかし、レトロ系バンドが大 挙して登場した登場した 00 年代後半ならいざ知らず、02 年という リリース時期はあまりに早すぎた。Blood Farmers もそうだが、カ ルトとなることが宿命づけられていたかのようだ。（加藤）

Queens Of The Stone Age / Songs For The Deaf（2002）Interscope

Foo Fighters の Dave Grohl（Dr.）、Screaming Trees の Mark Lanegan（Gt. & Vo.）が参加。「男根」ジャケも勇ましい 3rd。「LA からカリフォルニアの砂漠までドライブしながらラジオに耳を傾け る」というコンセプトの通りバラエティの豊かさが特色であり、バ ンドのポテンシャルが炸裂した。"No One Knows"、"Go With The Flow" などの名曲も誕生。毒々しいユーモアとメロドラマティック なポップネスが光る。表題曲や "God Is In The Radio" には Kyuss の DNA がしっかりと宿っている。本作からストーナーに入門した者は 少なくないはず。筆者もそのひとり。（加藤）

Raging Speedhorn / We Will Be Dead Tomorrow（2002）ZTT

98 年に結成した、高低ツインヴォーカルを擁するイギリスの 6 人組 による 2nd。Pantera や Down 周辺のドゥーム／スラッジをスラッ シーなハードコアパンクに乗せて叩きつけたようなサウンド。それ も、計算ずくというよりは若いやつらがバカやりながら作ったよう な初期衝動性が素晴らしい。今聴けばさすがに若向けの音楽だと感 じるが、青春真っ盛りにこれをぶつけられた俺たちは、メタルとか スラッジとかクラストとか細かいことは気にせずに熱くなったもの だ。そこからよりコアなルーツミュージックを辿っていくやつもい たし、辿らないやつもいた。（U・杉本）

The Sabians / Beauty For Ashes（2002）The Music Cartel

Sleep 脱退後、東方正教会の僧侶をしていたという Justin Marler（Gt. & Vo.）。そんな彼が 90 年代にソロ作をリリースした後、元 Sleep の Chris Hakius（Dr.）を誘って 99 年に結成したバンドの 1st。プロデュー サーは Fudge Tunnel の Alex Newport。どんなヤバいドゥーム／ス ラッジが飛び出すのかと思いきや、土臭いメロディックなオルタナ 〜アメリカンロック。ドゥーミーなパートやトライバル風のメロ ディ、荘厳なバラードも顔を出す。なかなかに充実した内容だとは 思うが、Sleep ファンに受けるかは微妙なところ。03 年に 2nd をリ リースし、04 年に解散。（加藤）

Sourvein / Will To Mangle（2002）Southern Lord

現 Electric Wizard の Liz Buckingham（Gt.）が作曲を手がけていたことでも知られる、アメリカの4人組による 2nd。本作は、Liz 在籍時最後の作品にして、最高傑作。ドラムは現 Saint Vitus の Henry Vasquez。00 年発表の 1st は音質に難ありだったが、プロデュースを担当した Billy Anderson の手により、徹頭徹尾殺気に満ちたウルトラヘヴィドゥームへと変化した。Liz のリフワーク、タイトなリズム隊も見事。その後、T-Roy（Vo.）以外はメンバーがコロコロと変わりながらも 11 年に 3rd、16 年には全てのパートを T-Roy が手がけた 4th をリリース。（加藤）

Superjoint Ritual / Use Once And Destroy（2002）Sanctuary

Philip Ansemo（Gt. & Vo.）が 80 年代から曲を作り溜めていたアメリカのバンドが、満を持して発表した 1st。歌詞カードには各楽曲が制作された年が記載されており、最も古い楽曲は 89 年のもの。本作の布陣は、Down や Eyehategod などの Jimmy Bower（Gt.）、The Demonseeds などの Joe Fazzio（Dr.）、そしてツアーメンバーとして The Mystick Krewe Of Clearlight などの Kevin Bond（Gt.）、Hank Williams III（Ba.）がクレジットされている。この面子から想像に難くない、スラッジを高速回転させたような粘り気あるハードコアをプレイ。（杉本）

Teeth Of Lions Rule The Divine / Rampton（2002）Southern Lord

Cathedral の Lee Dorrian（Vo.）、Goatsnake や Sunn O)))の Greg Anderson（Ba.）、Khanate や Sunn O)))の Steven O'Malley（Gt.）、元 Iron Monkey ～ Electric Wizard で現 Cripped Black Phoenix の Justin Greaves（Dr.）という、「轟音だよ！全員集合」なスーパー・ドローン／ドゥームプロジェクトの唯一作。プロデューサーは毎度お馴染み Billy Anderson。バンド名は Earth（US）の同名曲から。ざっくりいってしまえば「ヴォーカルとドラムがいる Sunn O)))」という音楽性だが、メンツがメンツで、さらにノイズまで導入されてしまったために阿鼻叫喚の激重轟音地獄が誕生。Killdozer のカバーを収録。（加藤）

Today Is The Day / Sadness Will Prevail（2002）Relapse

アメリカ・テネシー州の変態技巧派集団による 2 枚組大作の 6th。カオティックハードコアでくくるにはあまりにも前衛的で、精神病質を顕在化したかのような荒々しい音塊の嵐。ノイズの海底に潜む氷土の層に触れると怖くなる。千切れるような金切り声。メロディ性も、張り詰めた世界観を支える一要素に過ぎない。派手なエフェクトを好まず、生々しさを前面に打ち出している点は Converge にも通じる。次作ではさらに低音を効かし、ストレートで切迫した雰囲気を醸し出しているが、曲のスケール感や多様さ、構成力から本作を代表作として推す。（U・杉本）

Warlord（UK）/ Warlord（2002）Audio Archives

イギリスで活動していたカルトハードロックバンドによる、74 年から 77 年までの未発表リハーサル音源などを集めたコンピレーション。元 The Blacksmiths の Ivan Coutts（Key. & Vo.）を含む編成で、"To The Devil A Daughter" は同バンドの曲の再録である。Black Sabbath、Black Widow、Atomic Rooster、Judas Priest などを思わせる、70's へヴィロックがヘヴィメタルに変貌しつつある時代を象徴するようなサウンドであり、うねるグルーヴとドラマ性が同居。レーベルは「U.K. UNDERGROUND DOOM-METAL」と謳っており、元祖エピックドゥームともいえる音世界を展開していた。（杉本）

Anthrax / We've Come For You All（2003）Sanctuary

90 年代に入り、80 年代のスラッシュメタル路線から一転、グルーヴィーなヘヴィロックバンドに様変わりしてファンを困惑させた Anthrax。それでも、曲単位で聴けば『Sound Of White Noise』はやはり力作だった。ただ、少し冗長だった。その次作、次々作は、美点はあるもののアルバムとしては散漫だった。そんな彼らの、グルーヴ路線としての集大成には本作 9th を挙げたい。剛腕の名手、Charlie Benante（Dr.）の滾り具合が違う。これまでは、ときに間延びして聞こえた John Bush（Vo.）の声の張りも良い。何より楽曲が充実。"Safe Home" のような名パワーバラードも生んだ。（杉本）

Camarosmith / Camarosmith（2003）Dead Teenager

High On Fire の Jeff "Sweet Potato Jackson" Matz（Ba.）や Zeke の Donny Paycheck（Dr.）らを含む、アメリカ・ワシントン州はシアトルの 5 人組による唯一作。バンド名は Aerosmith くさいし、アートワークは Black Sabbath『Sabotage』、ディスクの盤面は Atlantic と、全体的にパロディ要素が強いが、音楽は真剣に作られている。粘り気の強いグルーヴを基調としたブギーなロックンロールは、同時代に大量出現していたストーナーの範疇ではあるものの、Soundgarden などのグランジ勢とも親和性が高い。酩酊して管を巻くよりも粉塵を巻き上げながらドライブするのが合うような音。（杉本）

D.J. Muggs / Presents...Volume One: Classic Mixtape（2003）Independent

アーティスト集団 Soul Assassins の中心人物であり、Cypress Hill の DJ も務める DJ Muggs による、ロックとヒップホップのマッシュアップを集めたコンピレーション。Red Hot Chili Peppers と Public Enemy の組み合わせは分かりやすいが、ロックサイドからは Rush、The Doors、Eagles など通好みのマテリアルがトラックとして料理されており、ハイセンスさに舌を巻く。特に、Dr. Dre & B Real と Black Sabbath とのコラボは秀逸で、B Real と Ozzy Osbourne の声の親和性の高さにも気付かされる。ちなみにこの盤はプロモーション用なので非売品。俺は当時、知人にもらった。（杉本）

The Desert Sessions / 9 & 10 (2003) Ipecac

Kyuss や Queens Of The Stone Age の Josh Homme（Gt. & Vo.）によるプロジェクト。様々なミュージシャンを集め、ほぼ即興的に作曲・録音された楽曲を集める形で、97年から03年までに10枚のアナログ盤が制作された。CD版にはアナログ2枚分が収録されており、本作がその最新作にあたる（執筆時点）。曲調は、最低限「ロック」を基調にしながらもジャンルレスで、実験的なものも多い。Masters Of Reality、PJ Harvey、元 Marilyn Manson などのメンバーを含む本作は、比較的ポップでわかりやすい。19年には、16年ぶりの新作がリリースされた。（杉本）

Dixie Witch / One Bird, Two Stones (2003) Small Stone

アメリカ・テキサス州はオースティン出身のヘヴィロックバンド。witch のつくバンド名を名乗ってはいるがオカルト臭は希薄で、ブルースとサザンロックに根差した、汗と太陽と泥の臭いにまみれたハードロックをプレイ。レーベルからも窺い知れようが、もちろんドゥーム／ストーナー色を注入したものではあるものの、どちらかというと70年代の Aerosmith や Ted Nugent のようなテイストのほうが濃厚。こういうタイプってメジャーな HR ／ HM 界隈ではいっぱいあるんだけど、ドゥーム／ストーナー界隈ではかえって新鮮に聞こえますよね。（杉本）

Dragonauta / Luciferatu (2003) Dias De Garage

99年にアルゼンチンの首都ブエノスアイレスで結成されたバンドの1st。Saint Vitus ら 80's トラディショナルドゥームに、Cathedral を思わせるブリティッシュプログレ要素を注入。そこにジャズやサイケデリックな浮遊感もトッピング。スペイン語と英語を使い分けるヴォーカルは初期 Cathedral の Lee Dorrian 風。地下メタル／ハードコアの強烈な邪気も特徴的で初期スラッジにも通じる。現在隆盛を誇る南米ドゥーム勢に影響を与えたかどうかは知らないが、Raw で Evil な音像だ。次作ではスラッシュメタル風のアプローチをとる。18年の5th ではプログレッシブなブラックメタルにシフトした。（加藤）

Gallery Of Mites / Bugs On The Bluefish (2003) MeteorCity

Tim Cronin（Vo.）を中心に、Monster Magnet の新旧メンバー、Solace など、アメリカ・ニュージャージー州のストーナー系ミュージシャン達が参加したプロジェクトの唯一作。The Rolling Stones や The Stooges 影響下の 60's オリエンテッドなロックをプレイ。オルガンやハーモニカが彩りを添え、トリッピーなリードギターがギラギラとした煌めきをアルバム全体に投げかけている。同時代のガレージロックリバイバルへのストーナーロックからの返答、なんて解釈も出来るかも。7曲目 "100 Days (Heron)" に Kyuss 他の John Garcia（Vo.）がゲスト参加。（加藤）

Khanate / Things Viral （2003） Southern Lord

エクストリームな音楽表現の極北として、速さを極めようという機運が 90 年代前半にあったとすれば、遅さに対するそれは Earth（US）などが蒔いた種が 00 年前後に花咲いたといえるかもしれない。Khanate は 元 O.L.D. などの James Plotkin（Ba.）、Sunn O)))他の Stephen O'Malley（Gt.）らを含む 4 人組で、00 年代初頭に結成。ノイズやドローンも交えたウルトラヘヴィな圧殺ドゥームを、あくまでロックバンド的なアンサンブルで体現する。本作 2nd は 4 曲で約 60 分。正直つらい！　が、心身共に余裕があるときなら極上の体験になるかも。（U・杉本）

Korn / Take A Look In The Mirror （2003） Epic

しつこいくらいの重低音を呼び水に一時代を築き、モダンヘヴィネスキッズの憧れの的になったのは良いものの、前作で大ゴケ。一念発起してヘヴィグルーヴとキャッチーなゴスサウンドをふんだんに取り入れた 6th。Black Sabbath のいち解釈としては 1st が、The Cure や The Sisters Of Mercy を通過した 90 年代風のものとして割とよく出来てはいたものの、散漫な細やかさが鼻についた。一方、本作ではその余計な一手間を排したキャッチーさを前面に押し出した。彼らの旨味ともいえるダイナミックな間の取り方が、こうあってはむしろ心地よい耳触り。（U）

Metallica / St. Anger （2003） Elektra

当時、「速い Metallica が帰ってきた」と話題になった 8th。しかし速さよりも耳を引くのは、執拗なまでの反復と珍妙なスネアの音。ストーナーロック風ともいえるが、「後ろから急き立てる」ようなドラムはストーナーのドライブ感と大きく異なる。反復も神経症的で、歌詞の内容もシリアス。ストーナーに理解がありそうな Rick Rubin あたりをプロデューサーに、オーディションを受けたという Scott Reeder をベースにしてギターソロも入れたら、より「それ」っぽくはなりそうだが、本作の独自性は失われるだろう。個人的には結構好きな作品である。アルコールへの渇望を歌った "Sweet Amber" は名曲。（加藤）

Place Of Skulls / With Vision （2003） Southern Lord

元 Pentagram の Victor Griffin（Gt. & Vo.）率いるバンドの 2nd。The Obsessed、Saint Vitus、Victor のソロにもゲスト参加していた Scott "Wino" Weinrich（Gt. & Vo.）が加入し、作曲にも参加。アメリカンドゥーム界屈指のリフメイカーかつ歌い手である 2 人が、ツインギター & ヴォーカルを披露するという豪華な作品になった。しかし 2 人とも、作曲スタイルから声質まで似ているため、非常に一貫性あるアルバムに仕上がっている。Wino は本作のみで脱退し、The Hidden Hand を結成。オリジナルは Southern Lord Recordings だが、国内盤は Leaf Hound からのリリース。（加藤・杉本）

Shinedown / Leave A Whisper（2003）Atlantic

デビューアルバムである本作がヒットし、一躍アメリカンロックシーンの最前線に躍り出た4人組。モダンヘヴィネス化した Corrosion Of Conformity や Metallica のような広義での90年代型ヘヴィロックをベースに、グランジ／オルタナティブロック、ドゥーム／ストーナー、ミクスチャー、ニューメタルなど各論的サブジャンルを飲み込み、王道のハードロックアンサンブルで嫌味なくまとめ上げた。ヴォーカルは Alice In Chains の Layne Staley からクセを取り、ポピュラリティを増したような歌い方。青を基調としたアートワークのせいかもしれないが、全体的に涼やかなムードが漂っているのも魅力。（杉本）

Sleep / Dopesmoker（2003）Tee Pee

ドゥーム史上に刻まれた最大の問題作!?　今作は、諸事情により内容の一部がカットされた98年の『Jerusalem』の完全版としてリリースされた。なんと1曲のみで1時間超というアルバム構成。砂漠の大地を通り抜け聖地エルサレムへ向かうストーナー旅団の物語を、ほぼ単一リフで展開していく。その様は、もはや砂埃にまみれた煙たい聖歌である。延々と押し寄せてくるこの酩酊感・陶酔感に溺れてしまった人は、もう人生をドロップアウトするしかない。そして従うのだ、"riff-filled-land" へ向かう煙に……。これは、ドゥームという音楽が辿りついた一つの完成形ではないか。（鉛）

Sonic Flower / Sonic Flower（2003）Leaf Hound

Church Of Misery（JPN）の Tatsu Mikami（Ba.）を中心に結成。元 Bleed For Pain や G.A.T.E.S. の Fukawa（Dr.）、元 Church Of Misery（JPN）の Hoshi（Gt.）、渋くて格好良すぎるアートワークも手がけた Arisa（Gt.）らによって制作された 1st がこちら。旨味成分たっぷりの70年代ハードロックを、ハードコアを通過したドゥームロックのフィーリングでブッとくドライブさせた、極上のインストゥルメンタル6曲を収録。昭和の哀愁を含んだようなメロディが、国産ならではの魅力。21年には長らく廃盤だった本作の再発盤と未発表音源集をリリースした。（杉本）

Unearthly Trance / Season Of Seance, Science Of Silence（2003）The Music Cartel

アメリカンスラッジコアの代表格だったニューヨークのトリオによる 1st。プロデュースは Sunn O))) の Stephen O'Malley。デスメタルやブラックメタルの邪気を含んだスラッジサウンド。凶悪な重低音ノイズとフィードバックが聴き手の精神を凌辱して惨殺せんとばかりに襲いかかってくる。時折挟み込まれる、叙情的なクリーンヴォーカルがより寒々とした印象を与える。12年に解散し、メンバーは元 Electric Wizard ～ Ramesses の Tim Bagshaw（Gt.）と Serpentine Path で活動中。一方、15年に本バンドも再結成し、17年に 6th をリリースした。（加藤）

Wall Of Sleep / Overlook The All （2003） PsycheDOOMelic

Mood の Gábor Holdampf（Vo.）、Sándor Füleki（Gt.）、Ferenc Marek（Ba.）らツインギター編成の 5 人で結成された、ハンガリーのドゥームメタルバンドによる 4 曲入りデビュー EP。バンド名は Black Sabbath からか。同バンドの "The Wizard" の実直なカバーも収録。Black Sabbath や Saint Vitus、Count Raven などを彷彿とさせるクラシックなドゥームメタルをプレイ。暗くて重いばかりでなく、跳ねのリズムや泣きのメロディをフィーチャしたバラエティ豊かな曲群を収録。歌心あるヴォーカルも魅力的だ。10 年代以降まで、コンスタントに良作をリリースし続けている。（杉本）

Alabama Thunderpussy / Fulton Hill （2004） Relapse

Man's Ruin からデビューしたアメリカ・ヴァージニア州の 5 人組の 5th にして、レーベルを Relapse に移籍してからリリースした 2 作目。ヴォーカルは本作のみ参加の John Weills。極太のリフを武器に、シャウト主体のヴォーカルがアグレッションを発散するサウンドはまさに Relapse 的で、90 年代後半から 00 年代前半にかけてのメジャー級エクストリームロックシーンのフォーマットに則った音に正直色気は乏しい。ただ、彼らの場合はそこに色濃いサザンロックのルーツが見え隠れし、メロウなギターや咆哮に終始せずソウルフルな歌唱を聴かせるヴォーカルが、アルバム全体の流れにフックをもたせている点が魅力。（杉本）

Church Of Misery （JPN） / The Second Coming （2004） Diwphalanx

Bleed For Pain の Hideki Fukasawa をヴォーカルに迎えた 2nd。アメリカのシリアルキラー Ted Bundy をテーマにした冒頭曲 "I, Motherfucker" の曲名が、アルバム全体を象徴しているかのようだ。ドゥームがどうのではなく、ロックとしての格好良さが溢れており、全編を通して殺戮のブギーが鳴り響く。またそれに絡みつくようなアナログシンセサイザーがトリップ感を増幅させ、〝向こう側〟へ導いてくれるような心地良さに包まれる。ちなみに恒例のカバーは Cactus。初リリースは 04 年だが、11 年に再発された方には May Blitz のカバーが追加されている。（鉛）

Clutch / Blast Tyrant （2004） DRT Entertainment

90 年代初頭にアメリカ・メリーランド州で結成された 4 人組の 6th。鍵盤とハーモニカを兼務する Neil Fallon（Vo.）、Tim Sult（Gt.）、Dan Maines（Ba.）、Jean Paul Gaster（Dr.）という布陣は、デビュー時から不変。ラップ調のヴォーカルやヒップホップのグルーヴを取り入れた、イキの良いブルースロックをプレイする。精神性云々の前に、身体に直接語りかけてくるようなノリの良さが最大の武器。本作はとにかくイケイケ（恥）で、全曲で踊れるといってしまってよいのではないか。日本と本国での人気の差がありすぎて、アンダーグラウンドなバンドよりもはるかに来日が期待出来ない……。（加藤）

Comets On Fire / Blue Cathedral（2004）Sub Pop

安酒場から宇宙に飛べ。99 年結成、アメリカ・カリフォルニア州の
バンドが名門 Sub Pop からリリースした 3rd。本作からギターが 1
本増えている。MC5 と Hawkwind がガチンコの殴り合いを繰り広げ
るフリークアウト・ガレージサイケ／ノイズロックンロール。随所
で導入されるサックスやムーディーな鍵盤が強烈なアルコール臭を
放つ。2 曲目の "Pussy Foot The Duke" なんて泥酔状態の YES が場末
のバーで演奏しているかのよう。それにしても凶暴な音だ …… なん
て思いながらトラックリストを見ると、Whiskey とついた曲が 2 曲
もある。やっぱり酒は危険なドラッグだな！（加藤）

Cypress Hill / Till Death Do Us Part（2004）Columbia

え、ゴシック？　と、ジャケットが意表をついてくるのがいつもの
Cypress Hill。その実ちゃんとしたラティーノチカーノで、まるで納豆
にハチミツをいれたらすげえ美味かった、みたいな 7th。お馴染みの
びっくりサンプリングは今回、The Clash の "The Guns Of Brixton" で、
アルバムの雰囲気を崩さない。Bob Marley の息子も "Ganja Bus" で
マイクをとった。オレンジジュースと太陽と、ボングでマイルドになっ
た紫煙を焚きこむ一つまみのデカダンが、プールサイドによく似合う。
彼らの作品のなかでは比較的メタルとの親和性が低いが、そもそも
サイプレスをメタルとして聴こうとすんなっつーの。（U）

Electric Wizard / We Live（2004）Rise Above

4th『Let Us Prey』(02) 発表後、Tim Bagshaw（Ba.）と Mark Greening
（Dr.）が脱退。新たに Rob Al-Issa（Ba.）、元 13 ～ Sourvein の Liz
Buckingham（Gt.）・、元 Iron Monkey 他・現 Crippled Black Phoenix
の Justin Greaves（Dr.）が加入し、4 人編成となった 5th。基本的に
はドロドロのスラッジ／ドゥームながら、気違いじみた歪みはなく
なり、Jus Oborn（Gt. & Vo.）の歌声もクリーンヴォイスが中心となっ
た。アップテンポの 4 曲目 "Another Perfect Day?" も含め、哀愁や
切なさが漂う楽曲が目立つ。冒頭曲は古賀新一でおなじみの呪文を
連呼するオカルティックなナンバー。（加藤）

From Hell / Empty Words（2004）Ritual

国産デスメタルの重鎮 Hellchild の解散後、そのメンバーを中心に結
成された 4 人組による唯一のフルアルバム。スローかつヘヴィなナ
ンバーから幕を開ける本作は、重低音を轟かせるスラッジーな音像
を基調としている。一方で、Motörhead を激化させたようなロッキ
ンチューンあり、メランコリックなアルペジオあり、エモーショナ
ルな展開ありと多彩な表情をみせ、それらを Tsukasa（Vo.）の凶暴
な咆哮が漆黒に塗り潰す。90 年代のあらゆるヘヴィネスを飲み込ん
だうえでさらなる地平を見据えたサウンドは、当時の日本において
早くもポストスラッジ的な世界を切り開いていた。（杉本）

Jesu / Jesu（2004）Hydra Head

Napalm Death を経て結成した Godflesh でインダストリアルの新機軸を提示した他、著名ミュージシャンのリミックスなどで知られる Justin Broadrick（Gt. Ba. Vo. & プログラミング）の、00 年代以降のメインキャリアであるバンドの 1st. 空間系のエフェクトを多用し、雲間に差した陽光のような美旋律を散りばめてミスティックに仕上げた 10 分前後のスローな大曲群。ハードロック的なカタルシスがないので普段の俺には聴き通せないが、車で山道を走りながら聴いたらかなりキた。セッティングは重要かも。以後、「ポストスラッジ」というと多くはこのような音を指すくらい、影響力大。（杉本）

Mos Def / The New Danger（2004）Geffen

アメリカ・ニューヨーク州はブルックリン出身のラッパーによるソロ 2 作目。Funkadelic などの Bernie Worrell（Key.）、Bad Brains の Gary Miller（Gt.）、Living Colour の Doug Wimbish（Ba.）と Will Calhoun（Dr.）による Mos Def 主導のスーパーバンド Black Jack Johnson が参加。ジャズやファンクをベースにもつメロウなヒップホップにヘヴィなディストーションギターも交え、ブルースとロックの要素が融合した作風。上述のバンド群や Rage Against The Machine はもちろん、本作と同時期の Clutch のアルバムなどが好きな人にもお薦めしたい。（加藤）

Orange Goblin / Thieving From The House Of God（2004）Rise Above

いまや、Electric Wizard と共にイギリスのドゥーム／ストーナーシーンを代表する大御所となったバンドの 5th. ツインギターの片割れが脱退し、4 人編成になって初のフルアルバム。プロデューサーは Billy Anderson。前作、前々作に顕著だったストーナー要素は鳴りを潜め、ヘヴィなロックンロールへと変貌した。豪快に突っ走る冒頭の "Some You Win, Some You Lose" や "One Room, One Axe, One Outcome"、女性ヴォーカルが参加する "Black Egg" などは、「名曲」と呼んで差し支えない域に達している。ズルズルのドゥームで締めるラストも素晴らしい。"Just Got Paid" は ZZ Top のカバー。（加藤）

Orodruin / Claw Tower ...And Other Tales Of Terror（2004）PsycheDOOMelic

Blizaro メンバーを含むアメリカのドゥームメタルバンドによる、裏ジャケの「DEATH TO FALSE DOOM」のメッセージも勇ましいコンピレーション。4 曲入りのミニアルバム的な前半『Order Of The Claw』と、99 年から 02 年までのデモ音源 5 曲を収録した後半『The Beginning』の 2 章構成。前半に Quartz のカバー "Stand Up And Fight" を収録。Orodruin こそが真のドゥームなのか!? という疑問はさておき、Black Sabbath をベースに初期 Trouble や Saint Vitus を感じさせる US 地下ドゥームスタイルはなかなかの貫禄。リズムの緩急と歌心あるヴォーカルによって各楽曲が粒立っている。（杉本）

Pentagram / Show 'Em How（2004）Black Widow

Joe Hasselvander（Dr. Gt. & Ba.）が脱退し、Internal Void の Kelly Carmichael（Gt.）と Adam Heinzmann（Ba.）、Dream Death 〜 Penance の Mike Smail（Dr.）を迎えて制作された 6th。布陣は変われど、Bobby Liebling（Vo.）の存在感と独特の歌声が醸すオーラは不変。新曲は "Elektra Glide"、"Prayer For An Exit Before The Dead End"、"City Romance" の 3 曲のみで、残りはすべて 70 年代の楽曲のリメイク。それゆえ、80 年代以降の Pentagram がもつ暗さ、妖しさは薄れ、70 年代スタイルのヴィンテージなドゥームロック作品となっている。（加藤）

Porn（The Men Of）/ Wine, Women And Song…（2004）Small Stone

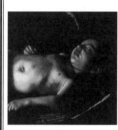

サンフランシスコのミュージシャン Tim Moss（Gt. & Vo.）によるプロジェクトの 3rd。本作は Melvins 他の Dale Crover（Dr.）、Billy Anderson（Ba. Pf. Org. など）が参加したオールスター編成。アートワークはドゥーム界隈の作品を多く手がけてきた Frank Kozik。ストーナーのドライブ感もあるオルタナ寄りスラッジロックに Pink Floyd 風の長尺曲からブラストビートの使用などもあり、枠にとらわれることを拒絶する作風は Melvins にも通じる。人を喰ったユーモアと爛れた陶酔感、ひねくれた実験性と奇怪な神秘性が同居している。（加藤）

Probot / Probot（2004）Southern Lord

元 Nirvana で現 Foo Fighters の Dave Grohl が、彼の敬愛する地下音楽界のヴォーカリストたちに自分の作った曲を歌ってもらうという企画盤。Dave がほとんどの楽器を担当。Motörhead の Lemmy Kilmister や Venom の Cronos ら大物が参加しているが、本書的に注目すべきは、やはり Cathedral の Lee Dorrian、The Obsessed などの Scott "Wino" Weinrich（Lemmy が歌う "Shake Your Blood" の PV にも出演）、Trouble の Eric Wagner。「本家」の雰囲気をコピーしつくした Dave の作曲センスに舌を巻く。隠しトラックの俳優 Jack Black が歌う "I Am The Warlock" も素晴らしい！（加藤）

Subvert Blaze / Subvert Art Complete Works（2004）Alchemy（JPN）

80 年代から 93 年にかけて大阪で活動していた、ヘヴィサイケトリオによる公式音源を集めたコンピレーション。ブリブリのギター、うねりのたうつリズム隊、ガナるヴォーカルのすべてが凶暴な殺気を発散。特にヴォーカルの声質はジャパニーズハードコア的ですらあり、後世の生半可なスラッジバンドが裸足で逃げ出す音を当時から出していたのは驚異的だ。フォーキーなナンバーやメロウなナンバーもあり、静と動の対比も見事。まさに「大阪の奇跡」と呼ばれるにふさわしい存在であった。解散後、柿木義博（Gt. & Vo.）は 94 年に Garadama を結成する。（杉本）

Victor Griffin / Late For An Early Grave （2004） Outlaw

Pentagram、Place Of Skulls 他の Victor Griffin（Gt. & Vo.）が、88〜94 年にレコーディングしたデモ音源集。Victor の親父声と熱いギタープレイを軸にした男臭いハード／ドゥームロックだ。一部の曲に The Obsessed や Saint Vitus などの Scott "Wino" Weinrich がギターやコーラスで参加。後に Victor が率いる In-Graved や Pentagram と共通の楽曲がある他、曲名を変更して Place Of Skulls で使用されるものもある。Steppenwolf と Motörhead のカバーである "The Pusher / Iron Horse"、The Dead Boys のカバー "Ain't It Fun"、"Son Of Sam" を収録。（加藤）

Witchcraft / Witchcraft （2004） Rise Above

00 年に結成。スウェーデンの 4 人組が Lee Dorrian 主宰の Rise Above Records から発表した 1st。70's ハードロックの発掘音源かと思わせるほどにレトロでヴィンテージなサウンドは衝撃的で、現在の 70's リバイバルやモダンレトロを志向するバンド群に多大な影響を与えた。2nd、3rd とサイケ、フォーク色を強めていたが、12 年、トリプルギター編成になって Nuclear Blast からリリースした 4th ではメタリックなサウンドにシフトした。いずれもの作品も高クオリティだが、やはりデモテープレベルの音質の音源をそのまま世に放ってのけた初期のサウンドに凄味があったと感じる。（加藤・杉本）

光束夜 / Live 逆流虚空 （2004） P. S. F

70 年代後半に金子寿徳（Gt. & Vo.）を中心に結成された日本のダークサイケデリックバンドによる、91 年の仙台 GOSPEL における演奏を収録したライブ盤。本作での布陣は、結成時からのメンバーであるミック（Ba. & Vo.）と、高橋幾郎（Dr.）。藤井哲がライナーノートに書いているように、私も言葉で彼らの音楽性を解析したり音像を描写することは慎みたいと思うが、私にとって本作を聴くことは、不定形のフレーズを繰り出す楽器隊の演奏が空間を闇に染めるなか、音の間にバンド名にも含まれている〝光〟を垣間見るような体験である。「夢の影」と「兆（きざし）」の 2 曲をそれぞれ約 20 分ずつ収録。（杉本）

Bad Wizard / Sky High （2005） Howler

アメリカ・ニューヨークのストーナーロックバンドによる最終作。陽気なハードロック（プロトドゥーム系のカルトなやつじゃなくて、アリーナが似合うような大衆向けのほう）をベースにした音楽性が持ち味。Kiss や AC / DC などを彷彿とさせる、リフ一発で身体が動くカラっとしたグルーヴと、ルサンチマン皆無の高気圧入道雲サウンドでグイグイ聴かせる。Motörhead 直系のスピードナンバーも。とはいえ、本書に掲載するくらいだから、もちろん粘っこいグルーヴが基調にある。曲調が多彩で器用な Fu Manchu とでもいうべきか。（杉本）

Bedemon / Child Of Darkness: From The Original Master Tapes（2005）Black Widow

Pentagram の Randy Palmer（Gt.）が 70 年代に始めたバンドで、メンバーも Geof O'Keefe（Dr.）、Bobby Liebling（Vo.）ら Pentagram と共通するメンツ。本作は、そんな彼らのデモ音源をまとめたコンピレーション。初期 Pentagram と同様、Black Sabbath の暗黒面を抽出したヘヴィロックを展開し、楽曲によっては〝まんま〟なものも。デモゆえに音質は悪いが、そのカビ臭さ、ローファイさがかえって味わいを増している。特に、サビサビの弦で弾いたようなギターの歪みっぷりは極悪。70's カルトハード、プロトドゥームのディガーなら大満足であろう 1 枚。（加藤・杉本）

Bongzilla / Amerijuanican（2005）Relapse

アメリカはウィスコンシン州のガンジャの星 4 人組による 4th。ベースが Buzzov・en、Weedeater の Dave "Dixie" Collins に交代した。しつこいぐらいに挿入されていた SE がほぼなくなり、ルーツたる Black Sabbath とブルースのテイストが大きく出ている。ヴォコーダーの使用も印象的な 12 分に及ぶサイケデリックなインスト "Stone Sphere"、Muddy Waters のカバー "Champagne and Reefer" のラスト 2 曲がハイライトだ。09 年に解散。15 年に再結成、21 年にトリオ編成で 16 年ぶりのアルバム『Weedsconsin』をリリースした。（加藤）

Buzzov・en / Welcome To Violence（2005）Alternative Tentacles

90 年頃にアメリカはノースカロライナ州で結成された、スラッジコア黎明期のバンドの一つ。本作は 92 ～ 94 年に発表した楽曲をまとめた初期音源集。ブルースやサザンロックの影響を感じさせるリフを主体に、泥濘を這いずり回るようなスローパートとパンキッシュにロールする暴走パートが錯綜する。99 年、Kirk Fisher（Vo.）の薬物中毒が深刻化して解散。Kirk はソロでフォーク／カントリー方面へ、その他のメンバーは Weedeater や Sourvein などで活躍していたが、10 年に再結成、11 年にはフルアルバム『Revelation: Sick Again』をリリース。（加藤）

Capricorns / Ruder Forms Survive（2005）Rise Above

元 Iron Monkey の Dean Berry（Ba.）、Orange Goblin の Chris Turner（Dr.）、後に Alabaster Suns メンバーとなる Nathan Bennett（Gt.）と Kevin Williams（Gt.）らが在籍していたことで知られる、イギリスのスラッジコアバンドによる 1st。一部に絶叫もフィーチュアされているが、基本的にインストゥルメンタル主体。クラストコアやプログレッシブロックのフィーリングを含む異形の音像は（いわれればそうだと思う程度かもしれないが）英国的で、ポストドゥーム／スラッジの世界にも足を踏み入れている。遅くて重いだけの拷問音楽にはあらず、ほのかな R&R 要素でドライブをかけた聴き味が魅力。（杉本）

Cathedral / The Garden Of Unearthly Delights （2005） Nuclear Blast

やや肩の力を抜いてポップに作ったかのような前作を経てリリースされた 8th。ハードコアパンクのテイストが強いアグレッシブな楽曲と、いかにも英国的な叙情味をもつ楽曲が交互に配された構成で、オールドスクーラーズに歓迎された。特に "North Berwick Witch Trials" や "Corpsecycle" などでみせた NWOBHM 風味は、ちょい後のヴィンテージリバイバル勢に大きなインスピレーションを与えたかもしれない。ラストを飾る "The Garden" は 27 分に迫る超大曲で、彼らのフォーク／プログレ趣味をぎっしりと濃縮。随所にフィーチュアされた女声ヴォーカルがフック。（杉本）

Circulus / The Lick On The Tip Of An Envelope Yet To Be Sent （2005） Rise Above

イギリスのサイケデリックフォークバンドによる 1st。レーベルから察するに、当時の「ドゥーム」の文脈において何らかの意味合いを付与されてリリースされたものであろう。時期的には、後の古典派回帰バンド群の嚆矢として位置付けられるか。ギターとヴォーカルに加え、サズとシタールをもプレイする Michael Tyack を中心に、女声ヴォーカルや、フルートやパーカッションなど様々な楽器を担当するメンバーが入れ替わり立ち代わり。本作には 7 人がクレジットされている。現代的なヘヴィネスなどどこ吹く風といわんばかりに 60 〜 70 年代のフォークネスを叩き付ける、ミレニアム Jethro Tull。（杉本）

Coffins / Mortuary In Darkness （2005） Razorback

東京を拠点とする国内デスメタル界の重鎮、初期には Yoshiaki Negishi も参加していたことのある Coffins の 1st。彼らの音楽はしばしば「ドゥームデス」と形容されるように、スラッシュメタルをルーツにもつ刻みのリフよりも、Black Sabbath の血を強く感じる粘り腰のグルーヴが存在感を放っている。デスメタルをただ遅くプレイしただけの鈍重な代物にはあらず、墓場を思わせる瘴気を宿したサウンドと、ハードコアパンクにも通じるリズム、そしてほのかに滴るブルースの出汁が渾然一体となり、聴けば聴くほどに旨味が滲み出る音世界である。（杉本）

Corrupted / El Mundo Frio （2005） HG Fact

元 Boredoms、想い出波止場、Concrete Octopus などの Chew （Dr.）を中心に結成された、大阪地下音楽界の最重要バンドにして、世界的な評価も高いスラッジコアバンド Corrupted。本作では、1 曲を約 70 分以上にわたって展開する。キャリアを通じて不変のモノクロアートワーク、すべてを押し潰すかのような轟音パート、スペイン語のダミ声咆哮と、憂いを帯びたポエトリー・リーディングやクリーントーンのアルペジオを使用した美しく静謐なパートで、荒涼としたディストピア「冷えた世界 (El Mundo Frío)」を描き出し、牛歩で進んでゆく。（加藤）

Dead Meadow / Feathers（2005）Matador

98 年に結成した、アメリカ・ワシントン DC のサイケデリックストーナーバンドによる 4th。本作からツインギター編成になった。紫煙の渦の中をたゆたうようなヘヴィグルーヴと甘い歌声が、聴く者の神経を脳天からつま先まで弛緩させる。当初から特徴的だったフォーク色が強まり、ドリーミィなサウンドスケープに神秘性を加えている。ラスト 2 曲の "Untitled"、"Through The Gates Of The Sleepy Silver Door" は、1st に収録されている曲の再録だ。バンドは現在も現役で、18 年には 5 年ぶりの 8th『The Nothing They Need』をリリースした。（加藤）

Debris Inc. / Debris Inc.（2005）Rise Above

Saint Vitus の Dave Chandler（Gt. & Vo.）と、元 Trouble、Place Of Skulls の Ron Holzner（Ba.）によって結成されたバンドによる、唯一のフルアルバム。ドラムは、Eyehategod の Jimmy Bower、元 Crowbar の Tony Costanza、The Obsessed や Goatsnake の Greg Rogers、元 Trouble の Barry Stern ら豪華なメンツが各曲を担当。"Nausea" には Crisis の女性ヴォーカルである Karyn Crisis がゲスト参加している。単音リフによるズルズルのドゥーム曲と、ハードコアパンク風の楽曲が混在する構成。いずれにしても音像はプリミティヴ。08 年にバンドは解散。（加藤）

Eternal Elysium / Searching Low & High（2005）Diwphalanx

結成は 91 年。Church Of Misery（JPN）、Boris、Greenmachine らと並んで日本のヘヴィロック界に君臨する、名古屋のバンドによる 4th。サイケ、ブルース、ジャズ、ファンクから日本のニューロックまでを飲み込んだ多彩なサウンドは、単なるドゥーム／ストーナーの領域に留まっていない。全編にポジティブなエネルギーが満ちているのは、ロックそのものやシーンへの思いゆえか。約 17 分にわたって展開するラストのジャム "Green Song" は、そんな彼らの一つの到達点。後には日本語詞を取り入れ、ベテランながらも新たな境地を切り開いていく。（加藤）

High On Fire / Blessed Black Wings（2005）Relapse

Sleep の Matt Pike（Gt. & Vo.）率いるトリオの 3rd。本作では、Melvins や Earth（US）などで知られる Joe Preston（Ba.）が加入した。このバンドは、ドゥーム／ストーナーロックの先にあるものを指し示した。音色そのものに表れる無骨さ、野蛮さが、誤解を恐れずにいえば、純粋な形で結晶と化している。Black Sabbath、Motörhead、Venom、Celtic Frost などからの影響が顕著な、骨太な轟音のエッセンスを凝縮したサタニックでダーティなサウンドは、ルーツに忠実でありながら懐古主義に終始せず、ヘヴィロックの新たな地平を開拓したのだ。（U）

Indian / The Unquiet Sky（2005）Seventh Rule

アメリカ・イリノイ州のシカゴを拠点とする当時トリオの 1st。激重激遅な楽曲に、ほぼメロディレスのスラッジーな高音喚きヴォーカルをフィーチュアした圧殺系ドゥーム。4 分にわたってスペーシーな効果音を展開する冒頭の "No Able Fires" から 9 分の大曲 "Ration" に雪崩れ込む時点で、一見さんお断りのお店だとわかる。とはいえ、ファジーな音づくりや随所に差し込まれたテンポチェンジも含め、快楽増幅の手法も身につけているので、通えば親しみが湧くタイプかも。割とコンスタントにアルバムを発表しており、ノイズ担当者が在籍していたこともある。（杉本）

Kamchatka / Kamchatka（2005）Grooveyard

60 〜 70's スタイルのブルースロックを聴かせるスウェーデンのパワートリオによる 1st。Cream や Johnny Winter が往時のエネルギーをもって現代の音質の下に蘇ったならばかくもあろうと思わせる、原始的エネルギーに裏打ちされた強力なヘヴィロック。弦とピックの摩擦による振動まで伝わってきそうな、生々しくもクリアなサウンドプロダクションが素晴らしい。男臭くソウルフルなヴォーカルも上手い。Johnny Winter の "I Love Everybody"、Devo の Gerald V Casale 作曲による "Auto Mowdown"、"Spacegirl Blues" をカバー。19 年までに 7 枚のアルバムをリリースしている。（杉本）

Kayser / Kaiserhof（2005）Scarlet

元 Spiritual Beggars の Spice（Vo. & Ba.）率いるスウェーデンのバンドによる 1st。The Defaced の Swaney（Gt.）、それぞれ Aeon と The Mushroom River Band で Spice とキャリアを共にしていた、Fredrik Finnander（Gt.）と Bob Ruben（Dr.）という布陣。Pantera をより直情的にしたようなモダンスラッシュで、演奏はカッチリかつテクニカル。グルーヴィーではあるものの Spice が参加した他のバンド群ほどにドゥーム的な旨味はなく、本書の読者が気に入るかどうかはわからない。ただ、Spice の野獣的な声質を鑑みれば、このスタイルこそ彼が最も活きる道なのかもしれない。（杉本）

Mournful Congregation / The Monad Of Creation（2005）Weird Truth Production

それぞれが公式音源をリリースし始めた時期が近しいためか、00 年代初頭には「フューネラルドゥーム」なる新ジャンルの気鋭としてドイツの Worship と並び称されていた気がするオーストラリアのバンド。これは遅くなったブラックメタルなのか、シャリシャリしたドゥームメタルなのか。共通していたのは沈鬱なメロディ、プリミティヴな音質、徹底的にスローなリズムに支配された、美しくも極限までポピュラリティが排されたカルトサウンド。ミニマルな圧殺スラッジ系と異なり、音圧には乏しく、聴き込めば展開は練られていることがわかる。本作は全 4 曲 60 分超の 2nd。（杉本）

Ocean / Here Where Nothing Grows (2005) Important

アメリカはメイン州・ポートランドのドゥーム／スラッジバンドによる 1st。Sylvia の Candy Carlson（Gt. & Vo.）と Reuben J. Little（Ba.）が在籍していた。バンド名のごとく、日の光が絶対に届くことがない海溝の奥底に沈み込むような、激重激遅スタイル。ヴォーカルはドスをきかせたタイプで、全 3 曲 60 分超というエクストリームな構成。同フレーズを反復しながらもパターンを少しずつ変え、ゆるやかに展開していく様は、プランクトンの死骸が堆積し、天然資源に変化していく地球の大いなる循環を表現しているかのようだ。08 年の 2nd も全 2 曲 約 60 分の大作志向。（杉本）

Pelican / The Fire In Our Throats Will Beckon The Thaw (2005) Hydra Head

アメリカ・イリノイ州を中心に活動していた Tusk を母体とするインストバンドの 2nd。Isis や Neurosis らポストメタル勢的なサイケ／ストーン色を感じる、ボストンハードコアやノーウェーブなどのエッセンスがあるサウンド。本作は四季をテーマにしており、冬の冷たく透き通った空気から夏の不気味に明るい陽射のなかに逆行するトリップ感はなかなか。前作に比べ幻想的かつモダンなアート性がより高まったと同時に、ヘヴィネスも凄みを増した。無限の静寂が支配する後半部での宇宙的な広がりは、ハードコアやストーナーの新たな未来を見せてくれる。（U）

Redwood Blues / The Pace Of The Ordeal (2005) Ducking Stool

01 年に結成された、横浜のバンドによる 1st。ベースは後に Inside Charmer、Floaters でも活動する Mossa Hiro。バンド名の元ネタである Spice 在籍時の Spiritual Beggars、Blind Dog などの影響を感じさせるドゥーム風味のブルース。鋭く小気味よいカッティングを多用するギターは Spiritual Beggars からの参照と聴こえなくもないが、オルタナ／ミクスチャー勢との親和性も見出せる。特筆すべきはそのギターを兼任し、吼えて歌って吼えながら歌う My Choice（Gt. & Vo.）の圧倒的な存在感。現在は Floaters の Jun（Dr.）を迎えて活動している。（加藤）

The Stars / Perfect Place To Hideaway (2005) Pedal

元 White Heaven で、ゆらゆら帝国のプロデューサーとしても知られる石原洋（Gt. Vo. & Dr.）率いる、日本のサイケデリックロックバンドによる 2nd。White Heaven の栗原ミチオ（Gt.）、ゆらゆら帝国の亀川千代（Ba.）らを含む布陣。Neu! などのクラウトロックを思わせるミニマルなリズムを基調に、60 年代末のロックがもつ静的なサイケデリアや動的なガレージロックを展開。日本のオルタナティブロックらしいポップネスを湛えた曲もあれば、ひしゃげたノイズにまみれて暴力的な衝動を爆発させた曲もある。バラエティに富む全 6 曲。（杉本）

2000年代

Soilent Green / Confrontation（2005）Relapse

アメリカ・ルイジアナ州はニューオリンズのサザングラインドの雄による 4th。デス／グラインドの攻撃性・爆音性に、アメリカ南部特有のブルージーともジャジーともいえる埃っぽさがアクセントになっており、さらには持ち前のプログレッシブの構成力が研ぎ澄まされた 1枚。前作、前々作に比べると、わかりやすさが前面に押し出されているが、爆発力は失われていない。地下音楽のエッセンスが十分に抽出された良作だ。アルバム全体の流れも非常に良いが、各楽曲も変化に富み、この手のバンドにありがちな「全部同じに聴こえる」状態に陥っていない。Tommy Buckley（Dr.）は Crowbar にも。（U）

Spiritual Beggars / Demons（2005）Inside Out Music

ストーナーやドゥームというサブジャンルが 70 年代への回帰衝動の産物であるという意見は、ある意味では的を射ている。Michael Amott（Gt.）率いる彼らもしばしばドゥームと呼ばれるが、それはひとえにサウンドが発する 70's ハードへの愛情と憧憬によるものであろう。この 6th は前作よりもサイケデリックなグルーヴ感に溢れ、70 年代への偏愛をいっそう感じることが出来る。俺は本作から、ハードロックの本質とは音の一つ一つをなぞって理解するものというより、全体をそのまま知覚し体感するものであるとの考察を得た。それこそがドゥーム／ストーナーに受け継がれたのだ。（U）

Taint / The Ruin of Nová Roma（2005）Rise Above

90 年代半ばから活動していたイギリスのトリオによる 1st。アートワークからも窺い知れようが、当時最先端のヘヴィネスのなかにエモーショナルな響きを交えた音楽性で、「ポストスラッジ」の世界に片足を突っ込んでいた。まぁ、エモい要素があるだけで「ポスト」などと呼べちゃうほどにメタルの世界は守旧派が幅を利かせているわけだが、ドゥーム／ストーナーというサブジャンルは比較的外部の音楽ともリンクしやすい弾力をもっていたといえる。彼らの場合は、ノリの良いロックンロールをもベースにもつスタイルが親しみやすく、小気味よかった。フルアルバムとしては 07 年の 2nd がラスト。（杉本）

Thrones / Day Late, Dollar Short（2005）Southern Lord

Melvins、Earth（US）、High On Fire などでベースをプレイしてきたJoe Preston によるソロプロジェクトのコンピレーション。フルアルバムとしては 96 年に『Alraune』をリリースしたのみだが、シングル、EP、スプリットなどを多数発表しており、その全容をフンワリと掴むには未発表曲を含む本作が良いかもしれない。非構築派のジャンクなスラッジを基調としながら、おそらくは故意にであろうが、ノイジーな曲とメロウな曲が交互に配置されており、なんちゅーか文字通りの意味でオルタナティブな精神をビンビンに感じる 1 枚だ。スラッジキチガイ博士の実験室。（杉本）

Torche / Torche（2005）Robotic Empire

Floor の Steve Brooks（Gt. & Vo.）と Juan Montoya（Gt.）を含むメンバーで 04 年に結成された、アメリカはフロリダ州の 4 人組による 1st。靄がかかったように感じるほどのスラッジーな重低音を用いながら、The Wildhearts ばりにポップでキャッチーなメロディを散りばめて楽曲を構築する個性派。軽快でロッキンなリズムと、透明感がある声質のエモーショナルヴォーカルが親しみやすい。各曲はおおむね 1 〜 3 分程度にまとめられており、全 10 曲（Rock Action Records からの再発版は 11 曲）で収録時間が 30 分に満たないという点もアッサリしている。（杉本）

Truckfighters / Gravity X（2005）Fuzzorama

01 年に結成した、スウェーデンのストーナーロックバンドによるデビューアルバム。この頃はギターが 2 人の 4 人編成だ。Fu Manchu の脱力感とキャッチーなファジーさ、Kyuss の静寂感と酩酊感を融合したようなサウンドだが、それでいて美しいメロディをもあわせもつ。ガレージロックのスタイリッシュさも漂わせた、粒立ちのよい楽曲が並ぶ。"Momentum" ではその卓抜したメロディセンスを存分に発揮している。"Subfloor" のニクいホーンアレンジからリフをバシバシとキメ、ドラマティックに展開する "Gweedo-Weedo" への流れが個人的ハイライト。（鉛）

Yawning Man / Rock Formations（2005）Alone

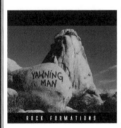

Kyuss に多大な影響を与えたことでも知られる、パームデザートのデザートロックシーンの創始者が結成 19 年目にして放った 1st。90 年代には The Sort Of Quartet という名前でジャズをプレイしており、SST Records から作品をリリースしていた。中心メンバーは Gary Arce（Gt.）と Fatso Jetson などの Mario Lalli（Ba.）で、本作のドラムは Kyuss にも在籍した Alfredo Hernandez。緩やかなサーフロック調のギターと力強く脈動するリズム隊による雄大なサウンドスケープは、目を閉じてリラックスした状態で聴けば千変万化する砂漠の情景が浮かんでくるだろう。（加藤）

The Answer / Rise（2006）Albert

AC / DC を擁する Albert Productions からデビューし、KERRANG！など英国音楽誌がこぞって絶賛。鳴り物入りでシーンに登場したアイルランド出身の 4 人組による 1st。「古典派ブリティッシュロックの再来」みたいな扱いを受けていたわけだが、メディアが大騒ぎする反面、音楽性が Led Zeppelin や Free など英国ハードのなかでも比較的乾いた部類の音を AC / DC 的なブライトさでドライブした代物だったためか、湿り気を愛する日本のリスナーからは大した人気を獲得していない印象。ストーナーを聴く耳で聴くと結構おいしい。ヴォーカルは Paul Rodgers と David Coverdale を足したようで上手い。（杉本）

The Black Angels / Passover（2006）Light In The Attic

04 年、アメリカはテキサス州で結成。バンド名を The Velvet Underground の "The Black Angel's Death Song" から取り、ネオサイケの騎手としての名声をほしいままにする、ドローンマシーン奏者を含む 5 人組による 1st。裏ジャケの「ULTRASONIC SOUND」との謳い文句が、ある種のリスナー層に訴求している。60 〜 70 年代のガレージ／サイケをダウナーなフィーリングで包み込んだスタイルで、ソフトな音像が非常にチルアウティング。メタル／ハードロックの耳には親和性が低いスタイルだが、曲によっては Hawkwind を彷彿とさせる符丁が登場し、ニヤリとさせられる。（杉本）

Black Stone Cherry / Black Stone Cherry（2006）Roadrunner

アメリカ・ケンタッキー州のヘヴィロックバンドのデビューアルバム。ここ日本では、ドゥーム／ストーナーという枠組みを超えたアメリカンハードの新星として紹介されたためか、アンダーグラウンド界隈ではかえってあまり聴かれていない印象のバンド。まぁ、1 曲目の冒頭のリフなど Pantera を彷彿とさせるものだし、それはそれで順当な位置付けであったのかもしれない。とはいえ、サザンロックを（当時の）現代的ヘヴィネスで叩き付けたサウンドは Down にも通じるものがあるし、粘り腰のグルーヴには濃密な聴き味が伴う。The Yardbirds の "Shapes Of Things" をカバー。（杉本）

The Dead Pan Speakers / The Dead Pan Speakers（2006）Diwphalanx

日本人 4 人組による人力サイケトランスバンドの、Sex Pistols と Neu! を足したかのようなアートワークもキュートな 1st。クラウトロックやテクノを思わせるミニマルなリズムを基調としながら、ドラムが有機的なグルーヴを生み出している。ハードコアやストーナーにも通じるヘヴィネスが時折顔を出す、コアサイドから登場したポストロックといった趣。ディストーションよりもクリーントーンや空間系のサウンドが強調されており、キャッチーに紡がれた音像はさながら万華鏡のごとし。中毒性が強く、いくらでも聴いていられます。首都圏を中心にライブを精力的に行っている（杉本）

Death Mask / Exhumation（2006）Old Metal

85 年に結成されたアメリカの地下ドゥームトリオによる、デモとライブ音源をまとめたコンピレーション。ブックレットには若い頃のものと思しき写真が掲載されており、ベース & ヴォーカルは巨漢の黒人でなかなかに迫力があるが、全体としてモッサリドンヨリとした佇まいの 3 人組ではある。Asylum の前座を務めたりもしていたようで、確かにそんな感じの音楽だ。曲調は Black Sabbath を正統に継承したもので、ギターのリフワークはもちろん、ボコボコとうねるベース、ドラムのフィルワークからもリスペクトが伝わってくる。ドタバタと疾走する曲は US ハードコアテイストで、これまた渋い。（杉本）

Electric Wizard / Pre Electric Wizard 1989 -1994（2006）Rise Above

Electric Wizard の前身バンドである Lord Of Putrefaction、Thy Grief Eternal、Eternal の音源を集めたコンピレーション。それぞれ、91 年、92 年、93 年のスプリットやデモからの再録である。Lord Of Putrefaction は、後の Ramesses の Adam Richardson（Gt. & Vo.）が歌うドゥームデス。Thy Grief Eternal では Jus Oborn（Gt. & Vo.）がデス声で歌っており、とても同じ人物とは思えない。Eternal は Electric Wizard に最も近いスタイルで、Jus もノーマル声にシフトしている。Eternal は Black Sabbath の "Electric Funeral" をカバーしていた。（加藤）

Entrance / Prayer Of Death（2006）Tee Pee

Guy Blakeslee（Gt. & Vo.）率いる、アメリカ・カリフォルニア州ロサンゼルスのバンドによる 3rd.。インドの古典音楽やフォークを飲み込んだ、レイト 60's 的混沌サイケデリックブルース。01 年に亡くなったフォークミュージシャン Sandy Bull に捧げられた "Requiem For Sandy Bull（R.I.P.）" を始め、死のイメージがヴェールのごとく全体にまとわりついている。元 A Perfect Circle の Paz Lenchantin（Ba. Vo. & 他）による、"Silence On A Crowded Train" や "Valium Blues" でのバイオリンワークは見事に聴き応えアリ。09 年以降は The Entrance Band 名義で活動中。（加藤）

The Flaming Lips / At War With The Mystics（2006）Warner Bros.

83 年に結成、03 年にはグラミー賞で「最優秀ロック・インストゥルメンタル・パフォーマンス賞」を受賞したアメリカのバンドによる 11th.。サイケを下敷きに様々な実験的アプローチを重ねてきたバンドだが、本作はそんな彼らの歌モノとしての魅力が凝縮された 1 枚。冒頭の「yeah, yeah, yeah, yeah…」というコーラスは聴いたら一生忘れられない。全編を通しても、キュートなポップネスとうねりのあるサウンド、細やかなアレンジを堪能出来る。あまりメタル／ハードロック界隈とはリンクしていないが、The Beatles や Pink Floyd のトリビュート作品を制作したりと本書的には注目したい。（杉本）

Kalas / Kalas（2006）Tee Pee

Cruevo、Eldopa などアメリカ・カリフォルニア州オークランドのスラッジ／ハードコア人脈のメンバーらによって、Scum Angel の名で 03 年に結成。Sleep、High On Fire の Matt Pike（Vo.）も参加していたバンドの唯一作。メタリックハードコア～ポストメタル寄りのドゥームといった具合のメランコリックな楽曲に、Matt があの蛮カラ声でしっとり、というかじっとりと歌い上げている。バンド自体、Sleep、High On Fire との差別化を図ろうとしていたようだ。後に High On Fire がメロディックなアプローチをとることを考えると、彼のキャリアにおいて重要な作品の一つかも。（加藤）

Krux / II （2006） GMR Music Group

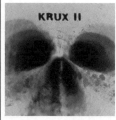

Candlemass のブレーン Leif Edling（Ba.）、その Leif と Abstrakt Algebra で共演し、Yngwie Malmsteen のアルバムで歌ったこともある Mats Levén（Vo.）、Entombed や Grave などでプレイしていた Jörgen Sandström（Gt.）、同じく Entombed や Unanimated などのキャリアで知られる Peter Stjärnvind（Dr.）他、スウェディッシュ暗黒メタル界の重鎮プレイヤーで構成されたドゥームメタルバンドによる 2nd。Leif が携わっているから、当然のごとく Candlemass 直系の暗黒様式美を展開。音に意外性はまったくないが、演奏・楽曲共に高品質だし、Mats の歌にも味がある。（杉本）

Mammatus / Mammatus （2006） Holy Mountain

05 年結成、New Mage Breath Metal を掲げるカリフォルニア州サンタクルーズのバンドによる 1st。再生開始 1 秒で宇宙に躍り出るクラウト／スペースロッキンな 1 曲目 "The Righteous Path Through The Forest Of Old" の冒頭から 100 点！　3 分ほど経つと Dead Meadow を思わせるヘヴィサイケに転調。その他の曲もブルージーなストーナーロック、ドゥーム、ドローン、プログレッシブなスラッジメタルにいたるまで、本書に掲載されている多種多様な作品をアウフヘーベンした快楽主義ヘヴィロックを展開する。ちなみにバンド名は「乳房雲」の意。（加藤）

Pagan Altar / Mythical & Magical （2006） Oracle

NWOBHM 期に活動し、当時の発掘音源が 98 年にリリースされて話題になったカルトドゥームメタルバンド。04 年の再結成以降、本作 4th まで過去の楽曲を再録音しつつ作を重ねた。Black Sabbath などを根底にもつオカルティックなハードロックに、Terry（＝父、Vo.）、Alan（＝息子、Gt.）の Jones 親子による泣きまくりのメロディがフィーチュアされたシケシケヴィンテージ路線は一貫しており、特に再結成後はサウンドプロダクションの向上と相まって扇情力が各段にアップしている。15 年に Terry が逝去も、録音済みの音源を一部再録して 17 年にリリースした。（杉本）

Pentagram / First Daze Here Too （2006） Relapse

バンドが結成された 71 年から 76 年までのデモやレア音源を集めた、2 枚組コンピレーション。Blue Cheer や Sir Lord Baltimore の影響下にあるアメリカンハードロックで、「Kiss が楽曲を買いたいと申し出た」との逸話が物語る通りの素晴らしい内容。Disc1 はスタジオ音源で、The Rolling Stones や The Yardbirds のカバー、Geof O'Keefe（Dr.）が手がけた楽曲を収録。Disc2 は郵便倉庫で録音されたという音源で音質は悪いが、"Show 'em How" の壮絶なギターソロやジャムにはブッ飛ばされる。ブックレットにはメンバー 3 人のコメントや Geof による詳細解説が掲載されており、非常に興味深い内容。（加藤）

Possessed / Exploration （2006）Rise Above

The Band Of Joy のオリジナルメンバーである Vernon Pereira (Gt. & Vo.) を中心とする、英国の地下ハードロックバンド。本作は、71 年にリリースされるはずだった音源を Rise Above Records が発掘したもの。定型的な曲の構成にこだわらない点が当時のアートロック的ではあるが、錆びた金属のようにジャギっとしたエッジのギターカッティングとアグレッシブなヴォーカルの押しの強さは、Lee Dorrian が注目したことも納得のヘヴィさ。あざといジャケは 70's 風というよりも 10 年代以降のリバイバルものっぽく、06 年のリリースであることを鑑みるとちょっぴり次代を先取りしたセンスをみせていたかも。（杉本）

Rob Zombie / Educated Horses （2006）Geffen

映画監督としても活躍する Rob Zombie のソロ名義 3 作目。本作から元 Marilyn Manson の John 5 （Gt.）、後に Black Sabbath へ加入する Tommy Clufetos （Dr.）が参加。映画の嗜好や、「Dragula」なんて言葉使いから、その精神性は一部のドゥーム勢に近いのではと常々思っていたのだが、従来のインダストリアルサウンドから離れ、グラム、ハードロックなどルーツへと立ち返った本作で最も〝それ〟に近付いた。シタールを使用した "17 Year Locust"、カントリー影響下のダークな "The Devil's Rejects" などはドゥームと呼んで差し支えない良曲だ。（加藤）

Sahg / I （2006）Regain

ノルウェーのブラックメタルやアンダーグラウンドメタル人脈によるドゥームメタルバンドの 1st。現代的なヘヴィネスによる圧殺を予感させる 1 曲目（インストゥルメンタル）のイントロダクションから一転、オールドスクールなマテリアル一徹の渋め路線で勝負。リズムの起伏が少ないミドルテンポ主体の楽曲群は、違いのわかる通向けか。リフ自体は Black Sabbath の邪悪な部分を抽出したようで、元 Trucks の Olav Iversen (Vo.) の歌い方は Ozzy Osbourne 直系。"Soul Exile" のように "Hole In The Sky" を彷彿とさせる印象的な佳曲もある。（杉本）

Sasquatch / II （2006）Small Stone

アメリカ・カリフォルニア州はロサンゼルスの 3 人組による 2nd。ストーナーロックの範疇にある音像ながら、音づくりのフォーマットだけをなぞったありがちな酩酊ロックを垂れ流す連中とは一味も二味も違う。切れ味と男臭さを兼ね備えたリフそのものの格好良さで勝負しており、Chris Cornell ばりの歌心あるヴォーカルが乗る様は Audioslave をも彷彿とさせる。バンド名の「サスカッチ」とはアメリカの先住民族の言葉で、雪男に似た毛深い怪物を指す言葉。後に Roadsaw などの Craig Riggs （Dr.）、Behold! The Monolith の Jason Casanova （Ba.）が参加。（杉本）

Teeth Of The Hydra / Greenland（2006）Tee Pee

アメリカ・オハイオ州出身のスラッジトリオによる 2nd にして最終作。02 年の 1st は全 6 曲 30 分弱で、対するこちらは全 8 曲 50 分強だから、事実上フルレングス作品としては本作が唯一といえるかもしれない。High On Fire をも思わせる、ハンマーを振り回してブッ潰すような、カロリー消費量と暴力性の高い激太リフ。うねるリズムと咆哮で神話的世界を描き出す。『Greenland』──北極海の島の名をタイトルに冠した作品であるが、このようなサウンドで「グリーン」とかいわれると「マリファナ中毒者の国」とのダブルミーニングにも思える。（杉本）

Witch（US）/ Witch（2006）Tee Pee

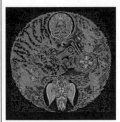

同名バンドが無数に存在するが、彼らは 90 年代のアメリカにおけるグランジやオルタナティブシーンを代表する Dinoaur Jr. のギター＆ヴォーカルであり、近年は Heavy Blanket や Sweet Apple などでも活動している J Mascis が結成したプロジェクトの 1st。彼はドラムを担当している。Dead Meadow を思わせる浮遊感、随所で弾きまくるファズ全開のギター、ねっとりとした中性的な歌声による、Black Sabbath を始め 70's ハードロック影響下のドゥーム／ストーナーロックを展開。ゆったりと煙をくゆらせるようなリズムが心地良く、カビの臭いがこもった地下室の雰囲気を運んでくる。（加藤）

Acid Eater / Virulent Fuzz Punk A.C.I.D.（2007）Time Bomb

Masonna こと山崎マゾ（Vo. ＆ エフェクト）と元 Angel'in Heavy Syrup のフサオ（Gt.）による Christine 23 Onna に、オルガン奏者とドラムを加えたバンドによる 1st。毒々しいアートワークが伝えるように、ノイジーなまでにファジーなギターと合成着色料のようなオルガン、そして山崎の魔性のヴォーカルが荒れ狂う、ハイエナジーなガレージパンク。エネルギッシュではあるが健康的ではなく地下臭バリバリで、聴くだけでヤニ臭さと甘い匂いが鼻腔にこびりつきそうだ。バンド名は Ramones からか。The Twilighters、The Balloon Farm、The Pretty Things など 60's ガレージのカバーも収録。（杉本）

Asbestosdeath / Dejection / Unclean（2007）Southern Lord

Sleep の前身がリリースした『Dejection』（89 年）と『Unclean』（90 年）の 2 枚をまとめた、4 曲入りコンピレーション。Sleep が『Sleep's Holy Mountain』で見せたようなノリの良い酩酊感はなく、ズブズブと音で圧殺するかのようなスラッジコアを聴かせる。Al Cisneros（Ba. & Vo.）も Om 以降の読経のようなクリーンヴォイスではなく、悲壮と憎悪に満ちた、がなるような歌い方をしている。不気味でいてどこかエキゾチックなメロディに、爆発音や無機質なナレーションのサンプリングなどが合わさり、終始不穏で殺伐とした雰囲気が漂う。（鉛）

Asteroid / Asteroid（2007）Fuzzorama

03 年結成、Johannes Nilsson（Ba. & Vo.）と Robin Hirse（Gt. & Vo.）を中心としたスウェーデンはオレブロのトリオによる 1st。煙たいファズギターのデザート系ストーナーとヴィンテージ・ブリティッシュハード／プログレの旨味と渋味を効かせた見事な折衷型だ。特にアルバム後半のアコースティックギターや鍵盤、ハーモニカを交えた多様な楽曲は、70 年代の柔軟な精神の体現といえよう。John Garcia 風のヴォーカルとディープな低音ヴォーカルによるメロディも良い味を出している。10 年に 2nd をリリース、13 年に活動休止。15 年に再始動し、16 年に 3rd をリリース。（加藤）

Don Juan Matus / Don Juan Matus（2007）Espíritus Inmundos

ペルーのトリオによるデビュー作。17 分以上にも及ぶ冒頭の轟音インストゥルメンタル組曲は敷居が高いが、トータルでは当時のヴィンテージリバイバルの流れを汲んだ、レトロ耳に優しいヘヴィロックである。Blue Cheer はもちろんのこと、ストレートにリフで勝負する楽曲からは Led Zeppelin も感じる。ハードな曲の合間にアコースティックな小品を挟んでくる構成もメリハリがあって良い。国内盤は発売されていないが、あえて邦題をつけるなら「ヘヴィロックの迷宮」ってとこか（適当）。14 年に解散、Matus 名義で再結成して 15 年に 5th をリリースした。（杉本）

Dzjenghis Khan / Dzjenghis Khan（2007）Motorwolf

Orange Sunshine に触発されて活動を開始したという、アメリカ・カリフォルニア州はサンフランシスコ出身のトリオによる 1st。中心人物の Tommy Tomson（Dr.）がヴォーカルを兼務する。ベーシストは Binksebus Eruptum を名乗る Blue Cheer ワーシッパー。これらインスパイア元のバンドから想像出来る通りのヴィンテージサイケハードが身上で、垂れ流すようなインプロヴィゼーションよりは、エッジの立ったリフを骨格とするコンパクトな楽曲が際立っている点が特徴。日本でのリリースは Leaf Hound Records から、『ジンギスカン登場』の邦題で。（杉本）

Earthless / Rhythms From A Cosmic Sky（2007）Tee Pee

元 Rocket From The Crypt の Mario Rubalcaba（Dr.）らによって結成されたアメリカ・カリフォルニア州サンディエゴのトリオによる 2nd。本作は 20 分台のインストゥルメンタル 2 曲を収録。70's ハード、ヘヴィサイケと Acid Mothers Temple などのジャパニーズサイケ、クラウトロックを土台に、ギターが空間を歪ませ、叩きまくりのドラムとうねるベースが大地を揺るがしながら消失点へと突き進む。22 年には百鬼夜行をテーマにした『Night Parade Of One Hundred Demons』をリリースした。（加藤）

Electric Wizard / Witchcult Today（2007）Rise Above

Justin Greaves（Dr.）が脱退し、黒魔術の儀式で 1 日に 7 時間叩いていたという Shaun Rutter が加入。The White Stripes との仕事で知られる Liam Watson をプロデューサーに迎えた 6th。ロンドンの Toe Rag Studios でヴィンテージ機材を使用してレコーディングされたというレトロな音質は、ヘヴィネスを求めるファンには物足りないかもしれないが、彼らの音楽にもともと備わっていたポップさやキャッチーさが際立っている。Jus Oborn（Gt. & Vo.）が偏愛する 70 年代の欧州ホラー映画を想起させる、オカルティックで妖艶なドゥームロック。（加藤）

Graveyard / Graveyard（2007）Transubstans

06 年にスウェーデンで結成。Witchcraft 以降のヴィンテージハードロックを代表する存在に登りつめたバンドによる 1st。翌年には Tee Pee から再発された。エゴサーチには絶対的に不利な、メタル中学校 1 年生レベルの英単語をバンド名に冠している点も、古典派リバイバリストの精神を体現している。同名バンドが無数に存在しているうえに、アルバム間のアートワークとバンドロゴに統一性がないので、店頭で予備知識なしにキチンと揃えるのは苦労するかもしれない。その音は、ディストーションが抑え目でブライトな音質のギターが印象的な、いなたいハードロック。リラックス出来るぞ。（杉本）

Greenleaf / Agents Of Ahriman（2007）Small Stone

99 年に、Dozer などのスウェディッシュストーナーシーンのミュージシャン達によるサイドプロジェクトとして始動したバンドの 3rd。ヴィンテージ感のあるブルースロックを基調に、60's ガレージサイケ〜ネオサイケ風の楽曲、ご機嫌なストーナーパートで構成。本作から参加している、Truckfighters の Ozo こと Oskar Cedermalm（Vo.）のセンチメンタルな歌声がとにかく素晴らしい。Troubled Horse の John Hoyles（Gt.）、Lowrider の Peder Bergstrand（Vo.）らもゲスト参加した。「ストーナーロック」をメインストリームで通用し得るまでブラッシュアップしていったらこうなるんじゃなかろうか。（加藤）

Hermano / ...Into The Exam Room（2007）Suburban

Dandy Brown（Ba.）のプロジェクトに John Garcia（Vo.）が参加したことで 98 年に結成されたバンドの 3rd。過去 2 作では要らぬ遠慮でもしていたのかと思うぐらいにどヘヴィでラウドな演奏陣、練り込まれた楽曲、柔和な歌声を乗せたアコースティック曲を交えた構成と、Kyuss を彷彿とさせるバラエティ豊かな楽曲群が秀逸。Kyuss 以降の John 関連作としては、Unida の 1st に匹敵する傑作ではなかろうか。Dave Angstrom（Gt.）は Luna Sol を結成。冒頭の "Kentucky" は John のソロ作で再録されている。（加藤）

The Hidden Hand / The Resurrection Of Whiskey Foote（2007）Southern Lord

ドゥーム界の多作帝王 Scott "Wino" Weinrich（Gt. & Vo.）が Spirit Caravan 解散後に結成したバンドの 3rd にして最終作。ミックスは、ワシントン DC のハードコアバンド Government Issue などで知られる J. Robbins が担当。リリースは名門 Southern Lord Recordings から。アルバム前半は、Wino が歌う煙たいグルーヴを主としたサイケデリックなドゥームロック。後半はオーソドックスなハードロック色が濃くなり、Bruce Falkinburg（Ba.）もしゃがれた歌声を披露。来日が決定するも、その直前の 07 年に解散。来日もキャンセルされてしまった。（加藤）

Joy / Band With Joy（2007）Mangrove

新潟で活動していたインディーロックバンドによる 2nd シングル。リリースと同タイミングである 07 年初頭に解散を発表したが、古い楽曲のセルフカバーに加えて当時の最新曲を収録した内容は、最終作とは思えない前向きなエネルギーに満ち溢れている。MC5 など 60 〜 70's のガレージロックをパンキッシュなモチベーションで高速回転させたような、ハイエナジーロックンロール。初期の The Mars Volta などを引き合いに語られることが多く、Boris や凛として時雨のファンなど、新旧含めた広い層のリスナーにアピールしそうなサウンドだ。05 年に唯一のフルアルバム『ジョイは危険予知。』を発表。（杉本）

King Goblin / Goblin King（2007）Smell Rot

97 年結成、Naoto Araki（Dr. & Vo.）を中心とする東京のトリオによる 1st。イタリアの Goblin に、イギリスの Orange Goblin……、「Goblin」を名に冠したバンドには酩酊感あるバンドが多いが、彼らもまた然り。邦題は『孔雀王』。ヴォーカルはデス声で、デスメタルやグラインドコアからサイケ／プログレッシブロックを独自に消化したドゥームロック。この類まれな消化力と絶妙なバランス感覚は、日本のバンドならではといえるかもしれない。逆輸入感を大事にされる方々には、本作が Roadburn Fest のホームページ上で「Album Of The Day」に選ばれたことをお知らせしておく。（加藤）

Marble Sheep / Message From Oarfish（2007）Captain Trip

87 年、元 White Heaven の Ken Matsutani（Gt. & Vo.）を中心に結成された日本のサイケデリックロックバンド。頻々とメンバーの変わるバンドだが、本作は元ゆらゆら帝国の Sawada（Dr.）、狂うクルーや後の Nepenthes の Iwamotor（Dr.）らを含むツインギター & ツインドラムという布陣で制作された。Hawkwind のような宇宙旅行に連れ出す 12 分超の "Tears" で幕を開け、60's ガレージ／サイケのダウナー感あり、70's ハードのエッジあり、ハードコアパンクの牙ありと様々な音楽的要素を咀嚼した楽曲が並ぶ。それらを、エモくもポップでもある独自のフィーリングで貫く素晴らしき個性。（杉本）

Middian / Age Eternal（2007）Metal Blade

06 年に解散した Yob の Mike Scheidt（Gt. & Vo.）が結成したバンド
の唯一作。High On Fire、Mastodon 以降のスラッジメタルと、反復
を基調とした 90 年代型サイケデリックドゥームの混成型。Yob と比
べるとプログレッシブ要素は薄く、アップテンポ主体でストレート
な作風に仕上がっている。最終曲 "Sink To The Center" に Orange
Goblin の Ben Ward がゲスト参加。バンド名に関する法的な問題が
生じたため、Mike は 09 年に Yob を再結成して活動するように。
Will Lindsay（Ba. & Vo.）は 08 年にシカゴのスラッジバンド Indian
に加入した。（加藤）

Om / Pilgrimage（2007）Southern Lord

Sleep 解散後に、Al Cisneros（Ba. & Vo.）と Chris Hakius（Dr.）が結成
したギターレスデュオの 3rd。クリーントーンのベースから始まる本作
は、読経のような歌と『Jerusalem』を継承した反復するリズムが精神
に直接語りかけてくる唯一無二のサウンドで、もはやドゥームという
枠を超えている。ふと気づけば、自らの意識も巡礼の旅へといざなわ
れている。とりあえず反復リフを重低音でキメてみたような、物質的
な重さの上っ面だけをなぞったフォロワーには決して真似出来ない、
神になりえた者のみが辿りつける境地。翌々年に Sleep も再結成、18
年には仙人のような神々しい出で立ちで我々の前に降臨した。（浜島）

Radio Moscow / Radio Moscow（2007）Alive

アメリカ・アイオワ州のサイケデリックロックバンドによる 1st。ヘ
ヴィメタルやラウドロック界隈に色目を使うことのない、完全なる
60's 回帰スタイルが清々しい。アンサンブルやヘヴィネスは Blue
Cheer 的であり、ギターのフレージングやヴォーカルは Jimi Hendrix
を彷彿とさせる。アタックの強いミキシングが、ハードロックファ
ンをも狙い撃ち。楽曲はフックのかたまりになるように作り込まれ
ており、これらヴィンテージなマテリアルが現代的な音質のもとで
瑞々しく録音されている点に感動を覚える。中心人物である Parker
Griggs（Gt.& Vo.）は El Perro でも活動中。（杉本）

Reverend Bizarre / III: So Long Suckers（2007）Spikefarm

フィンランドが生んだトゥルードゥームバンドの 3rd にして最終作。
2 枚組 2 時間超えの過剰摂取仕様だ。長尺の曲がずらりのトラック
リストは初心者を遠ざけてしまいそうだが、その点を除けばむしろ
初心者にこそ聴いてほしい。Black Sabbath、Candlemass の系譜に
ある魔術的なリフとグルーヴ、そして荒涼とした叙情性と、ドゥー
ムのエッセンスが巧みに敷き詰められている。CD に貼られているス
テッカーには「DOOM METAL IS DEAD」の文字が。ディスク 1 の収
録時間が 66 分 6 秒になっているのも心憎い。解散後、メンバーは
Opium Warlords、Lord Vicar、Orne などで活動中。（加藤）

Spice And The RJ Band / The Will（2007）Scarlet

かつて Spiritual Beggars や The Mushroom River Band でマイクをとり、現在は Kayser に在籍する Spice（Gt & Vo.）を中心とするトリオの 1st。ドラムは同じく Kayser の Bob Ruben、ベースは Johann。70's ハードロックの粘っこいグルーヴを 90 年代のヘヴィネスで体現した、という点では Spiritual Beggars と同系統の音楽性といえるが、3 ピースならではのプリミティヴな骨格（一部、ゲストがキーボードを挿入）を強調したヘヴィロックは、どちらかといえばアメリカ寄りのカラッとした味わい。バンドは 2 枚のアルバムを発表後、Band Of Spice と改名して作を重ねる。（杉本）

Weedeater / Good Luck and God Speed（2007）Southern Lord

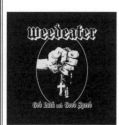

出す音すべてがすり潰された世界。Steve Albini の録音によっても増強されている。酒と煙と歪みと女。これはスラッジ演歌じゃなかろうか……まあ冗談はさておき、フィードバックノイズに塗れながら繰り出される、シンプルで王道のリフ。かすれにかすれた "Dixie" Dave Collins（Ba. & Vo.）の声。「そうそう、やっぱこれだよな」と思わずつぶやいてしまうほどの安定感と、攻撃力があるスラッジサウンドだ。時折挟まれるカントリー風の楽曲や Lynyrd Skynyrd のカバーから、アメリカ南部のアイデンティティとルーツミュージックへの敬意をしっかりと感じられる。（鉛）

Winters / Black Clouds In Twin Galaxies（2007）Rise Above

近年の Angel Witch メンバーが在籍しているイギリスのヘヴィロックバンドによる 1st。ドゥーム／ストーナー的なダウナー感とファジーなギターがサウンドの主軸ながら、60 年代末のサイケポップのような軽やかさが、当時のリバイバルもののなかでは新鮮だった。加えて、Nirvana を始めとするグランジ／オルタナティブを思わせるアプローチで各曲がまとめられており、根っこが近いところにあるサブジャンル群が渾然一体となって集約されている印象。Leaf Hound からリリースされた国内盤には『ヘヴィーロックの異色』（音引きがポイント）という邦題がつけられていた。（杉本）

Worship / Dooom（2007）Endzeit Elegies

98 年に The Doommonger（Gt. Ba. Dr. Key. & Vo.）と Fucked Up Mad Max（Dr. & Vo.）によって結成されたドイツのフューネラルドゥームバンド。音源をいくつかリリースするも、01 年に Max が自殺して解散状態となっていたが、04 年に復活。生前に録音された Max の音源を残されたメンバーが完成させた 1st がこちら。プリミティヴブラックメタルの BPM をガツンと下げたような、極遅のリズム、鬱屈した重低音リフ、苦悶に満ちたメロディが聴く者を絶望のドン底へと叩き落とす。それなりの覚悟をもって聴きましょう。"Mirror Of Sorrow" は Solitude Aeturnus のカバー。（加藤・杉本）

Acid Witch / Witchtanic Hellucinations （2008） Razorback

アメリカ・ミシガン州はデトロイトの、ホラードゥームメタルバンドによる 1st。デスメタルルーツのサウンドにアシッドな要素を乗せた、暴力的かつサイケデリックな 1 枚。オールドスクールなドゥームの方法論を踏襲しつつも、ホラー映画『Halloween』のテーマや、King Diamond を彷彿とさせるキーボードやギターサウンドを効果的に用いることにより、往年のカルトホラームービーの映像が目に浮かぶような怪しい世界観を演出した。本作を聴いた後、シャワーを浴びるなら背後に気をつけたほうが良いだろう。Shagrat（Ba. & Vo.）は、汚物系メタルパンク Shitfucker にも。(Itoh)

Ancestors / Neptune With Fire （2008） Tee Pee

アメリカ・カリフォルニア州はロサンゼルスのストーナーロッカーズ 5 人組による 1st。通常のロックバンドの編成に加え、ノイズ担当者を擁する。ローマ神話に登場する冥界の神オルクスと海の神ネプチューンの物語を描いたコンセプトアルバムで、15 分超、20 分超の楽曲が 1 曲ずつという極端な構成である。ファジーな音像のなか、サイケデリックかつミスティックに展開。神々の世界をも含めた森羅万象を「自然」と捉えた超俗的な精神で、宇宙との交信を図っている。確かにこれは、3 〜 5 分のラジオ用楽曲では語り切れない世界だろう。後の作品でも大作主義傾向が強い。(杉本)

Bison / Quiet Earth （2008） Metal Blade

カナダで結成された 4 人組の 1st。同名のバンドとの混同を避けるため、後に Bison B.C. を名乗るようになる。Metal Blade では比較的珍しいドゥーム／スラッジ系の音楽性だが、うねりと揺らぎが醸す酩酊感よりは、鈍重だがガッチリとしたヘヴィネスと直線的な疾走感が強調された肉体派のサウンドは、やはりレーベルのカラーか。Crowbar や Down などをも彷彿とさせるが、ギターリフからは Slayer など邪悪なスラッシュメタルの臭いもする。ヴォーカルは野獣のような咆哮の使い手だが、そのなかでも表現の幅を広げようとする意欲を感じる。(杉本)

The Black Angels / Directions To See A Ghost （2008） Light In The Attic

The 13th Floor Elevators を輩出したテキサス州オースティン出身、The Velvet Underground の名曲からバンド名を拝借したバンドの 2nd。60's サイケから Spacemen 3 や The Brian Jonestown Massacre の系譜に連なる、反復にとり憑かれたヒプノティックなドローンを核としながらも、地下室に留まることを良しとしないロックの「肉体性」が漲っている。砂塵舞う荒地を征くドローン・ロックンロール。ハイライトは 16 分に及ぶラスト "Snake In The Grass"。Kyuss の名曲を彷彿とさせる前半からドロドロのサイケデリアへと変性していくさまがなんとも心地良い。(加藤)

Black Mountain / In the Future （2008） Jagjaguwar

カナダのバンクーバー出身のサイケデリックハードロックバンドによる 2nd。骨太なヘヴィリフとダイナミックなリズムによる 70 年代のハードロックを継承しながら、スペーシーなエフェクトを多用したギターや、幻惑的な空気を生成するキーボードにより、幽玄な世界を繰り広げている。夢見心地な男女ヴォーカルによるダウナーな空気や、メロトロンやオルガンが醸すレトロ感など、ヴィンテージなロックにドップリと浸かった音を発しているが、不思議と古臭さはあまり感じない。ドラマティックな曲展開も見事。現代サイケハードの最高位に数えて良いだろう。（田村）

Blood Ceremony / Blood Ceremony （2008） Rise Above

カナダ・トロント出身の、女性ヴォーカルを擁するサイケデリックドゥームバンドの 1st。Black Sabbath に Jethro Tull を足したような音楽性に、Coven （60's） や Black Widow のオカルトテイスト、70's イタリアンプログレの妖しさを加味。Alia O'brien （Fl. Org. & Vo.） は、ライヴでもしっかりと楽器を演奏する。まぁなんというか、ズルいというか、こんな音の組み合わせは、それだけで「良い」に決まっている。Witchcraft の功績を裏打ちするようにモダンレトロシーンを盤石なものにし、さらに、フィメールフロンテッド勢のお手本にもなったのではないだろうか。（加藤・杉本）

Burning Witch / Crippled Lucifer （Seven Plalms For Our Lord Of Light） （2008） Southern Lord

Thorr's Hammer 解散後に残された Stephen O'Mally （Ba.）、Greg Anderson （Gt.）、Jamie Sykes （Dr.） と、Edgy59 （Vo.） によって結成。その後すぐに、Greg は Goatsnake に専念するために脱退。後に Stephen が結成する Khanate にも通じる、ズルズルと地を這うような暗黒拷問スラッジ。完全に人を選ぶ音源だが、人脈的にも縁が深い Sunn O))) あたりもイケる人にはお薦め。98 年に解散。音源が長らく入手困難な状態だったが、08 年に再発。Daymare Recordings による日本盤は、デビューライブの音源と、40 頁にわたるブックレットを追加した、超豪華 3 枚組仕様。（加藤）

Danava / Unonou （2008） Kemado

Earthless や Uncle Acid & The Deadbeats などともスプリットをリリースしている、アメリカ・オレゴン州のバンドによる 2nd。Ozzy Osbourne と Budgie の Burke Shelley をミックスしたようなハイトーンヴォーカルが乗る、英国風の冷ややかなハードロック。米産らしい土臭さもあり、英米折衷なところは Dust に近いものを感じる。"Where Beauty & Terror Dance" や "Down From A Cloud, Up From The Ground"、"One Mind Gone Separate Ways" におけるレトロ感たっぷりのシンセサイザーは、近年の懐古主義バンドのなかでは珍しくて印象的。アイデア満載の割に地味だが、そこがいい。（加藤）

Elder / Elder（2008）MeteorCity

アメリカはマサチューセッツ州出身のスラッジ／ドゥームメタルバンドによる、同タイトルのデモを経ての 1st アルバム。Roger Dean を彷彿とさせるロゴとアートワークだが、本作の時点ではクラシッククロックのテイストは時折顔を覗かせるキーボードとブルースベースのギターリフなどに留まり、基本的な音像は Sleep や High On Fire を思わせる煙たいスラッジである。全 5 曲 約 40 分と大曲思考ながら、単純な反復に終始せず楽曲を盛り上げる構築派。次作以降、こうした土台にサイケデリックロックやポストロックの要素を加え、音楽性のアップデートを繰り返しながら作を重ねていく。（杉本）

Fistula / Burdened By Your Existence（2008）Plague Island

90 年代後半から活動しているアメリカ・オハイオ州の重鎮スラッジャーによる 5th。徹底的にスロー＆ヘヴィなリフと凶悪な咆哮ヴォーカルで、すべてをなぎ倒しすり潰すような暴力的サウンドを展開。リフにブルース成分は少なく、ハードコアテイストの強いスラッジコアのイデアのような音楽性である。ほぼメロディレスの音世界は、モノクロ基調のアートワークが想起させるように、色彩感覚に乏しい荒野のような心象風景を描き出す。頻々と交代しているメンバーたちは数多くのサイドプロジェクトでもプレイを共にしており、オハイオ・スラッジ界隈のハブ地点になっている模様。（杉本）

Gonga / II: Transmigration（2008）Invada

イギリス・ブリストルのバンドによる 2nd。Kyuss や Electric Wizard らが築き上げたスタイルを受け継ぎ、そこから引かず、足さず、快楽指数を高めるためだけに練磨、研鑽したかのような、文字通りの意味でのエクスペリメンタル・ドゥーム／ストーナー。リリースは同郷の Portishead の Geoff Barrow らが主宰する Invada Records。余談だが、その Portishead の Beth Gibbons（Vo.）をゲストに迎え、14 年にリリースされた Black Sabbath のカバー "Black Sabbeth" はフィメールフロンテッドドゥームの究極的な 1 曲だった。（加藤）

Grand Magus / Iron Will（2008）Rise Above

Spiritual Beggars でもマイクをとっていた JB（Gt. & Vo.）率いる、スウェーデンのドゥームメタルトリオによる 4th。本作のドラムは元 Fortune などの Seb。様式美時代の Black Sabbath や Rainbow、Candlemass などを彷彿とさせる、オールドスクールかつエピックなスタイルを志向。ペイガニックな雰囲気や北欧神話に根差した世界観を徹底して貫き、音質も含めて現代のヘヴィメタルバンドとしてのアグレッションを打ち出すことで、似たようなバンドが群雄割拠するドゥーム界隈で独自のカラーをまとうことに成功している。安定的に活動を続け、19 年には 9th をリリース。（杉本）

Iota / Tales （2008） Small Stone

アメリカ・ユタ州はソルトレイクシティのトリオによる唯一作。リリースはマニア御用達の Small Stone。冒頭 2 曲の High On Fire 系肉食スラッジ＆ロールで加速をつけ、長尺二連打で大気圏へ突入。Earthless にも匹敵する豪腕グルーヴで外宇宙へと躍り出る。ラスト "Opiate Blues" は郷愁を漂わすブルースで、これも最高に粋でキマッている。全 5 曲 約 50 分、ドゥーム／ストーナー／スラッジの三位一体には一部の隙もない。00 年代の隠れた傑作。Andy Patterson (Dr.) は後に同郷の SubRosa のエンジニアを務め、12 年にドラマーとして加入した（19 年に解散）。（加藤）

King Hobo / King Hobo （2008） Hippodome Music

Clutch の Jean Paul Gaster (Dr.) と、Spiritual Beggars 他の Per Wiberg (Key. Gt. & Vo.) が意気投合したことで誕生したバンドの 1st。Per が在籍するスウェーデンのブルースロックバンド Kamchatka のメンバーが参加し、レコーディングはわずか 1 週間で行われたという。リバイバル系バンドでは見過ごされがちなソウル／ジャズ／ファンク色の強いブルースロックで、バンド自ら掲げる get funky or get out というモットーに恥じぬ内容。冒頭の "Running" は Curtis Mayfield、ラストの "Mr Clean" は Freddie Hubbard のカバー。本作のみのプロジェクトかと思いきや、19 年に 2nd をリリース。（加藤）

La Ira De Dios / Cosmos Kaos Destruccion （2008） World In Sound

01 年結成、ペルーの首都リマのトリオによる 3rd。バンド名はスペイン語で「神の怒り」の意。Hawkwind あたりをベースに、MC5、Blue Cheer と Motörhead をミックスした、まさに宇宙！ カオス！破壊！ な轟音は、「ストーナー」というよりもバンド自らが称する「サイケデリックパンク」と呼ぶにふさわしい。最近は特に動きがないが、70 年代のアメリカンサイケバンド Dragonwyck のメンバーとのプロジェクト Obscuria、Aldo Castillejos (Dr.) の別バンド Serpentina Satelite など、この時期の活動の充実ぶりは目を見張るものがある。（加藤）

Matt Elliott / Howling Songs （2008） Ici D'Ailleurs

The Jam の Paul Weller はかつて、カナダの Leonard Cohen を「聴衆に手首を切らせる音楽」と評した。この偉大な歌手が亡き今、最も近い世界を歌っているのがイギリスの Matt Elliot だ。彼自身は Leonard からの影響を否定しているが、すべての聴き手は両者を重ね合わせずにはいられないだろう。内省的な歌に差し込まれる強烈な不協和音のオーケストレーションは、Éric Satie の "Gymnopédie" を思い起こさせる。絶望に耐えかねた男が無限の暗がりに飛び込んで行く姿が目に浮かぶ。あらゆるアシッドフォークを愛する者は一度触れてみる価値がある。（杉山）

Moss / Sub Templum （2008） Rise Above

イギリスのドゥームメタルトリオによる 2nd。5 分超にも及ぶ空間的な SE から、ウルトラヘヴィ＆スローな 2 曲目へ雪崩れ込む時点で、尋常の時間軸に生きている連中でないことがよくわかる。アルバム構成は全 4 曲 約 74 分。中音域の喚きヴォーカルと共に、展開にもメロディにも乏しい圧殺ドゥームをこれでもかとばかりに繰り広げる。ギターは基本的に低音のコード弾きに終始しているのだが、この繰り返しが全音符なのか二分音符なのか、といったあたりで曲の聴き分けがつくという塩梅。これはもう、曲というよりはこういうジャムセッションなのかね。プロデュースは Electric Wizard の Jus Oborn。（杉本）

Ogre / Plague Of The Planet （2008） Leaf Hound

00 年前後にシーンに登場したアメリカ・メイン州のドゥームロックトリオによる 3rd。流通は我が国の名門カルトレーベル Leaf Hound Records から、『災いの惑星』の邦題で。約 37 分に及ぶ標題曲 1 曲のみという構成で、The Dog-King（多分ジャケット左）、Colossus（同中央）、Queen Of Gasoline（同右）らの「oil war」を巡る物語を描くコンセプトアルバム。70 年代ハードロックに根差したブルージーかつ弾力あるリフと、あえて Ozzy Osbourne 的な歌いまわしをしているものの、実は低音から高温までを操る巧みなヴォーカルが多彩な表情をみせるため、割ととっつきやすい。（杉本）

Outlaw Order / Dragging Down The Enforcer （2008） Season Of Mist

Down や Superjoint Ritual などでの活動で多忙な Jimmy Bower を除いた、当時の Eyehategod のメンバー 4 人によって結成されたバンドの 1st にして、現時点で唯一のフルアルバム。バンド名は、結成時にメンバーが全員保護観察中で、官憲と度々揉める事態が続いたことからきている。Mark Schultz（Ba.）が懲役を食らってしまったため、本作では Soilent Green の Brian Patton（Gt. & Ba.）が参加。音はラインアップから想像出来るそのままで、粘り気薄めのドライなスラッジを聴かせる。腐敗した権力に拳骨を喰らわせんとする怒気が全体にみなぎっている。（加藤）

Portishead / Third （2008） Island

イギリスはブリストルのトリオによる文字通りの 3rd。トリップホップ、ブリストルサウンドといった言葉は不要だろう。電子サイケ、スペースロック、クラウトを接続して解体・再構築。情念を結晶化したような Beth Gibbons（Vo.）の歌声とアコースティックギターによる、ブリティッシュフォーク、さらにはドゥーム、ドローンメタルをも飲み込んだ驚異的作品。J. G. Ballard の小説のようなインナースペース・ミュージック。作曲を手がける Geoff Barrow のレーベル Invada Records からは Gonga や The Heads、Crippled Black Phoenix の作品がリリースされており、〝こちら側〟との縁も決して浅くない。（加藤）

Queen Elephantine / Surya（2008）Concrete Lo-Fi

06 年に香港で Indrayudh "Indy" Shome（Gt. & Vo.）らを中心に結成。現在はアメリカ・ペンシルバニア州を拠点に活動する、サイケデリック／エクスペリメンタル・バンドによる 1st。タイトルはインド神話に登場する太陽神のこと。東洋思想に傾倒して闇堕ちした Dead Meadow、とでも形容出来そうなダウナー・ストーナー・ドローン／ドゥーム（なんだこれ）を全編にわたって展開。催眠的ともいえそうだが、コンディションが悪いときに聴くと結構ダメージを喰らう。コンスタントに作品を発表しており、19 年に 6th をリリース。現在、オリジナルメンバーは Shome のみで、彼以外のラインアップは流動的。（加藤）

Serpentcult / Weight Of Light（2008）Rise Above

ベルギーのドゥーム／スラッジバンド 4 人組による 1st。Howard Phillips Lovecraft の小説にも関連性を見出し得るバンド名やアートワークが想起させる、底知れぬ深淵としての海のように暗くアグレッシブなサウンドを展開。遅く沈み込むサウンドというよりは、ジャケの蛸がのたうち暴れるような音数の多さである。そこに Michelle Nocon の清澄でメロウなヴォーカルが乗る様が、このバンドの妙味。2nd では Michelle が脱退してしまっているが、個人的には彼女の声があってこそと思う。その Michelle や Frederik "Cozy" Cosemans（Dr.）は Death Penalty にも。（杉本）

2000年代

Tlön / Tlön（2008）Ogro

72 年に 1st をリリースして解散したペルーのサイケ／ハードロックバンド Tarkus。その Tarkus が創設者の Walo Carrillo（Dr.）を中心に 07 年に再結成して 08 年に改名したのが、この Tlön。70 年代のサイケ／フォークロック、プログレに Black Sabbath 由来のドゥームリフを練り込んだスタイル。ミドルテンポ主体ながら振れ幅の大きい楽曲からは 70 年代のスピリットを感じる。ファルセットを多用する浮世離れした高音ヴォーカルも個性的。ちなみにバンド名はアルゼンチン出身の作家 Jorge Luis Borges の短編小説に由来する。12 年の 3rd を最後に解散。（加藤）

Ufomammut / Idolum（2008）Supernatural Cat

イタリアのバンドによる 4th。Electric Wizard や Sons Of Otis に匹敵する超重量級サイケデリックドゥームに、Hawkwind にも通じるスペーシーなシンセサイザーやエフェクト、Neurosis を思わせる呪術的なグルーヴが、聴く者を 66 分間の宇宙旅行へ誘う。"Ammonia" に英国の女性フォーク／ドゥームミュージシャン Rose Kemp（Vo.）がゲスト参加。この手のバンドにしては珍しく（?）、コンスタントにアルバムをリリースしている。12 年中には『Oro』の名を冠したアルバムを 2 枚発表し、17 年にはフルアルバムの盤数としては通算 9 枚目となる『8』を、22 年には 10th を発表した。（加藤）

Viking Skull / Doom, Gloom, Heartache & Whiskey（2008）Powerage

Raging Speedhorn の Frank Regan（Gt.）、Darren Smith（Gt.）、Gordon Morrison（Dr.）を含むメンバーで 00 年代前半に結成。その後メンバーチェンジを経て、2nd に続き Raging Speedhorn 組が 1 人もいないなかで制作された 3rd が本作。音楽性の核はオリジナルメンバーである Roddy Stone（Gt. & Vo.）と Waldie（Ba.）がしっかり支えていると思われ、Motörhead の血を受け継いだ煙たい爆走ロックンロールを、Orange Goblin や Clutch など同時代のヘヴィロックでオーバードライブ。音楽性を表現したアートワークとタイトルに違わぬ快作となっている。（杉本）

Astra / The Weirding（2009）Rise Above

アメリカ・サンフランシスコ州はサンディエゴ出身の、メロトロン奏者を擁する 5 人組の 1st。レーベルが示すようにドゥームの範疇にある音であることは間違いないが、Black Sabbath やその落とし子としてのヘヴィロック勢とは系譜を異にする、プログレッシブなサウンド。70 年代の Pink Floyd や、楽曲が長尺化していた頃の Yes を彷彿とさせる、壮大なスケールの大曲を展開する。ミスティックな音楽は良いけれど、10 分超の曲が 4 曲（うち 2 曲は 15 分超）もあり、トータルで約 80 分もあるというのは、少々長過ぎやしないだろうか。（杉本）

Big Business / Mind The Drift（2009）Hydra Head

04 年に結成した、アメリカ・ワシントン州シアトル出身のヘヴィロックバンド。Jared Warren（Ba. & Vo.）と Coady Willis（Dr. & Vo.）の 2 ピースでの活動が多く、一時期は Melvins に 2 人とも参加していた。本作 3rd は、ギタリストに Tool などのレコーディングを手がける Toshi Kasai を迎えたトリオ編成で制作。音圧以前の、人間としての凄まじいパワーを感じる野太いヴォーカルとドラム。ベースリフにユニゾンするのではなく、少しネオクラシカル風味なフレーズでもって絡みつくギターが絶妙なバランスで成立している。一筋縄ではいかない稀有なサウンドだ。（鉛）

Black Cobra / Chronomega（2009）Southern Lord

元 Cavity の Jason Landrian（Gt. & Vo.）、Acid King の Rafael Martinez（Dr.）による、アメリカのスラッジ／ドゥームメタルデュオによる 3rd。07 年に Eternal Elysium とのスプリットをリリースし、来日公演も果たしている。押し潰すようなリフがのたうち回り、ダイナミックなドラムが暴れ、ベースレスでありながらアグレッシブな激重音を吐き出す作品。フリーキーな雰囲気を漂わせつつも楽曲構成は実によく練られており、ハイレベルでカオティックなスラッジコアを展開。名プロデューサー Billy Anderson の手腕もあり、全編を覆う殺伐とした Raw な空気からは陶酔感すら滲み出ている。（田村）

Black Math Horseman / Wyllt（2009）Tee Pee

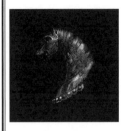

アメリカ・カリフォルニア州はロサンゼルスの4人組による、現時点（20年5月）での唯一のフルアルバム。プロデューサーはKyussやUnidaのScott Reeder。漆黒に塗り潰すようなヘヴィネスのスラッジサウンドと、Pink Floydのような浮遊感あるサイケデリアが融合。Sera Timms（Ba. & Vo.）の透き通った声にリードされるサウンドは、当時「ポスト・ドゥーム」などと呼ばれていたサウンドと共通項も多いが、多彩な表情をみせる全6曲を特定のサブジャンルに押し込めることは難しい。文字通りプログレッシブかつオルタナティブ。Seraは後にIdes Of Geminiへ。（杉本）

Cable / The Failed Convict（2009）The End

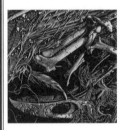

94年に結成された、アメリカ・コネチカット州出身のハードコアバンドによる6th。初期にはISISのJeff Caxide（Ba.）も参加していた。パーマネントなメンバーであるRandy Larsen（Ba. & Vo.）もISIS在籍経験があり、後にCome To GriefやSlow Deathなどでもプレイする。当初はニュースクールスタイルのハードコアをプレイしていたが、徐々にスラッジーなテイストを導入。激情の咆哮とうねりが同居する、独自のサウンドを作り上げた。本作は50分弱のなかに全13曲のコンパクトな楽曲を詰め込み、多彩なアイデアを披露している。（杉本）

Candlemass / Death Magic Doom（2009）Nuclear Blast

スウェーデンの生けるドゥームメタルレジェンドによる通算10枚目のフルアルバムにして、ヴォーカルにSolitude AeturnusのRobert Loweを迎えた2作目。前任者Messiah Marcolinに比べると（体型も声も）線の細さは否めないが、アメリカ人ながら豊かな表現力を有するRobertの声でも、北欧暗黒様式美の世界はしっかりと構築されている。まるでVinny Appiceがドラムを叩くBlack Sabbathの疾走曲のように、後ノリで渋くキメた冒頭の"If I Ever Die"は名曲。次のアルバムも同布陣で制作し、ヴォーカルはMats Levénを経て19年の次々作ではJonah QuizzのJohan Längquistが担当。（杉本）

Death Row / Alive In Death（2009）Black Widow

Death RowはVictor Griffin（Gt.）が80年に結成したバンドで、81年にBobbie Liebling（Vo.）、Martin Swaney（Ba.）、Joe Hasselvander（Dr.）が加入し、83年にPentagramとして活動を開始する。本作は、そんな彼らのレア音源を集めた2枚組コンピレーション。Disc1には82〜83年のライブ音源が収録されており、Pentagramの曲もプレイされている。Disc2はカラオケのデモが中心だが、Black Sabbathの"War Pigs"、"N. I. B."、"Into The Void"の忠実なカバーも。全体として音質は極悪だが、楽曲や過剰なまでに悪魔的な雰囲気は既に完成されている。（加藤）

The Devil's Blood / The Time Of No Time Evermore（2009）Ván

女性ヴォーカルを擁する、オランダのオカルティックサイケバンドによる 1st。Farida Lemouchi（Vo.）と Selim Lemouchi（Gt.）は姉弟。フィメールフロンテッドなバンドが飽和するなか、彼らはドゥーミーなうねりに巻き込まれることなく、ポップな新地に着地した。妖しいフレージングの数々は往年のプロトメタルレジェンドを彷彿とさせるが、リズムセクションはあくまでシンプルに、グルーヴは頭ではなく腰を振らせる感じ。個人的にはスウェーデンの Ghost を聴くときの気分で聴ける音。13 年までに 3 枚のアルバムを残すも、Selim の自殺によってバンドは活動終了。（杉本）

The Gates Of Slumber / Hymns Of Blood And Thunder（2009）Rise Above

アメリカ・インディアナ州インディアナポリス出身のエピックドゥームメタルバンドによる 4th。Witchfinder General や Pagan Altar などのダークサイド NWOBHM や、Manilla Road、Cirith Ungol などの 80 年代エピックメタルをベースに、暗黒空気を撒き散らすドゥームメタルを展開。正統派メタル要素も強いが、中心人物の Karl Simon（Gt. & Vo.）による Black Sabbath 直系のヘヴィなリフやぼんやりと浮遊感を醸し出す独特のヴォーカルにより、70 年代ヘヴィサイケの空気も感じさせる。バンドは 13 年に解散するが、19 年に復活している。（田村）

Green & Wood / Green & Wood（2009）Cyclopean

アメリカ・カリフォルニア州はロサンゼルスのドゥーム／ストーナーバンドによる 1st。本作は 3 人編成で制作されており、Ethan Fowler がヴォーカル、ギター、ドラムを兼務している。Black Sabbath よろしく古典的なドゥームリフを基調に、スローから跳ねるリズムまで網羅した〝正統派〟。ヴォーカルも Jus Oborn の流れを汲む、この界隈ではよく聞かれるタイプ。弦楽器にはソリッドな切れ味があり、ヘヴィメタル的なカタルシスが強いものの、インストパートにはバンド名の通り森の奥で酩酊させるようなサイケデリック感もある。11 年の 2nd を最後に活動停止しているようだ。（杉本）

Heaven & Hell / The Devil You Know（2009）Roadrunner

Black Sabbath『Mob Rules』（81 年）時のメンバーによる再結成、さらにバンド名は至高の名盤から取られていたため、全世界の暗黒様式美ファンを大いに期待させた唯一のフルアルバム。バンド名が Dehumanizer なら違和感は少なかった。しかし『Dehumanizer』（92 年）は、賛否両論あれど当時最先端のヘヴィネスを提示した意欲作だった。だが本作では、彼らが生んだサブジャンルたる「ドゥームメタル」的な枠に自ら収まるよう努めたような楽曲が並ぶ。とはいえ各楽曲は高品質で、なかなかのスルメ盤。Ronnie James Dio（Vo.）はさすがの歌唱を披露しており、この布陣でのライブは良かった。（杉本）

The Inner Space / Agilok & Blubbo（2009）Wah Wah

クラウトロックの大御所 Can の前身である The Inner Space が、Peter F. Schneider 監督による映画『Agilok & Blubbo』（69 年）に提供したサウンドトラックが再発されたもの。CD のボーナストラックとして、"Memographie""Hexapussy" を収録。アシッド／サイケ／ガレージ色の強い脱力サウンドで、主題となるフレーズを随所に散りばめて展開する。映画のヒロインである Rosy Rosy がリードヴォーカルをとる楽曲も。映画が描き出した、オッパイ丸出しでつけまつ毛の女や革命など、60 年代後半のカウンターカルチャーのアイコンをモチーフとする現代ドゥーム／ストーナーバンドは多い。（杉本）

Iron Claw / Iron Claw（2009）Vintage

Antrobus なんて存在しない、本当は Iron Claw だった！ とか、前身バンドだった！ とか、そんなことはデータ主義の歴史家に任せちゃえばいい。デモレベルの録音だけど、よく Black Sabbath と比較される音楽に、当時はイギリスにこんなガレージバンドがいたのかと思うと、やはり本場の層の厚さを感じる。特にギターは当時の Tony Iommi と同じ音だ！ だけれど、ブリティッシュロック黄金時代らしく様々な楽器をブチ込んでみせるトライアル精神も旺盛。そのせいか、『Sabbath Bloody Sabbath』とか『Sabotage』とか実験期の Black Sabbath を少〜しだけ先回りしているように聴こえる。（hAe）

John Frusciante / The Empyrean（2009）Record Collection

Red Hot Chili Peppers のギタリスト John Frusciante（Gt. Syn. & Vo.）による 10 作目のソロアルバム。古巣の盟友である Flea（Ba.）、John のソロキャリアにも参加し古巣で後任も務めた Josh Klinghoffer（Dr. & Key.）、元 The Smiths の Johnny Marr（Gt.）などが参加している。精神的な世界を描いたコンセプトアルバムであり、幻想的なアートワークも含め、70 年代の英国プログレッシブロックを思わせる作風。叙情性とサイケデリアが見事に融合しており、クワイアを用いた実験的なパートなどもトータルでのドラマ性を高めるのに寄与している。（杉本）

Litmus / Aurora（2009）Rise Above

Hawkwind の血を正統に受け継ぐイギリスのスペースロックバンド。シンセサイザー、メロトロン、デジタル・オーディオ・ワークステーション担当などを含む 4 人編成で制作された。サイケデリックロックにハードなエッジを加えたリフを、ミニマルな 2 ビートと共に展開する人力トランス。70 年代における Hawkwind のスタジオ録音を彷彿とさせるキャッチーな歌メロに加え、スペーシーな効果音の多くがドラッギーな雰囲気を醸すのみに終わらず、曲のメロディ部分を構成する要素としてポップに編集されている点が非常に秀逸。アメリカ盤は Metal Blade Records からのリリース。（杉本）

Mustasch / Mustasch（2009）Regain

元 B-Thong の Ralf Gyllenhammar がヴォーカルを務める、スウェーデンのヘヴィロックバンド 4 人組によるセルフタイトルを冠した 5th。翌年、Nuclear Blast からリリースされたバージョンの箱ジャケには、「For fans of METALLICA, THE CULT, VOLBEAT & AIRBOURNE!」とのコピーが。ストーナーのエッセンスと Pantera のモダングルーヴをあわせもつサウンドで、メジャー界隈で活躍するバンドだけに曲のクオリティは高く、曲調の振れ幅も大きい。本書の想定読者層であるマニア筋の方々には、この野心的な感じが少々鼻につくかもしれないが。（杉本）

The Prodigal Sons / Emerge From The Void（2009）Void

国籍やメンバーなど素性の一切が不明という謎のバンドによる、72 年に録音されたまま蔵入りになっていたと噂される音源を、イギリスのレーベルが発掘リリースしたもの。10 年にはドイツの NuMusi Records も CD でリリースした。まさに「虚空からの出現」だ。Sir Lord Baltimore あたりを思わせる、ワイルドでラフなハードロックンロール。コーラスがライブ映えしそうな "Lightning Strikes Twice" が死ぬほど格好良い。JPT Scare Band なんかもそうですが、こういう未発表音源が今もどこかに眠っているのかと想像するとロマンがありますね。（加藤）

Shrinebuilder / Shrinebuilder（2009）Neurot

Saint Vitus、The Obsessed、Spirit Caravan な ど の Scott "Wino" Weinrich（Gt. & Vo.）、Sleep 〜 OM の Al Cisneros（Ba. & Vo.）、Neurosis の Scott Kelly（Gt. & Vo.）、Melvins や Altamont の Dale Crover（Dr.）という、ドゥーム／ストーナー界のヒーローらによるスーパープロジェクト。バンド名は OM の楽曲が由来と思われる。録音エンジニアは Tool や Melvins の作品を手がけてきた、Big Business の Toshi Kasai。Neurosis にも通じる壮大かつ長大な楽曲のなかで、各メンバーの魅力が存分に引き出されている。11 年には My Proud Mountain からライブ盤をリリースした。（加藤）

Sleepy Sun / Embrace（2009）ATP

アメリカ・カリフォルニア州のバンドによる 1st。リリースはロックフェス All Tomorrow's Party を主宰するイギリスの ATP から。プロトメタル／ヘヴィサイケと男女混声の素朴なハーモニーを乗せたアーシーなフォークを、インディーロックのフィルターに通過させたような作風は、Dead Meadow や Black Mountain の影響を窺わせる。ゴスペル調のピアノ・バラード "Lord"、内側へ沈み込んでいくブルース "Red / Black" など、ひりつく熱気と爽やかな静けさのバランス感覚が見事。10 年に脱退した Rachel Fannan（Gt. & Vo.）は、後に Black Mountain へ加入している。（加藤）

Stone Axe / Stone Axe（2009）Roadburn

70 年代にも同名の地下ハードロックバンドがいたが、こちらは現代のアメリカ・ワシントン州のバンドによるデビュー作。クレジットによると、Dru Brinkerhoff がヴォーカル、Tony Reed がその他の楽器を演奏したとある。冒頭の "Riders Of The Night" がいぶし銀のブルースロックで、R&B 的であり Black Sabbath 的であるという両方の意味で「黒い」サウンドがアメリカのレジェンド Crow を彷彿とさせる激渋スタッフ。基本的には米国的な乾いた音を出しながら、曲調は Whitesnake や Led Zeppelin といったブリティッシュハード路線。David Coverdale に似たヴォーカルがハマっている。（杉本）

Sunn O))) / Monoliths & Dimensions（2009）Southern Lord

90 年代末〜 00 年代の地下音楽界最大の大物にして異端。Goatsnake などの Greg Anderson（Gt. & Ba.）と Khanate などの Stephen O' Malley（Gt.）を中心とする、暗黒実験音楽ユニットによる 6th。Earth（US）のトリビュートバンドとしてスタートしたヘヴィドローンは、膨大な作品群を通じて宇宙が膨張するように音楽性を広げてゆき、光も闇も飲み込んだ孤高の涅槃音楽へと姿を変えた。本作はタイトル通り、彼らが到達した新たな次元であり、記念碑的な 1 枚。余談だが、かつてはインターネット上でハンドルネームに「O)))」を冠した中毒者をよく見かけたものだ。（加藤・杉本）

Them Crooked Vultures / Them Crooked Vultures（2009）DGC

元 Nirvana 〜 Foo Fighters の Dave Grohl（Dr.）、元 Kyuss などの Josh Homme（Gt. & Vo.）、元 Led Zeppelin の John Paul Jones（Ba.）によって結成されたトリオの、現時点での唯一のフルアルバム。世代的には John だけ乖離があるが、往時からマルチプレイヤー／アレンジャーとしてオルタナティブな感覚を強くもっていたミュージシャンであるから、このトリオにも違和感なく溶けこんでいる。その音は、Cream や Led Zeppelin を彷彿とさせる、ヘヴィメタル／ハードロック前夜的な原始的ロック。ラウドなシーンに色目をつかうことなく、細やかなアレンジでグイグイ聴かせるスルメ盤。（杉本）

ファンシーナムナム / 迷宮としての世界（2009）カルトフラワー

07 年結成の、東京のガールズ 3 ピースバンドによる 1st。ドラムはおらず、シーケンサーを使った打ち込みとギター、ベース、キーボード、ヴォーカルからなる。グループサウンズ、昭和歌謡、サイケ、フォーク、ガレージ……あたりを独自の解釈でブレンド、昭和へタイムスリップするかのような幻覚作用を発現させている。その古き良きサウンドは、本当にゼロ年代にリリースされたのか!?　と疑うほど。だが、既存の音楽のただの焼き増しではなく、自分たちのルーツへの造詣の深さと愛情をしっかり感じさせる。その後、バンドはクラウトロック寄りのアプローチへ変化していく。（鉛）

Blizaro / City Of The Living Nightmare（2010）Razorback

Orodruin の John Gallo（Gt. Key. & Vo.）によるソロプロジェクトの、複数の自主製作盤を経ての 1st. 当時 Orodruin のドラムだった Mike Waske がマーチングタムで参加している。Goblin に代表される 70 年代のイタリアンホラーやジャッロ映画音楽への憧憬を滲ませる、アナログシンセやオルガンを駆使したプログレッシブロックを中心とした楽曲のなかに、Ozzy 声のヴォーカルを乗せた激渋のトラディショナルドゥームを散りばめた作風。14 曲目 "Suspiria Theme" は Goblin による同名映画のサウンドトラックのカバー。16 年には 2nd をリリースした。（加藤）

Bongripper / Satan Worshipping Doom（2010）The Great Barrier

サタン万歳！ ドゥームを崇めよ！ このボング野郎どもは、アメリカはイリノイ州シカゴのインストゥルメンタル・スラッジ／ドゥームバンド。本作は、それぞれ 10 分を超える "Hail"、"Satan"、"Worship"、"Doom" の 4 曲で構成された 5th. ズルッズルのスラッジパートからプリミティヴブラックメタル調の疾走パートまで、メタルの邪悪さとヘヴィネスを抽出して濃縮したような 50 分強。地下臭が充満しており、ポピュラリティとは縁もゆかりもない音だが、リフを垂れ流すのではなく緩急をつけた曲展開なので、最後までダレることなく聴き通すことが出来る。（加藤）

Crippled Black Phoenix / I, Vigilante（2010）Invada

Iron Monkey、Electric Wizard、Teeth Of Lions Rule The Divine で腕を奮ってきた Justin Grieves（Gt. Dr. 他）が立ち上げたバンドによる 4th. バンド名は Iron Monkey の歌詞から取った。チェロやピアノを使用した荘厳な暗黒ポストロックが持ち味だが、本作ではクラシックなプログレッシブロック、とりわけ Pink Floyd と Black Sabbath からの影響が顕著に現れている。冒頭の "Troublemaker" は、Pink Sabbath か Black Floyd などと形容したくなるほどのフュージョン具合だ。ラストを飾る "Of A Lifetime" は Journey のカバー。（加藤）

Ghost（SWE）/ Opus Eponymous（2010）Rise Above

Papa Emeritus IV（Vo.）率いるスウェーデン出身のバンドが、Rise Above からリリースした 1st。70 年代のブリティッシュハードロックあたりをベースに、アメリカ西海岸風のサイケデリック要素、NWOBHM や Mercyful Fate などのサタニックなオーラをまとったオカルトロックをプレイ。ポップな曲調と、ヴォーカルのルックスからは想像もつかない甘い歌声の中毒性が高い。13 年には、Loma Vista Recordings から 2nd と、元 Nirvana で Foo Fighters の Dave Grohl がプロデュースを務めた EP を発表。14 年には日本のサマーソニックに出演するなど、この手のバンドとしては久々の大物である。（加藤）

2010年代

Hour Of 13 / The Ritualist（2010）Eyes Like Snow

Profane Grace、Seven Foot Spleen 他、アメリカを拠点に数多くの地下バンドでプレイするマルチプレイヤー Chad Davis を中心とするバンドの、彼がすべての楽器を演奏する 2nd。ヴォーカルは、Seamount や Briton Rites 他、これまた様々な地下バンドに籍をおく Phil Swanson。Black Sabbath を根っこにもつ王道のドゥームメタルに、北欧エピックメタルのフレーバーを効かせたドラマティックなスタイル。Phil の歌唱法は Ozzy Osbourne に酷似しているし、Candlemass からアイデアを拝借したような展開もある。オリジナリティは希薄だが、高品質な楽曲群を楽しめる。（杉本）

Kingdom Of Sorrow / Behind The Blackest Tears（2010）Relapse

Hatebreed の Jamey Jasta（Vo.）が、Crowbar や Down などの Kirk Windstein（Gt.）と組んだプロジェクトによる 2nd。三連も含むミドルテンポを基調に、ブルースベースの旨味をほのかに滲ませたリフの上で、Jamey が咆哮を響かせる。音圧、プロダクション、演奏のカッチリ加減はレーベルから想像出来る通りで、ノーマルヴォイスでの浮遊感あるパートを含めた曲づくりは、90 年代のインダストリアルメタルともリンクする部分がある。ニュースクールハードコアのボトムの強さを兼ね備えたサウンドは、ドゥーム界隈からすれば比較的珍しいアプローチかと。（杉本）

Noctum / The Seance（2010）Stormspell

スウェーデンのヴィンテージドゥームロックバンド 4 人組による 1st。いわゆる "Witchcraft 以降" のリバイバル路線で、特にヴォーカルの歌唱法も同バンドに酷似している。70's ハードロックを下敷きにしたサウンドには、同郷のレジェンドである November の血も流れていそうだ。CD、アナログ（High Roller Records）共に各 500 枚限定での発売（私の手元にある CD は手書きのナンバリング入り）だったが、翌年にはボーナストラックつきで再発された。13 年の 2nd では ド ラ ム が Abramis Brama や Witchcraft など の Frederik Jansson にチェンジしている。（杉本）

Quest For Fire / Lights From Paradise（2010）Tee Pee

ガレージロックバンド The Deadly Snakes のメンバーだった Andrew Moszyncki（Gt.）と Chad Ross（Gt. & Vo.）、元 Cursed の Mike Maxymuik（Dr.）らカナダ・トロントのミュージシャン達によって結成されたバンドの 2nd。前作で顕著だったガレージ／インディーロック色が薄れ、ストーナーのダイナミクスと、Pink Floyd 的な神秘性を加味。ヴァイオリンを使用した "The Greatest Hits By God"、ドリーミィなフォーク "Psychic Seasons" などを交えて極彩色のサイケデリック奇譚を描く。13 年に解散。同年、Andrew と Chad は Comet Control を結成。（加藤）

2010年代

Ramesses / Take The Curse （2010） Ritual Productions

Electric Wizard を脱退した Mark Greening（Dr.）と Tim Bagshaw（Gt.）、同バンドの前身 Lord Of Putrefaction の Adam Richardson（Ba. & Vo.）によって結成されたバンドの 2nd。ノイズと憎悪まみれの超重量級スラッジながら、フックが増したぶん前作よりは聴きやすいかもしれない。ドゥームの瘴気とブラックメタルの邪気を孕んだ暗黒ヘヴィロックは、典型的なスラッジ／ドゥームでもポストスラッジでもない孤高のサウンド。がなり声や呪詛声からノーマル声までを使い分ける Adam の歌声はかなり独特。傑作だが、いまいち認知度が低いのは流通の悪さゆえか。（加藤・杉本）

Revölt / The Previous Night Of Doom （2010） Captured

我が国は埼玉出身のメタルクラストトリオによる 1st。リリースは本書執筆者の 1 人でもある JERO の主宰する Captured Records から。Axegrinder、Amebix、あるいは Winter（US）などを彷彿とさせるスラッジーなクラストコアを展開。吼え猛るヴォーカルがひたすらに凶悪。ツーバスを多用し、すり潰すような音圧を放つドラムが、本書で紹介している多くのブルースベースのドゥーム／スラッジ勢とは異なる血脈にあることを主張しているが、80 年代の UK ハードコアに根差した真っ黒でスローなリフは、ドゥーム／スラッジの文脈からまったく切り離されたものでもない。（杉本）

Rose Kemp / Golden Shroud （2010） 12 Year Stretch

70 年代のブリティッシュフォークロックバンド Steeleye Span の Rick Kemp、Maddy Prior 夫妻の実娘による 4th。デビュー時はフォークをやっていたが、徐々にドゥームメタルに接近。サイケやひねくれポップ的要素もみせつつ、08 年リリースの前作で完全にドゥーム化を果たし、フォーク路線のファンを困惑させた（多分）。それでもまだ、演奏時間的にはポピュラーミュージックの尺に収まる楽曲をプレイしていたのだが、本作には大曲を 3 曲のみ収録。ヘヴィドローンをバックに、オペラティックな歌唱からさぐれた絶叫まで披露。彼女に一体何があったのでしょうか。（加藤・杉本）

Samsara Blues Experiment / Long Distance Trip （2010） World In Sound

07 年に結成された、ドイツはベルリンのバンドによる 1st。長尺ヘヴィサイケデリックジャムを軸にドゥーミーなリフやアコースティック曲なども交えたドラマ性もあり、オルガンやシンセの使用あり、シタールなどインド音楽の要素もありと、起伏と多様性に富んだ内容である。実験結果は成功といったところだろうか。ヴォーカルはクセが強めの Jim Morrison 風。20 年に 5th『End Of Forever』をリリースするも、残念なことに同年に無期限の活動停止を表明した。Colour Haze、My Sleeping Karma と共に、同国を代表するバンドだった。（加藤）

Sancta Sanctorum / The Shining Darkness （2010） Black Widow

Steve Sylvester（Vo.）、Thomas Hand Chaste（Dr.）が結成。Danny Hughes（Ba.）ら Death SS 人脈を中心とする 5 人で制作された唯一のフルアルバムが本作。Death SS や Thomas が参加していた Paul Chain など、イタリアンオカルティックメタルのカルトなエッセンスを引き継ぎ、ドゥーミーかつサイケデリックな要素を注入して今日的なヴィンテージメタルに仕上げた意欲作。キーボードをふんだんにフィーチュアしてシアトリカルに練り上げられたオケに Steve の特徴的な声のヴォーカルが乗る音像は、往時の Alice Cooper が現代に蘇ったような演芸的魔術ロックの世界。（杉本）

Talbot / EOS （2010） Independent

バルト三国の一つエストニアの首都タリンを拠点とし、Magnus Andre（Ba. Syn. & Vo.）を中心としたデュオによる 1st。ポストメタルのドラマ性とストーナーロックのダイナミクスを、ベースとドラムを軸とした強固なドゥーム／スラッジでまとめ上げた珠玉の一品。クリーン声と濁声のツインヴォーカルは口当たりも良く、アルバム全体として即効性も高いが、ハマってもズブズブというドラッギーな魅力がある。本作は本国で高く評価され、Estonian Music Awards のベストメタルアルバム賞にノミネート。来日も果たした。13 年リリースの 2nd『Scaled』で同賞を受賞している。（加藤）

Titan / Sweetdreams （2010） Relapse

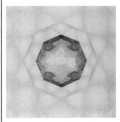

同名バンドが多いが、彼らはアメリカ・ニューヨーク州はブルックリン出身のバンド 4 人組。初期 Deep Purple や Emerson, Lake & Palmer の美しくも火花散るインスト曲か、はたまた King Crimson の不条理な暗黒プログレッシブロックか。そうしたマニアックな 70′s マインドを、Relapse らしく現代エクストリームメタルのエッジと音圧で叩きつけた、激・ヴィンテージ酩酊ロック。長尺の楽曲を中心とした全 5 曲構成も往年のレジェンドっぽいし、ブリティッシュテイストの無個性派ヴォーカルが楽曲のなかで必ずしも主たる役割を果たしていない点もそれっぽい。（杉本）

Triptykon / Eparistera Daimones （2010） Century Media

再結成 Celtic Frost を脱退した Thomas Gabriel Fischer（Gt. Key. & Vo.）が、08 年に女性アーティストの Vanja Šlajh（Ba.）と始めたプロジェクトによる 1st。Dark Fortress の V. Santura（Gt. Ba. & Vo.）、Fear My Thoughts の Norman Lonhard（Dr.）がメンバーとして参加している。Celtic Frost の『Monotheist』（06 年）をさらに暗黒化し邪悪さを強めた作風に。スラッジに通じる殺伐としたドゥーミーな展開から、女性ヴォーカルを取り入れたゴシカルな場面、そして暗黒スラッシュまで、Thomas が培ってきたダークネスなファクターが見事に反映・推進された傑作。（田村）

Ty Segall / Melted （2010） Goner

Epsilons、Party Fowl、The Traditional Fools などでプレイしてきた、アメリカ人ガレージロッカー Ty Segall がほぼすべての楽器を手がけるソロアルバム。バンドとソロを含めて膨大なリリース数を誇る彼の作品のなかでも、比較的ドゥーム／ストーナー的なヘヴィネスと親和性が高いと思われるのがこちら。60 年代末的でジャンクなガレージロックを、音割れするほどのディストーションギターで奏でた。ゆったりとしたパートとヘヴィなパートの音量差が激しいので、スピーカーの設定には注意したい。13 年には Fuzz 名義でアルバムをリリース。そちらは加藤のレビューを参照されたし。（杉本）

Wino / Adrift （2010） Exile On Mainstream

真にヘヴィな音楽は、アコギ一本でも作ることが出来る。多くのブルースやカントリーのミュージシャンが証明したように、The Obsessed などで活躍してきたドゥームの帝王 Scott"Wino"Weinrich は、本作でそれをやってのけた。とはいえ、完全なアンプラグドではなく、エレキギターも使用されている。「俺は行きたいところに行って、やりたいことをやるのさ」という歌詞を、ここまで説得力たっぷりに歌える人間は他にいないのではないか。彼の喉を存分に堪能出来る 1 枚。Motörhead の "Iron Horse / Born To Lose"、Savoy Brown の "Shot In The Head" をカバー。（加藤）

Zoroaster / Matador （2010） E1 Entertainment

後に Royal Thunder に加入する Will Fiore （Gt. & Vo.）を擁する、アメリカ・ジョージア州はアトランタ出身のトリオ・スラッジバンドによる 3rd。Terminal Doom Explosion というバンドが母体となって 03 年に結成。バンド名は古代ペルシャの宗教であるゾロアスター教の開祖から取られている。重苦しいヘヴィなリフを主体としたドゥーム／スラッジをベースに、歪んだギターや、ダミ声ながら浮遊感のあるヴォーカルを随所に取り入れて酩酊感を放出。Eyehategod の退廃性や Sleep のドープなヘヴィさを、アシッド感を大量注入して料理した感じ。サイケ・スラッジ／ドゥームの名作。（田村）

中学生棺桶 / 矛先についたガム （2010） Diwphalanx

00 年代の我が国ドゥームシーンを引っ掻き回し、例の K と改名後は 3 枚のアルバムを発表して 14 年に活動終了したバンドの、中学生棺桶名義で最終作となる 4th。アートワークと日本語詞がサブカル臭を放つが、音は Black Sabbath や Budgie などを彷彿とさせるヘヴィロックを強烈なドライブ感でロールしたもので、個性的かつトゥルー。彼らの顔は、やはりパーカッションを兼務する狩野葉蔵（Vo.）だ。ハードロックやメタルというカテゴリに収まることを拒否する怨み節。ひたすらに皮肉。22 年に再始動を発表。沈む鉛の外山鉛（Ba.）、Hakubishin の Shun Shimizu （Gt.）が参加（後者は同年に脱退）。（U・杉本）

1000mods / Super Van Vacation （2011）Catch The Soap Productions

00年代中盤に結成されたギリシャのヘヴィロックバンドによる、満を持して発表された1st。60〜70年代のガレージやサイケをパンキッシュにドライブさせたスタイルで、タイトルやアートワークが示すように「クルマ」と「トリップ」（そして少しばかりの「オネエチャン」）をキーワードに爆走する、90年代後半から00年代中盤までのストーナーロックのイキの良いやつを総括するような内容。音質は極上というわけではないが、それとてデビュー作の勢いを伝えるのに一役買っている。バンドは今なお現役で20年までに4枚のアルバムをリリース。（杉本）

Amebix / Sonic Mass （2011）Amebix

87年に解散したイギリスのクラスト神が、元Nausea、SoulflyなどのRoy Mayorga（Dr. & Key.）を加えて制作した、フルアルバムとしては実に24年ぶりとなる3rd。ミニマルなオケに以前の面影を残すも、カッチリとした重量級のドラムを得て、クリアかつ現代的な音像で繰り出される楽曲群は、コンテンポラリーなラウドミュージックと聴き比べても遜色ないほどに様変わりしたヘヴィネスを見せつけている。Rob（The Baron）Miller（Ba. & Vo.）が歌う乾いたメロディ、ときにエモくさえあるStig C Millerのギターは、00年代型のメタルコアをも超え、ポストハードコアの世界へ足を踏み入れた。（杉本）

Black Tusk / Set The Dial （2011）Relapse

アメリカ・ジョージア州のヘヴィロックバンドによる3rd。アートワークはBaronessのJohn Dyer Baizleyの手によるもので、レーベルはRelapse。ならばその音は、この界隈に知悉した諸兄ならば、想像に難くないだろう。プロデューサーはSoundgardenやHigh On Fireで知られるJack Endino。彼らは自らの音を「スワンプメタル」と表現しており、確かにロックンロールの背後で渦巻くグルーヴは、たとえ曲がアップテンポであっても泥沼のような粘っこさ。一方で、ハードコアテイストのシャウトやプロダクションは全体的にシャープで、しっかり00年代後半以降のテイストである。（杉本）

2010年代

Cradle / The History （2011）Cradle Rocks Music

「60'sテイストを狙いすぎたヴィンテージリバイバルバンド」のようなジャケットだがさにあらず、彼女らこそはThe Pleasure Seekersを前身とし、60年代末からSuzi Quatro（Ba. & Vo.）がソロ活動を始めるまでの期間に活動していたデトロイトのハードロックバンド。本作はそのアンソロジー盤である。プロトメタル的な切れ味のヘヴィサイケにCovenを思わせる不気味さをも持ち合わせ、前身がそうであるようにコーラスワークも上手けりゃ見た目も格好良いという、何だか夢のようなバンド。メタル界隈ではあまり話題に上らないが、出すとこに出したら半世紀越しに大ヒットしそう。（杉本）

Devil / Time To Repent （2011） Soulseller

NWOTHM の文脈で語られることが多い、ノルウェーのヘヴィメタルバンドによる 1st。Black Sabbath の血が入っていることはいうまでもないが、直系の師匠はおそらく Witchfinder General あたりであろうという、NWOBHM 的ないなたさを逆手に取って武器とする確信犯的古典派レトロドゥーム。「SEO？　何それ？　おいしいの？」といわんばかりの直球シンプルバンド名もアイデンティティを主張。音色質、曲調共にカビ臭いアンダーグラウンド色を主張してくるが、意外にも楽曲はポップでクオリティが高い点がポイント。シャッフルの曲で強みを発揮する。（杉本）

Dirty Beaches / Badlands （2011） Zoo Music

台湾にルーツをもつカナダの Dirty Beaches は、10 年代に新たな潮流を生んだインディーロックを象徴するミュージシャンの 1 人だ。本作 4th を再生するやいなや、強烈なリバーブの奥にロカビリー的なヴォーカルが乗る音像が飛び出す。風呂場でおっさんが Elvis Presley の真似事をしているような奇怪なサウンドだが、不思議と引き込まれる。ハイライトである 4 曲目 “A Hundred Highways” は、裸のラリーズの大名曲「夜、暗殺者の夜」をサンプリングしたもので、薬でラリッた Phil Spector がリミックスしたような作風である。ドラッグミュージックの傑作。（杉山）

Electric Mary / Long Time Coming （2011） Electric Mary

00 年代前半に結成、Whitesnake や Judas Priest、Deep Purple など大御所級のバンドのサポートを務めたこともある、オーストラリアの現代ハードロッカー出世頭による EP。同年にリリースした 3rd からのカーブアウト的な曲構成になっており、10 年のライブ映像を収録した DVD もついている。基本的には米 Skid Row のようなイキの良いハードロックなのだが、冒頭曲の Motörhead を思わせる疾走感の裏に潜むうねりのグルーヴ、ブリティッシュロックマインド全開のミドルテンポナンバーの粘つき加減が、強烈な個性を主張。大衆向けハードロック的な歌心のあるヴォーカルが華を添えている。（杉本）

Fuzz Manta / Vortex Memplex （2011） Kozmik Artifactz

デンマークはコペンハーゲンを拠点とする、フィメールフロンテッドなヴィンテージサイケハードバンドによる 2nd。Curved Air の『Air Conditioning』を何となく思わせるアートワークに、「Fuzz」を冠したバンド名……。釣る気まんまんのコンセプトだが、メタル色やプログレ／フォーク色の薄い甘さ控えめなブリブリファズロックが好きなら、文句なくガッツポーズの内容だろう。基本的には Lene Kjær Hvillum（Vo.）の朗々とした歌声をフィーチュアしたヘヴィロックながら、シークレットトラックとして 20 分ほどにわたって展開する酩酊ブルースジャムを収録。（杉本）

Hank Williams III / Attention Deficit Domination（2011）Hank 3

「ロックの父」とも呼ばれるカントリー歌手 Hank Williams を祖父に もつカントリー界のサラブレッドにしてアウトロー、Hank Williams Ⅲによる 11 年リリースのフルアルバム。Pantera や Down の Phillip Anselmo（Vo.）らによるスラッジ／ハードコアバンド Superjoint Ritual への参加や、Pentagram の Bobbie Liebling（Vo.）とのライブ 競演など、カントリーに止まらない活動で知られる。本作では Saint Vitus や Trouble を思わせる、アメリカンテイストの純ドゥームをプ レイ。〝カントリー上がりの Ozzy Osbourne〟といった具合の歌声も 非常に味があって良い。（加藤）

The Hounds Of Hasselvander / The Ninth Hour（2011）Black Widow

Pentagram、Devil Childe、Phantom Lord、Raven などでドラムをプ レイしていた Joe Hasselvander によるプロジェクトの 2nd。本作で 彼はギター、ドラム、ヴォーカルを担当し、Pentagram の Martin Swaney と、Eric "Orion" Cabana がベース、Wicked Minds の Paolo "Apollo" Negri がキーボードをプレイ。Black Sabbath の 1st を彷彿 とさせるジャケット通り、冒頭曲は長尺かつ重厚なスロードゥーム ナンバー。タム回しからは Bill Ward へのリスペクトを感じる。その 他、Black Sabbath や初期 Cathedral 直系のトゥルーなドゥーム曲が 目白押し。Mountain のカバー "Don't Look Around" が極上。（杉本）

Khola Cosmica / Khola Cosmica（2011）Independent

09 年結成、東京で活動する 3 ピース・サイケデリックストーナー／ ドゥームバンドによる、自主製作 CD の 1st アルバム。スラッジー な極悪ファズギターにうねるようなリズム隊が絡み付くように合わ さる。ノリの良いシャッフルビートから、意識をどこかに持ってい かれそうなサイケパート、地面に叩きつけられるような遅重パート まで、どこをとっても重量級のグルーヴが押し寄せてくる。随所に 現れる効果音がまた不穏さを強調している。並外れた破壊力をもつ、 そんな作品だ。New Records からレコードでもリリースされている。 20 年には Voron Nest から 2nd も発表した。（鉛）

Lord Vicar / Signs Of Osiris（2011）The Church Within

07 年、元 Reverend Bizarre の Kimi Kärki（Gt.）を中心に結成されたフィ ンランドのドゥームメタルバンド。ヴォーカルは Count Raven、 Goatess、Terra Firma でおなじみ、「北欧の Ozzy Osbourne」こと Chritus である。Black Sabbath、Pentagram、初期 Trouble、Saint Vitus などからの影響が顕著な、メタル寄りのオーソドックスかつ キャッチーなドゥームメタルをプレイ。Chritus のヴォーカルは相変 わらず Ozzy に似すぎだが、アコースティックなパートで聴かせ るノーマルな歌声が意外と魅力的だ。ラストを飾るドラマティック な大曲 "Sign Of Osiris Risen" がハイライト。（杉本）

Monkey 3 / Beyond The Black Sky （2011） Stickman

スイスはローザンヌで01年に結成されたインストゥルメンタル・バンドによる3rd。デザート型ストーナーにポストロックの重厚感を織り交ぜ、シンセやオルガンを使用したコズミックな世界観を長尺主体で展開するアトモスフェリック／サイケデリックなヘヴィロック。Ufomammutなどの作品を手がけたMalleusのアートワークもばっちりハマっている。35007やMotorpsycho、後にElderなどの作品をリリースするStickmanからのリリースであることも含めて、「ポストストーナー」の第一波に数えられそうな作品だ。19年には最新作をリリースした。（加藤）

Premonition 13 / 13 （2011） Volcom Entertainment

Saint Vitus、The Obsessed、Spirit Caravan 他のScott "Wino" Weinrich（Gt. Ba. & Vo.）が、旧友のJim Karow（Gt.）、Matthew Clark（Dr.）と10年に結成したバンドによる、唯一のフルアルバム。9分超のゆったりとした冒頭曲から、〝Wino印〟のドゥームロックが全開。アップテンポの "Hard To Say"、"Deranged Rock n' Roller"、グルーヴィーな "Clay Pigeons"、"Modern Man"、ラストを飾る陰鬱な "Peyote Road" と良曲ばかり。極端なことをいわせてもらうと、Wino作品は全部素晴らしいので、全部聴きましょう。12年にEarthless、Radio Moscowとのトリプルスプリットを発表し、解散。（加藤）

Rwake / Rest （2011） Relapse

2010年代

アメリカはアーカンソー州を拠点とする、ヴォーカルも兼ねるモーグサンプラー奏者擁するツインヴォーカル、ツインギター編成の6人組による5th（自主制作1st含む）。プロデュースはBuried At SeaのSanford Parker。悲痛な叫び声と重厚なスラッジリフに、プログレッシブで緻密な曲展開とNeurosisにも通じるスピリチュアルな感覚をもったサウンド。物哀しいアコースティックギターで幕を開ける "The Culling" は、美しすぎて涙が出そうになる。現在はギタリストが1人増え、トリプルギター編成になっているようだ。C.T.（Vo.）とJeff Morgan(Dr.) は Ash Of Cedars、Deadbird でもバンドメイト。（加藤）

Sabattis / Warning In The Sky （2011） Jargon

ニューヨークのハードロックバンドが70年にレコーディングし、結局レコード契約を得られずお蔵入りとなっていた音源。Uriah HeepやDeep Purpleにも匹敵するハモンドオルガン、ヘヴィでソリッドなギターとタイトなリズムによる、目が覚めるようなオルガンハードをプレイ。この頃のアンダーグラウンドバンドならではのアシッドな要素も強く、哀愁を帯びた極上のヘヴィサイケを聴かせる。後にEric Claptonの『Back Home』（05年）でグラミー賞のベストエンジニアに選出されるMick Guzauskiがプロデュースしている。埋もれていたのが本当にもったいない。（田村）

Saturnalia Temple / Aion Of Drakon（2011）Nuclear Winter

スウェーデンのドゥームメタルトリオによる、自主製作盤を経ての1st。初期の Cathedral や Electric Wizard を彷彿とさせるヘヴィでスローなリフは、ブルースの出汁も沁み込んでまったりした味わい。ヴォーカルは妖しい高音と邪悪な低音を使い分ける悪魔声。リチュアリスティックなフレーズやコズミックな効果音も飛び出す、スペーシーな魔術的ドゥームを展開している。当然ながら各楽曲は長尺化する傾向にあり、本作は全6曲約48分を収録。ブックレットの紙はマットな質感で、意外にも高級感ある仕上がりである。20年までに3枚のフルアルバムをリリースしている。（杉本）

Split（Earth[UK] / Flying Hat Band）/ Coming Of The Heavy Lords（2011）Acid Nightmare

後に Black Sabbath と改名する Earth（UK）が残したデモ──実はすでに改名した後の音源らしいけど、アルバムに入っていない最初期の音が聴ける。ヘヴィなブルース2曲の他、当時 Locomotive のキーボードだった Norman Haines によるポップな "The Rebel" が、なぜかとてもサバスらしい。オマケの "Blue Suede Shoes" も含め、このファニーでロケンローな感覚と Ozzy Osbourne の声があったからこそ、Black Sabbath のドゥームは特別だったのだと思う。それは後に "The Wizard"、"N.I.B."、そして "Never Say Die" から『Blizzard Of Ozz』に結実していく。やっぱり Ozzy の声はオカシイぜ！（hAe）

Uncle Acid & The Deadbeats / Blood Lust（2011）Rise Above

09年結成、レーベル設立者の Lee Dorrian や Candlemass の Leif Edling からも熱愛され、いまやイギリスにおけるサイケデリックなヘヴィロックシーンの重鎮的存在になったバンドの2nd。初期 Black Sabbath、60〜70年代ガレージ／サイケやトラッド／フォークからの影響が顕著なヴィンテージ臭を強烈に漂わせながらも、決して単なる懐古趣味的な模倣には陥らない独自のサウンドは、現代の同系列のバンドと一線を画している。中性的な甘いヴォーカルにリードされる、英国産らしい湿り気とポップネスを湛えた楽曲群は、聴き手に新しい音楽的体験をもたらす逸品揃い。（加藤）

Angel Witch / As Above, So Below（2012）Rise Above

NWOBHM の門番的な存在のバンドによる、フルアルバムとしては実に26年ぶりにリリースされた4th。過去の作品より遅めのテンポとアナログ的な音質も相まって、それまでの彼ら以上にドップリと聴かせてくれる1枚だ。英国気質を発散しまくる魔性のリードプレイ、ヘヴィメタルの最も原始的な部分を浮き彫りにしたようなリズムセクションを始めとする、Angel Witch らしい格別の湿った空気感にひたすら目をつむり陶酔するばかり。アートワークは伝説の1stも手がけた John Martin。本作の宗教画も、作品の妖しげな世界観をそのまま表現していて素晴らしい！（頭山）

Alunah / White Hoarhound （2012） PsycheDOOMelic

10年代に頭角を現した、イギリスの新世代ドゥームメタルバンドによる2nd。ゴスなルックスの女性ヴォーカルをフロントに置き、スロー～ミドルテンポのネットリしたメタルに乗せて語るスタイル自体に目新しさはないが、肝心の楽曲の出来が至極秀逸。どこかで耳にしたことのあるマテリアルを料理しているという点では同時代のドゥーム／ストーナー勢と変わらぬも、主にリズムセクションの細やかなアレンジが絶妙の緩急を生み、聴き手を飽きさせない。サウンド自体はメタリックだが、ミスティックなコンセプトからは英国伝統のフォーク／プログレッシブロック的なバックグラウンドも感じる。（杉本）

Baroness / Yellow And Green （2012） Relapse

Kylesaなどのアートワークも手がける才人 John Dyer Baizley（Gt. & Vo.）率いる、アメリカ・ジョージア州のバンド。歴代のアートワークも、Johnの手によるもの。本作は、そんな彼らの2枚組3rd。Mastodonに代表されるポスト・スラッジメタルの新鋭としてデビュー。プログレッシブな音楽性と高い芸術性でポストTool / Neurosisとも目されている。本作ではヘヴィネスを捨て、プログレッシブ要素も減退。クラシックロックに通じるオーガニックな音像と、クリーンヴォイスの哀愁漂う歌を全編に導入した。本作をもって、名実共に現代アメリカンヘヴィロックの代表格となった。（加藤）

Bedemon / Symphony Of Shadows （2012） Svart

Bedemonは、Randy Palmer（Gt.）を中心としたPentagram人脈によるバンド。05年には、70年代のデモ音源集がリリースされた。02年に新作がレコーディングされたものの、Randyが交通事故で逝去したために棚上げになっていたアルバムを、残されたメンバーが10年の歳月をかけて完成させた。Geof O'Keefe（Ba.）は、ギター、キーボード、パーカッションもプレイ。Craig Junghandelがマイクをとった。リリースはフィンランドのSvart Recordsから。初期Troubleにオカルティックな雰囲気を加えたような、非常に高品質な純ドゥームメタル作品に仕上がった。（加藤）

Blood Of The Sun / Burning On The Wings Of Desire （2012） Listenable

02年にPorn（The Men Of）のHenry Vasquez（Dr.）とStorm At Sunriseの Dave Gryder（Key.）によって結成された、アメリカのバンドによる4th。本作にはPoint BlankのJohn O'Daniel（Vo.）とRusty Burns（Gt.）、Stone AxeやMos GeneratorのTony Reed（Gt.）が参加。Scott "Wino" Weinrichも1曲でギターとヴォーカルを披露している。タイトルとアートワークが彷彿させるのはJudas Priestの『Sad Wings Of Desteny』。しかし、オッパイが強調されたジャケ裏表に、英米の気質の違いを感じる。音楽は活きの良いストーナー風味のヴィンテージハードで、キーボード臭が英国臭がスンごい。（杉本）

Bovril / Who's Stayed? Who's Gone?（2012）Tins

02 年結成。トリオ編成でハイエナジーなロックンロールを基調とし、60's ガレージやプログレッシブロックなどをミックスしたサウンドをプレイしてきた日本のバンドによる、唯一のフルアルバム。あらゆる楽器が存在感を主張しながら、前田真吾（Gt. & Vo.）による日本語詞の歌が、歌モノといってもいいほどに耳に残るメロディを歌う点が魅力。オリジナルメンバーの岡本豊（Dr.）がレコーディング後に脱退。King Goblin の荒木直人（Dr.）が加入し、ブックレットのクレジットにもそうある。15 年に岡本が復帰。これに伴い、Bovril は解散し、Berabo Dabora が結成された。（杉本）

Church Of Misery（US）/ Minstrel Of Mourning（2012）Razorback

アメリカのグラインド Impetigo の Stevo St. Vitus（Gt. & Vo.）率いるドゥームメタルバンドが、92 〜 93 年に制作した唯一のフルアルバムの発掘リリース。根底となる音楽性は Stevo のステージネームが示す通り、Saint Vitus や Witchfinder General などを彷彿とさせるトラディショナルなドゥームメタル。Black Sabbath よろしく鐘の音に導かれ始まる 1 曲目から、ジャケのような深い森の中で沈み込んでいくかのごとき陰鬱さと儀式的なリフワークの暗黒世界が広がる。重く暗いだけではなく、フォーキーなパートあり、ヘヴィに疾走するパートありと、しっかり作られた曲展開は一聴の価値あり。（脇坂）

Cloud Forest / Rebirth（2012）Black Mountain

足立祐二による Jesus でもプレイしていた元 Belladonna の Kiyoshi Utsunomiya（Ba.）、同じく元 Belladonna の Etsu（Gt.）らにより 92 年から活動している大阪のハードロックバンドの 3rd にして、現時点での最新作。ドラムは Marino、元 Terra Rosa の Jun Itakura。本作からレコーディングに参加している女性シンガー K. Juno の透明感のある美声、そしてドゥーミーな重いギターとオルガンを中心とした、70 年代のブリティッシュハードロックを強烈に感じさせる音。陰りのあるメロディや構築力の高さが光る熟練した曲展開も見事である。（田村）

Colour Haze / She Said（2012）Elektrohasch

94 年にドイツのミュンヘンで結成されたストーナーロックバンドによる 10th。Kyuss をサイケデリックにした感じと評されることが多いが、それだけでは決して片づけられない。ヘヴィな轟音リフを主軸に、色彩豊かなギターが歪みまくった酩酊感とスピリチュアルな瞑想世界を生み出す。ジャムセッション的要素も多く、プログレッシブで前衛的な側面も独特のアシッド空間を形成するのに一役買っている。アッパーな高揚感を伴うパートからダウナーな場面まで、自在に変化していく展開にも圧倒される。ストーナーロックの枠を超え、70 年代ジャーマンロックの精神に近いものを感じる。（田村）

Conan / Monnos（2012）Burning World

デビュー EP『Horseback Battle Hammer』でシーンに衝撃を与えた、「原始人バトルドゥーム（Caveman Battle Doom）」を標榜する、イギリスはリヴァプールの 3 人組による 1st。石斧を振り下ろすような超重低音リフがズンズン刻まれ、勝どきの雄叫びが轟く。オペラティックなヴォーカルも叙情的なメロディも使用せずに、エピックな世界観を力技で描き出している点が誠に稀有な存在。"Golden Axe" は、近年の Earth（US）を思わせる幻想的なインストゥルメンタル。18 年、ベースが元 Agent Of The Morai の Chris Fielding、ドラムが元 Abaddon Incarnate 他の Johnny King という布陣で 4th をリリースした。（加藤）

Goat / World Music（2012）Stranded

人口 500 人ほどのスウェーデンの田舎町・コルピロンボロ出身。彼らによると、そこはキリスト教の伝来以前に呪術師によって持ち込まれたブードゥー信仰が深く根付く地だという。「現代の Grateful Dead」とも形容されるサイケデリック／エクスペリメンタル・コレクティヴによる 1st。ブードゥー云々の真偽は不明だが、アフロビートを始めとした数々の民族的意匠、シャーマニックかつ強靭な女性ヴォーカル、ヘヴィサイケ、クラウト、ファンクにドローンと、時間と時代を超越した混沌のサイケデリアはその神秘性をさらに引き立たせている。（加藤）

Hexvessel / No Holier Temple（2012）Svart

数々のデス／ブラックメタルバンドや、ポストパンクバンド Grave Pleasures などで活動しているイギリス人ミュージシャン Mat McNerney（Gt. & Vo.）が、フィンランド移住後に、その自然に魅了されたことで誕生した Hexvessel の 2nd。60〜70 年代のサイケデリックロックやプログレッシブロックがネオフォークのダークなアトモスフィアをまとった楽曲群のなかに、Black Sabbath 影響下の 6 曲目 "His Portal Tomb" が違和感なく溶け込んでいる。8 曲目 "Sacred Marriage" はイギリスのフォークミュージシャン Carolyn Hillyer のカバー。（加藤）

Horisont / Second Assault（2012）Rise Above

00 年代半ばにスウェーデンから登場したヴィンテージハードロックバンドによる 2nd。60〜70 年代のクラシックロックをベースにした音楽性ながら、当時のリバイバルものらしくポップでキャッチーかつコンパクトに、いってしまえばこぢんまりとした楽曲が並ぶ。しかし、こうしたバンドの多くが Black Sabbath 系統のヘヴィロックをルーツにもつことが多いなか、彼らの場合は飛翔感のあるハイトーンヴォーカルがメロディアスな歌を聞かせる作風が、70 年代の Scorpions や Lucifer's Friend のようなテイストに繋がっている点が妙味。バンドはコンスタントに活動を続け、20 年には 6th を発表した。（杉本）

Horn Of The Rhino / Grengus（2012）Doomentia

Rhino を前身とする、スペインのエクストリームメタルトリオによる Horn Of The Rhino 名義になってからの 2 枚目のフルアルバム。スラッシュメタルのように直線的な疾走を基調とし、メタルクラストやニュースクールハードコアを思わせる、野太い咆哮と大振りな鉈でぶった切るようなリフで押し進む。ウィンドミル大歓迎の肉体的で凶暴なノリながら、ところどころにグランジやドゥームのネットリした蜜が練り込まれており、7 曲目 "Brought Back" のように 11 分超にわたってスラッジコアを展開する楽曲もある。14 年までにアルバム 4 枚をリリース。（杉本）

Ides Of Gemini / Constantinople（2012）Neurot

アメリカのサイケデリックドゥームバンド Black Math Horseman の Sera Timms（Ba. & Vo.）と、Revolver などメタル系の雑誌でジャーナリストとして活動してきた J. Bennett（Gt.）を中心に結成されたバンドの 1st。本作と次作でのドラムは Kelly Johnston。「ドリームドゥーム」「ドゥームゲイザー」などと形容される、ブラックメタルからシューゲイザー、ニューウェーブ要素を含んだサウンドは、白昼夢のように重く美しい。17 年リリースの 3rd では、ベースを Sydonia や Deth Crux などの Adam Murray、ドラムを Saviours などの Scott Batiste がプレイ。（加藤）

Inside Charmer / Inside Charmer（2012）Ducking Stool

Redwood Blues、Floaters の Mossa Hiro（Ba. & Vo.）率いる、我が国は首都圏を中心に活動するバンドによる 2nd デモ音源。哀愁のツインリードを配した Cathedral、Reverend Bizarre 直系のトラディショナルドゥームで、リフ、グルーヴ、メロディ、どこをとっても隙がない全 4 曲 37 分。まだ彼らを知らないドゥーマーが聴けば「DOOM METAL IS ALIVE ！」と快哉を叫ぶだろう。Redwood Blues と合わせて過小評価が甚だしいバンドだ。Redwood Blues と同様、Inside Charmer にも現在は Floaters の Jun（Dr.）が参加している。フルアルバムのリリースが待ち望まれる。（加藤）

2010年代

Jess And The Ancient Ones / Jess And The Ancient Ones（2012）Svart

女性ヴォーカルである Jess を中心とする、フィンランドのヴィンテージハードロックバンドの 1st。ツインギターとキーボードを擁する 7 人編成で、ブックレットでは The Circle Of Seven と名乗っている。10 年代のリバイバルものの一つではあるが、あえて狙ったようなチープさはなく、かといってギンギン高音質のメジャーメタルでもない、絶妙なバランスの音づくりである。60 年代サイケポップに 70 年代のシンフォプログレのような幻想味を加え、ハードロックのエッジをもたせた逸品。一言でいえばドラマティック。当初は LP でのみリリース。やたらに重厚なボックス仕様の CD 版も発売。（杉本）

Kill Devil Hill / Kill Devil Hill（2012）Steamhammer

Black Sabbath や Dio などで知られる Vinny Appice（Dr.）、Pantera や Down の Rex Brown（Ba.）ら４人で結成されたヘヴィメタルバンドの 1st。リズム隊の質感に加え Dio のようなメロディを歌うヴォーカルにより、何だか 90 年代の Dio を彷彿とさせる……と書くと誰からも必要とされない音楽のようだが、80 年代メタル的に軟化した Pantera のようであり、ラウドロック寄りにソリッド化したドゥームメタルのようでもあり、それなりに味わい深い。13 年の 2nd を最後に Vinny、そして Rex も脱退し、元 Type O Negative の Johnny Kelly（Dr.）らが加入。23 年に 3rd をリリース。（杉本）

Nightstalker / Dead Rock Commandos（2012）Small Stone

カルトブラックメタル Rotting Christ の Andreas Lagios（Ba.）も在籍している、ギリシャのヘヴィロックバンド。本作は、レーベルをストーナーの名門 Small Stone Recordings に移しての 4th。活動開始は 80 年代末と早く、初期はスラッシュメタル的な音楽をプレイしていたが、徐々に粘つくロックグルーヴを身に着け、ギリシャのドゥーム／ストーナー系バンドとしては先駆的なポジションにいた。本作の曲調は重すぎず遅すぎず、かといって跳ねるでもないミドルテンポ主体で、Ozzy Osbourne 的なヴォーカルがメロディアスに歌うスタイル。地味ながらも魅力あり。（杉本）

Seremonia / Seremonia（2012）Svart

フィンランドから登場したフィメールフロンテッドなヴィンテージハードロックバンドの 1st。Ville Pirinen（Gt.）と Ilkka Vekka（Ba.）は Steel Mammoth、Erno Taipale（Dr.）は Garden Of Worm でも活動。B 級感満載のアートワーク（でもブックレットの紙質は良い。触ってみて）、オカルティックな世界観をいなたいサウンドで描き出すという方向性が、特定の客層を狙い撃ち。60 年代アメリカの Coven も感じるが、よりミステリアスで魔術的なリフを用いている。まぁちょっと楽曲が地味過ぎてイマイチ突き抜けないが、女性ヴォーカルモノが好きな人はどうぞ。ラストのサイケデリックなナンバーが良い。（杉本）

Superfly / Force（2012）Warner Music Japan

04 年に愛媛県松山市で越智志帆（Vo.）と多保孝一（Gt.）によって結成されたユニットの 4th。名前は Curtis Mayfield の楽曲に由来。60 〜 70 年代のクラシックロック、ブルースやソウル、ファンクを邦楽ロックに落とし込んだ「モダンレトロ」精神溢れるスタイルである。Janis Joplin でロックに目覚め、Janis がかつて在籍した Big Brother & The Holding Company との共演経験もある越智の力強い歌声はいわずもがな、全体にみなぎる底抜けにポジティヴなヴァイヴスも魅力的だ。まずは Black Sabbath 風のフレーズも飛び出すヘヴィロックの「愛をくらえ」からどうぞ。（加藤）

Lecherous Gaze / On The Skids （2012） Tee Pee

ハードコアパンクバンド Annihilation Time のメンバーだった Graham Clise （Gt.）と Chris Grande （Ba.）を中心に結成された、アメリカはカリフォルニア州オークランド拠点の4人組による 1st。ヴォーカルの交代などを乗り越えながら3年かけて制作された。60年代のガレージ魂やサイケデリア、70年代のハードロックやプロトメタルに、ハードコアパンクの荒々しさを注入したヘヴィロック。同レーベルから、17年までに3枚のアルバムをリリースした。Graham は Dinosaur Jr. の J Mascis のプロジェクトである Witch （US）のギターも務めている。（加藤）

Mammoth Mammoth / Volume III － Hell's Likely （2012） Spinning Goblin

ドゥーム／ストーナー系でその名に「マンモス」を冠したバンドは多いが、これってサイケデリックのキーワードか何かなの？　とまれ、その「マンモス」を二つ重ねちゃった彼らはオーストラリアのヘヴィロックバンド。『Volume III』とあるように EP から数えると通算3枚目だが、フルアルバムとしては 2nd にあたる。ザラついたデザーテッドなサウンドが、ストーナーロックを基調としていることを主張しながらも、曲調やリフの雰囲気は Motörhead 系の爆走ロックンロール。小難しいことは置いといて手っ取り早く気持ちよくなりたい向きのリスナーへ。（杉本）

The Original Iron Maiden / Maiden Voyage （2012） Rise Above

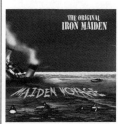

60年代末期から70年代初頭にかけてイギリスで活動していたオブスキュアカルトサイケハードバンドの音源を、Rise Above が再発したもの。活動当時は Iron Maiden と名乗っていたが、あの大物バンドと区別するため、後世においては「The」とか「The Original」が頭に付けられている。オカルティックなテーマをもち、グネグネとうねるベースをフィーチュアしたヘヴィなサウンドから、プロトドゥームの名盤に数えられることもある。ブルースベースの音楽性ながら、ギターはかなりの速弾きを披露。ブルーススタンダードの "CC Rider" カバーも良い。（杉本）

Pallbearer / Sorrow And Extinction （2012） Profound Lore

哀・ドゥーム。08年結成、アメリカはアーカンソー州の4人組によるデビューアルバム。8分台の3曲を10分超の大曲でサンドウィッチした全5曲という、ドゥームメタルらしいアルバム構成。トラディショナルドゥームを下敷きに、Ozzy Osbourne 風のエモーショナルなヴォーカル、ズルズルと引きずる重厚なリフ、Candlemass や Yob にも通じる叙情性を加味した。米産らしからぬ透明感が特徴。既存のバンドと異なるのは、大仰過ぎずコンパクトにもなり過ぎず、といったバランス感覚か。安定的に活動しており、20年には 4th『Forgotten Days』を Nuclear Blast からリリースした。（加藤）

Pilgrim / Misery Wizard （2012）Metal Blade

長髪（でも薄毛）、ヒゲ、恰幅の良い体格でむさ苦しさ満点な男 3 人組の、アメリカのドゥームメタルバンドによる 1st。Black Sabbath や Cathedral の 1st を彷彿とさせる、オールドスクールなマテリアルで構成された長尺のドゥームメタルをプレイ。全 6 曲で 55 分超、10 分超えの大曲を 3 曲収録している筋金入りのスタイル。激遅激重というエクストリームさゆえに見えにくくなっているが、リフは叙情味を湛えている。14 年には 2nd をリリースするも、その後、すべての楽曲の作詞作曲を手がける中心人物 The Wizard（Gt. & Vo.）が死去したことにより、活動はストップしているようだ。（杉本）

The Re-Stoned / Plasma （2012）R.A.I.G.

ロシアはモスクワで Ilya Lipkin（Gt.）を中心に結成された、ほぼインストゥルメンタルのサイケデリックストーナートリオによる 4th。サイケデリックな浮遊感、ストーナーのダウナー感覚、スペーシーなエフェクトに加え、アシッドフォーク要素もあるのが特徴だ。"Today" は Jefferson Airplane、"Julia Dream" は Pink Floyd のカバー。どちらも歌っているのは Ilya の妻で、彼と一緒にフォークバンドもやっている Veronika Martynova。この手のバンドにしては非常に多作であり、18 年中には 8th、9th アルバムを続けざまにリリースした。（加藤）

Rival Sons / Head Down （2012）Earache

70's ハードロックのリバイバルを旨とする NWOTHM バンド群のなかでは近年、最もメジャーに食い込んでいるバンドの一つといっていいだろう。なにしろ Deep Purple や Black Sabbath のツアーをサポートしたのだ。そんな彼らはアメリカ・カリフォルニア州出身のバンドながら、極めて英国臭の濃いサウンドを聴かせる。影響を感じるのは、Led Zeppelin を始め、Deep Purple、Whitesnake、The Who、Bad Company などなど。広い間口でハードロックを捉え、大衆へアピールするダイナミズムが武器だ。一方で、マニアックな切り口も押さえられている。本作は 3rd。（杉本）

Ruby The Hatchet / Ouroboros （2012）Independent

女性シンガー Jillian Taylor を擁する、アメリカのバンドが自主制作でリリースした 1st。オカルト趣味や 70's 懐古趣味のフィメールフロンテッドのバンドが多いなか、Joan Jett を思わせる歌声と、Dead Meadow あたりのストーナーロックに根差したグルーヴが融合したサウンドは、ありそうでなかったタイプだ。とはいえアートワークや PV にはオカルティックなイメージがバリバリで、Johnny Scarps（Gt.）いわく「黒魔術は失恋よりもクール」。その後、バンドは Tee Pee Records と契約し、15 年に 2nd、17 年に 3rd をリリースした。（加藤）

Saint Vitus / Lillie: F-65 (2012) Season Of Mist

前作『Die Healing』から 17 年ぶりとなった復活作 8th。Scott "Wino" Weinrich（Gt. & Vo.）は『V』以来なので、実に 22 年ぶりの復帰。オリジナルドラマーの Armando Acosta が 10 年に逝去したため、Spirit Caravan や元 Debris Inc. などの Henry Vasquez が叩いている。Dave Chandler による唯一無二のギタープレイ、一聴してすぐにそれとわかる Wino の歌声、そして収録時間は 7 曲 30 分強と尺まで全盛期を彷彿とさせる、トゥルーオールドスクールドゥーム作品。まるで「V」の続編のよう。海外メディアでは高い評価を得て、多数の年間ベストに選出された。（加藤）

Satan's Satyrs / Wild Beyond Belief! (2012) Trash King Productions

Electric Wizard のベースでもある Claythanas こと Clayton Burgess のワンマンバンドによる 1st。レコーディングでは Clayton がすべての楽器をプレイし、ライブではベース＆ヴォーカルを担当している。Venom、Black Flag、Electric Wizard を Davie Allan & The Arrows 的なファズサウンドでバイカーズガレージにまとめあげたダーティなロックンロール。オールドスクールな要素の組み合わせの妙で、まったく新しい音楽を作り上げている点が非常に 10 年代的。14 年にリリースされた 2nd ではメタルパンクっぽい要素が消えてガレージ／サイケ色が強まった。（加藤・杉本）

The Sword / Apocryphon (2012) Razor & Tie

Lars Ulrich が絶賛し Metallica の前座に起用されたことでその名を広め、一躍現代ヘヴィロックの代表格として台頭したアメリカ・テキサス州の 4 人組による 4th。プロデュースは、The Hidden Hand の 3rd も手がけた Government Issue の J Robbins。Sleep や High On Fire 系のドゥーム／ストーナーロックをベースに、プログレッシブロックやスラッシュメタルなどをミックスし、古典派な趣味を現代的なセンスで体現した特異なサウンド。本作ではより 70's ロックに接近しているが、同時代のありがちな懐古主義的バンドとは一線を画している。（加藤）

The Vintage Caravan / Voyage (2012) Sena

アイスランド出身の若きヘヴィロックトリオによる 2nd。ドゥーム／ストーナー、もしくは当時流行のヴィンテージハードロックを志向しているかのようなバンド名とアートワークで、そのような要素も確かにあるが、AC / DC や大衆向けアメリカンハード的なグルーヴを基調としたより間口の広いサウンドを聴かせる。特に、カントリー調やバラード系のメランコリックな楽曲における表現力には舌を巻く。それゆえに次作から Nuclear Blast と契約する出世を遂げたのかもしれない。本作も同レーベルから再発されるが、中学生の落書きみたいな白熊ジャケになってしまってちょっといただけない（左掲）。（杉本）

Wino & Conny Ochs / Heavy Kingdom （2012） Exile On Mainstream

The Obsessed や Saint Vitus、Sprit Caraven、The Hidden Hand など で活動してきたドゥーム界のカリスマシンガー、Scott "Wino" Weinrich と、ドイツ人シンガーソングライターの Conny Ochs によるアコースティックユニットの 1st。内省的な暗さに覆われたブルース／フォークで、感傷的なメロディによりダウナー気分にも陥る。Conny のマイルドな声に対して Wino の特徴的なヴォーカルの対比も絶妙である。ドゥームでなくとも真価を発揮した Wino の凄みを感じさせる作品。薬物乱用が原因で死去したソングライター、Townes Van Zandt のカバーもあり。（田村）

Witch Mountain / Cauldron Of The Wild （2012） Profound Lore

97 年結成。アメリカ・オレゴン州はポートランドのドゥームメタルバンドによる 3rd。当初は Rob Wrong （Gt.）がヴォーカルを兼ねていたが、09 年に女性ヴォーカルの Uta Plotkin を迎え、重量級のリフにオカルティックな詠唱や力強く伸びやかな歌唱が乗るスタイルになった。その Uta は 14 年の 4th を最後に脱退。後任にはクラシックやジャズの世界で活動する Kayla Dixon が加入。18 年にリリースしたセルフタイトル作の 5th で彼女の歌を聴くことが出来る。ヘタウマなシンガーが多い界隈ではあるが、彼らはしっかりと歌えるヴォーカルにこだわりがあるとみえる。（加藤）

Wo Fat / The Black Code （2012） Small Stone

03 年の結成以降アルバムを頻々とリリースしている、アメリカはテキサス州ダラスの 3 人組による 4th。Black Sabbath 影響下のリフを用いたヘヴィサイケに、サザンロックのテイストが加わったスワンプ・リフロック。ヴォーカルは親父声。しかしまあ、レビューを書くのが難しいサウンドです。だってこれ、頭で考えながら聴く音楽じゃないですもん。極上のリフとジャムとグルーヴと酒に酔い痴れながら、踊り狂うための音楽ですよ！　誰か、ジャックダニエル持ってきて！　あ、BGM は変えちゃダメだよ！　ここはリクエストパブじゃないんだよ！（加藤）

010年代

All Them Witches / Lightning At The Door （2013） Independent

アメリカ・テネシー州はナッシュヴィルの 4 人組による 2nd。Pink Floyd と Black Sabbath を酒粕に漬け込んで発酵させたかのごとき、芳醇かつ肥沃なサイケデリックブルース。問答無用の酩酊ブルース "When God Comes Back"、ミステリアスな歌詞と抑制のきいた歌声が光る "The Marriage Of Coyote Woman"、朴訥としたアメリカーナからスラッジばりのどヘヴィなリフを噛ませてドローンにいたる "Swallowed By The Sea" など、一筋縄ではいかない構成の泥臭くも神秘的な楽曲群は、ドゥーム／ストーナー界に新風を巻き起こした。これ以降の作品もすべて必聴！（加藤）

Aqua Nebula Oscillator / Spiritus Mundi （2013）Tee Pee

99 年に結成されたフランスのバンドによる 4th。Hawkwind と Jimi Hendrix が悪魔崇拝の儀式で出会ってしまったかのような、スペーシーかつオカルティックなサイケデリックロック。ゴシックテイストもある。オカルト系のバンドを形容するために「妖しい」というフレーズがよく使われるが、こいつらはむしろ「怪しい」（ディープでしゃがれたヴォーカルによるところが大きいかもしれないが）。Electric Wizard や Blood Ceremony などとは一味違った魔術テイストを求めている方はぜひ。"Roller Coaster" は The 13th Floor Elevators のカバー。（加藤）

Arctic Monkeys / AM （2013）Domino

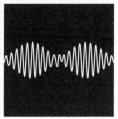

若さ迸る荒削りなガレージロックンロールでデビューし一大ムーブメントを巻き起こした、当代ロック界のトップに君臨する英国出身の 4 人組。デザートロックの聖地 Rancho De La Luna で制作された、裏ジャケの Black Sabbath パロディロゴも眩しい本作 5th では、Black Sabbath のリフに Dr. Dre ら西海岸ヒップホップから影響されたというブッ太いベースライン、R&B 風の艶やかなコーラスを加えた不良性感度高めの楽曲を中心にプレイ。90〜00 年代とは異なる手法で Black Sabbath（と様々なロック）をヒップホップと融合させた傑作。3、11 曲目に Josh Homme がバッキングヴォーカルでゲスト参加した。（加藤）

ASG / Blood Drive （2013）Relapse

アメリカ・ノースカロライナ州出身のヘヴィロックバンドによる、レーベルを Relapse に移籍して初めてのフルアルバムとなる 5th。3 連のリフやファジーなギターサウンドが存在感を放つストーナー／スラッジ的サウンドを基調としながら、ポップとすらいえるメロディやエモーショナルなヴォーカルをもフィーチュアした曲調は、00 年代以降のラウド／ヘヴィミュージックのポピュラリティを詰め合わせた総決算ともいえる内容。オールドスクーラーに居心地の良い音ではないかもしれないが、この曲づくりの上手さは認めざるをえないのではないか。絵師・Malleus による美麗な女性画のアートワークも良い。（杉本）

Birushanah / ヒニミシゴロナヤココロノトモシビ （2013）Scumzone

大阪のスラッジバンドの 2nd。バンドの創設者である Sougyo（Ba.）の脱退によりお蔵入りになっていたアルバムを、自主レーベルからリリースしたもの。バンド名の由来が毘盧遮那仏（大日如来）であることからもわかる仏教的世界観に、日本の伝統音楽や銅鑼、メタルパーカッション、フレットレスベースなどのサウンドを融合させた、唯一無二のサウンド。4 曲 33 分と、フルアルバムとしてはコンパクトだが、眩暈を覚えるほどに濃密な 1 枚。以後、バンドはベースレスとなりながらも精力的に活動を続け、15 年に 3rd『Makyo』、18 年に 4th『灰ニナルマデ』とアルバムをリリースしている。（加藤）

Black Sabbath / 13 （2013） Vertigo

再結成を経て 18 年ぶりに発売された、19 枚目のスタジオアルバム。オリジナルメンバーの Ozzy Osbourne（Vo.）、Geezer Butler（Ba.）が復帰。ドラムは元 Rage Against The Machine の Brad Wilk が叩いた。明らかに 1st を意識した作風で、冒頭曲の雰囲気はそのまんまだし、3 曲目の "Loner" は "N.I.B." そっくり。では昔のファンならガッツポーズかというとこれが難しいところ。懐古趣味者が追い求める幻想のなかに大人しく収まったようなサウンドからは、かつての殺気が感じられない。バンドは 17 年に解散。再々結成なくば、最後のアルバムになろう。（杉本）

Black Spiders / This Savage Land （2013） Listenable

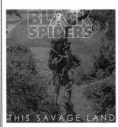

イギリスの 5 人組による 2nd。Fu Manchu にメタリックなソリッドさを加えたようなストーナーロックをベースとしつつ、Motörhead 直系の爆走ナンバーも織り交ぜてくる、オールドファッションなヘヴィロックを現代的音質でプレイするタイプ。Airbourne、Black Stone Cherry、The Datsuns、The Wildhearts など、ビッグネームのサポートや多くの大型フェスティバルで演奏してきた輝かしい経歴をもつ。実力派であるのみならず、メジャーシーンでアンダーグラウンドに通じる酩酊グルーヴを放っていた。17 年に解散も 20 年に再結成し、21 年に 3rd を発表。（杉本）

Black Trip / Goin' Under （2013） Threeman

Enforcer でギターやベースを担当した Joseph Tholl がヴォーカルを務め、Merciless などで活躍する Peter Stjärnvind がギター、その他 Necrophobic メンバーがいたりなど、詳しく書くとキリがない、スウェーデンの手練が集まったオカルト風味ヘヴィメタルバンドによる 1st。古き良き NWOBHM を感じさせる音で、疾走感よりモヤモヤシケシケとしたクサさを大切にしたバンドだ。そんななか、ザラついた声で叫ぶ Joseph の歌声が、この手のバンドのなかでは珍しい熱さをもっており、個人的に好きだったりする。15 年には 2nd を発表。バンドは VOJD に改名し、現在も活動を続けている。（頭山）

Cathedral / The Last Spire （2013） Rise Above

もともとルーツとして血に流れていたプログレやフォーク要素を全面に押し出し、2 枚組の超大作として展開した前作に続く 10th にして、最終作。ベースは長らく務めた Leo Smee に代わり、Repulsion の Scott Carlson が弾いた。前作からの重厚かつ芳醇な英国ロックテイストはそのままに、初期の激重ドゥーム路線が復活。様々な歌い回しを身につけてきた Lee Dorrian（Vo.）もまた、その引き出しを遺憾なく披露。呟き一つに魔性の魅力を込めた。全 8 曲 56 分の潔さ。かくて一時代は終了。凡百フォロワー群を後目に、各人はそれぞれの活動へ移っていく。見事な幕引きである。（杉本）

Causa Sui / Euporie Tide （2013） El Paraiso

デンマークのインストゥルメンタルバンドによる 3rd。オルガンやシンセを交えたジャジーなスペースロックに、ストーナーロックのヘヴィネスと疾走感をミックスしてポストロックで包み込んだ一大サイケデリック・サーガである。軽やかに翔る 1 曲目 "Homage" で旅立ち、山あり谷あり宇宙ありを経て、牧歌的な最終曲 "Eternal Flow" で郷愁を誘いながら幕を引く。聴き終わる頃には口元と涙腺が緩んでいる。ちなみにバンド名は「自己原因」という意味のラテン語で、哲学上の概念のこと。タイトルの Euporie は豊穣を司るギリシャ神話の女神の名前、または木星の第 34 衛星を指す。（加藤）

Chron Goblin / Life For The Living （2013） Chron Goblin Entertainment

バンド名に Goblin がつくバンドにハズレなし！ カナダ・カルガリーで結成された 4 人組の 2nd。プロデュース、エンジニアリングからアートワークの構図まで前作と同様だが、あらゆる点で成長が見える 1 枚。前作からの 2 年間で多くのフェスに出演し、錚々たるバンドと共演を果たしたことも影響しているだろう。小僧っぽさが鼻についたヴォーカルも、元 John Garcia のような色気と力強さを備え、堂に入っている。「ビールとハッパとロックがあれば何もいらねー！」な痛快ストーナーロックンロールだ。 婆さんの家を襲撃する "Blood Flow" の PV は爆笑必至。（加藤）

Corrections House / Last City Zero （2013） Neurot

Eyehategod の Mike Williams (Vo.)、Neurosis の Scott Kelly (Gt. & Vo.)、元 Minsk、Buried At Sea の Sanford Parker (Dr. Key. 他)、Yakuza の Bruce Lamont (Sax. & Vo.) によるスーパーバンドの 1st。冷徹なインダストリアルビートとノイズを絡めたスラッジ／ポストメタル、サックスが吹き荒ぶダークフォーク、ポエトリー・リーディングを乗せたドローンと、ディストピアか焦土しかない暗黒の未来予想図を描き出す。その只中で負の波動を放ち続ける Mike の歌声は、人間の尽きることない宿業のごとし。14 年に 2nd、15 年に 3rd をリリースした。（加藤）

Desert Storm / Horizontal Life （2013） Blindsight

ツインギター編成によるイギリスの 5 人組ストーナーロックバンドによる 2nd。イギリス産としては珍しく、サザンロック風の土臭いブギーリフをギンギンにフィーチュアし、コンパクトかつグルーヴィーな楽曲でグイグイ迫る肉体派のサウンド。デス声一歩手前の野太い獣声ヴォーカルは好悪分かれそうだが、チルアウトするよりもモッシュにダイブで盛り上がりたい向きには良いかもしれない。10 年に 1st をリリースし、20 年までに 5 枚のアルバムを発表している。Ryan (Gt.) と Elliot (Dr.) の Cole 兄弟は 21 年、インストデュオの Wall で 1stEP をリリースした。（杉本）

The Disease Concept / Your Destroyer（2013）Totem Cat

Fistula の Corey Bing（Dr.）、元 Fistula、Morbid Wizard の Jesse Kling（Vo.）、Blood Farmers の Dave Szulkin（Gt.）、Solace の Tommy Southard（Gt.）、Trouble の Rob Hultz（Ba.）によって 11 年に結成されたアメリカ・オハイオ州のバンドによる 1st. 強烈なアンダーグラウンド臭を放つザラついたドゥーム／スラッジをプレイ。茨のごとく絡み付いたサイケデリック＆ハードロッキンな 2 本のギターが強烈なフックとなっている。上述のバンド群や Church Of Misery（JPN）などのファンならマスト。19 年に 2nd『Pain Clinic』をリリース。（加藤）

Egypt / Become The Sun（2013）Totem Cat

当初、Aaron Esterby（Ba. & Vo.）、Chad Heille（Dr.）、Ryan Grahn（Gt.）の 3 人で活動し、05 年にデビュー EP をリリースしたアメリカ・ノースダコタ州のバンド。その後、ギターが Neal Stein にチェンジし、本作をレコーディング。作曲のクレジットにも名のある Ryan は 14 年に死去した。バンド名やアートワークからすると世界観はエジプティックなのかもしれないが、歌詞カードがないのでよくわからない。音はブルースベースでキャッチーかつ跳ねのきいたリフが魅力の、オーソドックスなドゥーム／ストーナーロックである。Deep Purple"Black Night" の実直なカバーを収録。（杉本）

Fuzz / Fuzz（2013）In The Red

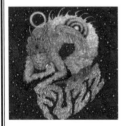

ソロ、バンド、コラボと絶え間なくリリースを重ね続ける、アメリカンガレージロック界の麒麟児 Ty Segall（Dr. & Vo.）が、Charlie And The Moonhearts の Roland Cosio（Ba. & Vo.）、Charles Moothart（Gt. & Vo.）と結成したバンドの 1st. 名が示すが如くファズがギンギンに効いた、Black Sabbath、MC5、Blue Cheer 影響下のプロトメタル的な音楽をプレイ。西海岸らしい風通しの良さが際立っており、地下室よりも灼熱の太陽の下で浴びたくなる音だ。キャッチーでヘロヘロな 3 曲目 "What's In My Head?" が頭から離れなくなる中毒性アリ。（加藤）

Ghostface Killah / Twelve Reasons to Die（2013）Soul Temple

Wu-Tang Clan の一員で、ラッパー界随一のストーリーテラー Ghostface Killah の 10th. エグゼクティブプロデューサーは Wu-Tang 総帥 RZA。本作の鍵はプロデューサーで作曲も担当したアナログ至上主義の天才 Adrian Younge。自ら Dark Psychedelic Soul と形容する、Blacksploitation や Giallo などの映画音楽から影響された楽曲と、「架空の 68 年製イタリアンホラー映画」というケレン味溢れるコンセプトはこの上なく好相性。「あの時代」の質感とアトモスフィアを再現しつつ新たな音を創造せんとする試みは、一部のモダンレトロのバンドとも大いに共鳴し得るものである。（加藤）

Goya / 777（2013）Opoponax

Forever Dead! Forever Stoned! アメリカ・アリゾナ州フェニックスの Electric Wizard ウォーシップなトリオによる 1st。同バンドの 2nd 〜 3rd を基調に、4th 〜 5th あたりも視野に入れた、濃厚な紫煙に包み込まれるような心地よい重量感とポップさを兼ね備えたストーナー／ドゥーム。2 曲目と 5 曲目はグランジ／オルタナティブの〝躁〟的グルーヴを強調したショートチューンで、アルバム全体にメリハリを効かせている。中心人物の Jeff Owens（Gt. & Vo.）は Electric Wizard の楽曲をアコースティックでカバーするプロジェクト Acoustic Wizard もやっている。（加藤）

Harsh Toke / Light Up And Live（2013）Tee Pee

アメリカ・カリフォルニア州はサン・ディエゴのインストサイケデリックロックバンドによる超名作 1st。コズミックな空間を形成するエフェクトとフィードバック音による轟音ギターが、眩暈がするほどのアシッドな空気を吐き出す。ジャムセッション風に展開しながら、狂熱的に弾きまくるヘヴィなギターが異様な高揚感を生み出しているが、そのパッションを助長させるリズムセクションのセンスも素晴らしい。同郷の Earthless とのスプリット（16 年）でも対等以上の凄みを発揮しており、尋常ではないポテンシャルを見せつけた。Justin Figueroa（Gt.）はプロスケーターとしても有名。（田村）

Hot Lunch / Hot Lunch（2013）Tee Pee

The Shrine や Lecherous Gaze と共に、新世代としてアメリカンヘヴィロックシーンを牽引しているアメリカ・カリフォルニア州はサンフランシスコのバンドによる 1st。The Shrine らと同様、ガレージロックやスケートパンクに Blue Cheer や Grand Funk Railroad などのプロトメタル的な 60 〜 70's ハードロックをミックスしたスタイル。Emerson, Lake & Palmer の "Knife Edge" をカバーしていることからもわかるように、プログレッシブロック的な要素や、Blue Öyster Cult、Atomic Rooster などに通じるオカルト要素もあわせもつ。19 年には 2nd をリリースした。（加藤）

Jex Thoth / Blood Moon Rise（2013）I Hate

Totem というバンド名で 05 年に結成し、EP をリリースした後、07 年に Jex Thoth へ改名。Sabbath Assembly の 1st にも参加していたキーボード兼任の女性シンガー Jex Thoth 率いるアメリカはウィスコンシン州のバンドによる 5 年ぶりの 2nd。今作から Jex 以外のメンバーが交代。ドローン寸前の極遅ドゥームリフ、Jex のメランコリックな歌声とキーボードを中心とした、トラッド、フォーク、ドローンを融合させたサウンド。レトロなサイケデリックロックを志向するフィメールフロンテッドなバンドが多いなか、異彩を放つ存在であり、新作が待たれる。（加藤）

Kadavar / Abra Kadavar （2013） Nuclear Blast

ドイツはベルリン出身のトリオによる、レーベルを Tee Pee から Nuclear Blast へ移籍しての 2nd。ZZ Top みたいなルックスを露わにしたジャケットから察することが出来る通り、70 年代からタイムスリップしてきたかのような、ヴィンテージでサイケでブルージーなハードロックをプレイ。Black Sabbath、Blue Cheer、Grand Funk Railroad ら〝基本〟から、アングラバンドにまで及ぶ強烈な憧憬を滲ませている。Flower Travellin' Band からの引用には、思わずニヤリ。この手の音楽が本当に好きな人たちなのだろう。ライブアルバムのリリース頻度が高めなのもポイント。（加藤）

Kal-El / Pakal （2013） Darkspace Music

レトロ SF をコンセプトとしたノルウェーのドゥームメタルバンドによるデビューアルバム。バンド名は SF コミックに由来し、タイトルはマヤの支配者 K'inichi Janaab' Pakal から、奇妙なアートワークも音楽の世界観を表現したものだという。曲調は『Vol.4』〜『Sabotage』あたりの Black Sabbath に近い、重すぎず遅すぎずの渋め路線。再発盤のボーナストラックには同バンドの "Hole In The Sky" が収録されている。ヴォーカルの歌唱法は Ozzy Osbourne 直系。メンバーも影響を公言している通り、Soundgarden や Kyuss などロッキンな血肉をもつオルタナティブロックの質感もある。（杉本）

Kylesa / Ultraviolet （2013） Season Of Mist

ハードコアバンド Damad を前身とする、アメリカ・ジョージア州のポストスラッジコアバンド。Damad 時代の作品や 02 年にリリースした Kylesa としての 1st では、かの Pushead がアートワークを手がけていた。弦楽器を兼務する男女のメンバーがそれぞれマイクもとり、00 年代型エクストリーム音楽の激重アグレッションと、70 年代サイケデリックロック的な浮遊感をあわせもつ独自のサウンドを牽引。特に本作 6th では、Laura Pleasants （Gt. & Ba.）によるヴォーカルの比率が比較的高く、メロウな印象が強い。15 年には 7th をリリース。（杉本）

Lord Dying / Summon The Faithless （2013） Relapse

アメリカ・オレゴン州はポートランドのヘヴィロックバンド 4 人組によるデビューアルバム。High On Fire のようにザラついた質感のサウンドではあるが、ときにスラッシーなギターの刻み加減とリズム隊のガッチリしたアンサンブルが、「スラッジ化した Metallica」のようでまれにみる聴き味。デザートロックが吹き荒れる砂嵐なら、彼らの音楽はゴロゴロと転がる大岩だ。80's 正統派メタルの様式美を感じさせるリフワークも、この界隈ではかえって新鮮。帯で Red Fang の Aaron Beam が賛辞のコメントを寄せている。ベースとドラムは流動的で、後に Behold! The Monolith などのメンバーも参加。（杉本）

Mountain Witch / Cold River（2013）This Charming Man

00年代後半にデビューした、ドイツのヴィンテージドゥームトリオによる2nd。サブジャンルの細分化とそれらの混血化が進んだこの時代にあって、清々しいほどにBlack Sabbath直系のトゥルーなドゥームメタルを展開する。タメを効かせつつバタつくドラムやOzzy Osbourneのような歌唱法のヴォーカルからは本家へのリスペクトがひしひしと感じられる。ギターもTony Iommi的ではあるが、捻りまくったリフがときにBangを彷彿とさせるあたりが面白い。クラシックかつカルトな質感を意図的に狙ったであろうローファイな音質は、かえって今日的に聞こえるのだが。（杉本）

Naam / Vow（2013）Tee Pee

アメリカはニューヨークのサイケデリックドゥーム／ストーナーロックバンドの2nd。スペーシーなシンセサイザーが終始鳴り響き、歪んだヘヴィリフと浮遊するヴォーカルにより、ぶっ飛んだ酩酊サウンドが溢れ出す。HawkwindやAsh Ra Temple、The Cosmic Jokersを彷彿させながら、トリップしまくる宇宙的幻惑世界に聴き手を強引に引き込む。インプロヴィゼーションのようでいて実はかなり作り込まれていることを伺わせるアレンジ力も見事。とにかく作品全体から噴出するアシッド感が尋常ではない。本作の後、バンドは一旦解散するが、15年に復活している様子。（田村）

Orchid / The Mouths Of Madness（2013）Nuclear Blast

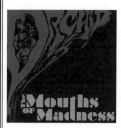

アメリカ・カリフォルニア州はサンフランシスコの4人組による、レーベルをNuclear Blastに移籍しての2nd。高品質だが目新しさ皆無のオールドスクールドゥームロックをプレイ。初期Black SabbathフリークだというTheo Mindell（Vo. Syn. & Perc.）の歌い回しはOzzy Osbourneを彷彿とさせ、また多くを彼が手がけたというリフにも、Black Sabbathに酷似したものが散見される。メロディや展開を含め、特定の曲をモロに思い起こさせるときがあるのはご愛嬌といったところ。Carter Kennedy（Dr.）は後に脱退して、The Watchersへ。（杉本）

Philip H. Anselmo & The Illegals / Walk Through Exits Only（2013）Housecore

Pantera、Down他数多くのバンドでモダンヘヴィロック界の第一線を駆け抜けてきたスーパーヴォーカリストPhilip Anselmoによる、若手ミュージシャンを率いてのソロ名義1作目。激重かつ音数も凄まじいオケに、これまた声を打楽器化するかのように怒号を叩きつけまくるPhilipの咆哮が乗る音像は、彼の一連のキャリアのなかでもとりわけブルータルな仕上がり。とまれ、極太のヘヴィロックでリスナーの耳の穴をかっ広げ続けてきたPhilipの作品群のなか、本作もまたノイズまみれの音にブルースの出汁が効いており、聴き込むと蛮音快楽中毒になる恐れあり。（杉本）

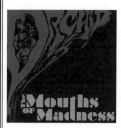

2010年代

Primitive Man / Scorn （2013） Throatruiner

音も見た目も極悪ということで、日本でもごく一部で話題になったアメリカ・コロラド州はデンバーの 3 人組によるデビューアルバム。当初はインディペンデントからの 12 インチだったが、次第に話題を呼び、Relapse から CD で再発された。アートワークのように、頭を引っ掴まれて銃口を押しつけられているような、憎悪剥き出しのブラッケンドスラッジ。D-Beat による疾走感やアトモスフェリックな展開もあり、長尺の曲でも飽きさせない。スプリットなどをコンスタントに発表しており、17 年に 2 枚目のフルアルバム『Causitc』をリリースした。（加藤）

Purson / The Circle And The Blue Door （2013） Rise Above

元 Ipso Facto の Rosalie Cunningham（Gt. & Vo.）を中心とする、イギリスのヴィンテージハードロックバンドによる 1st。当世流行の 60 ～ 70's リバイバルサウンドに、Ipso Facto でもみられたゴスな雰囲気を合わせ、Rosalie の特徴的な美魔女ヴォイスがリードする妖艶かつオカルティックなサイケデリックドゥームを展開。似たようなバンドが群雄割拠するフィメールフロンテッド界隈でも頭一つ抜けた個性を放っている。まずアートワークが「イイ」よね。Rise Above Records からのリリースで、配給は Metal Blade が行った。16 年リリースの 2nd は Spinefarm Records から。（杉本）

Red Fang / Whales And Leeches （2013） Relapse

アメリカはオレゴン州ポートランドのバンドによる 3rd。同郷の The Decemberists の Chris Funk がプロデュースを担当し、オルガンとシンセサイザーでも参加している。High On Fire、Mastodon 以降のヘヴィロックサウンドに、ストーナー的なノリの良さと乾いたリズムを導入。アップテンポの曲は即効性が高く、後半のスローナンバーもフック満載でダレることがない。"Dawn Rising" には同じくオレゴン州のバンド Yob の Mike Scheidt がヴォーカルでゲスト参加。全米チャートで初登場 66 位と、この手のジャンルにしてはかなりのヒットを記録した。（加藤）

Stonewall Noise Orchestra / Salvation （2013） Transubstans

元 Demon Cleaner のギタリストを擁して 04 年に結成された、スウェーデンのツインギター編成の 5 人組ヘヴィメタルバンドによる 4th。Black Sabbath を中心とした 70's ヘヴィロックのグルーヴを現代に蘇らせたヴィンテージサウンド、という点では同時代の同系列のバンド群と共通ながら、練り込まれたヴォーカルラインと、アレンジの妙を聴かせるブッ太いギターリフが相まって、ときに Zakk Wylde 時代の Ozzy Osbourne バンドのようにも聞こえる歌モノとしての魅力が彼らならではの強みか。アルバムをコンスタントにリリースしており、20 年には 6th をリリースした。（杉本）

SubRosa / More Constant Than The Gods（2013）Profound Lore

アメリカ・ユタ州ソルトレイクシティのバンドによる 3rd。レーベルは、変わり種のブラックメタルやデスメタル作品を多数リリースしている Profound Lore Records。メンバー 5 人中 3 人が女性で、うち 2 人はヴァイオリンとヴォーカルを兼任しており、男性ギターがヴォーカルも兼ねているため、トリプルヴォーカルという変則的な編成である。その割に前作は地味な印象の作品だったが、本作で大化けした。鈍重ドゥームとフォーク／トラッドが融合したエピックで幽玄なサウンドは、Jex Thoth の世界にも通じる。16 年に 4th、17 年にはライブ盤をリリースするも、その後の活動はストップしているようだ。（加藤）

Toner Low / III（2013）Roadkill Rekordz

98 年にオランダで結成。同郷の 7Zuma7 にも在籍していた女性ベーシスト Miranda Vandervoot 擁するストーナー／ドゥームトリオによる、現時点での最新アルバム 3rd。10 分超の大曲を 4 曲収録し、トータルで 60 分弱という構成だ。ウルトラヘヴィな圧殺ドゥームで幕を開け、中盤ではドラッギーなエフェクトやサンプリングが乱れ飛ぶなか、速度を上げて上昇していく。そして……、地球から宇宙、宇宙から精神世界へといたるサイケデリックジャーニーへ聴き手を連れ去る。安直すぎるアートワークも伊達や酔狂などではなく、「本物」の証。（加藤）

Trouble / The Distortion Field（2013）FRW Music

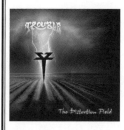

6 年ぶりの 8th。ドラムが Mark Lira に交代している他、Eric Wagner（Vo.）が脱退して Exhorder の Kyle Thomas（Vo.）が加入するという、95 年の 6th リリース後の騒動みたいなことがまたもや。Eric が歌わない初のアルバムということで不安の声もあったが、これは傑作！従来の重さ、妖しさに、Kyle の男臭さと泥臭さが違和感なく見事にマッチ。熱い歌声に、Rick Wartell（Gt. & Ba.）と Bruce Franklin（同）のコンビが野太いコーラスと白熱のギタープレイで応える。開戦ののろしを上げる冒頭曲の歌詞の通り、新生 Trouble の幕開けにふさわしい 1 枚。（加藤）

2010年代

The Ultra Electric Mega Galactic / The Ultra Electric Mega Galactic（2013）Orbit Unlimited

元 Monster Magnet 〜 The Atomic Bitchwax の敏腕ギタリスト Ed Mundell が、Sasquatch の Rick Ferrante（Dr.）、Otep や Trash Titan の Collyn McCoy（Ba.）と結成した、インストゥルメンタルパワートリオの 1st にして現時点での唯一作。Ed のソウルフルなギターと、ときに跳ねまわり、ときに絶妙なハネを効かせる自己主張しまくりのリズム隊による、火花散るヘヴィでサイケデリックなジャムセッション。全 9 曲中、11 分超の大曲も 2 曲収録した。大風呂敷を広げたバンド名にコズミックなアートワーク、第六感が働いているとしか思えない曲名に偽りなし。聴いて飛べ！（加藤）

Victor Griffin's In-Graved / In-Graved（2013）Svart

その名の通り Victor Griffin（Gt. & Vo.）を中心とするバンドの 1st に
して現時点での唯一作。Sixty Watt Shaman などの Pete Campbell が
全編でドラムを叩いている他、Goatsnake などの Guy Pinhas（Ba.）、
元 Trouble の Jeff Olson（Key.）と Ron Holzner（Ba.）、Victor の妻で
ある Anne Griffin（Ba.）、Orodruin の Mike Puleo（Key.）らが参加。
Victor のソロ作にも収録されていた楽曲を筆頭に、Place Of Skulls を
グッとキャッチーかつドライヴィンにしたようなヘヴィロックが並
ぶ。70's ハード風のキーボードがフィーチュアされている点が特徴
的で、Jethro Tull のカバー "Teacher" も収録。（加藤）

Vidunder / Vidunder（2013）Crusher

Witchcraft を筆頭に、00 年代中盤以降から大量発生したスウェーデン
のヴィンテージリバイバルバンド群。露骨な古典回帰が陳腐化してい
くなか、このトリオは割とギリギリの時期にデビュー作を放ったんでは
ないか。音はもちろん、煤けたレコードジャケの臭いが漂ってきそうな
オールドロック。ほとんどエフェクトを用いない弦楽器隊、ノーマルヴォ
イスのヴォーカル、小手先のテクよりも太鼓を芯まで鳴らすことに意
識がいってるドラムによる、シンプルなアンサンブル。シンプル過ぎ
るゆえか 70 年代のレジェンドで類似のバンドはあまり思い当たらず、
あえていうなら一部の曲が先述の Witchcraft に少し似ている。（杉本）

Vista Chino / Peace（2013）Napalm

John Garcia（Vo.）、Brant Bjork（Dr.）、Nick Oliveri（Ba.）という元
Kyuss の 3 人を中心に、10 年に結成されたバンドの 1st。当初は
Kyuss Lives! として活動していたが、Josh Homme と Scott Reeder
に訴えられて改名。ここまでやるか、というぐらい往年の Kyuss を
忠実に再現。10 代の頃に Kyuss のコピーバンドをやっていたという
ベルギー人ギタリスト Bruno Fevery の演奏も、まんま Josh 風。複
雑な気持ちにさせられつつも、ファンなら十分に楽しめるであろう
1 枚。Nick は 12 年に脱退。14 年、Garcia と Brant がソロ名義で活
動を開始した後で活動休止状態に。（加藤）

Vomit Monster / Deadman's Trigger（2013）Cornucopia

シンセサイザー奏者を擁する名古屋の 6 人組の 1st。リリースは
Eternal Elysium の岡崎幸人が主宰する Cornucopia Records から。岡
崎はプロデューサーも務め、"Spiritual Green" にキーボードで参加し
ている。サイケデリックなシンセが飛び交うブルージーなスラッジ
で、Eyehategod や Church Of Misery（JPN）を彷彿とさせるスタイル。
粘り腰のグルーヴもさることながら、喉笛に喰らいつかんとする凶
暴さ、獰猛さが際立っている。白眉はラッパーの Reight-One をフィー
チュアした表題曲で、ハードコアとヒップホップの関係が深い名古
屋ならではの楽曲ともいえそうだ。20 年に活動休止。（加藤）

Admiral Sir Cloudesley Shovell / Check 'Em Before You Wreck 'Em（2014）Rise Above

イギリスの3人組による2nd。The Stooges、MC5、Blue Cheer、Black Flag など、米国産の爆走＆酩酊サウンドのマテリアルを、Black Sabbath や正統派メタルのソリッドさも感じさせる英国テイストで包み込んだガレージロックを展開。ジャケに毎回登場する〝鳥頭提督〟が、そこはかとなく Budgie を彷彿。加えて、Motörhead の煙たい部分もしっかり飲み込んでいる。サウンド面でも両バンドの美味しさをしっかり引き継いだ。1st のリリースは、ヴィンテージリバイバルもたけなわの 2012 年ながら、そのセンスの良さから確固たる存在感を確立して今日にいたる。（杉本）

Anthroprophh / Outside The Circle（2014）Rocket Recordings

Anthroprophh は、イギリス・ブリストルのヘヴィサイケデリックロックバンド The Heads でギターを弾く Paul Allen のソロプロジェクトとしてスタート。本作は、同郷のデュオ The Big Naturals の Gareth Turner（Ba.）と Jess Webb（Dr.）を迎えてトリオ編成となった初のアルバム。クラウトロックやスペースロックをベースにドローンやノイズ的要素を飲み込んだ、フリーキーなサイケデリック・エクスペリメントが時空を歪ませ、外宇宙への扉を開く。以後、安定的に活動し、精力的に音源をリリースしている。ところでバンド名、どうやって発音するの？（加藤）

Blackfinger / Blackfinger（2014）The Church Within

元 Trouble ～ The Skull の Eric Wagner（Vo.）が率いていたバンドの1st。サバスライクなリフが登場するのはもちろんだが、90 年代の Trouble にも見受けられたオルタナティブ臭が濃厚で、「メタル」という偏狭な括りに閉じ込めるのははばかられる普遍的なヘヴィロックを展開。叙情味溢れるアルペジオやリードプレイを効果的に配した曲は、ときに Alice In Chains のように聞こえることも。しかし、どんな要素が登場しようとも、すべてを〝Trouble 的〟に塗り替えてしまう Eric の声は本当にアクが強い！ 次作には Dream Death ～ Penance の Terry Weston（Gt.）が加入。（杉本）

Blind Witch / Burn Witch Burn（2014）R.I.P.

Metalucifer の Takeshi "Elizaveat" Asai（Gt.） と Atsushi "Elizabigore" Asai（Ba.）、元 Sabbat の Sadaki "Temis" Ieda（Vo.）、Amber Vial の Ryo Koyatsu（Dr.）による 4 人組の 1st。「ドゥーム」としての純度の高さとは、結局「いかに Black Sabbath 的か」ということに尽きるのだろう。彼らの音楽には「ぜい肉」が一切ない。それでいて、リフから滴る旨味はたっぷりで、ベースはうねりドラムはバタつき、ヴォーカルは悪魔的な声でメロディをなぞる。各プレイヤーの強力な個性のうえに、古典派ドゥームが再構築されている。昨今の NWOTHM なんぞとは次元を異にする、リアルドゥーム・ウィッチングメタル。（杉本）

Blood Farmers / Headless Eyes （2014） Resurrection Productions

Church Of Misery（JPN）に影響を与えたことでも知られる血まみれ農夫たちが、07年に復活し、なんと14年にこの2ndをリリース。初期のデモや1stから受け継がれる、Black Sabbath由来のブルージーで邪悪なリフワークは健在。"The Road Leads to Nowhere"は、ホラー映画史上、初めてチェーンソーが凶器として使用されたといわれる『The Last House On The Left（邦題＝鮮血の美学）』のテーマソングのカバーで、同作にも出演している故David Hessによる作曲。バンドの世界観に融合した素晴らしい出来で、聴いていると、都会の浮かれた若造どもを刃物でひと突きしてしまおうかとの考えが……。（浜島）

Bloody Hammers / Under Satan's Sun （2014） Napalm

鍵盤を担当するDevalliaと、ヴォーカルを含めたその他ほとんどすべてのパートをプレイするAnders Mangaによる、アメリカのユニットの3rd。本作では数曲でDozaなる人物がドラムを叩いている。70〜80'sオカルトロックのテイストをビジュアルにふんだんに盛り込んだ、10年代的なヴィンテージリバイバルバンドである。意外にも直接のBlack Sabbath成分は低めで、むしろその落とし子たるNWOBHM勢に散見された、80'sオカルトロックのテイストが幅をきかせている。ニューウェーブ風のメロディと北欧チックなポップネスも感じられ、新しい歌モノとしてGhost（SWE）と併聴するのも悪くないかも。（杉本）

Blues Pills / Blues Pills （2014） Nuclear Blast

Radio Moscowの元メンバーZack Anderson（Ba.）とCory Berry（Dr.）らによって11年に結成された、多国籍サイケデリックブルースバンドの1st。Janis Joplinが引き合いに出されるほどの圧倒的歌唱力をもつスウェーデン人Elin Larsson（Vo.）と、タイトなリズム隊、近ごろソロに転じたDorian Sorriauxによる弾きまくりのファズギター（当時はまだ10代！）など各プレイヤーのスキルは、近年流行している「モダンレトロ」かつ「フィメールフロンテッド」なバンド群のなかで飛び抜けている。日本盤にはEP『Devil Man』から2曲をボーナストラックとして収録。（加藤）

Brant Bjork And The Low Desert Punk Band / Black Power Flower （2014） Napalm

Kyuss、Fu Manchu、Vista Chinoでドラムとして腕を奮ってきたBrant Bjork（Gt. & Vo.）の、4年ぶりのソロ作。バッキングは、元 Voidの Budda DuPree（Gt.）、元 Unida の Dave Dinsmore（Ba.）、Fasto Jetson の Tony Tornay（Dr.）が務めている。ドゥーミーなヘヴィリフで幕を開ける前半では、テンション高めの上質なストーナー／デザートロックをプレイ。後半は、サイケなジャムあり、ファンキーな曲あり……と、バラエティに富んだ実験的な内容。殺風景な砂漠が太陽や風によって姿を変えるように、デザートロックの多様な姿を見せてくれる。（加藤）

The Budos Band / Burnt Offering （2014）Daptone

アメリカはニューヨーク州拠点のインストゥルメンタル集団による4th。ジャケだけ見るとエピックドゥームかストーナーかといった具合だがさにあらず、ビッグバンド編成のサイケデリック・ファンク／ソウルが主体。随所でディストーションギター、ドゥーミーなスローパートが注入されており、思わず腰が動いてしまうグルーヴ、70年代の映画音楽を彷彿とさせる哀愁のメロディとの相性は想像以上に良い。ドゥームジャズならぬドゥームファンク……と呼ぶにはドゥーム要素が薄いか。「70年代にいそうでいなかったバンド」という同時期の一部モダンレトロバンド達と並べれば、本書的に違和感はない。（加藤）

Crobot / Something Supernatural （2014）Wind-Up

アメリカはペンシルヴァニア州のヘヴィロックバンドによる、自主製作盤を経ての2nd。Led ZeppelinやBlack Sabbathなどの70'sハードロックがもっていた粘つくグルーヴを増幅し、現代的な音圧で叩きつけるサウンド。ストーナーというよりは90年代初頭のグランジ勢に近いストレートさであり、Soundgardenと比較して語られることもある。特に、太い声質のハイトーンヴォーカルはかなりの実力者で、Chris Cornellを通り越してDavid Coverdale的ですらある。ブックレットには、各曲に対してタロットカードのような味わい深いイメージ画がついている。（杉本）

Death From Above 1979 / The Physical World （2014）Last Gang

04年に1stアルバムをリリース、その後06年に解散したものの見事復活を果たした、カナダの2ピース爆裂ダンス・ハードコアバンド。前作から実に10年ぶりとなる本作2ndは、ブランクを一切感じさせない激しくてキャッチーで踊れる内容になっている。ドラムとベース（たまにシンセサイザーも）というシンプルな編成ながら繰り出されるサウンドは幅広く、一言では形容しきれない。激しさだけでなく、切なく美しい歌もしっかりと聴かせている。既存のロックフォーマットにとらわれない、スタイリッシュでどこかストレンジな印象をも感じる、そんなバンドである。（鉛）

Death Penalty / Death Penalty （2014）Rise Above

Cathedral解散後にGaz Jennings（Gt.）が結成したバンドの1st。メンバーは、ベルギーのドゥームメタルバンドSerpentcultのFrederik Cosemans（Dr.）、元Serpentcult～BathshebaのMichelle Nocon（Vo.）、同じくBathshebaのRaf Meukens（Ba.）。Cathedral風の楽曲やドゥームパートもあるが、Witchfinder Generalの1stからと思われるバンド名の通り、NWOBHM影響下のブリティッシュ・ヘヴィメタル色が濃い。Michelleは透明感のある伸びやかな声質で、曲調に合わせて表現力豊かな歌声を披露。「女性ヴォーカルのCathedral」を期待すると肩すかしを食らうかもしれない。（加藤）

Electric Citizen / Sateen （2014） RidingEasy

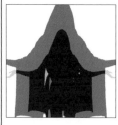

12 年にアメリカ・オハイオ州で結成され、Edgar Broughton Band の曲 "Death Of An Electric Citizen" からバンド名がつけられたサイケデリック・ドゥーム／ストーナー・ロックバンドの 1st。浮遊しながら魔術的な雰囲気も醸し出す女性ヴォーカル、メタリックな感触ではあるが 70 年代ハードロックからの影響を強く受けつつアシッド感満載のギターにより、60 〜 70 年代にかけてのサイケデリックロックをそのまま体現させたような作品である。線の細いヴォーカルが独特の旨味を醸し出しており、妖しい空気を創生するのに大きな役割を果たしている。（田村）

Electric Wizard / Time To Die （2014） Witchfinder

イギリスのドゥームメタル帝王による、前 2 作とは比べものにならないほどヘヴィになった 8th。Mark Greening （Dr.） の復帰も関係しているだろうが、決して原点回帰や自己模倣ではない。漆黒の憎悪と極彩色の狂気が渦巻くアシッドロックは、どの過去作とも異なる陶酔感を与えてくれる。過去に極上の麻薬を創り出してしまったがために、いつまでもその中毒者たちにつきまとわれているが、彼らは売人ではなく常に新しいトリップを希求している求道者、あるいは新薬の開発に余念のない悪魔の科学者である。本作は彼らが新たな次元に突入したことを示す傑作だ。（加藤）

Fucho / The Dark Halo （2014） Hardcore Kitchen

邪悪さと陶酔感を突き詰めるという点で、日本のバンドは群を抜いている。Assembrage の葬一郎 （Gt. & Vo.） を始め、関西のハードコアシーンで活動してきたメンバーによる〝Total Apocalyptic Doom〟トリオ、その名も「不幸」の 1st は、Electric Wizard や Sleep の陶酔感と、Eyehategod や Ramesses、Celtic Frost の邪悪さを極端なレベルで同居させた暗黒スラッジ／ドゥームを展開する。後にドラムが脱退し、マグダラ呪念〜 Guevnna の Mami が加入するも、16 年に解散してしまった。バンドは水ものなので、観られるうちにライブは観ておくべし。（加藤）

Hombre Malo / Persistent Murmur Of Words Of Wrath （2014） Disiplin Media

Okkultokrati の Boris （Gt.） を含むノルウェーのスラッジャー 4 人組による 2nd。真っ黒に塗り潰されたドゥーム／スラッジサウンドを基調とし、時折みせるブラックメタルやポストハードコア的なアトモスフェリックリフ、中〜高音で喚くハードコア的なヴォーカルなどエクストリームな要素をミックス。それでいてロールするドライブ感を合わせもち、展開にフックをもたせたキャッチーな曲づくりでまとめ上げている。この器用さが、各サブジャンルのマニア筋の耳には〝シャバさ〟として響くかもしれない。とはいえ、ヘッドバンギングもモッシュも OK という音は快楽性充分。ライブで暴れたい人向け。（杉本）

Jeremy Irons & The Ratgang Malibus / Spirit Knife（2014）Small Stone

「泣き」のヘヴィサイケデリックロック。上質なバンドを多数輩出している スウェーデン出身、奇妙なバンド名の 4 人組による 3rd。ファズやリバーブ、ワウワウを多用して弾きまくるギターと、タメを効かせたリズム隊は 70's 風。切ないメロディと Karl Apelmo（Gt. & Vo.）による、アメリカのシンガーソングライター Jeff Buckley を彷彿とさせる美しく力強い歌声が涙腺を直撃する。ただしこの切なさは、北欧的というよりはストーナー／デザートロック的なものである。18 年に 4th『Surge Ex Monumentis』、22 年に 5th『The Tunnel, The Well, Holy Bedlam』をリリースした。（加藤）

John Garcia / John Garcia（2014）Napalm

Kyuss、Slo Burn、Unida、Hermano、そして Vista Chino と数々のバンドを渡り歩いてきたストーナーシンガー John Garcia（Vo.）による、1st ソロアルバム。Kyuss 時代からの盟友 Nick Oliveri、Hermano の Dave Angstrom、The Doors の Robbie Krieger、カナダのロッカー Danko Jones など、John の人脈の総決算ともいえる、新旧サイケデリック界隈の豪華ゲストが多数参加している。彼のキャリアを追ってきた人なら十分楽しめる内容。"5000 Miles" は Danko による作曲。"Rolling Stoned" は、カナダのストーナーバンド Black Mastiff のカバー。（加藤）

Lesser Key / Lesser Key（2014）Sumerian

元 Tool の Paul D'Amour（Ba. & Key.）率いるバンドによる唯一作である、6 曲入り EP。プロデューサーは Tool や System Of A Down などとの仕事でも知られる Sylvia Massy。00 年前後の暗黒不条理ヘヴィロックを聴かせた King Crimson を彷彿とさせる不穏な冒頭曲のイントロから、Andrew Zamudio の透明感ある伸びやかな歌唱を活かしたエモーショナルな楽曲へと転ずる。古典的なヘヴィメタルとは関連性の薄い音だが、広義のドゥームやポストスラッジ界隈とは親和性が高い。バンド名が意味するのは、魔導書「ソロモンの小さな鍵」であろう。ならばジャケはアモンか。（杉本）

Mater Thallium / Abandoned By The Sun（2014）LL

ノルウェーのドゥームメタルバンド 4 人組による 2nd。70 年代の Black Sabbath や Scorpions を思わせるいなたくも陰鬱なリフに、キーボードやフルートも鳴る。この界隈では珍しくクセの少ない普通声のヴォーカルが乗るスタイルで、時折女声ヴォーカルも顔を覗かせる。丁寧に練り上げられた、メランコリックかつミステリアスなメロディが好作用し、歌モノとしての魅力も備えている。1st、2nd とも、女幽霊みたいなのが写り込んでいるブラックメタルテイストのジャケットだったが、19 年の 3rd ではユーロプログレ調、またはクラシック的なものに変えてきた。（杉本）

The Oath / The Oath （2014）Rise Above

Lucifer などで活躍している Johanna Sadonis（Vo.）と、Sonic Ritual などの Linnéa Olsson（Gt.）による、紅二点のオカルティックドゥームデュオ唯一のアルバム。レコーディングメンバーにはベースとドラムも名を連ねている。冒頭曲の粗暴なイントロリフで好き物ならガッツポーズ必至の、とことん地下臭の強いオールドスクールドゥーム。単純な「遅さ」や「重さ」、もしくは「耽美さ」に走らない硬派な路線が Pentagram の 1st を彷彿とさせる。カラメのヴォーカルメロディも。それでいて、満を持して疾走するときのカッコ良さがこれまた凄い。"Black Rainbow" をアルバムの流れのなかで聴いてほしい。（杉本）

Occultation / Silence In The Ancestral House （2014）Profound Lore

女性ヴォーカルを擁する、アメリカ・ニューヨーク州の様式派ドゥームメタルバンドによる 2nd にして、最終作。都会の出自からは想像も出来ぬ、幻想美に溢れたオカルティズムとヨーロピアンテイストが支配的なサウンドを展開していた。Candlemass の暗黒世界に、ゴシックの耽美さとイタリアンプログレのミステリアスな背徳感をプラス。各楽曲は展開が練り込まれた高品質な逸品揃いだが、アンダーグラウンド特有の瘴気に包まれているのは、メンバーに Negative Plane などのブラックメタルバンドで活動する人物がいることも影響しているか。（杉本）

Pet The Preacher / The Cave & The Sunlight （2014）Napalm

本書では比較的珍しい、デンマークのドゥーム／ストーナーメタルトリオによる 2nd。「ストーナー」の後にあえて「メタル」をつけたのは、サウンドがそのものずばり重金属的な重量感を備えているから。まるでヴィンテージリバイバルもののようなアートワークとタイトルで、アルバムの導入もフォーキーだが、そのようなものを期待すると 2 曲目からズッコケることになる。ズッシリとしたモダングルーヴと咆哮交じりのヴォーカルは 00 年代以降のニューメタル的だ。ただ、練り込まれたリフワークと、時折顔を覗かせるリリカルなメロディは一聴の価値あり。（杉本）

The Picturebooks / Imaginary Horse （2014）RidingEasy

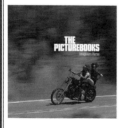

Salem's Pot、Electric Citizen など、ヘヴィロック界の新鋭を次々とリリースしているアメリカのレーベル RidingEasy Records から発表された、ドイツのベースレスデュオによる 3rd。ロウでハイエナジーなガレージブルースはそれだけで燃えるものがあるが、アメリカ先住民の音楽から影響を受けたというプリミティヴで民族的なドラムが、野蛮な本能を刺激する。映画『Easy Rider』リスペクトなジャケ、バイクとエロい姉ちゃんが出てくる "Your Kisses Burn Like Fire" の PV も最高。自由を謳歌するすべての蛮カラ兄貴（に憧れるすべての男）へ届け。（加藤）

Pree Tone / Wild Highs （2014） Swap Meat

10 年代以降のこの手のジャンルにおいて、最も目覚しい発展を遂げたのがウクライナのシーン。本作は、首都キエフ出身のトリオによる 1st。ノイズの嵐とシューゲイザーの重厚さを兼ね備えた Spacemen 3 か、あるいはドゥームの重力に押し潰されて痙攣する The Heads（もしくはそのギタリストによる Anthroprophh）かというような、ノイズドレンチドでバイオレントなサイケデリックロックで、かの国の闇の深さを勝手に想像してしまう。上述バンドのファンならマスト。いずれの作品もカセットのみで、かつプレス少数だが、中古では安価で手に入る。国勢の変化から、活動状況が憂慮される。（加藤）

Purple Hill Witch / Purple Hill Witch （2014） The Church Within

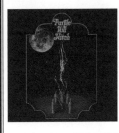

ノルウェーのドゥームロックトリオによる 1st アルバム。サブジャンルの細分化と再統合が甚だしい 10 年代にあって、音としては清々しいまでに直球の古典派ドゥームを展開。Black Sabbath はもちろんだが、バンド名のせいか少し Deep Purple、あるいは北欧という地域性が November を彷彿とさせる、やや憂いを帯びた 70's スタイルのヘヴィロック。とはいえ単なるリバイバルもののハードロックではないことは、ハイトーンに終始する浮遊感あるヴォーカルと空間的な効果音が、常時宇宙と交信している点からわかる。17 年には 2nd をリリース。（杉本）

Return From The Grave / Gates Of Nowhere （2014） Argonauta

イタリアのドゥームメタルバンド 4 人組による 2nd。Black Sabbath 由来のうねりやヘヴィネスを強調した曲もあるが、全体としては Iron Maiden のリチュアリスティックな側面や Mercyful Fate 〜 King Diamond のようにオカルティックな 80's メタルのエッセンスを受け継いだ、ドラマティックなスタイルを志向。ひとひねりある曲展開には聴きごたえあり。フィジカル版、デジタル版共にボーナストラック（どちらにも収録されており、何に対するボーナスなのかはわからない）を含めても全 7 曲約 36 分というアナログ的なコンパクトさも現代においては新鮮である。（杉本）

Royal Blood / Royal Blood （2014） Black Mammoth

13 年、イギリスのブライトンで結成された 2 ピースロックバンドの 1st アルバム。ベース & ヴォーカルと、ドラムという編成。ギターレスという特殊さが注目されがちだが、それ以前に楽曲としての完成度が高い。歌、メロディ、音色、リフ……デビューアルバムにしていきなり正解を突きつけられたかのような快作である。Led Zeppelin など 70's ブリティッシュハードの迫力と、The Beatles、Muse といった美メロ／ポップネスの旨味をあわせもつ彼ら。これからの UK ロックシーンを牽引する存在になるに違いない。ちなみに、15 年には初来日も果たしている。（鉛）

Sabbath Assembly / Quaternity（2014）Svart

60年代に実在したカルト集団 The Process Church Of The Final Judgement の教えを探究する No-Neck Blues Band の Dave Nuss（Dr.）と、Jamie Myers（Ba. & Vo.）を中心としたプロジェクトの3rd。メンバー編成は流動的だが、基本的には女性ヴォーカルの魅力を活かした60年代風サイケデリック／アシッドフォーク。1st で Jex Thoth のヴォーカルが歌っていたり、Roadburn に出演するなどドゥーム界隈との関わりも深い。Occultation や Hexvessel などのメンバーがゲスト参加した本作には、初めてのドゥームらしいナンバー "I, Satan" を収録。最高ですか？ 最高です。ドゥームなのはその曲のみですけれど。（加藤）

Salem's Pot / ...Lurar Ut Dig På Prärien（2014）RidingEasy

11年に結成されたスウェーデンの3人組による1st。Electric Wizard フォロワーの多くがヘヴィネスを模倣していたのに対して、彼らはスウェーデン産らしいカビ臭くてオールドファッションな作風で、本家のキャッチーさやポップさ、酩酊と幻惑感に焦点を当てた。本作は、彼らのそんな路線の集大成。同年に発表された7インチやWindhand とのスプリットではフォロワーの枠に留まらず、さらなる進歩を遂げた。16年に 2nd『Pronounce This !』、17年にライブ盤『Live At Roadburn 2015』をリリースした。（加藤）

Saturn / Ascending（2014）Rise Above

スウェーデンから登場した気鋭のヴィンテージメタルバンドによる1st。アングラバンドでも各パートを別録りするレコーディングが珍しくない昨今、彼らは恐らく確信犯的に楽器隊をライブ録音。彼らが敬愛しているのであろうクラシックロックスの質感を再現するのに奏功している。70年代後半の Judas Priest のような、ハードロックがヘヴィメタリックなエッジをもちつつある時期のブリティッシュロックがインスピレーション源か。Free などを彷彿とさせるブルースロックを展開する曲もあり、そういうのもひっくるめてマイナー NWOBHM バンドのような味わい。要するにお薦めである。（杉本）

Sea / Sea（2014）Mighty Music

ヴィンテージリバイバルバンドのシンプルバンド名シリーズ、ここに極まれり。彼らの場合、肝心のデビューアルバムでセルフタイトルまで採用しているわけだから、検索対策が重要視されるネット隆盛の時代に剛毅なことである。基本的には70〜80年代のハードロックからインスパイアされており、サイケやプログレといった小難しいものよりはストレートなものからの影響が強そう。そんな彼ら最大の特徴はギターのバカテク＆弾きまくり具合で、こうした若手バンドとしては比較的珍しいアプローチだ。複雑すぎるリフなんかは少々考えすぎという気がしないでもないけれど。（杉本）

Serpentine Path / Emanations （2014）Relapse

11 年、元 Electric Wizard 〜 Ramesses 〜 With The Dead の Tim Bagshaw（Gt.）、Unearthly Trance などの Jay Newman（Ba.）、Darren Verni（Dr.）、Unearthly Trance 他多くのデス／ブラックメタルバンドにも名を連ねる Ryan Lipynsky（Vo.）らによって結成。ここに元 Winter の Stephen Flam（Gt.）を加えて制作された 2nd。こうした布陣からもわかる通り、デスメタル寄りのブルータルなドゥーム／スラッジをプレイ。ガビガビのクラスティな弦楽器音と地の底から鳴り響くようなグロウル、腹を掻っ捌いて臓物を引っ掻き回すようなドロドロのグルーヴが極悪。（杉本）

Shooting Guns / WolfCop Original Soundtrack Recording （2014）One Way Static

Pink Floyd やクラウトロックの影響を感じさせる、カナダはサスカトゥーンのインストゥルメンタル・サイケデリックストーナーバンド。本作はそんな彼らが手がけた、同じくカナダ産のグラインドハウス系ホラーコメディ映画『WolfCop』のサウンドトラック集。サントラゆえか、どの曲も長くて 3 分と尺が短いのが残念ではあるが、楽曲は良い。白眉は "Spy In The Sky"。Lalo Schifrin による「ダーティハリーのテーマ」を、Pink Floyd が演奏しているかのような 1 曲だ。18 年には映画の続編である『Anther Wolfcop』のサントラもリリースした。（加藤）

The Shrine / Bless Off （2014）Tee Pee

アメリカ・カリフォルニア州のベニスで 08 年に結成されたトリオによる 2nd。バンドでいえば Black Sabbath と Black Flag、ジャンルでいえばハードロック、スケーターロック、ハードコアパンク、ストーナーロック、サイケデリックをクロスオーバーさせたサウンドで、Hot Lunch、Lacherous Gaze らと共に新世代のアメリカンヘヴィロックを提示した。長髪に髭面でスケートロックというのがまたなんとも渋い。"The Duke" は彼らの 1stEP をプロデュースした Black Flag、Würm の Chuck Dukowski が 83 年に書いてお蔵入りになっていた未発表曲。（加藤）

2010年代

Sigiriya / Darkness Died Today （2014）Candlelight

イギリスのドゥーム／ストーナーシーンを代表するレジェンド Acrimony の元メンバーらによって結成されたバンドの 2nd。ヴォーカルが Dorian Walters から Suns Of Thunder の Matt "Pipes" Williams に交代。11 年の 1st『Return To Earth』では前身直系の宇宙探究サウンドを鳴らしていたが、本作ではサイケデリックな要素が薄れ、10 分超の大曲も姿を消して 8 曲 約 39 分のコンパクトなアルバム構成になった。Dorian のルーズな歌唱とは対極にあるような男臭い歌声を乗せた、ストレートなヘヴィロックである。ちなみにバンド名の Sigiriya とはスリランカにある遺跡の名。（加藤）

Dazed and Hypnotized　273

Sithter / Evilfucker （2014） Bad Road

近年の Church Of Misery（JPN）にも参加していた Takano（Gt. & Vo.）率いる、東京の 4 人組の 1st。ベースはスペースロックバンド Dhidalah の Gotoh。泥濘の中を譫妄状態でのた打ち回るような Eyehategod 直系スラッジに、元 MONE ¥i$GOD の Kagawa（Gt.）によって持ち込まれたというトランシーなミニマルパート、サイケデリックでフリーキーなギターソロが錆びた有刺鉄線のように絡みつく。タメと押しのツボを抑えたリズム隊の巧者っぷりも心憎い。スラッジの突然変異種、というか沼地に雷が落ちて誕生したスワンプシングのような異形さ。（加藤）

The Skull / For Those Which Are Asleep （2014） Tee Pee

Eric Wagner（Vo.）、Jeff Olson（Dr.）、Ron Holzner（Ba.）という、元 Trouble の 3 人を中心に結成されたバンドの 1st。バンド名は Trouble の 2nd 『The Skull』からで、ライブでは同バンドの楽曲もプレイしている。本家が 2013 年の新作でミドル〜アップテンポの楽曲を中心に据えていたのに対し、こちらはスロー〜ミドルテンポの曲を中心とした、『Plastic Green Head』『Simple Mind Condition』あたりの路線を踏襲した作風。本家の『Distortion Field』に満足出来なかった方はこちらをどうぞ。18 年にはドラムが元 Cathedral の Brian Dixon に交代した 2nd をリリース。（加藤）

Somali Yacht Club / The Sun （2014） Robustfellow

ウクライナ西部の都市リヴィウのトリオによる 1st。デザートスタイルのヘヴィロックにシューゲイザーやドリームポップ、ポストロックをブレンドしたスタイルが特徴。ともすればちぐはぐになりかねないところを、元々はジャムバンドとして結成された経緯もあってか、レゲエ風のパート（ちょっと "Suzie Q" っぽい）やトレモロリフ、ゴリゴリのストーナーパートなど、上記ジャンルのエッセンスを長尺の楽曲のなかで巧みに繋いでゆく。トータルではストーナーロックの範疇なので、シューゲイザーやポストロックを熱心に掘り下げていない人（例＝自分）でも楽しめる内容。（加藤）

Split （Hakubishin / Bombori） / Black Vibe （2014） Siva Music Production

首都圏を中心に活動するヘヴィロック 2 バンドが、各 1 曲づつ提供したスプリット 7 インチ。Hakubishin は本作が唯一の公式リリース音源で、MC5 や The Stooges を思わせる爆音ガレージに和製ロッキンハードコアパンクのエナジーをブチ込んだようなスピードナンバー。約 3 分があっちゅーまに過ぎ去るので、ぜひともまとまった音源集が欲しい。かたや Bombori はアルバムもリリース済で、翌年には FUJI ROCK FESTIVAL に出演。実験的なサウンドで活動の幅を広げたが、本作には割とスタンダードなドゥーム／ストーナーの方法論に則ったヘヴィロック小品を収録。（杉本）

Sun & Sail Club / Mannequin（2014）Satin

Fu Manchu の Bob Balch（Gt. & Vo.）、元 Kyuss、現 Fireball Ministry の Scott Reeder（Ba. & Vo.）と Smile、Fu Manchu の Scott Reeder（Dr.）によるバンドの 1st。メタリックなストーナーロックに、ヴォコーダーを使用したロボット声の歌が乗る。彼らの出自が示すような正統派のデザートロックを期待して聴くと困惑するかもしれない。Balch によると、Kraftwerk や Black Moth Super Rainbow からの影響を反映したものだという。15 年には LA の伝説的パンクバンド Adolescents の Tony Reflex をヴォーカルに迎え、2nd『The Great White Dope』をリリースした。（加藤）

Thou / Heathen（2014）Gilead Media

「ヘヴィネス」は、負の感情から生まれる。憎悪、絶望、狂気……肥大した病巣を、音の波に変えて叩きつける。その瞬間に。しかし、このアメリカ・ルイジアナ州のバンドが放った激重激遅の圧殺スラッジは、「ヘヴィネス」を極限まで突き詰めたその先の世界を表現している。無情の世界で生きる苦悩を綴った歌詞は呪詛ではなく、箴言。叙情的な旋律は悲哀ではなく、一筋の光。1 曲目を飾る "Free Will" 冒頭の一節が「重く」響く。「目を開けろ」。傑作。近年の作品ではグランジやゴシックロックを取り入れて「ヘヴィネス」の新たな地平線を切り開いている。（加藤）

The Well / Samsara（2014）RidingEasy

アメリカはテキサス州のドゥーム／ストーナートリオによる 1st。Black Sabbath 由来のときに粘つき、ときに跳ねるリフと、無個性な中〜高音の酩酊ヴォーカルをフィーチュアしたヘヴィロックをプレイ。と書くとありがちでつまらない音源を想像されそうだが、ギター & ヴォーカル、ベース、ドラムという必要最低限のアンサンブルとシンプルな音づくりで最大限の音の厚みを生み出し、各曲をコンパクトながらもフックをもたせてまとめ上げた手腕も見事。知名度は低いバンドだが、かなりの実力派である。バンドは 19 年までに 3 枚のフルアルバムをリリースしている。（杉本）

Whores. / Ruiner. / Clean.（2014）Independent

Whores. は、10 年にアメリカ・ジョージア州はアトランタで結成された 3 ピースノイズロックバンド。本作は初期の EP2 枚を CD1 枚にまとめたもの。ドラムは元 Weedeater の Travis Owen。Helmet や Melvins あたりからの影響を感じさせる切れ味鋭いリフに、ハイテンションな激昂ヴォーカル。ノイズまみれのファジーなギターサウンドで小気味良いグルーヴを放ちつつ、"Straight Down" などではあくまでノイズロックっぽさを残しながら、ズブズブと沈み込むようなドゥーム／スラッジ要素が所々で顔を覗かせる。アトランタ出身というだけで思わず期待してしまうが、その期待を悠々と超える格好良さだ。（鉛）

Yob / Clearing The Path To Ascend（2014）Neurot

アメリカはオレゴン州のドゥーム／スラッジバンドによる7th。Metal Blade、Profound Loreとレーベルを渡り歩き、本作はNeurosisが主宰するNeurot Recordingsからのリリースとなった。Electric Wizardに通じるスローでダークな路線で、全4曲62分という長尺曲による構成だが、反復に重きを置いていない点が特徴。濁声、ノーマルヴォイスでの歌い上げ、囁きなどを巧みに使い分けるMike Scheidtの多彩な歌唱と、ポストメタル的なアトモスフィア、複雑かつドラマティックな曲展開で魅せる。プログレッシブロックの精神をヘヴィロックの土壌で正統に継承せし者たち。（加藤）

Zig Zags / Zig Zags（2014）In The Red

10年結成。Iggy Popとコラボしたり、The Shrineとスプリットをリリースしたりしているアメリカ・カリフォルニア州はロサンゼルスのトリオの1st。バンド名は煙草（など）の巻き紙のブランドからかと思いきや、靴のブランドから取られている。本作のプロデューサーはTy Segallで、TyのSweet Lodge Studioで録音された。ドゥーム／ストーナー、サイケ、ガレージロックを混ぜ込んだ10年代型メタルパンク。ショートチューン主体ながら勢いだけではなく巧みに上記要素が組み込まれている。それでいてキャッチーさも十分。16年に2nd、19年にRidingEasyから3rdをリリースした。（加藤）

Auma / From Shadows（2015）Auma

元Eternal ElysiumのToshiaki Umemura（Gt. & Vo.）を中心に結成されたアメリカを拠点とするバンドによる、自主レーベルからリリースされた6曲入りの1st。バンド名は日本語の「逢魔（おうま）」を英語に当て字したもの。薙ぎ倒すようなヘヴィネスと粘つくグルーヴをもったドゥーム／ストーナーだが、ドライヴィンなノリもあり、良い意味で日本人臭さのあるヴォーカルがジャップコア的な迫力も放っている。また、Black SabbathやPentagramといった悪魔メタル風の邪気あるリフがしっかり「メタル」の血脈を受け継いでおり、オールドスクーラーにもお薦め出来る1枚だ。（杉本）

Avatarium / The Girl With The Raven Mask（2015）Nuclear Blast

CandlemassのLeif Edling（Ba.）を中心に結成されたスウェーデンのドゥームメタルバンドの2nd。TiamatのLars Sköld（Dr.）、KruxなどのCarl Westholm（Key.）、00年代のRoyal HuntなどでプレイしていたMarcus Jidell（Gt.）、そしてMarcusの妻Jennie-Ann Smith（Vo.）という布陣。オルガンの音色や肩肘を張らないJennie-Annの歌声が70's的な普遍的ロックグルーヴを運ぶ面もあるが、スローテンポを主体とした楽曲の大枠はいつもの〝Leif印〟というか、要するにとことんCandlemassっぽいものである。そんなLeifは健康上の理由から、次作から作曲のみの参加に。（杉本）

2010年代

Band Of Spice / Economic Dancers（2015）Scarlet

元 Spiritual Beggars、The Mushroom River Band、現 Kayser の Spice（Gt. & Vo.）を中心とする Spice And The RJ Band が、Band Of Spice と改名して放った 2nd。凡百のドゥーム／ストーナーのような使い古されたイメージのアートワークからは想像も出来ないような音楽がここに。70's ハードやその影響下のヘヴィロックにありがちなグルーヴをことさらに強調せず、メロディアスなリードギターとキャッチーなコーラスで楽曲を盛り上げる 80's ハードロックスタイルの高品質な楽曲群は、この界隈の作品としてはかなり新鮮な響き。Spice は潰れたガナリ声ながら、歌心をみせている。（杉本）

Belzebong / Greenferno（2015）Emetic

08 年にポーランドで結成されたインストゥルメンタル・ドゥーム／ストーナーバンド 4 人組による 2nd。バンド名やタイトルからもわかる通りのマリファナ崇拝加減で、Sleep、Electric Wizard、Bongzilla、Weedeater あたりからの影響を窺わせ、この界隈における王道の路線をとっている。なんといってもこの音の厚さだ。これでもかといわんばかりに、旨味と酩酊成分を含んだリフが押し寄せてくる。ひたすらに歪んだファズに加え、空間を捻じ曲げるようなエフェクトが追い打ちをかけるようにトリップに誘う。これはもう極上のグルーヴに身を任せるしかない。（鉛）

Black Pussy / Magic Mustache（2015）Made In China

アメリカ・オレゴン州はポートランドを拠点とする、バンド名で炎上してしまったバンドによる 2nd。1st では Queens Of The Stone Age 風のポップセンスが光っていたが、今作は地に足がついた重量感とサイケデリックな浮遊感、カラフルなピアノやオルガンを交えた極上のストーナーロックを展開する。一時期の Monster Magnet のサイケ感、QOTSA のひねくれたポップさ、Kyuss のデザートロック風味の融合、なんて書くと褒めすぎかもしれないが、3 曲目 "Protopipe" の後半などを聴くと、無条件に「良い！」となってしまいますね。現在は Black Magic Flower Power 名義で活動中。（加藤）

2010年代

Black Sheep Wall / I'm Going To Kill Myself（2015）Season Of Mist

アメリカ・カリフォルニア州のスラッジコアバンドによる、メンバーが 3 人になりベースの Brandon Gillichbauer がヴォーカルを兼任するようになった 3rd。全 4 曲で 60 分超という構成のなかに、古典的な極悪スラッジとポストロック的なマテリアルを散りばめた。メロウな弦楽器を背景に、ミニマル気味なヴォーカルがニュースクールテイストのスクリームを喚き散らす前半曲の不条理感たるや。一見ポップなアートワークが皮肉でしかない。"Metallica" と題されたラストの曲は、メロディと変化に乏しいオケが 30 分以上にわたって聴き手を圧殺。これは人を選ぶ。（杉本）

Burning Saviours / Unholy Tales From The North（2015）Transubstans

バンド名が Pentagram の曲名に由来する、00 年代前半に活動開始したスウェーデンのドゥームロックバンドによる解散・再結成を経ての 4th。同国の Witchcraft 以降のバンドのなかでも、突出したいなたさを誇るヴィンテージドゥームを展開。ヌンチャクの名曲 "3 コードで悪いか" じゃないけれど、キャッチフレーズは "3 リフで悪いか" なんてどうだろう。楽曲を構成する必要最低限のマテリアルを反復し、サビでのヴォーカルは一切の捻りなくキーフレーズを連呼。間奏部分でのテンポチェンジも定石通りである。全 7 曲 28 分半。このスッキリ加減がドゥーム界隈ではかえって新鮮。（杉本）

Death Alley / Black Magick Boogieland（2015）Tee Pee

Motörhead 的な音の作品を本書で取り上げるときには、そのバンドが Motörhead をどのように解釈しているのかを精査したい。ブルースと Hawkwind の血を受け継ぎ、悪魔的な黒いグルーヴをロックンロールの切れ味で叩きつけたものであるならピックアップ出来る。例えば、オランダの 4 人組による本作 1st。サウンド的にはいわゆる「直系」ながら、煙くゆらすような音色の質感と鷹揚なグルーヴが、ハードコア系のメタルパンク勢とは区別される。12 分以上にわたって宇宙の旅に連れ出す最終曲も凄い。とはいえ、まずはこのブッといリフによる分かりやすい快楽に身を委ねるのが吉か。（杉本）

Demon Eye / Tempora Infernalia（2015）Soulseller

アメリカ・ノースカロライナ州の古典派ヘヴィメタルバンドによる 2nd。バンド名を Deep Purple の "Demon's Eye" にちなんだという。そうしたルーツを反映したものだろうか、冒頭曲を含めアルバムの大部分の楽曲がシャッフルのリズムを使用した渋め路線。中〜高音で主張の薄いヴォーカルは NWOBHM 的であり、全体的に Iron Maiden の地味めな曲や Angel Witch のミドルテンポ曲などを思わせる英国アンダーグラウンドテイストのサウンド。正統派メタルといえば正統派メタルだけど、スロー〜ミドルテンポの曲に暗黒の瘴気とブルースベースの旨味を含ませた舌ざわりがドゥームといえばドゥーム。（杉本）

Eagles Of Death Metal / Zipper Down（2015）T-Boy

Kyuss 〜 Queens Of The Stone Age の Josh Homme（Ba. Dr. Vo. 他）と、Jesse Hughes（Gt. & Vo.）によって 98 年に結成されたデュオによる 4th。Jesse がフロントマンを務め、ライブでは Josh のパートを他のミュージシャンが務める。ブギやロックンロールを基調としたソリッドなサウンドに、The Beatles や Led Zeppelin などを彷彿とさせるクラシックロックのエッセンスを注入した芳醇な味わいの楽曲を聴かせる。各作品を通して、基本的に陽の気を発散している。本作リリース後、同年 11 月のフランス公演会場でパリ同時多発テロに巻き込まれ、観客など約 90 人が死傷する惨事に見舞われた。（杉本）

2010年代

Ele-phant / TOBIRA （2015） Hello From The Gutter

元 Bucket-T で、足元でキーボードも操る Shin Saito（Ba.）、King Goblin の Naoto Araki（Dr.）によるデュオとして結成。その後、Abnormals の Comi（Vo.）を迎えた編成でレコーディングされた日本人 3 人組による 1st。パンクのエッセンスを封じ込めた激重ドゥームサウンドは Greenmashine にも通じるハードコアロック路線だ。しかし、ハナから HR/HM 界隈なんぞに留まる気がなさそうなオルタナティブ／ポストロック要素、Glenn Danzig を思わせる Comi の内省的なヴォーカルが、日本のドゥームの新たな〝TOBIRA〟を開いたことを思わせる。（杉本）

Gentlemans Pistols / Hustler's Row （2015） Nuclear Blast

03 年に結成され、後に隆盛を誇るヴィンテージハードロックの草分け的な存在となったイギリスのバンドによる 3rd で、レーベルを Rise Above Records から Nuclear Blast に移籍しての 1 作目。前作から Carcass、Firebird の Bill Steer（Gt.）が参加している。英国伝統のツインリードを絡めつつ、70's テイストのいなたいハードロックをプレイ。当時のバンドと異なるのは、かつてのハードロッカーたちが音の激化を志向し、実験的な精神をもっていたのに対し、これら現代のレトロドゥーマーたちはいにしえの音楽の安楽なる響きを追求している点。そのぶん曲はポップに研ぎ澄まされていく。（杉本）

Goblin Rebirth / Goblin Rebirth （2015） Relapse

本家 Goblin と袂を分かった Fabio Pignatelli（Ba. & Key.）と Agostino Marangolo（Dr.）が結成、〝再生ゴブリン〟との意志をバンド名に込めた。3 人のキーボード奏者を擁しながら制作された新曲群は、かつての Goblin の叙情性とミステリアスさを備えつつ、モダンなフィーリングとエッジの立った音像でスリリングに展開される。Goblin の代表作の多くはホラー映画のサウンドトラックだったが、本作もインストゥルメンタル主体だし、イマジネーションを増幅させるために、何らかの映像作品と合体していてほしかった、といったら贅沢か。一応、背景にストーリーをもつコンセプトアルバムとなっている。（杉本）

The Grand Astoria / The Mighty Few （2015） Firestorm Production

09 年に結成されたロシア・サンクトペテルブルグの 5 人組。ドゥーム、ストーナーからサイケ、ファンク、プログレ、ジャズ、スペースロックと縦横無尽にジャンルをミックスさせたサウンド。多作なバンドだが、本作は 28 分に及ぶ "Curse Of The Ninth" と 21 分にわたる "The Siege" の大曲 2 曲のみ収録。それなりの精神状態で臨むことが求められるかと思いきやそんなことはなく、多彩なアレンジ、複雑な曲展開のなかにハイトーンヴォーカルのキャッチーな歌メロ、絶妙なうねりが織り込まれていて非常に聴きやすい。King Crimson、Pink Floyd、The Mars Volta などのファンにもお薦めしたい。（加藤）

The Heretic Order / All Hail The Order（2015）Massacre

イギリスのヘヴィメタルバンド4人組による1st。Iron Maiden や Mercyful Fate、あるいは再結成後の Hell などを彷彿とさせる、80年代テイストのオカルティックな古典派メタルをプレイ。スピードメタル成分の割合はやや高いが、正統派、スラッシュ、ドゥームといったサブジャンルが存在しなかった時代のスタイルを志向していると思われ、これが80年代当時の作品だったら「元祖ドゥームメタル」と呼べそうな曲もあるという複雑な逆転現象を引き起こしている。白塗りの化け物メイクの Lord Ragnar Wagner（Vo.）がギターも兼務し、英国伝統の必殺ツインリードが炸裂する箇所が楽しい。（杉本）

Hills / Frid（2015）Rocket

ジャズバンド Djinn、サイケデリックフォークバンド Träden のメンバーらによるスウェーデンはヨーテボリのバンド。Goat や Flowers Must Die とも交流があるようだ。本作は3rd。ヒプノティックドローンにタブラ、シタールなどを使用した東洋音楽の旋律から、アフリカンなパーカッション、オルガンに男女の詠唱ヴォーカルを織り交ぜたワールドワイドなアプローチ。北欧の叙情味が封入されている "Anukthal Is Here"、"Milarepa" は、さながら現代版 Älgarnas Trädgård といった風情である。この手のバンドにしては珍しく4、5分の楽曲が中心のコンパクトな作風。（加藤）

Lost Breed / World Of Power – The Lost 1989 Album（2015）Blood & Iron

初期には Scott "Wino" Weinrich も参加していたアメリカ・カリフォルニア州のヘヴィメタルバンドによる、89年に制作した未発表アルバムの発掘リリース盤。93年、95年にもアルバムを出しているが、本作が実質上の1st か。Judas Priest など正統派メタルからの影響が濃い US 地下パワーメタルを基調にしているが、リフに力の入ったミドルテンポの楽曲が多く、単なるルート弾きに終始しないベースが生み出すうねりが、結果としてドゥームメタルと呼べる音楽を形成しているといえる。裏声バリバリのヘナチョコハイトーンヴォーカルがいたい味わいを醸している。（杉本）

2010年代

Nik Turner / Space Fusion Odyssey（2015）Purple Pyramid

元 Hawkwind のサックス、フルート奏者である Nik Turner が大量にリリースしているソロ作品の一つ。Interplanetary Arkestra と名付けられたミュージシャン群には、Mahavishnu Orchestra 他の Billy Cobham（Dr.）、The Doors の Robby Krieger（Gt.）、Darryl Way's Wolf の John Etheridge（Gt.）など、ジャズ、フュージョン、プログレッシブロック界隈の大物が多数参加している。冒頭からアシッドなレトロ SF テイストの効果音で聴き手を宇宙旅行に誘い、火を噴くようなインプロヴィゼーションが息つく暇をも与えない。極彩色のエレクトリック万華鏡みたいな音世界。（杉本）

Sexwitch / Sexwitch（2015）Echo

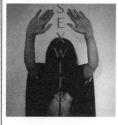

witch とつくバンドにはずれはないそうですね（杉本注：そうでもないよ！）。そこへさらに Sex を乗っけちゃったこちらなんていかがでしょう。英国のドリームポップ・ミュージシャン Bat For Lashes こと Natasha Khan（Vo.）と、サイケデリックロックバンド Toy によるコラボ。収録曲はすべてイラン、モロッコ、タイ、アメリカの 60〜70's サイケ／フォークソングのカバー。月夜の中で蠢くようなグルーヴ、民族的ビートに Natasha のシャーマニックな歌声と、Goat にも通ずる儀式的エレクトロニックサイケを展開。ラストの "War In Peace" は元 Jefferson Airplane 他の Skip Spence のカバー。（加藤）

Sons Of Huns / While Sleeping Stay Awake（2015）RidingEasy

アメリカはオレゴン州のトリオによる、Toshi Kasai をプロデューサーに迎えた 2nd。70's ハードロック、80's メタル、ドゥームを絶妙なバランス感覚で同居させるセンスは、The Shrine ら同時代のバンド群と共通。1st から大幅にスケール感を増したサウンドには、より広いフィールドでの活躍も期待出来そう……だったのだが、本作発表後に無期限の活動停止を宣言。"Philosopher's Stone" には Melvins などの Dale Crover がゲスト参加。"An Evil Unseen" では、The Obsessed などの Scott "Wino" Weinrich がいつもの Wino 節を披露している。（加藤）

Spettri / 2973 La Nemica Dei Ricordi（2015）Black Widow

Biglietto Per l'Inferno、Jacula、Malombra……イタリアに連綿と息衝く、シアトリカルかつオカルティックで妖しいプログレッシブロックの潮流。その 10 年代版として、このバンドを推したい。60 年代結成の超ベテラン。メロトロン、フルート、ゴング、サックス、ハープ奏者などを含む大所帯で録音されている。本作 2nd では、Il Tempio Delle Clessidre の Elisa Montaldo（Vo.）もゲスト参加。Emerson, Lake & Palmer のようにアグレッシブな鍵盤を主軸としたサウンドながら、ヘヴィメタリックといってもいいほどにエッジの立ったギターが、ドゥーミーで不穏なフレーズを奏でている。（杉本）

Valkyrie / Shadows（2015）Relapse

元 Baroness の Peter（Gt. & Vo.）と、元 Earthling の Jake（Gt. & Vo.）ら Adams 兄弟率いる、アメリカ・ヴァージニア州のハードロックバンド。本作 3rd から、Earthling の Alan Fary（Ba.）も参加した。Baroness でもみられたクラシックロックの要素を抽出して顕微鏡で拡大したような音楽性で、音の隙間が大きく、丸みを帯びた音づくりが特徴。ツインギターによる叙情味溢れるプレイは、Thin Lizzy や Wishbone Ash を彷彿。無個性派のヴォーカルは NWOBHM 的であり、全体的に英国臭満点のヴィンテージサウンドである。全 7 曲 約 42 分という構成もアナログ的で渋い。（杉本）

Wildevil / Beginning Of The End（2015）The Sons Of Doom Club

スラッシュメタルバンド Hellfire メンバーによる、中国のドゥームメタルトリオの唯一作。Black Sabbath『Paranoid』のバックフラッグを背景に撮影されたアートワークが物語る通り、極めてサバスライクなオールドスクールドゥームをプレイ。特に、長尺でドラマティックな冒頭曲から、疾走系の2曲目に雪崩れ込むあたりがもう〝A定食〟。しかし、ギターのフレージングに Judas Priest などを思わせる純金属の煌めきがあり、全体を通してドゥームもの特有の陰鬱さやカッタるさがないところが大きな魅力だ。ヴォーカルはおそらく中国語だが、アジアンテイストは希薄で、とことん英国志向のサウンド。（杉本）

Witchsorrow / No Light, Only Fire（2015）Candlelight

イギリスのドゥームメタルトリオによる 3rd.。Necroskull（Gt. & Vo.）と Emily Witch（Ba.）は夫婦。ドラムは Twelve Boar でもバッテリーを務める David Wilbrahammer。漆黒に塗り潰された闇を描き出すようなスロードゥームながら、楽曲を構成する要素は 70 年代の Judas Priest、Angel Witch、Witchfinder General ら由緒正しきブリティッシュメタルを踏襲した渋め路線。Necroskull の喉に力を入れない歌唱法も、NWOBHM フリークスにはバッチグーでしょう。ちなみに 13 年の EP では、タイトル曲 "De Mysteriis Doom Sabbathas" で 14 分超にわたり Candlemass へのオマージュと思しきものを披露。（杉本）

With The Dead / With The Dead（2015）Rise Above

元 Electric Wizard 〜 Ramesses などの Tim Bagshaw（Gt. & Ba.）と Mark Greening（Dr.）が、Cathedral 解散後の Lee Dorrian（Vo.）を迎え入れて結成したバンドの 1st。演奏隊はウルトラヘヴィでノイジーな轟音に終始し、そこにおなじみの Dorrian ヴォイスが乗る音像は、まさに Electric Wizard ミーツ Cathedral といった代物。古き良き英国クラシックロックへの憧憬よりもエクストリーム音楽としての先鋭性のほうが強いサウンドだが、時折みせるアトモスフェリックで魔術的なメロディが強い求心力をもつ。後に Mark が脱退。Ba. には元 Cathedral の Leo Smee（Ba.）が参加する。（杉本）

Wolfmen Of Mars / The Witch, The Goat & The Malevolent Spirit（2015）Poisoned Mind

10 年結成、「70 〜 80's のエレクトリック・アナログ・サウンドとヘヴィ・グルーヴの融合。深夜のドライブ、あるいは宇宙旅行のサウンドトラック」を標榜するアメリカのトリオ。多数のアルバムをフィジカル・デジタル問わずリリースしている。John Carpenter 風というか、〝あの時代〟のシンセサウンドを中心としていることはどの作品も変わらないのだが、パンクっぽかったりインダストリアルっぽかったりと様々なアプローチをとる。本作はストーナー色が強め。映画のポスターや DVD のジャケットを数多く手がけている Devon Whitehead のアートワークも素敵。（加藤）

Zothique / Faith, Hope and Charity（2015）Vernacular Dystopia

Clark Ashton Smith の幻想小説に登場する大陸「ゾティーク」をバンド名に冠した 4 人組の 3rd。サイケデリックなキーボードを交えた Celtic Frost 〜 High On Fire 系暗黒ヘヴィロックを軸に、アトモスフェリックなインスト、プロトメタル、ハードコアパンク、さらには日本語詞のバラードと貪欲なまでの音楽性を提示した。アナログ風の音質もあって、同時代のモダンレトロバンドに似た感触もある。英語詞部分の歌唱に悪い意味での日本人臭さが皆無なのもポイントだ。個人的に 10 年代の国内ドゥーム、スラッジにおける最重要盤。13 年の 1st、14 年の 2nd も名盤。(加藤)

Arrowhead / Desert Cult Ritual（2016）Ripple Music

08 年に結成したオーストラリアのストーナーロックバンドによる 2nd。サブジャンルの細分化と、その相互混成化が激しい現代のヘヴィロックシーンにおいて、気持ちが良いくらいストレートなデザートロックをプレイ。このタイトルも素晴らしい。俺が勝手に邦題を付けるなら、「冥府魔道の砂漠野郎」だな。グイグイと前身するリフ主体のヘヴィロックと、サイケデリックでスペーシーな幻惑パートが混在。リフは Black Sabbath の血を引いたものだが、陽の気をふんだんに吸わせた音像からはギラついた太陽光線と砂漠の熱波をギンギンに感じる。(杉本)

Beastmaker / Lusus Naturae（2016）Rise Above

ゼロ年代スラッシャーの Hysteria メンバーを含み、後に NWOTHM の Haunt でプレイするトリオよりなる、アメリカ・カリフォルニア州のドゥームメタルバンドの 1st。古典的な怪奇映画調のアートワークが伝える通り、オールドスクールなドゥームをオカルティックな世界観でプレイ。ヴォーカルは Ozzy Osbourne のような歌い方で、Black Sabbath をベースに遅くも速くもないテンポの曲を量産したような渋め路線だが、ポップセンスあり。翌年に 2nd、18 年にはデジタルで 4 曲入り EP を立て続けに 10 枚リリースするなど、精力的に活動している。(杉本)

Black Rainbows / Stellar Prophecy（2016）Heavy Psych Sounds

イタリアはローマで 05 年に結成された、サイケデリック／ストーナーロックバンドによる 5th。前作から、バンドの中心人物である Gabriele Fiori（Gt. Key. & Vo.）が主宰する名門レーベル Heavy Psych Sounds からリリースされている。ファズが効きまくりブリブリ唸るヘヴィなギターリフに、浮遊するダウナーなヴォーカル、そして Hawkwind に通じるコズミックな空間を形成するシンセやオルガンによる、パワフルなスペースロックを展開。Nebula や初期 Monster Magnet など 70's ガレージルーツのストーナーロックをさらにトリップさせた、圧巻の酩酊サウンド。(田村)

2010年代

Cambrian Explosion / The Moon （2016） Independent

キーボード奏者を擁する、アメリカはオレゴン州のサイケデリック
ロックバンドによる、1st EP『The Sun』(2013) に続く 2nd EP。吹
けよ風、呼べよ嵐の冒頭から、いわゆる懐古主義的バンドかと思わ
せつつも、ストーナーロック風のファジーなギターリフが炸裂。The
Mystick Krewe Of Clearlight ミーツ Pink Floyd とでも形容したくなる
ような音だ。3曲目「夢幻＝∞」のちょっと変な日本語（Gt. & ヴォー
カルが日系らしい）のヴォーカルもなかなか中毒性が高い。当初は
デジタル配信のみだったが、翌年にドイツの Pink Tank Records から
CD と Vinyl でリリースされた。（加藤）

Church Of The Cosmic Skull / Is Satan Real? （2016） Bilocation

Mammothwing の Bill Fisher（Gt. & Vo.）を中心に結成された、イギリ
スはノッティンガムの男女 7 人組の 1st。「人類を物質的な所有物から
解放し、すべての生物を単一の宇宙全体に統合することを目指す」と
いう教義を掲げている。アリーナ型ハードロック風のイントロから飛
び出すのは……ビックリするほどポップでキャッチーな透明感溢れる
歌メロ！ 何これ、ABBA ？ なんて思っていると、ドゥームリフやア
シッドなエフェクトが悪魔の実在を示すかのごとく姿を現す。ペイガ
ンじゃないけど映画『The Wicker Man』や『Midsommar』のカルトコ
ミューンに迷い込んでしまった気分になれる。（加藤）

Cough / Still They Pray （2016） Relapse

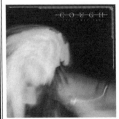

05 年結成、アメリカ・ヴァージニア州リッチモンドのバンドによる
3rd。Parker Chandler（Ba. & Vo.）は Windhand でもベースを務めて
いる。プロデュースは Electric Wizard の Jus Oborn で、Count Orlof
名義でオルガンでゲスト参加。エンジニアは Windhand の Garrett
Morris。この編成からわかるように、Electric Wizard や Ramesses 直
系。反復・鈍重・陰鬱というドゥームのパブリックイメージに忠実
でありながら、ヴォーカルの歌い方やギターソロの入れ方が絶妙で、
どの曲にも聴き手を引き込む仕掛けがある。「生も死もすべて同じ」
と歌うバラード "Let It Bleed" に涙ちょちょ切れる。（加藤）

Eight Bells / Landless （2016） Battleground

女性 3 人と男性 1 人という編成の、アメリカ・オレゴン州のバンド
による 2nd。ブラックメタル風のトレモロ、疾走パートやシューゲ
イザー的な展開、ポストロックの多幸感、ドゥーミーなスローパー
トなどを含む、エクスペリメンタルな作風。こう書くと、この手の
バンドの「ドゥーム」部分は重さを演出するためのドローンに近い
ものだと思われがちだが、彼女たちは Black Sabbath 由来のイーヴ
ルなリフを随所で決めてくれている。「ドゥーム」から、ヘヴィネス
よりもアトモスフィアと独特の〝ユルさ〟を抽出しているかのようだ。
先進的な要素と古典的な要素が嫌味なく融合している。（加藤）

Elephant Tree / Elephant Tree（2016）Magnetic Eye

Trippy Wicked & The Cosmic Children Of The Knight でも活動する Peter Holland（Ba. & Vo.）を含む、イギリスのドゥーム／ストーナーバンドによる 2nd。Black Sabbath、あるいはヘヴィサイケな 70's ハードロックをルーツにもつスローなリフを、人力トランスのように反復。その上を、明朗ではあるが呪文詠唱のようなヴォーカルが浮遊する内省的酩酊サウンド。ヘヴィサウンドを基調としながらシタールを用いた楽曲もあり、ミネラル含有率は高い音像だ。個人的には同国の Witch を彷彿。このジャケットに私の娘（当時 4 歳）が「可愛い！」と反応した。彼らのアートワークはどれもスタイリッシュ。（杉本）

Graves At Sea / The Curse That Is（2016）Relapse

02 年に結成し、08 年に解散、12 年再結成。Asunder や Sourvein とのスプリットもリリースし、07 年に来日がアナウンスされるも解散によってキャンセルされてしまったことで日本ではお馴染みの、アメリカのバンド。キャリア的にはベテランといって差し支えないと思うが、フルアルバムとしてはこれが 1 作目。名門 Relapse に移籍し、Mastodon 以降の現代的なスラッジメタル要素を取り入れながらも、Black Sabbath 由来の殺傷力が高いリフに根差した獰猛かつ呪術的なヘヴィロックにブレはない。咆哮と金切り声を使い分けるヴォーカルはかなり個性的。（加藤）

Guevnna / Heart Of Evil（2016）Long Legs Long Arms

元 Coffins の Ryo（Vo.）を中心に結成されたバンドの 1st。ドラムは元屍・Unholy Grave の Temi。活動当初こそ Bongzilla 影響下のスラッジだったが、本作ではドゥームディスコ、アーバンストーナーとも形容されるサウンドにシフト。ドゥーム／ストーナーの気の長い時間感覚と、ディスコ音楽的な瞬発力を兼ね備えたダンス特化のヘヴィロック。キャッチーなフックと勝手知ったるといわんばかりの上げと下げ、押しと引きの妙でモッシュからスローダンスまで、巧みに観客を導く。歌詞を載せずに楽曲のイメージに合わせたアートワークを掲載するエソテリックな感覚などが「都会」的……なのかもしれない。（加藤）

Horse Latitudes / Primal Gnosis（2016）Ritual Productions

フィンランドのブラックメタル界隈の人脈によるドゥームメタルバンド。バンド名は The Doors の曲名から取ったとされる。モーグ奏者、2 本のベース、そしてドラムとヴォーカルを兼務するメンバーの 4 人編成。この 4th を含め、彼らの作品はアートワークからもブラックメタル臭を発散しているが、内容は激重＆激遅かつアトモスフェリックなドローンスタイル。タイトルにもなっているグノーシス主義とは、キリスト教の世界では異端に位置付けられる。それでも本作には、宗教的なものがもつある種の荘厳さと「永遠なるもの」への連続性が醸すヒーリング効果がある。全 5 曲 約 67 分。（杉本）

Kvelertak / Nattesferd （2016） Roadrunner

トリプルギターを擁するノルウェーの6人組による3rdであり、デビュー作からのメンバーである Erlend Hjelvik（Vo.）と Kjetil Gjermundrød（Dr.）が参加した最後の作品。10年代において〝ポスト〟という言葉を冠されるバンドにありがちなロゴのフォントが示す通りの内容。冒頭は直球のブラックメタルのような楽曲で開幕するが、その後、ストーナー／スラッジ的な符丁をトレモロリフのなかに織り込み、ときにはリズムそのものもロッキンにロールし、ときにエモい。メタル内で最も遠縁にあたるサブジャンル同士が合体したような、新世代のオルタナティブロック。（杉本）

Mantar / Ode To The Flame （2016） Nuclear Blast

Hanno（Gt. & Vo.）、Erinc（Dr. & Vo.）らのコンビよりなるドイツのスラッジデュオによる2nd。漆黒に塗り潰された激重のサウンドに、ブラックメタルフレーヴァーを加味。特にヴォーカルの歌唱法は北欧のブラックメタル勢に近く、アートワークもそのような方向性を示している。スラッジバンドの多くは伝統的なメタルの様式を破壊しているものが多いが、彼らのサウンドからは遠い祖先たる80'sサタニックメタルからの影響もほのかに感じられる。曲調はスロー〜ミドルからアップテンポまであり、同一音像で展開する音楽ながらアルバムを通して起伏に富んでいる。（杉本）

Psychedelic Witchcraft / The Vision （2016） Soulseller

イタリア出身のオカルト風味ドゥームロックバンドによる1st。ヴォーカルは女性。彼らも例に洩れず60〜70年代のハードロックやブルースロックの神々のガッツリ影響下なのだが、同時代の暗黒面ばかりを抽出したバンドにありがちな、必要以上の暗さや危険な香りは希薄。オーバードライブ由来の暖かくトロみのあるサウンドに包まれればうっとりし、時折顔をみせる叙情的なプレイには目を瞑って浸ることが出来る。ラストの、夜の静けさを思わせるブルースパートではコーヒーを一口だ。翌年にリリースされた2ndは国内発売もあり、着実に名を上げている。今後も要注目。（頭山）

R.I.P. / In The Wind （2016） Totem Cat

〝Street-Doom〟を標榜する、アメリカ・オレゴン州のバンドによる、自主制作1stを経ての2nd。ストリートの負の側面にフォーカスした精神性をもつあたりは、Saint Vitus の正統後継者といったところ。80'sUSドゥームメタルを基調に、70'sプロトメタル、NWOBHMといった複数の時代性を同居させたサウンドは、同郷の Sons Of Huns を始めとする「現行バンド」らしいアプローチといえよう。三部構成のタイトルトラックは、影響元に対する彼らなりの総括のようにも聞こえる。このアートワークは Ruby The Hatchet、Sons Of Huns などの作品を手がけた Adam Burke によるもの。（加藤）

Sonic Mass / You People Never Learn… (2016) Independent

07 年結成、イギリス・ロンドンの 4 人組による自主制作 2nd。煙た
いファジーな音像にドゥーミーなスローパートとハードコア風の疾
走パートで緩急をつけた展開、目を真っ赤にして歌ってそうなへロ
ヘロヴォーカル、随所で哀愁のメロディが滲み出すサウンドは、
Acrimony や初期 Orange Goblin に連なる英国ドゥーム／ストーナー
の系譜。厭世的な佇まいは初期 Electric Wizard とも重なる。本作発
表以降は活動が止まっているようで、メンバーは Gnob などで活動
中。CD は入手困難だが、デジタルでは入手可能。電子の海に沈ませ
ておくにはあまりに惜しい内容だ。(加藤)

Witchwood / Handful Of Stars (2016) Jolly Roger

14 年に結成された、イタリアのヴィンテージドゥームロックバンド
による 2nd。キーボード奏者やフルート奏者を擁し、Jethro Tull、
Uriah Heep、Wishbone Ash や欧州のシンフォニックロックなど、
70 年代の抒情ハードの世界を現代において体現する古典派。ヘヴィ
ネスよりも哀愁に力点を置いているところがポイント。イタリア産
ということから、シアトリカルなプログレッシブロックの香りも濃
厚である点が、数寄者にはたまらないだろう。Blue Öyster Cult
"Flaming Telepaths"、Uriah Heep"Rainbow Demon"のドハマリカバー
も収録。(杉本)

Young Hunter / Young Hunter (2016) Independent

アメリカ・アリゾナ州で結成後、1st と EP を発表した後に中心人物
の Benjamin Blake (Gt. & Vo.) がオレゴン州のポートランドに移住。
バンドを再構築して発表した自主制作 2nd。80's メタルチックな硬
質のリフ、レイト 60's 風のサイケデリアと、霧が立ち込める森の奥
から響いてくるかのような男女混声の繊細なヴォーカルハーモニー。
時代やジャンルを軽々と超越しつつも、それらを一つにまとめ上げ
る手腕には脱帽する。Benjamin が最も影響を受けたソングライター
は Bruce Springsteen だとか。流通状態は悪いが、ぜひ探し出して聴
いてほしい。(加藤)

Zun / Burial Sunrise (2016) Small Stone

Yawning Man のギターである Gary Arce らを中心としたプロジェク
ト。 元 Kyuss の John Garcia (Vo.)、Ides Of Gemini などの Sera
Timms (Vo.) 他、ゲストに The Doors の Robby Krieger や Yawning
Man メンバーらが参加。レイドバックしたグルーヴ、浮遊感と空間
的な拡がりを湛えた Gary のギターを軸に、ラップスティールやシン
セ、エレクトリックシタール、民族的なパーカッションなどが神秘
性と彩りを添えるエクスペリメンタルサイケ。John と Sera が歌う
曲を交互に配置したことにより、ペヨーテを摂取しながら砂漠を行
く男女を対比して描いたようなドラマ性が醸し出されている。(加藤)

幾何学模様 / House In The Tall Grass（2016）Guruguru Brain

我が国は東京出身、ワールドワイドに活動するサイケデリック／プログレッシブロックバンド。本作は、中心人物である Go Kurosawa（Dr. & Vo.）と Tomo Katsurada（Gt. & Vo.）がアジアの音楽にフォーカスすることを目的として立ち上げたレーベル Guruguru Brain からリリースされた 3rd。あるときはメランコリックに、あるときはアンビエントに、あるときはオリエンタルで、またあるときはストーナーロックのようなヘヴィなギターをも効果的に使用しながら、ウィスパリングヴォイスが乗るミニマルな音世界を紡ぐ。70 年代のプログレッシブロック良作を思わせるアートワークも含め、名盤。（杉本）

蛸地蔵 / わるい空想（2016）Voltage

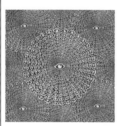

上之蛭子（Gt. & Vo.）を中心に結成された我が国は兵庫出身のヘヴィロックトリオによる、ベースにサクライマリィを迎えての 3rd。ドラムはふなもと健祐。轟音ファズサウンドと飛び道具的エフェクトを繰り出すサイケデリックロックをベースとしつつ、爆走ロックンロールのカタルシスをも持ち合わせたサウンド。和製ロックらしいキャッチーで昭和歌謡的なメロディも魅力的で、精神世界を描いたような日本語詞が独特の空気を構築している。17 年、長期の活動休止に入るとアナウンスした。現在（22 年 6 月）まで動きはないようだ。（杉本）

Abnormals / 黙示録（2017）Spider

Misfits に代表されるホラーパンクをベースに、様々な音楽要素を影のある日本語詞のもと融合させる闇・パンクバンドの 6th。今作はゴス、サイコビリー、ドゥーム、ストーナーの気配を漂わせた楽曲が並び、人の心の澱のようなものがテーマとして感じられる。モーターなロッキンチューン「地獄へようこそ」ストーナーリフで始まる「クルーエルワールド」9 分以上の大曲でドゥームからスピードチューンに展開するタイトル曲などを収録。多様な楽曲が 1 枚に収録されていながら、むしろアルバムの完成度を高めていると思われるのは、それらに通底する彼らの世界観が確固たるものだからだろう。（Itoh）

Acid Mammoth / Acid Mammoth（2017）Independent

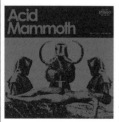

もう世界で何頭目になるかわからないヘヴィロック界隈の〝マンモス〟。本作は Chris Babalis 親子（子＝ Gt. & Vo. ／父＝ Gt.）を擁するギリシャ出身の 4 人組ドゥーム／ストーナーロッカーによる 1st。その名に違わぬ、酩酊した巨獣の進撃を思わせる鷹揚な重低音ロックをプレイ。ブリブリサウンドのなかを中音域のヴォーカルが浮遊するスタイルで、スローなテンポに隠されてはいるが、実はメロディセンスはなかなかのもの。全 6 曲 約 57 分。当初はデジタルのみの配信だったが、21 年に Heavy Psych Sounds から CD がリリース。こちらのアートワーク（左掲）はオリジナルよりはるかに良い。（杉本）

Ball / Ball（2017）Horny

〝スウェディッシュ・スライム・ハードロック・サイコ・マッドネス〟を掲げる、スウェーデンはストックホルムの Ball 三兄弟による 1st。ブリブリのファズギターにベタベタと粘つくリズム、それらの上で傲岸不遜のダミ声ヴォーカルが吠える。プロトメタル、ヘヴィサイケとハードコアパンクで構成されたサタニックヘヴィロックンロール。〝Sleazy（チャラい）〟と形容するにはあまりに骨太で剛腕。個人的には、オールドスクールを換骨奪胎した Satan's Satyrs など 10 年代のバンドと Church Of Misery（JPN）の 2nd ～ 3rd あたりを繋ぐミッシングリンクのように感じる。（加藤）

Chained Lace / Morbid Fascination（2017）Heaven & Hell

元 Hellion の Norman Lawson（Gt.）と Tim Carrubba（Ba.）が 85 年に結成。当時、デモのみをリリースして消滅したバンドの音源を Heaven & Hell Records が発掘リリースしたもの。Black Sabbath 直系、というよりはその影響下にある Pentagram やロッキンな Black Flag テイストのリフの上に、パンキッシュな女性ヴォーカルが乗るという特異なスタイル。これが当時陽の目を浴びていれば、今日のメタルパンクに支流が追加されていたことは間違いない。1 ～ 8 曲目と 9 ～ 16 曲目でドラムが異なり、後半はメロディアスなリードと LA メタルのようなリズムの重厚なヘヴィメタルにシフトしている。（杉本）

Crystal Fairy / Crystal Fairy（2017）Ipecac

4 人並んだアー写が「米国版 Judy And Mary !?」みたいな見た目なんですけど、Melvins の Buzz Osborne（Gt. & Vo.）と Dale Crover（Dr.）、At The Drive-In や The Mars Volta などの Omar Rodriguez-Lopez（Ba. & Gt.）、そしてリードシンガーである Le Butcherettes の Teri Gender Bender（Vo. Gt. & Key.）という、米オルタナティブ界隈のスーパーバンドによる 1st。ドゥーム／ストーナー的なグルーヴを基調としながら、ニューウェーブやゴシック的なひんやりとした空気をまとい、80's メタル的なエッジをもあわせもつミクスチャースタイル。音楽性の振れ幅が大きいところも JAM ぽいね。（杉本）

Deep Purple / Infinite（2017）Ear Music

通算 20 枚目のフルアルバム。Ritchie Blackmore（Gt.）だけでなく、Jon Lord（Key.）すらいなくなって久しいが、それらがさしたる問題とは思えないくらい、エネルギッシュかつノスタルジックで素晴らしいサウンドだ。プロダクション自体は現代的だが、楽曲は非常に 70 年代的で、さすがは歴戦の強者達だと唸らせられる。特に素晴らしいのが、3 曲目 "All I Got Is You" だ。ブルージーなロックにプログレッシブな風味をまぶしたような音だが、これが絶対に 70 年代のバンドにしか出せないような味を醸し出している。ライブで全盛期の楽曲と一緒にプレイしても聴き劣りしないだろう。（Kono）

Dhidalah / No Water （2017）Guruguru Brain

元 Church Of Misery（JPN）の Ikuma Kawabe（Gt.）と、Sithter でもプレイしていた Wahei Gotoh（Ba.）を中心に活動しているスペースロックバンドによる EP。2 曲しか収録されていないが、両曲とも 10 分超あり、聴きごたえは充分。古き良き正統派ハードロックを基調にしながら、ドゥーム、サイケ、ストーナーとジャンルを横断し様々なアプローチをみせる。ときに静かに、ときに激しく。千変万化する楽曲に耳を傾ける時間は、まるで 1 本の映画を観ているかのように流れる。18 年の Roadburn Festival にも出演するなど、そのグルーヴは確実に世界を揺るがしている。（鉛）

Doom Side Of The Moon / Doom Side Of The Moon （2017）Music Theories

The Sword の Kyle Shutt（Gt.）率いる、Pink Floyd のトリビュートプロジェクト。The Sword からは Bryan Richie（Ba. & Syn.）と Santiago Vela III（Dr.）も参加。バンド名とタイトルが示す通り、『Dark Side Of The Moon』（73 年）に収録されている全 10 曲をカバーしたもの。Pink Floyd が元祖ヘヴィロックの最重要バンドの一つであることは論をまたず、「こうすればドゥームメタルとしても解釈出来る」というアレンジにも首肯出来る部分は多い。しかし、そのままで十分に酩酊と幻惑を体現していた稀代の名作たる原作を変にヘヴィにすることで、陳腐化してしまった感も否めない。（杉本）

The Doomsday Kingdom / The Doomsday Kingdom （2017）Nuclear Blast

当初、Candlemss の Leif Edling（Ba.）が全パートをプレイするソロプロジェクトとしてスタート。その後、Avatarium の Marcus Jidell（Gt.）、後に Avatarium に参加する Andreas Johansson（Dr.）、Wolf の Niklas Stålvind（Vo.）をメンバーに迎えて放った 1st がこちら。Leif の他のバンドと同様、〝Candlemass 印〟が明確に刻印された、ダークネスと哀愁に満ちたドゥームメタルをプレイ。ただ、曲調はスロー一辺倒ではなく、ミドルテンポを基調にしたものが目立ち、Wolf の正統派メタル的なヴォーカルとも相まって 80's テイストが強く感じられる。Marcuss の超絶速弾きも聴きどころ。（杉本）

Duel / Witchbanger （2017）Heavy Psych Sounds

アメリカ・テキサス州のドゥームロッカー 4 人組による 2nd。ヘヴィメタル然としたソリッドさをもつリフを武器に、80's マインド全開のオールドスクールかつオーセンティックなドゥームメタルをプレイ。Death Row 〜 Pentagram とか 2nd 〜 4th あたりの Judas Priest がもっていた、ドロドロの 70's ハードロックがカッチリとした 80's メタルへ変貌せんとする過渡期的なサウンドを彷彿とさせ、地下室に瘴気が充満しているかのような雰囲気も再現。渋すぎる切り口は狙ったものなのかどうか不明だが新鮮である。19 年に 3rd、21 年に 4th を発表。いずれの作品もマニアからの評価は高い。（杉本）

Electric Wizard / Wizard Bloody Wizard（2017）Spinefarm

イギリスのドゥームメタル帝王による 9th。Jus Oborn（Gt. & Vo.）と Liz Buckingham（Gt.）がプロデュースを兼務。Satan's Satyrs の Clayton Burges（Ba.）が参加した唯一のアルバム。MC5 や The Stooges、初期 Alice Cooper など 60's からの影響を滲ませる楽曲は、Black Sabbath が 60 年代にタイムスリップして作ったようでもあり、『We Live』（04 年）を『Witchcult Today』（07 年）のスタイルに落とし込んだようにも聴こえる。懐古主義的なタイトルを変えて、"See You In Hell" 以外の曲をシングルにしていたら評価も違っていたのではなかろうか。（加藤）

Flowers Must Die / Kompost（2017）Rocket

Ash Ra Tempel の楽曲からバンド名を拝借したと思われる、スウェーデンの 6 人組による 4th。ファジーなミニマルコズミックサイケと、サイケ／ストーナーバンド Katla のメンバーでもある Lisa Ekelund（Vo. Vn. 他）の歌声を乗せたディスコ調の "Hit"、ファンキーな "After Gong"、"Don't You Leave Me Now" など、即効性の高いキャッチーでダンサブルな楽曲を交えた構成に、こちらの〝血中濃度〟もダダ上がりである。同レーベル所属の Goat、Josefin Öhrn + The Liberation、Hills らに連なる、スウェディッシュサイケの新たな形態を示す作品。（加藤）

Granule / Aurora（2017）Independent

16 年に解散した Bombori の Hikari（Vo.）を中心に結成された、東京のドゥーム／スラッジメタルバンドの 1st アルバム。全編にわたる歪んだサウンドはそのまま現代社会の歪みを表しているようであり、存在するものすべてを黒く塗り潰すかのような憎悪に満ちた咆哮に圧倒される。アルバムのラスト "Whale Song" では不穏でありながら悲しく切ないメロディが響き渡り、漆黒に埋め尽くされた世界に静寂が訪れる。轟音一辺倒ではない懐の深さが窺える。バンドは 19 年に Daymare Recordings から 2nd アルバムをリリース後、翌 20 年に解散。（鉛）

Here Lies Man / Here Lies Man（2017）RidingEasy

アメリカ・ニューヨーク州出身のアフロビートバンド Antibalas のギタリストである Marcos Garcia を中心に結成され、ジャズフルートの先駆者である Herbie Mann の息子であり Antibalas にも一時在籍した Geoff Mann（Dr.）も参加しているヘヴィサイケデリックバンドの 1st。「もし Black Sabbath がアフロビートをプレイしたら？」という触れ込みで注目を集めたが、ファズの効いたブリブリ唸るヘヴィギターと、情熱的反復アフロビートにより、強烈なアシッド感を生み出している。実験的でありながらヘヴィサイケの陶酔性を放出する中毒性の高いサウンド。（田村）

Heretic Rites / In Satan's Claws（2017）梵天

セルビアのドゥームロッカーが、16 年リリースのカセットデモに 2 曲追加してリリースした CD。オカルティックかつサタニックな NWOBHM のフレーバーを散りばめ、読経のような中〜高音のシケシケヴォーカルをフィーチャしつつ、ドロドロのズルズルにまとめ上げた地下臭プンプンな作品。ハードコア的な殺傷力も持ち合わせているが、カミソリや棍棒のような直球の攻撃力よりも、錆びた下ろし金で擦過傷だらけにして後日破傷風で死に至らしめるようなイヤらしさがある。16 年に梵天レコードが日本に招聘。Sihter を帯同してツアーを行った。（杉本）

Monolord / Rust（2017）RidingEasy

スウェーデン・ヨーテボリのトリオによる 3rd。Beastmaker のギターと Mondo Drag のキーボードがゲスト参加している。前 2 作は Electric Wizard のフォロワーという印象だった。過剰なヘヴィネスを贅肉として切り捨てた本作では、リフそのものの魔力と、前作でも片鱗を覗かせていたメランコリックなメロディを主たる武器として構えた。ヴァイオリンやアコースティックギターも効果的なフックとなっている。アルバムの構成も見事で、前半はリフで聴き手を引きずり込み、ラストは心地よい余韻と共に解放してくれる。Black Sabbath に帰結する伝統的（≠懐古主義）かつ堂々としたサウンドは痛快。（加藤）

Nepenthes / Confusion（2017）Daymare

元 Church Of Misery（JPN）、G.A.T.E.S. の Neggy（Vo.）を中心に結成された日本のヘヴィロックバンドによる 2nd。プロデュースとエンジニアは、前作に続いて Eternal Elysium の岡崎幸人。Zigen（Gt.）が脱退するも、前作に続いて元 Church Of Misery（JPN）の Suto（Gt.）、Marble Sheep や狂うクルーの Iwamotor（Dr.）、Inside Charmer や Floaters の Mossa Hiro（ベース、リリース時点では脱退）で録音。ギターが 1 本になったことが、結果としてリフの切れ味をクリアに聞かせる方向に好作用したように思える。Neggy の詩情を滲ませた蛮声もまた深みを増した名盤。（杉本）

Oidaki / Sulfur Pusher（2017）Birdland

単なるドゥーム／ストーナーに留まらず、グラインドコアやジャズ、その他種々様々な要素を取りいれ、時折変拍子も覗かせる。どこかクロスオーバースラッシュのテイストも感じさせる、テクニカルかつ他に類をみない怪奇なバンド。バンド名が OiDAKi（追い炊き）で曲名に「硫黄」とつけたりするネーミングセンスも洒落が効いていてよい。1 曲のなかで目まぐるしく展開するが、異なるジャンルを無理矢理繋げたような違和感はなく、とても心地よく聴ける混沌具合だ。現在進行形で進化している日本のエクストリームミュージックの最先端を体現しているといえよう。（鉛）

2010年代

Pigs Pigs Pigs Pigs Pigs Pigs Pigs / Feed The Rats（2017）Rocket

12 年に Khünnt のメンバーを中心に結成された、イギリスはニューカッスルの 5 人組による 3 曲入り 1st。初期 Monster Magnet を Black Sabbath に寄せたような、スペーシーなギターと延々と反復するリフ主体の酩酊ドゥームロック。ヴォーカルも Dave Wyndorf 風の、リバーブがかかったアクの強い歌声。冒頭曲は数曲をシームレスに繋いだような 15 分の大曲で、これがまた激しく幻惑的。シングル曲 "Sweat Relief" はタイトで骨太なハードロック。約 17 分の "Icon" はスラッジーな導入部から Hawkwind と Black Sabbath が乱交を繰り広げるアップテンポのスペースロックへと展開。（加藤）

Prophets Of Rage / Prophets Of Rage（2017）Fantasy

Rage Against The Machine の演奏隊に、Public Enemy の Chuck D（Vo.）と DJ Lord（ターンテーブル）、Cypress Hill の B-Real（Vo.）というスーパーバンドによる、現時点で唯一のフルアルバム。RATM 部隊は普遍的なロックリフで自然と体が動くグルーヴを生み出し、Tom Morello（Gt.）による恒例の変態ソロも炸裂。Public Enemy 陣は強烈なキレを、声自体が魔術的な B-Real は魔性の魅力をもたらしている。とにかくズルいというか、こんな布陣で制作される音楽が格好悪いはずがないじゃないの。90 年代レジェンズが今また音楽史に新たな楔を打ち込まんとする様を括目せよ。（杉本）

Royal Thunder / Wick（2017）Spinefarm

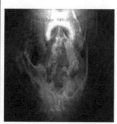

アメリカ・ジョージア州はアトランタ出身の、女性ヴォーカルを擁するハードロックバンド。Relapse でアルバムを 2 枚残した後に、Spinefarm へ移籍してリリースされた 3rd。荒々しくパワフルでありながら繊細さと優美さを兼ね備えた Mlny Parsonz のヴォーカルを中心に据え、70's ハードロックやサイケデリックロックからグランジ、ドゥームメタルなどを巧みに消化。プログレッシブで前衛的な要素も随所に散りばめた、独特のヘヴィロックを展開する。原始的なハードロックを芸術の域にまで引き上げたといえるセンスの良さに脱帽。日本での知名度は低いが、海外では各方面から絶大なる高評価を受けている。（田村）

Samsara / Inheritance Of The Soul（2017）Samsara

北海道は札幌のドゥームメタルバンドが、自主レーベルからリリースした 4th。Hiroshi Sato（Ba.）は Battle Shrine にも。『Vol.4』パロディジャケからわかる Black Sabbath フリークっぷりが音にも反映。スローに始まり、中盤で走ってまた元のリフに戻るという黄金パターンは何回聴いても良いものだなぁ。個々のフレーズやリフが丁寧に作られており、印象的な曲が多い。Takeshi Eguchi（Gt. & Vo.）の歌声は少し Scott "Wino" Weinrich に似ており、瘴気を放つリフの質感からは Saint Vitus や The Obsessed あたりの US カルトドゥームの臭気も漂う。（杉本）

Troubled Horse / Revolution On Repeat （2017）Rise Above

スウェーデンのヴィンテージリバイバルを代表するバンドである Witchcraft の、オリジナルメンバー 3 人を含む編成で結成されたバンドの 2nd。1st から 5 年ぶりのアルバムであり、その 3 人は既に不在。ハードロッキンなサウンドながら、前掲バンドのテイストは本作にも引き継がれている。楽曲を構成するオールドスクール一徹のマテリアル、いなたいギターの音色、そしてヴォーカルの歌い方……。Thin Lizzy 風のメロディが個性か。他のリバイバルものと同様、古典主義に徹したサウンドは本物の 70 年代ハードがもつスリルには欠けるが、これはもはや一つのポップスの型なのだと解釈したほうが良いかもしれない。（杉本）

Ulcer / Vandalism （2017）Hardcore Kitchen

香川出身の、プリミティヴ・ダークメタルクラストバンドによる 1st ミニアルバム。本作のリリース時、ハードコアやメタルが店内で頻繁にかかる店（自分でかけることも可）で働いていた私だが、耳にして思わず「！」。暗黒邪悪な音質、重く太い鎌でザシュザシュ叩っ斬ってくるようなグルーヴに、勤務中でありながら魅せられてしまったのは良い思い出。すっかり気に入ってしまい、自分でもしばしば本作をかけ、心のなかでグワングワンと頭を振って仕事をしていた。一番のお気に入りは、流れ始めたら最後、圧倒的扇動力で心身共に収拾がつかなくなる "Phantom"。（頭山）

Witchcryer / Cry Witch （2017）Independent

witch のつくバンドにゃハズレはないとよくいったものだが、このバンドも然り。アメリカ・テキサス州出身、女性ヴォーカル擁するドゥームメタルバンドの自主制作 1st。Witchfinder General のカバーが収録されている時点で、本書の読者ならなんとなく音が想像出来てしまうかもしれないが、劣化クローンということはない。薬臭い不健康ベースはもちろんに、それに絡みつくネチャネチャ・ワウギター、そして女性らしい歌声、ときにクリーンなアルペジオなども駆使しながらドラマティックにオイシクまとまっているのがポイントだ。18 年に Ripple Music から再発された。（頭山）

Wucan / Reap The Storm （2017）Hänsel & Gretel

女性シンガー Francis Tobolsky を中心としたドイツのハードロックバンドによる 2nd。Francis の魔的な妖しさを漂わせるヴォーカルの存在感もさることながら、彼女が操るフルートやテルミンも導入。ヴィンテージ感の濃厚なギターの音色といい、サイケデリックロックやプログレッシブロックからの影響も大きく、欧州産 70's クラシッククロックの雰囲気そのままである。物悲しいメロディとドラマティックな展開、全体を覆う薄暗い空気が、持ち前の世界観に聴き手を深く引き込む。フルートの使い方は Jethro Tull に近いが、Amon Düül II や Pink Floyd に通じるサイケ感も絶妙に醸し出している。（田村）

秘部痺れ / Freak Out Orgasm!（2017）Riot Season

12 年結成、大阪のトリオによる 1st。プロデュースとミキシングは Acid Mothers Temple の河端一。High Rise、Mainliner の系譜に連なるジャパニーズサイケの音の洪水のなかに、70 年代ハードロック界隈のヘヴィサイケ／プロトメタルのエッジを兼ね備えたフリークアウトロックンロール。サイケデリックヘッズからストーナーズまでカバーする〝モダン〟なスタイルだ。ワールドワイドに活動の場を広げながら、19 年に 2nd『Turn On, Tune In, Freak Out!』をリリース。『Official Live Bootleg』と題されたライブ盤も数多くリリースしている。（加藤）

老人の仕事 / 老人の仕事（2017）Independent

killie の i.d.o（Gt.）、そして CxPxS、johann のメンバーによるインストスラッジ／ストーナーロックバンドの自主制作 1st。煙が立ち込める超重圧リフが、ズルズルと地獄に引き摺り込むような暗黒世界を形成。とにかくギターワークが終始耳を惹くのだが、重厚感たっぷりのリズムがそれを支え、ドープな世界をより強固なものにしている。Sleep『Jerusalem』への日本からの回答ともいうべきだが、笛や修験者を彷彿させるコーラスなどの和的な要素や、終盤のトリップしまくるギターが独自の世界観を築き上げている。世界的に見てもストーナーロックの名作であると断言出来る。（田村）

Angel Of Damnation / Heathen Witchcraft（2018）Shadow Kingdom

Nocturnal を始めドイツのブラック／スラッシュ／デスメタル界隈で名を馳せる Avenger（Gt.）、Dawn Of Winter や Sacred Steel 他ドゥーム／エピックメタル界隈で活躍している Doomcult Messiah（Vo.）を擁するドイツのバンドの 2nd。本作から、Cross Vault・Halphas の Forcas（Ba.）と Skullsplitter（Dr.）が参加。Candlemass を彷彿とさせる、荘厳でメランコリックかつスローなエピックドゥームをプレイ。平均約 8 分の大曲が 6 曲収録されている構成ながらダレずに聴き通せるのは、フックをもたせたアレンジの妙。特にラスト 2 曲のドラマ性は感動的。（杉本）

Author & Punisher / Beastland（2018）Relapse

様々なジャンルと交配してきたドゥームだが、〝インダストリアルドゥーム〟を掲げるバンドは少ない。酩酊感と機械的なリズムの食い合わせの悪さゆえか、それともインダストリアルというジャンルで個性を確立することの難しさがあるのか。そこにきて、機械工学士でもある Tristan Shone によるアメリカ・カリフォルニア州サンディエゴのワンマンバンドは、Godflesh、Skinny Puppy を思わせる重厚なサウンドに、テンポの遅さではない確かなドゥームの輪郭が備わった楽曲を展開する。本作ではメロディも大幅に増え、間口も広がった。Marilyn Manson あたりが好きな人でもいけると思う。（加藤）

Beneath Oblivion / The Wayward And The Lost（2018）Weird Truth Productions

アメリカ・オハイオ州の4人組ドゥームメタルバンドが、フューネラル系のリリースでよく知られる Weird Truth Productions から放った現時点（20年9月）での最新作3rd。全5曲1時間超という構成で、激重激重のドゥーム／スラッジを展開。喚き声のヴォーカルや憂いを湛えたコード進行のリフがブラックメタル的ではあるが、カビ臭い地下室系というよりは、Allen Lee Scott（Gt. Key. & サンプラー）が手がけたアートワークのテイスト通り現代的なアグレッションをもつはっきりした音像で迫る。Allen と Scott T. Simpson（Gt. & Vo.）は現在、Opium Doom Cult にも。（杉本）

Bismarck / Urkraft（2018）Apollon

ノルウェーのドゥームメタルバンド5人組による1st。まずデジタルで配信された後、Apollon Records からフィジカルが発売された。全5曲34分という構成で、長尺の楽曲を中心に収録した。Black Sabbath ルーツのリフを、90年代以降のヘヴィネスやブラックメタルテイストと共に、スローに落とし込んだ。一定のリズムの下、同一のリフを延々と反復するタイプだが、怒声ながらもメロディを滲ませたヴォーカルとアトモスフェリックなキーボードにより、ある種の情景（といっても暗雲が立ち込めた空のような類だが）が浮かんでくる音像になっている。20年にはまたも全5曲34分の2ndをリリース。（杉本）

Black Salvation / Uncertainty Is Bliss（2018）Relapse

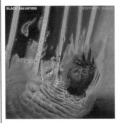

スラッシュ／ブラックメタル系の人脈によって09年に結成された、ドイツはライプツィヒのトリオによる2nd。Procession や Death Alley の Uno Bruniusson（Dr.）の加入後、初の音源。『Tago Mago』期の CAN、Iggy Pop And The Stooges や MC5 を静脈にインジェクトしたかのような、ノイジーで粗々しく妖しさに満ちた混沌のヘヴィロック！ヴォーカルは Jim Morrison や Iggy 風で、若干青臭さは残るものの歌詞を放棄してスキャットで歌い出したりするところが不穏。シューゲイザーやポストパンク調の楽曲があるのが特徴的で、60～90s をフラットな目線で捉えた感覚は近年のバンドらしい。（加藤）

Bong-Ra / Antediluvian（2018）Svart Lava

ブレイクコア界の重鎮で、ブラックメタル影響下のユニット Servants Of The Apocalyptic Goat Rave や、ダークジャズバンド The Mount Fuji Doomjazz Corporation などもやっていた Bong-Ra が、ドゥームにフォーカスした4曲入り企画盤。Merzbow や灰野敬二との共演経験もある超絶ドラマー Balázs Pándi が参加している。Ufomammut あたりを彷彿とさせる超重量級ドゥームリフを軸に、幽玄な女性ヴォーカル、フリージャズやアンビエント要素を絡めた彼のセンスが光る1枚。古代文明の秘教の儀式のようなアポカリプティックドゥームである。（加藤）

Bullfrog / High Flyer（2018）Grooveyard

90年代から活動している、イタリアのベテランハードロックバンドによる5th。Led ZeppelinやFreeなど70年代のレジェンダリィブルースロック群を彷彿とさせる激渋ハードロックをプレイしており、モダンなヘヴィグルーヴの注入もなけりゃ近年のヴィンテージリバイバル路線に乗っかったものでもない〝ガチさ〟が今となっては新鮮に聞こえる痛快作。Francesco Della Riva（Ba. & Vo.）の歌声はPaul Rodgersを彷彿とさせ、ヘヴィなリフで押すグルーヴィな曲からキーボードを伴うドラマティックな曲、バラードまでを適切に歌いこなす実力派。（杉本）

Castle / Deal Thy Fate（2018）Ripple

アメリカのドゥームメタルバンド。当初はトリオ編成だったが、本作5thはMat Davis（Gt. & Vo.）とLiz Blackwell（Ba. & Vo.）の2人編成となり、ドラムはBehold! The MonolithのChase Manhattanがサポートしている。初期Black Sabbathがもつ漆黒の瘴気をベースに、Iron Maiden、Pentagram、Witchfinder Generalなどの80'sオカルティックメタル的なエッジとドラマ性をミックス。メタル純度の高い高品質な悪魔的ドゥームメタルをプレイしている。ただ、このCastleというよくあるバンド名でアルバムごとにロゴが違うというのはいかがなものかと……。（杉本）

Confusion Master / Awaken（2018）Exile On Mainstream

ドイツの4人組による1st。Black Sabbathルーツのブルース出汁が効いた塩辛いリフを、スラッジーなリズムセクションと共にひたすら反復する激重ドゥーム。10分超の曲を複数収録する大曲志向。アートワークがクトゥルー神話からの影響を匂わせている通り、オカルティックなムードを漂わせながら、コズミックなノイズや効果音が我々をアチラの世界へ誘う。甲高いヴォーカルは宇宙とコンタクトしているかのようだ。国内版は梵天レコードからのリリース。"Reapers Fist"の邦題を『直撃！死神拳』としてしまう加藤の映画キチ的センス……最高。（杉本）

The Death Wheelers / I Tread On Your Grave（2018）RidingEasy

Satan's Satyrsが12年の1st『Wild Beyond Belief!』で提示したドゥームパンクは、フォロワーをごく一部の界隈で大量に生み出した。本家は同路線をあっさりと1枚のみで捨ててしまったわけだが、その音楽性と精神性を受け継ぐ作品群のなかでは、カナダはキューベックの4人組による本作1stが最高峰ではないだろうか。アートワークからしてイカしている。Blue CheerやMC5がもっていたエネルギーを、ジジイの懐古趣味ではなく活きた不良文化として継承した。梵天レコードから作品をリリースしたHeretic RitesのŽeljkoも「最高！」っていってた。（加藤・杉本）

Doomster Reich / How High Fly The Vultures（2018）Old Temple

ポーランドの、ブラックメタルなどエクストリームメタル界隈の人脈よりなる、ツインギター編成のスラッジコアバンドによる 3rd。本作から、キーボードと SFX の専従担当者が参加して 5 人編成となった。Pantera、Slayer、中〜後期 Sepultura などの基本的なラウドロックに、High On Fire のようにザラついたストーナー／スラッジの質感、そして Neurosis や ISIS などがもつ混沌としたヴァイブスをミックス。00 年前後のエクストリーム音楽をシームレスに繋いで大曲を紡いだ全 5 曲 約 42 分。Venom の "Warhead" をカバーしているが、いわれないと気づかないかも。（杉本）

Dopethrone / Transcanadian Anger（2018）Totem Cat

カナダ出身のスラッジコアバンドによる 5th。バンド名の由来が Electric Wizard の名盤からなら、本作のタイトルは Darkthrone の代表作からだろう。巨大なハンマーでぶん殴るような音像でいながら、意外にもリフはキャッチー。そこにブラックメタルからの影響を感じさせる、吐き捨てるようなシャウトが絡む。今作からドラムが交代。今までのノリが良いシャッフルソングに加え、"Killdozer" など疾走感がある曲が増えた。そうかと思えば "Snort Dagger" ではひたすらにズブズブと沈み込むような激重ソングを聴かせたりと、確実に音楽性は広がっている。（鉛）

Dorian Sorriaux / Hungry Ghost（2018）Soulseller

Blues Pills でブリブリのファズギターをイワしている Dorian Sorriaux による、ソロ第一作となる 4 曲入り EP。ヴィブラフォンとして Emelie Sjöström、フェンダーローズ（ヴィンテージなキーボード）として Rickard Nygren もクレジットされているが、基本的なアンサンブルは Dorian によるアコースティックギターと清澄なヴォーカルによる、シンプルかつ幽玄なフォークである。アートワークにも表れている通り、オリエンタルなメロディも仄かに練り込んだそのサウンドは、現代版 Simon & Garfunkel か。クリーントーンで物事を描き出せる腕があれば、ヘヴィネスなんていらない、のかもしれない。（杉本）

Fire Down Below / Hymn Of The Cosmic Man（2018）Ripple Music

ベルギー産、ストーナー的なヘヴィロックをプレイする気鋭の 4 人組による 2nd。「ストーナー的な」という表現をしたのは、多くのストーナーロックバンドが 60 〜 70 年代ガレージ／サイケ的な音楽性をバックグラウンドとしてもつのに対し、彼らのサウンドには 80 年代メタル的なエッジが強いためだ。Judas Priest などを思わせるソリッドなリフワークを聞かせながら、曲名には「cosmic」「nebula」「ascension」などスペーシーなキーワードを散りばめ、波動のようなエフェクトも使用。オールドスクールなマテリアルの組合せという点では NWOTHM 的だが、比較的珍しいアプローチと思う。（杉本）

2010年代

Floaters / Waiting For Amnesty（2018）Captured

国内各地で精力的に活動している3ピースバンドによる1st。ドゥーム／スラッジをベースに遅く汚い音を凝縮した、まさにクソ野郎ども（もちろん褒め言葉）による不健全な音楽。重く激しい曲一辺倒ではなく、疾走感や変拍子もあったりと、幅広い音楽性を独自のバランス感覚で昇華している。"Get Back My Soul" の哀愁漂う切ないメロディや、恩赦を求めて越境しメキシコに逃げる様を歌ったラストの "Most EXtreme ICOnoclast" のドラマティックな展開にも、懐の深さを感じる。毒にも薬にもならないヤワな音楽を蹴散らす、本邦アンダーグラウンドシーンの最注目バンドの一つ。（鉛）

Frayle / The White Witch（2018）Independent

アメリカ・オハイオ州の2人組による1st EP。当初はデジタルのみだったが、CDとアナログ盤もリリースされている。ストーナーの土臭さをまとい、デザートロックの緩慢さとポストメタルの重厚感を兼ね備えたギター。浮遊感ある柔和で蠱惑的なウィスパーヴォイス。霧の立ち込めた冷ややかな森に射し込む、陽光の仄かな温もりのような音だ。ポストメタルに寄った Mammoth Weed Wizard Bastard というか、白黒反転した Chelsea Wolfe というか。Portishead（カバーも収録）、Massive Attack のようなトリップホップ由来の歌唱スタイルは新鮮で、ドゥームリスナー以外にもアピール出来そう。（加藤）

High Reeper / High Reeper（2018）Heavy Psych Sounds

アメリカ・ペンシルヴァニア州から登場したドゥームメタルバンドによる1st。Black Sabbath をベースに Pentagram や Trouble なども彷彿とさせるオールドファッションなドゥームをプレイ。ここに、ツインギターワークや中〜高音を使いこなすヴォーカル、スロー一辺倒に終始しないリズムセクションが相まって、80's US アンダーグラウンドパワーメタルのような味わいもある。メタルという川における、ヴィンテージドゥームと NWOTHM という2支流の合流地点、というよりはそれぞれからこぼれ出た水が流れ込む池のような、ニッチな代物ではあるが。（杉本）

King Buffalo / Longing To Be The Mountain（2018）Stickman

13年に結成された、アメリカ・ニューヨーク州はロチェスターのトリオによる2nd。All Them Witches の Ben McLeod がプロデュースを担当し、アコースティックギターでゲスト参加もしている。Pink Floyd を彷彿させる神秘的なサイケ／プログレにヘヴィなストーナーリフで起伏をもたせたスタイル。クリアな音づくり、内省的なヴォーカルリズム隊が随所で聴かせるトライバル風のプレイもあってニューメタル〜ポストグランジ系にストーナーや 60's サイケ〜インディーロックをぶち込んだようにも聞こえる。22年には 5th『Regenerator』をリリースした。（加藤）

Kanönenvogel / 1(eins)（2018）呪夢千年

首都圏を中心に活動しているドゥーム／ストーナーメタルバンドが、自主レーベルからリリースした 1st。ライブでの「Ultra Feedback Blues」を謳うバックフラッグが勇ましい、激重かつ男臭さ溢れるヘヴィロック。ブルースの旨味たっぷりのオケは Down や Church Of Misery（JPN）を彷彿とさせ、凶暴かつ表現力豊かなヴォーカルが楽曲に彩りをもたらしている。80's メタルからの影響を滲ませたリフや、パンキッシュな荒さをもつ演奏も渋い。ちなみに、Kanönenvogel（カノーネンフォーゲル）とは「大砲を持つ鳥」の意で、第二次世界大戦中のナチス・ドイツで開発された対地爆撃機の愛称として知られる。（杉本）

Lucifer / II （2018）Century Media

14 年、元 Oath の Johanna Sadonis（Vo.）を中心に結成。1st では元 Cathedral の Garry Jennings（Gt.）らをメンバーに迎えて話題を呼んだが、本作 2nd では元 Entombed や The Hellacopters の Nicke Andersson（Gt. & Dr.）が加入。Johanna と Nicke の手による楽曲は、暗黒のヘヴィネスに満ちていた前作から一転、乾いたクラシックロックの質感をもつヴィンテージリバイバル路線に。「ドゥーム」と呼んで差し支えないグルーヴをもつが、The Hellacopters にも通じるブライトなリフの音使いが、この手のバンド群のなかで彼らを際立たせている。（杉本）

MaidaVale / Madness Is Too Pure （2018）The Sign

00 年代後半から巻き起こったヴィンテージリバイバルも、動脈硬化を起こして久しい。そんな時期だからこそバンドの動向に注視したい。このスウェーデンの女性 4 人組は、16 年の前作ではありがちなサイケデリックブルースだった。2 年を経てリリースされたこの 2nd では、スペース、クラウトロック、その先のポストパンクにまで触手を伸ばす。硬質のダンサブルな縦ノリビート、Siouxsie And The Banshees のようなシアトリカルな退廃性が、70 年代のフィーリングと見事に溶け合っている。懐古主義からは生まれ得ない何かが着実に登場してきている。（加藤）

Monster Magnet / Mindfucker （2018）Napalm

還暦を超えてなお精力旺盛な Dave Wyndorf（Gt. & Vo.）率いる、アメリカ・ニュージャージー州出身のヘヴィロックバンドによる 5 年ぶりのアルバム。Chris Kosnik（Ba.）と Bob Pantella（Dr.）は The Atomic Bitchwax のメンバーでもある。キャッチーで猥雑で埃っぽいサイケデリックヘヴィロックンロールは相変わらず。これまでの作品のなかでは、最も Black Sabbath や Iggy Pop などルーツであるクラシックロックに接近した 1 枚かも。元 Hawkwind の Robert Calvert のカバー "Ejection" では、ナイーヴな一面を見せて泣きを誘う。（加藤）

Odcult / Into The Earth （2018）Mighty Music

13 年に結成されたスウェーデンのヘヴィロッカーによる 2nd。Black Sabbath を中心とした 60 〜 70 年代のヘヴィサイケやプロトメタルの攻撃性を基軸に、Christofer Fransson（Gt. & Vo.）によれば Nirvana、Electric Wizard、Mastodon、Queens Of The Stone Age 他オルタナティブロックやポストメタルなど幅広い音楽に影響を受けているという。確かに、ロックンロールの躍動感はエクストリーム音楽的なダイナミズムに伝達されており、キャッチーかつエモくすらあるヴォーカルがコンテンポラリーなリスナーの耳にもアプローチしそうだ。それでいて古典的テイストのアートワークはちょっとあざとい。（杉本）

Satan's Satyrs / The Lucky Ones （2018）RidingEasy

いつのまにか Electric Wizard から抜けていた Clayton Burgess。彼のワンマンバンドによる本作 4th を聴くと、Electric Wizard に収まって終わる男ではなかったのだと思わされる。「奇妙さを捉えたかったんだ。自分の普通じゃないセンス（my unusual tastes）が反映されているけど、個人的な視点も入っている」という言葉に偽りなく、パンキッシュでメタリック、ポップでヘヴィ、ドゥーミーでグラミー、チープでドラマティック……なのにとっ散らからない、奇跡のような 9 曲 34 分。19 年に解散を発表。このままフェードアウトさせるにはあまりに惜しいバンドである。（加藤）

Septic Tank / Rotting Civilisation （2018）Rise Above

Cathedral のサイドプロジェクトとして 94 年に結成されたものの凍結していたハードコアパンクバンドが、Cathedral 解散発表に伴って活動を再開。満を持して発表した 1st。メンバーは元 Cathedral の Lee Dorrian（Vo.）、Gaz Jennings（Gt.）、Scott Carlson（Ba.）に、Dāmim や Blutvial などの Jaime Gomez Arellano（Dr.）。基本的には初期 Discharge 直系の D ビートハードコアながら、芳醇なバックグラウンドをもつ各メンバーの手練手管と、様々な声色を使い分ける Lee の歌が全 18 曲を多様に彩っている。ハードコアテイストのドゥームを、高速回転して元に戻したかのよう。（杉本）

Sleep / The Sciences （2018）Third Man

もはや神格化された伝説のドゥーム／ストーナーバンド、Sleep。09 年の再結成後、ドラムに Neurosis の Jason Roeder を迎え、18 年 4 月 20 日に突如リリースされた約 20 年ぶり待望のフルアルバム。代表作である 2nd のような Black Sabbath っぽさは薄れ、メンバーがそれぞれ活動している Om、High On Fire、Neurosis で培われた音楽性が遺憾なく発揮されている。前作『Dopesmoker』の世界観を踏襲しつつも、相変わらずの時空が歪むかのようなグルーヴ、静謐さとヘヴィネスさの共存により新たな境地へ導いてくれる。18 年に初来日も果たしているが、翌年には活動休止の発表があった。（鉛）

Splendidula / Post Mortem（2018）Inverse

ベルギーのドゥーム／スラッジコアバンド5人組による2nd。いわゆる「ポスト〜」の一派に括られそうなサウンドではある。古典的なドゥーム／スラッジの、スロー〜三連リフのような定番のリズムパターンに終始しないことがその最たる要因ではあろうが、実は曲を構成するマテリアル群は割とオールドスクール。冒頭のインストを経て突入する疾走パートは、まるでMotörhead影響下のメタルパンクのようだ。Kristien（Vo.）による浮遊感ある女声ヴォーカルが印象的。Pieter（Gt. & Vo.）によるデス声とのデュエットになると、急に「今どきのメタル」感が増すので好き嫌いが分かれそう。（杉本）

Stoned Jesus / Pilgrims（2018）Napalm

ここ数年、盛り上がりをみせていたウクライナのドゥーム／ストーナーシーン（ウクライナ危機までは……）。同国の代表的なバンドである彼らの4thは、そのムーブメントの「結実」とでもいうべき傑作。プログレッシブなドゥームというか、YesやKing Crimsonにドゥームっ気を注入したような現代的アプローチをみせる。参照元はMastodonあたりか。以前のバカっぷりと比べると大分おとなしくなったなと思っていたら、"Water Me"で「Let it grow!」と連呼していて根は変わってないんだと一安心。YouTubeで2nd収録曲 "I'm The Mountain" が1500万回以上も再生されている……。（加藤）

Stonefield / Far From Earth（2018）Flightless

オーストラリアの4姉妹によるバンドの3rd。プロデューサーはカナダのサイケバンドBlack MountainのStephen McBean。レーベルはKing Gizzard & The Lizard Wizardなどの作品をリリースしているFlightless Records。ハードロック、サイケ、フォークおよびポップスと、70年代のエレメントを現代の感覚で組み合わせるという、Uncle Acid & The DeadbeatsやBlood Ceremony、ジャンルは違えどGhost B.C.やThe Shrineなどに通じる、70年代当時にはいそうでいなかった現行の若手バンドらしいスタイル。ディスコ、というかABBA的な "Visions" が好き。（加藤）

Twin Temple / Bring You Their Signature Sound…. Satanic Doo-Wop（2018）Independent

「サタニック・ドゥーワップ」なる謳い文句でデビューした、アメリカ・カリフォルニア州のグループによる1st。翌年にRise Aboveから再発された。Alexandra（Vo.）、Zachary（Gt.）らJames姓の2人を中心とし、録音はベース、ドラム、鍵盤、サックス、トランペット奏者を含む編成で行われている。サタニックな思想を押し出しているが、音は50〜60年代アメリカのドゥーワップやR&B、原始的なロックンロールを基礎にしたもので、ハードロック／メタル的なケレン味が皆無なあたりがいたって新鮮。隠しトラックに黒ミサのスピーチのようなものを収録する点は60年代のCovenを彷彿とさせる。（杉本）

Weedpecker / III （2018） Stickman

ポーランド・ワルシャワの4人組ストーナーメタルバンドによる3rd。60年代のPink Floydのブルージーな部分にドライブ感を加味したような、サイケデリックで幻想的な1枚。〝ストーナーロック〟のイメージからかけ離れた清涼感に満ち溢れている。レーベルメイトであり影響も受けているであろうElderの諸作品、もう少し遡ってBaronessの『Yellow & Green』（12年）以降の新たなマイルストーンになるかもしれない。19年、Wyro（Gt. & Vo.）以外のメンバーが総入れ替えとなり、BelzebongのギターであるCheezy DudeことSeruがキーボードで加入している。（加藤）

Windhand / Eternal Return （2018） Relapse

アメリカ・ヴァージニア州はリッチモンドのサイケデリックドゥームバンドによる4th。創設者で元Alabama Thunder PussyのAsechiah Bogdanが脱退してから初のアルバム。プロデューサーはJack Endino。前作からグランジなどを緩やかに取り込んできた彼ら。本作はソロ活動も行って更なる表現力を身につけたDorthia Cottrellの歌声を活かした曲や、カントリー風のバラード、Alice In Chainsからのダイレクトな影響を感じさせる13分に及ぶラストなどでその路線を推し進めながらも、その根＝トラディショナルドゥームに揺らぎのない点が実に見事である。ドゥームへの〝永劫回帰〟だ。（加藤）

Wytch Hazel / II: Sojourn （2018） Bad Omen

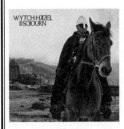

イギリスはランカスター出身、多くの才能をもつ若きバンドによる2nd。過去の作品から大きな飛躍を遂げる事に成功した。全員が白い衣装に身を包んだメンバーの出で立ちや、鎧を身にまとった兵士が凛々しい馬に跨った幻想的なジャケットからも期待出来る。白いストラトキャスター2本を駆使し、美しい旋律と琴線を揺さぶる見事なハーモニーを奏でる2人のギタリストの仕事には、同郷出身のWishbone Ashからの大きな影響を感じる。ドラムは盲目であるものの、ハンディキャップをものともしない堂々とした演奏を披露している。（JERO）

Yawning Man / The Revolt Against Tired Noises （2018） Heavy Psych Sounds

一説ではデザートロックの始祖とされる、86年に結成したアメリカはカリフォルニア州のバンドによる4th。Fasto JetsonでもプレイするMario Lalli（Ba. & Vo.）が歌う"Grant's Heart"も要注目だが、本作の聴きどころはなんといっても、Kyussが『…And The Circus Leaves Town』でカバーしていたことでお馴染みの"Catamaran"が正式な音源として初めて収録されていることだろう。ちなみに、こちらも歌っているのはMario。デザートロックが必ずしもストーナーロックを意味しない、というテーゼはいずれ検証してみたいところである。（加藤）

マグダラ呪念 / 人外綺譚 （2018） Magdala

03 年に東京で結成したドゥームトリオによる、10 年ぶりのフルアルバムとなる 3rd。メンバーチェンジを経て海外でも何度かツアーを行い、確実に演奏力と呪詛がパワーアップしている。相変わらずの英気を吸い取られるようなダウナーリフに加え、物悲しいメロディと口上ではじまる「かたわのこひわずらひ」、「羅生節」での三味線のアレンジなど、日本独自の不気味さに拍車がかかっている。また、「憂国」では古き良き和製パンクテイストを導入するなど、今までにない要素もみせた。聴いたら呪われてしまいそうな、おどろおどろしい作品である。（鉛）

Black Bombaim / Black Bombaim （2019） Cardinal Fuzz

ポルトガルのインストストーナートリオのセルフタイトル作。近年は Earthless の Isaia Mitchelle、同国のポストロックバンド La La La Ressonance、ドイツの現代美術家兼フリージャズサックス奏者 Peter Brötzmann などとのコラボをアルバム単位で行っている。本作はポルトガルの電子音楽家 3 人と 2 曲ずつ組んだもので、レコーディングもそれぞれ古い講堂（Luis Fernandes）、郵便局の空き部屋（Pedro Augusto）、工科大学内の施設（Jonathan Saldanha）で実施。どの曲も緩やかに情景が変化してゆく様が心地良い。敷居はやや高いが、一度没入出来れば片道切符の宇宙旅行に行ける。（加藤）

Crocodile Bambie / Bloody Tree （2019） Oceano

Outrage の安井義博（Ba. & Vo.）を中心とする名古屋のヘヴィロックバンドによる 1st。90 年代以降の Outrage でもグルーヴィーな要素が多数見受けられたが、このバンドでは最初から音楽性をデザートロック的なものに振り切ったかのような楽曲を聴くことが出来る。70's ハードも咀嚼し、グランジ／オルタナティブ〜ストーナーロックなどの要素をミックスした音像は芳醇な味わい。その上に安井のポップな歌メロが乗る様は、まさにここでしか味わえない唯一無二の音世界である。サウンドエンジニアは 13 年のデビュー EP に続いて Eternal Elysium の岡崎幸人。（杉本）

Dead Witches / The Final Exorcism （2019） Heavy Psych Sounds

元 Electric Wizard 〜 Ramesses 〜 With The Dead の Mark Greening（Assault and Battery とクレジットされてるけど、要するにドラム）らイギリスのドゥーム／スラッジ勢を中心に、女性ヴォーカルを擁するバンドによる 2nd。ギターは Grave Lines や Sea Bastard などの Oliver Hill。Electric Wizard を彷彿とさせるファジー＆ワーミーなブリブリの重低音リフを主軸に、ロッキンな激情を含ませたヴォーカルがガナリ、不気味な楽曲を紡ぐ。バンド名に違わぬウィッチングメタルであり、タイトルからはオカルティックドゥームの決定版たらんとする矜持も感じる。（杉本）

Dhidalah / Threshold 発端 （2019） Guruguru Brain

17 年 EP を鉛氏がレビューしてくれているが、その後 1st アルバムがリリースされたのでこちらもピックアップ。Ash Ra Tempel らクラウトロックの「行くとこまで行ってやる」メンタルを、70's ヘヴィサイケハードのフィジカルの強度、すなわちヘヴィネスで補強した、日本では稀有なタイプのスペースロック。フィジカルといってもモッシュを誘うようなものではなく、訓練に勤しむ宇宙飛行士のようなストイックさ。そもそも「宇宙に行く」って肉体的には全然健康なことじゃないわけで、不健康なことをするには健康な肉体が必要なのだ。（加藤）

Ecstatic Vision / For The Masses （2019） Heavy Psych Sounds

アメリカ・ペンシルベニア州はフィラデルフィア出身のサイケデリックハードロックバンド。Relapse から Heavy Psych Sounds への移籍作となった 3rd。Hawkwind から Monster Magnet の流れを汲むスペースロックで、歪みまくったヘヴィギターが強い幻覚作用を引き起こす。フリーキーかつパワフルなギターが浮遊しまくり、終始トリップしまくるサウンドは圧巻の一言。Amon Düül を思いっきりアシッドにしたかのような混沌とした場面や、Sun Ra Arkestra にも通じるコズミックな展開など、一筋縄ではいかない要素が満載。18 年にリリースしたカルトすぎるカバー集も要チェック。（田村）

Goatess / Blood And Wine （2019） Svart

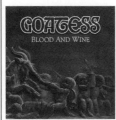

Weekend Beast を前身とするスウェーデンの 4 人組による 3rd。Lord Vicar や 元 Count Raven などの Chritus （Vo.） が脱退し、Crucifyre の Karl Buhre（Vo.）、Count Raven の Samuel Cornelsen （Ba.）が加入してから初のアルバムである。ストーナー／デザートロックをエピックドゥームに溶かし込む塩梅が絶妙な作品を作り続けてきたが（そんなバンド、掃いて捨てるほどいるだろ、と思われるかもしれませんが）、本作でさらに磨きをかけてきた印象。ザラザラのサウンドのなかに、北欧の叙情味が見事に封入されているあたりがたまりません。（加藤）

2010年代

God And Electric Sheeps / Space Cowboy （2019） Noymann

国内から登場した、16 年結成の 4 人組による 1st。アートワークはハードコアパンク的だが、音にもその影響は強く現れている。ドゥームのうねり、ハードロックのエッジに、ハードコアの突進力を兼ね備えたハイエナジーロックンロールをプレイ。突っ走るファストチューンから Black Sabbath ライクな長尺曲まで、バラエティに富んだ楽曲が並ぶ。ダメ押しで MC5 の "Kick Out The Jams" の日本語カバーまで収録。ライブは今までに数えるほどしかやっていないというが、ぜひともライブハウスに登場して国内シーンに一石を投じてほしいものである。（加藤）

Green Lung / Woodland Rites （2019） Kozmik Artifactz

イギリスのストーナーロックバンドによる 1st。ファズを効かせて引き摺り酔わせるようなヘヴィリフと、Ozzy Osbourne にも似ているが浮遊感のあるヴォーカル。さらに、いかにも英国的な湿ったメロディ、全編を覆う薄暗く魔的な雰囲気など、Black Sabbath、あるいは Pentagram からの影響がかなり強いサウンド。しかしながら、サイケデリックな空気も色濃く出していたり、泣きまくるギターのセンスなど、単なるフォロワーに陥っていない。マスタリングはIncantation や Integrity、Iron Reagan、Full Of Hell などを手がけている Brad Boatright が担当。（田村）

Greenmachine / Mountains Of Madness （2019） Daymare

金沢を拠点にする暴走蹂躙ヘヴィロックバンド GREENMACHiNE（正式にはこのように、「i」を小文字にして綴る）による、幾度の活動休止と復活を経て 15 年振りにリリースされた 4 枚目のフルアルバム。スラッジの凶暴性やハードロックのいなたさ、ハードコアの疾走感とありとあらゆるヘヴィミュージックの旨味と憎悪をギチギチに詰めこんだ塊で、存在するものすべてをなぎ倒すかのようなサウンド。北陸の地で活動し続けているからこそ醸し出される重さというのもあるのではないだろうか。なんとも形容しがたいこの音楽性……いや、これこそが「ハードコアロック」なのである。（鉛）

Hippie Death Cult / 111 （2019） Cursed Tongue

アメリカ・オレゴン州はポートランド出身の、個人的に古典派ドゥーム／ストーナーで再注目株である 4 人組による 1st。音楽性は、Black Sabbath を筆頭とする 70 年代ヘヴィロックを現代的音圧でリバイバルしたもので新奇性はないが、やはりバンドの根幹は楽曲なのだと痛感。音づくりはオールドスクーラーに馴染み深いものであっても、リフや展開のアイデアが多彩で、まだこの領域に可能性が残されていたのかと。少し Zakk Wylde を思わせるギターと、David Coverdale に似た声質のヴォーカルが上手い。21 年には Heavy Psych Sounds が 2nd のリリースと共に CD で再発された。（杉本）

Horsehunter / Horsehunter （2019） Magnetic Eye

オーストラリアの激重ロッカー 4 人組による 2nd。音の説明にならないからこういう表現はあまりしたくないが、彼らこそは「ドゥーム／ストーナー／スラッジバンド」（全部乗せだ）と表現したくなる、現代ヘヴィロックの粋を極めた重金属サウンドを展開。14 年の 1st と同様に全 4 曲で 40 分超という構成で、長尺のスローかつブルータルな楽曲を展開。ガサついた質感はクラスト的で、リフからはほのかにエモーショナルな香りも漂う。弦楽器とドラムのユニゾンや咆哮するヴォーカルにはニュースクールハードコアのテイストがあり、オールドスクーラーには居心地の悪い音かもしれない。（杉本）

Irata / Tower （2019） Small Stone

tower をバンド名に冠する人々はなんだかプログレッシブなアプローチをとることが多い気がしているが、3rd アルバムのタイトルにこの語を用いたアメリカのヘヴィロッカー 4 人組もまた。07 年に結成し、「evolution isn't over」をスローガンに活動を続けてきた彼ら。スラッジやマスコア的な重低音グルーヴを基調としながら、サイケデリックかつメランコリックなパートも織り交ぜつつ、透明感あるエモーショナルなヴォーカルが楽曲を引っ張る知性＆構築派である。各曲がコンパクトにまとまっているところもポイント。Torche やFloor に似た存在感を放つようになるかもしれない。（杉本）

Lamagaia / Garage Space Vol.1 （2019） Cardinal Fuzz

12 年結成、スウェーデンはヨーテボリの 4 人組。バンド名は骨を丸呑みして溶かすほどの強力な消化能力をもつ猛禽類ヒゲワシ（Lammergeier）の綴りをもじったもの。同郷のレーベルメイト The Cosmic Dead にも似たスペース／クラウトロックを展開。33 分強に及ぶ冒頭曲はジャズ風の要素を交えた、意識と空間が徐々に拡張されていくようなトリップソング。続く Hawkwind 直系の荒々しいスペースロックで絶頂。3 曲目ではうって変わってダークなサイケデリック曼荼羅がグルグルと描かれ、NEU! チックなラストで締め。今までよりも収録曲数が増えた分、よりバンドの振れ幅が感じられる 1 枚。（加藤）

Luna Sol / Below The Deep （2019） Slush Fund

25 年以上のキャリアをもつ、John Garcia（元 Kyuss 他）のHermano のギターだったことで知られる Dave Angstrom 率いる 4 人組の 2nd。Desert Rock にかけて High Mountain Rock を掲げている（拠点＝コロラド州）。ブルージーな燻し銀ストーナーリフに乗るJohn クリソツな Dave のヴォーカル、女声、低音男声によるコーラスワークが絶品で、オフェーリア感のあるジャケが醸す神秘的な清涼感も、作品に深みを加えている。ストレートなヘヴィロックからバラードまで揃えた粒ぞろいの楽曲は、ベテランとしての面目躍如といったところ。（加藤）

Mammoth Weed Wizard Bastard / Yn Ol I Annwn （2019） New Heavy Sounds

14 年に (((Mother of Six))) のメンバーらによって結成された、イギリスはノースウェールズのバンドによる 3rd。実に 4 人ものメンバーが鍵盤を兼務するものとしてクレジットされている。Jessica Ball（Key. Vo. & Vc.）のクリスタルクリアな歌声を乗せた重低音コズミックドゥーム、という従来の図式はそのままに、ズルズルとした引き摺りに終始しない歯切れの良さが、本作を非ドゥームリスナーの耳にもなじみやすい作品たらしめているかもしれない。バンド名に対するツッコミに飽き飽きした……かどうかはわからないが、現在はMWWB 名義で活動中。（加藤）

Mephistofeles / Satan Sex Ceremonies（2019）Independent

Los Natas を生んだ南米アルゼンチンからのドゥームメタルトリオによる 3rd。Ozzy Osbourne 期 Black Sabbath をベースにしたドゥームロックだが、本家以上にローファイでオカルト空気満載の徹底したアンダーグラウンドサウンドを聴かせる。ヘヴィグルーヴリフから湧き出るサイケデリックな空気も強烈。サタニックな雰囲気と相まって、初期 Electric Wizard や Uncle Acid & The Deadbeats をも凌駕するドープなサウンドが衝撃的であり刺激的。B 級ホラー映画とポルノをミックスしたような雰囲気もアクが強い。翌年、Creep Purple Promotion からフィジカル版がリリース。（田村）

Moon Duo / Stars Are The Light（2019）Sacred Bones

元 Wooden Shjips の Ripley Johnson と Sanae Yamada 夫妻によるアメリカのデュオが、ミックス担当の Sonic Boom こと Peter Kember（Spacemen 3、Spectrum、E.A.R）と組んで放った 7th。轟音ギターはすっかり鳴りを潜めた代わりに、ヒプノティックなシンセサイザーに 70 年代ファンク、ディスコのグルーヴと、〝踊り〟にフォーカスした陽性サイケデリアを提示。サイケデリックカルチャーのブライトサイドを軽やかな足取りでわたり歩く。歩きながら聴いていると思わず口元が綻み、いつのまにかステップを踏んでいる。（加藤）

Nebula / Holy Shit（2019）Heavy Psych Sounds

フルアルバムとしては 13 年ぶりとなる 5th。開幕からルシファーを讃え、ドゥーミーなうねりあり、Diamond Head 風のイントロありと、前半はミドル／スローテンポのプロトメタル的楽曲が占める。後半はサーフロックや陽性のサイケデリックブルースに加え、スパニッシュギターや Tom Davies（Ba.）のしゃがれた歌も顔を出す。過剰にフィジカルに訴えてくるような力みも、酩酊に沈みこむこともない地に足のついた作風は、これぞ Nebula。彼らの〝チルドレン〟ともいえるバンド Black Rainbows のメンバーが主宰するレーベルからのリリースなのが、ちょっと胸熱。（加藤）

Nothing Is Real / Pain Is Joy（2019）Independent

19 年頃に活動を開始した、アメリカ・カリフォルニア州はロサンゼルス拠点という情報以外は詳細不明のバンド……だったが、Nicholas Turner なる人物のワンマンプロジェクトと判明した Nothing Is Real の 4th。サックスや女性ヴォーカル、アコギを用いた Warhorse を彷彿とさせる静と動の演出、ブラックメタル風のトレモロ、後半ではところどころ Acid Bath を思わせるパートも飛び出すドゥーム／スラッジをプレイ。トラディショナルスラッジの有毒な瘴気が、上述の要素で脱臭されていないのがポイント。非常に多作であり、21 年には 9 枚目のアルバムをリリースした。（加藤）

Rokurokubi / Saturn In Pisces （2019） Time Spun

イギリスはブライトンのシンガーソングライター Rose Dutton （Key. Dr. Gt. & Vo.） によるプロジェクトの 1st. Wax Machine の Lauro Zanin （Gt.） が参加している。「ろくろ首」は Rose のステージネームで、東洋風の魑魅魍魎と西洋オカルトのシンボルが混ざり合ったジャポネスク風味のアートワークも素敵。蠱惑的な歌声でリードされる 60 ～ 70 年代風の幻想的なフォークに、時折挿入されるヘヴィなディストーションギターやスペーシーなキーボードが醸し出す空気には、素朴な夢想が思いもよらず〝あちら側〟に繋がってしまったような危うさがある。（加藤）

Saint Vitus / Saint Vitus （2019） Season Of Mist

7 年ぶりの 9th にして 2 度目のセルフタイトル作。脱退した Scott "Wino" Weinrich （Gt. & Vo.） に代わり、『Die Healing』以来 24 年ぶりに Scott Reagers （Vo.） が参加。ベースは Down などの Pat Bruders に交代した。これぞドゥームというべき Dave Chandler（Gt.）のリフ、分厚いベースにハードヒッティンなドラム、Scott の歌声も力まず弛まず、渋さが増している。古いホラー映画の墓場で焚かれる煙幕のようなムードが充満するなか、"Last Breath" でついに命の蝋燭が燃え尽きるかと思わせて、怒気に満ちたハードコアチューン "Useless" で中指を突き立てながら疾走するラストは痛快。（加藤）

Sans Nom / Mammon （2019） RMC

東京を拠点に活動しているプログレッシブロックトリオによる 1st. Ui Watanabe （Dr.）、5A6E （Ba.）、Yuta Yamamoto （Gt.） という編成で、それぞれがヴォーカルも兼任する。80 年代の King Crimson や Comus のような不条理感のなかを、ニューウェーヴィーな質感の歌がたゆたう不思議なサウンド。本作はタイトルにもある "MAMMON" という大曲を "MA"、"MM"、"ON" という 3 トラックに分けて収録した構成で、トータル約 12 分。前衛劇団的な戯曲性があり、アメリカンニューシネマのようなダンディズムも感じる。21 年、Yuta が死去。（杉本）

Satan's Dealer / The Sound Of Drugs （2019） Independent

Harbinger Of The Apocalypse を前身とする、アメリカ・ウィスコンシン州の Jim （Gt. & Vo.）、Neil （Dr.） コンビによる 2nd アルバム。自主製作で、デジタル版とフィジカル版が流通している。アートワークやタイトルから想像出来る通りの、〝Satan, Drug & Rock 'n' Roll〟なドグサレ・ドゥーム／ストーナーメタルをプレイ。粘り気あるリフのなかに Venom を思わせる悪魔的黒さを練り込み、下卑た薄笑いを浮かべながら吠えているような悪辣ヴォーカルには 80's メタルコアのような凶暴さも感じる。というわけで酩酊ロックジャンキーの他、メタルパンクマニアにもアピールするかも。（杉本）

Smoulder / Times Of Obscene Evil And Wild Daring （2019）Cruz Del Sur Music

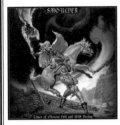

カナダのエピックドゥームメタルバンドの 1st.。エピックメタルとして紹介されることが多いが、SNS アカウントの ID が「smoulder_doom」だったりするので、バンドとしてはエピカルなドゥームサウンドを志しているのだろう。ギターリフやバンドサウンドは重苦しいが、基本的には NWOBHM や正統派メタルに由来するコード進行が感じられ、その上で女性ヴォーカルが派手すぎないメロディを歌い上げる。癖の強くない綺麗な歌声だが男性並みのパワーもあるので、メタル寄りのカタルシスが強い。そんなわけで、いわゆるフィメールフロンテッドなヴィンテージドゥーム系のファン向けではないかも。（Kono）

Warter / Emit Deep （2019）Independent

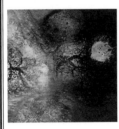

我が国のドゥーム／ストーナートリオによる、エンジニアに Eternal Elysium の岡崎幸人を迎えて制作された 2nd.。レコーディングは名古屋の Studio Zen で行われた。自主リリースながら美麗なペーパースリーブ入り。編成はギター、ベース、ドラム。Black Sabbath はもちろん、Cathedral、Sleep、Electric Wizard などドゥームの巨人たちが残したヘヴィリフの黄金律を守りながら、ときに哀愁を漂わせたフレーズを織り込み、ドラマティックかつ扇情的に大曲を紡ぐインストゥルメンタル作品。全 2 曲 約 30 分。首都圏を中心にライブ活動も精力的に行っている。（杉本）

Workshed / Workshed （2019）Rise Above

共に元 Acid Reign で、Cathedral の 1st と 2nd でギターを弾いていた Adam Lehan（Gt. Ba. & Vo.）と、同じく 2nd でプレイしていた Mark Wharton（Dr.）によるバンドのデビューアルバム。前年に 1st を放った Septic Tank の Jaime Gomez Arellano がプロデュースし、アートワークのイラストレーターも同バンドと共通。音楽性もまた、ドゥームメタルがクラスティなハードコアパンクに先祖返りしたようなスタイルで、Adam の歌唱法は Lee Dorrian を意識したものだ。奇しくも似たようなバンドが同時期に似たようなアルバムをリリースした。ドゥーム的なうねり成分は、こちらの方が多め。（杉本）

沈む鉛 / 堕落のすすめ （2019）重生活

首都圏を拠点に活動している、外山鉛（Ba. & Vo.）と東福寺（Dr.）のデュオによる 1st.。ギターとベースがつまらないユニゾンに終始する凡百ドゥームとは一線を画した方法論を提示している。弦楽器をベース 1 本に集約し、しかもフック満載のリフワーク。音像がクリアなぶん、曲の輪郭もはっきりしている。曲調は、Black Sabbath は当然として、Sleep や 80's アメリカンハードコアからの影響を感じさせるロッキンなドゥーム／ストーナー。丹念にしたためられた日本語詞が文芸の香りを放ち、70's カルトフォーク的な雰囲気も。アートワークはマグダラ呪念のコタ魔魔子によるもの。（杉本）

バラナンブ / ファズ、光線、花 （2019） Eyeliner

元 YBO2 などの藤井政英（Gt. & Vo.）、The Silence などの山崎怠雅（Ba. Gt. & ピアノ）、Aural Fit などの南部輝久（Dr.）という、我が国サイケデリック界歴戦の猛者たちによるバンドの 1st ミニアルバム。バンド名の由来は藤井によると、バンド名に「バラ」を使いたくて（Jacks" 薔薇卍 " からもインスピレーションを得ているという）、南部の名字と組み合わせたのだとか。60 ～ 70's 年代日本のニューロック、サイケデリックロック、グラムロック、ニューウェーブをミックスしたようなグラマラスさと、70's ヘヴィロック的側面をあわせもつサウンドは唯一無二。22 年に 1st をリリース。（杉本）

Acid Mess / Sangre De Otros Mundos （2020） Spinda

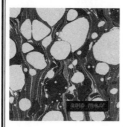

キーボード、シンセサイザー、オルガンの兼務プレイヤーを擁する、スペイン北部・アストゥリアス州オビエドの 4 人組による 3rd。歌詞はスペイン語で、アルバムタイトルは「異世界からの血」の意。前 2 作は Earthless タイプのヘヴィサイケ／ストーナーだった。本作では従来の路線にシンフォプログレ要素、中東風のメロディ、ラテンのリズム、女性ヴォーカルによるエキゾチックなドラマ性を加えて個性を確立した。情熱と神秘のスパニッシュプログレ／ヘヴィサイケ。シンセが印象的なポストパンク調の 6 曲目 "Hijos Del Sol" を入れてくるあたりに、現行のバンドらしさを感じる。（加藤）

Amon Acid / Ψ （2020） Dübel 8

イギリスはリーズ出身の、Sarantis Charvas（Gt. Syn. 他）と Briony Charvas（Ba.）らデュオによる 2nd。タイトルはギリシャ文字で「プサイ」「プシー」などと読む。プログラミングされたビートに妖しげな詠唱ヴォーカルと中近東風の旋律やヘヴィなギターを乗せたヒプノティックなサイケデリックサウンドは、さながら大麻の紫煙に包まれた Ozric Tentacles。7 曲目 "Crystal Eyes" や 10 曲目 "Stone Age" では Black Sabbath 的なドゥームリフも飛び出す。同年 10 月にリリースされた EP『Paradigm Shift』はこのドゥーム路線で、こちらも良かったです。（加藤）

BlackLab / Abyss （2020） New Heavy Sounds

Chia Shiraishi（Dr.）、Yuko Morino（Gt. & Vo.）ら女性 2 人による、大阪のドゥーム／ストーナーデュオによる 2nd。リリースは 1st と同様、イギリスの New Heavy Sounds から。ウィッチング＆サイケデリックな風情のある真っ黒な激重リフの上に浮遊感のある女声ヴォーカルが乗るスタイルは Acid King などを彷彿とさせるが、ときにブラックメタルのように拉げるヴォーカル、ときにソリッドな切れ味をみせるギター、そして終始バチバチとアタックの強いドラムが放つ空気感は、総じて攻撃的。酩酊もヘッドバンギングもどっちも来いという音である。なお、バンド名の Black と Lab の間にスペースは入らない模様。（杉本）

縦書き： 2010年代

Brimstone Coven / The Woes Of A Mortal Earth（2020）Ripple Music

11 年に結成された、アメリカ・ウェストバージニア州のドゥームトリオによる 6th（12 年にリリースした自主製作のセルフタイトル 1st を含む）。いわゆるヴィンテージリバイバル系で、直系といえるバンドは Black Sabbath、Pentagram、Witchfinder General あたりか。ハードコアと接点のあった US 地下ドゥームの臭いは希薄で、むしろ欧州のオカルティックハード／プログレの耽美さをほのかに湛えているあたりがポイント。バンド名、曲調からアートワークにいたるまで美学が貫かれており、特にハモりのコーラスワークが丁寧に行われている点に注目。（杉本）

The Crooked Whispers / Satanic Melodies（2020）Forbidden Place

Hour Of 13 他、多数のオブスキュアなドゥームメタルバンドやブラックメタルバンドなどで活動している Chad Davis（Gt.）と、ベース、ヴォーカルの 3 人よりなるアメリカ・カリフォルニア州はロサンゼルスのドゥームメタルバンドによる 1st。ドラムはゲストメンバー。アートワークやタイトルから了解出来る、サタニックかつオカルティックで地下室感満点のカビ臭ドゥームをプレイ。ブルースベースではあるが不穏な音階を用いるスローリフと、人ならざる拉げた声のヴォーカルが強烈な印象を残す。全6曲 約30分とコンパクトで、この手の音楽作品としては比較的アッサリした聴き味。（杉本）

Czerń / Zgliszcza（2020）Selfmadegod

ポーランドはワルシャワのスラッジコアバンド 4 人組による 1st。スローテンポを基調とした重低音サウンドに凶暴なデスヴォーカルが乗るエクストリームメタルをプレイ。そのバックグラウンドには、80 年代イギリスのメタルクラスト、デスメタルなどがあることを思わせ、ときにはブラストビートも飛び出すなど、過激音楽の総合展的な音世界を展開する。これら多様な音楽性を組み合わせ、煮詰めて再構築せんとする姿勢からは Neurosis などポストメタル的な精神も感じる。全 5 曲 約 30 分とコンパクトで（以下、前項の The Crooked Whispers と同文）。（杉本）

Death Valley Girls / Under The Spell Of Joy（2020）Suicide Squeeze

ロサンゼルスの男女混成バンドによる 4th。Iggy Pop が絶賛していて、MV に出演もしている。ヘヴィなガレージに、ムーディーなオルガンやサックスを交えたカラフルなサイケポップ。西海岸的な陽気さとスピリチュアルな雰囲気が同居する音のなかに、深くて暗い影が見えてしまうのはバンド名のせいか（マンソン・ファミリーを連想するのは私だけではないだろう）。中心人物の Bonnie Bloomgarden（Gt. Vo. & Org.）は〝スペース・ゴスペル〟と形容していて、ナイジェリアのサイケ、70's アフリカンロック、エチオピアのファンクから影響を受けたという。標題は Joy の同名作（の T シャツ）からだそう。（加藤）

2010年代

Deathwhite / Grave Image（2020）Season Of Mist

LM（Gt. & Vo.）、DW（Ba.）、AM（Dr.）なる人物らによるアメリカ・ペンシルヴァニア州のトリオの 2nd。マスタリングはスウェディッシュデスメタル界の重鎮 Dan Swanö の Unisound Studio で行われた。スローかつメランコリック、アトモスフェリックなドゥームメタルを身上としており、静的なリズムに終始し、涼やかなヴォーカルをフィーチュア。70 年代ヘヴィロックにルーツをもつドゥーム／ストーナー一派よりも、ゴシックメタルに親和性が高い。レーベルの推薦文でも Paradise Lost や Opeth が挙げられており、確かに Opeth からデスメタル要素を抜いたらこんな感じになるかも。（杉本）

Fulanno / Nadie Está A Salvo Del Mal（2020）Forbidden Place

アルゼンチンのエロス＆オカルティックなドゥーム／ストーナートリオによる 2nd。モータードライヴィン系のようなジャケットだが、中身は Saint Vitus や Blood Farmers を一段と黴臭く、田舎臭く、ローファイにしたようなアンポンタンドゥーム。裏ジャケには「MUSIC FOR DOOMERS」「HIGH DRUG FIDELITY」、CD のロゴをもじった「VOMIT disc TRASH AUDIO」とのメッセージが。要するにダメ人間向けということ。しかし表裏共にアートワークは素晴らしい。20 年のジャケ／アートワーク優秀賞に選出したい（「大賞」はあとで加藤が発表するのでお楽しみに）。（杉本）

Hebi Katana / Hebi Katana（2020）Independent

東京のドゥーム／ストーナーロックトリオによる 1st。デジタルでのリリースだが、翌年、Unforgiven Blood から CD も。Black Sabbath や Nirvana を思わせるヘヴィロックで、オマージュ的なフレーズも散見される。クリーントーンのアルペジオによる小曲が 2 曲ある構成からは『Master Of Reality』も彷彿。とはいえ、こうしたビッグネームのマテリアルをコラージュしたものに留まらず、60 ～ 70 年代のガレージ／サイケ／プロトメタルと 90 年代以降のドゥーム／ストーナーの間に横たわる、SST Records 系のサウンドなどを咀嚼した芳醇な味わい。キャッチーで耳に残る歌メロが秀逸。（杉本）

Ibliss / Demonic, Her（2020）Independent

マレーシアの首都クアラルンプールで結成。demonic stoner doom を掲げるトリオによる 1st。『Witchcult Today』以降の Electric Wizard や Uncle Acid & The Deadbeats に、Sleep の弾力性抜群のグルーヴをミックスしたようなドゥームロックだ。2 曲目 "Acid Day" 以外はインストゥルメンタル。エロス＆イーヴルなアートワークからは、近年急速に発展を遂げている南米のドゥームシーンへのシンパシーを感じる。デジタルでのリリースだったが、21 年にアメリカやアルゼンチンなど世界各国のレーベルからフィジカルでリリースされた。（加藤）

2010年代

Jazz Sabbath / Jazz Sabbath（2020）Blacklake

70年2月13日に予定されていたアルバムデビューが延期に。その間に彼らからアイデアを盗んだ連中がBlack Sabbathというバンド名でデビューしてしまった、悲劇のジャズバンドによるマスターテープの発掘。という触れ込みの、Rick Wakemanの息子であるAdam Wakeman (Key.) を中心とする、Black Sabbathのジャズアレンジカバー集。メタル的な解釈とは異なる音使いに新鮮さはあるが、基本的に原曲の展開をなぞる構成はさもありなん。別のバンドの話をして恐縮だけど、往時のDeep Purpleなんかはエレキ楽器によるインプロヴィゼーションでこれに近いことをやっていたわけで。（杉本）

King Gizzard & The Lizard Wizard / K.G.（2020）Flightness

10年に結成したオーストラリアのサイケデリックロックバンドによる、20年のフルアルバム。非常に多作で、ハードロック、ガレージ、フォーク、ヘヴィメタル、ダンスミュージックなど多様な音楽性を横断しながら、コンセプト性の強い各アルバムで音楽面・販売面における実験的な試みを実践してきた、10年代型の真にオルタナティブ／プログレッシブなバンドである。本作は、ギターとベースにフレットを追加して12音階よりも細分化した音階で演奏するコンセプトの17年作『Flying Microtonal Banana』の続編として制作。曲調の振れ幅の広さに対し、全編を貫く東洋的メロディの統一感が面白い好盤。（杉本）

Lucidvox / We Are（2020）Glitterbeat

ロシア・モスクワの女性4人組による4th。ポストパンクやゴシックロックの呪術的なリズムに演劇性、ポストメタルやドゥームのヘヴィネス（うっすらNu-Metalの臭いもする）、ヘヴィサイケ／スペースロックをロシアの寒々とした叙情性でまとめ上げた暗黒ロック。本人たちの解説ではインスピレーション、影響を受けたバンドとして、Godspeed You! Black Emperor、Melody's Echo Chamber、Tool、Russian Circles、Black Sabbath、Animals As Leader、Badbadnotgood、The Garden、Thee Oh Sees、King Gizzard & The Lizard Wizardの名前が挙げられている。（加藤）

Mugano / Happytrails（2020）Independent

東京を拠点に精力的なライブ活動をしているベースレスの2ピースヘヴィロックバンドによる、インスト2曲を含むEP。初期のBorisやFloor、Torche、Melvinsなどの影響を感じさせる。"Voice Devolved"などではドスのきいた重厚なリフを響かせ、「ロング・グッドバイ」ではリバーブのかかったアルペジオ主体の美しい轟音で優しく包み込む。最後は、今までの展開を無に還すかのような暴力的なノイズですべてをなぎ払い、唐突に終わる。EPということもあり収録時間こそ短いが、まるで一つの小説を読んだかのような気持ちになれる濃密な作品だ。（鉛）

Ruff Majik / The Devil's Cattle（2020）Mongrel

Sludge 'n'roll を掲げ、「Death to false music. All hail The Majik」のメッセージも勇ましい、南アフリカのバンドによる 3rd。Queens Of The Stone Age や Eagles Of Death Metal をゴリゴリのストーナー／ドゥーム／スラッジで仕立て上げた、ギラギラの痛快ロックンロール！ ギンギンに尖りまくったスピードチューンは近年の The Atomic Bitchwax にも通じるものがある。ズルズルのドゥームで締めるラストも最高。11 曲目 "Born To Be Bile" には、カナディアンスラッジャー Dopethrone の Vincent Houde（Vo.）がゲスト参加している。（加藤）

Slift / Ummon（2020）Vicious Circle

熱い！！ Jean（Gt. & Vo.）と Rémi（Ba.）の Fossat 兄弟を擁する、フランス南西部の都市トゥールーズのトリオによる 2nd。クラウト／スペースロックにストーナーロックという名のジェットパックをオン！ ケツに火をつけて汗を撒き散らし、真空に咆哮を轟かせながらドゥーミーな重力波を突き抜け、ハイパースペースを縦横無尽に駆け巡る壮大な SF 叙事詩、スペースオデッセイであります。20 年のジャケ／アートワーク大賞あげちゃう。同年 3 月に YouTube に投稿されたライブ映像が 70 万回以上再生されるなど、近年急激に注目度を上げている。（加藤）

Warlung / Optical Delusions（2020）Heavy Psych Sounds

16 年に結成した、アメリカ・テキサス州はヒューストンのドゥームメタルバンドによる 3rd。現代的なヘヴィネスよりも、80 年代正統派メタル的な構築美を強調したサウンドを展開する。NWOTHM 的というよりは、90 年代に燻っていた 80 年代勢の残党のような雰囲気を放っているのが渋い。Black Sabbath に由来するお決まりの展開も盛り込みつつ、ギターは割とソロにも力を入れており、哀愁に満ち溢れたメロディがイギリスや北欧産のメタルのような叙情味を放っている点がなんとも個性的。透明感のある声質のヴォーカルも非常にマッチしている。（杉本）

Zakk Sabbath / Vertigo（2020）Magnetic Eye

Zakk Wylde（Gt. & Vo.）による Black Sabbath トリビュートバンドで、本作は本家の 1st リリース 50 周年を記念して発表。タイトルは本家 1st のレーベルになぞらえた。原作をなぞる形で制作されており、Zakk の Ozzy 的ヴォーカルは見事。ライブレコーディングの躍動感と現代的音圧をもってこのヘヴィロック・クラシックが蘇る様は痛快だが、とはいえよく出来たカバーバンド以上の感動を運ぶものでもない。Zakk だから当然のこと、ギタープレイではパワフルな速弾きとやりすぎビブラートが頻発。ここは賛否両論ありそう（個人的には原曲の雰囲気に合っていないような気が……）。（杉本）

Abiuro / The Origin Of Hyper Doom （2021）Captured

金切り喚き唸り……存在するものすべてを圧殺する。東京を拠点に活動する3ピースドゥーム／スラッジバンド Abiuro によるミニアルバム。Grief、Fister あたりからの影響を感じさせる殺傷力の高いリフと引きずるような重さは残しつつ、リズミカルなグルーヴが Devourment といったスラミングデスやビートダウン系ハードコアを思わせる。無慈悲な音像ではあるが、単なる既存のスラッジコアの焼き増しとは一線を画している。バンド名の由来となったいにしえの拷問具「異端者のフォーク」よろしく、これからも人々へ責苦を与え続けることだろう。（鉛）

Blackwater Holylight / Silence/Motion （2021）RidingEasy

シンセサイザー奏者を擁する、アメリカ・オレゴン州ポートランドのバンドによる 3rd。緩慢なテンポで展開するネオサイケ／インディーロックにドゥームの暗雲立ち込めるアトモスフィアをまとわせ、随所でうねるグルーヴをフックとした 1st と 2nd は、悪い内容ではなかったがメリハリに欠けた。この 3rd はヘヴィさを強調し、80's 風のシンセやブラックメタル要素を導入。タイトル通り静と動、明と暗のコントラストが際立った傑作である。"Delusional" に Thou の Bryan Funck、"Every Corner" に Inter Arma の Mike Paparo と Mizmor の A.L.N. がゲストヴォーカルで参加した。（加藤）

Cosmic Reaper / Cosmic Reaper （2021）Heavy Psych Sounds

アメリカ・ノースカロライナ州から登場した気鋭のドゥームロッカー 4人組による 1st。バンド名もさることながら、このアートワークに含まれるシンボルに注目。バイクはストーナーロックを、死神はオカルトメタルを表しており、キリスト教の墓が連想させる泥と腐敗は、そのままスラッジ（泥沼）でもあり、もっと古典的に解釈すれば酩酊でズルズルになったブルースロックかもしれない。要するにそうしたニッチ要素を混載した、今どき珍しくもない「俺たちは古くて（それゆえに）新しい！」テイストの作品だが、それにしてもこのアンダーグラウンド感の強さは、すきものにはたまらない臭みだろう。（杉本）

Eldovar / A Story Of Darkness & Light （2021）Robotor

新世代ストーナーバンドの代表格 Elder と、ドイツのハードロックバンド Kadavar がコラボした、その名も Eldovar による 1st。コロナ禍のロックダウン中に制作された（Elder のベースである Jack Donovan のみ不参加）。3 曲目 "El Matador" にはドイツの女優で歌手の Rosa Merino Claros、同じくドイツのミュージシャン Kristof Hahn がゲスト参加。Pink Floyd 風のプログレッシブロックと熱っぽくて埃っぽいヴィンテージハードががっぷり四つ。両者の持ち味が巧みに発揮された 1 枚である。「Pink Floyd って最高だよな！」といいながら意気投合した様が目に浮かぶようだ。（加藤）

2010年代

Gama / In The Land Of Gama（2021）Independent

東京で活動するサイケ寄りなプログレッシブロックバンドのEP。メンバーは20代のようで、この情報だけで嬉しくなってしまう。日本のプログレというと新月やPageantのようにシンフォニックなスタイルが多い印象を受けるが、彼らは根本的に初期のPink Floydのようなサイケ感とほんのりLed Zeppelinなどのブルージーなハードロック要素が強いようだ。歌メロはなどにはまさに初期のPink Floydのような、キャッチーでありながら漂う浮遊感があり、これを今の若いバンドが出せるのはすごい。本稿執筆時点ではフィジカル音源がないようだが、各サブスクでぜひ聴いてみてほしい（翌年、CD化）。(Kono)

Lammping / Flashjacks（2021）Echodelick

カナダはトロントのバンドによる2nd。Comet Control、BiblicalなどのJay Andersonと、ビートメイカーとして活動していたMikhail Galkinのマルチプレイヤー2人によって結成。バンド名はPublic Enemyの曲からだという。60'sサイケ〜インディーロックとヒップホップを融合させ、そこにBlack Sabbathらプロトメタル〜ストーナーのリフ、重さ、幻惑感と酩酊感を交えた、個人的に夢のような作品である。いくらでも引き伸ばせそうな曲をブツリと終わらせるところなど聴くとニコニコしてしまう。ドゥーム／ストーナーのオルタナティブ化における最先端に位置付けたい。(加藤)

The Limit / Caveman Logic（2021）Svart

〝元祖パンク〟Testors他のSonny Vincent（Gt.）とThe StoogesのJimmy Recca（Ba.）、〝元祖ドゥーム〟PentagramのBobby Liebling（Vo.）とポルトガルのドゥームバンドDawnriderのメンバーによって結成されたバンドの1st。アクの強いBobbyの歌声が乗った切れ味鋭いパンクロックを主体に、ドゥームもプロトメタルもブチ込んだ快作。ドゥームとパンクの関係は80年代のSaint VitusとSST Recordsまで遡ることが出来るが、それがもう少し早かったら？というイマジネーションを掻き立てられる。にしてもジイさん達、若々しすぎるぜ！（加藤）

サイケ奉行 / My Guitar Must Be Loud For The Universe（2021）Gyuune Cassette

想い出波止場でベースをプレイする津山篤（Gt.）を中心に結成された、「時代劇＋ブリティッシュロック」をテーマとするバンドによる最新作5th。Subbert Blazeの藤原弘明がエレキヴァイオリン、フィドルで参加している。異常なまでの熱量と音数で展開するテクニカルなジャズ／プログレッシブロックを基調に、2曲目やタイトル曲など、トラッド／フォーク／中世ケルト音楽的な要素を強調。本場のサウンドに勝るとも劣らぬ風格のオケに、どこまでが冗談でどこからが本気かわからないヴォーカルが切り込んでくるアクの強さ。異能の感性に引きずり回される全5曲 約47分。（杉本）

ドブサライ / 壱（2021）Dov

17 年から活動している札幌のドゥームメタルバンド 4 人組が、自主レーベルからリリースした 1stEP。バンド名はアルファベットだと Dovsarai と表記するらしい。Black Sabbath を始めとするブリティッシュヘヴィロックからの影響が顕著な、トゥルーかつオールドスクールなスタイルを志向。そこにユーモアと生活臭と文芸性を湛えた日本語詞が乗る様は、Genocide Nippon や Sabbrabells、はたまた人間椅子など同邦のレジェンド群を彷彿とさせる。Earthshaker などジャパメタ風のテイストが時折顔を覗かせるのも良いアクセント。曲も演奏も音質も良く、すぐに人気バンドになりそう。（杉本）

Eric Wagner / In The Lonely Light Of Mourning（2022）Cruz Del Sur Music

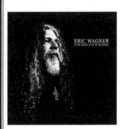

21 年に亡くなった Eric Wagner のソロ名義 2 作目。Trouble、Lid、The Skull、Blackfinger のメンバーらに加えて、元 Pentagram などの Victor Griffin もギターソロで参加した。後期 Trouble を彷彿とさせるスタイルに、チェロを導入したバラードや初期 Trouble をも彷彿とさせる疾走ナンバーを配した総決算的な内容である。Eric の〝今ここ〟を記したような虚飾のなさで、その類い稀な歌声が際立っており、ドゥームは老いをも魅力に変えることが出来るのだと気付かされる。彼のキャリアの最終章としてこれ以上の作品はないだろう。あとは我々が語り継ぐだけだ。（加藤）

North By Northwest / Desert Illusion II（2022）Captured

東京／横浜を拠点に精力的なライブを行っている、インストヘヴィサイケトリオの 1st。「サイケデリック・スペース・デザート・イリュージョン」を標榜する彼ら。そのサウンドは 70's ロック、Earthless、Sleep、Kyuss などを彷彿とさせる。多彩なアプローチで時空を歪ますギター、タイトでありながらときに爆走するドラム、ボトムを支えつつも縦横無尽にうねるベース。三者三様に強烈な個性をもちながらも、バンドとしての一体感を失っていない。押し寄せる陶酔と快楽……全 7 曲 約 1 時間の幻惑的宇宙旅行。心して聴け、これが令和の東京砂漠だ（笑）。（鉛）

V.A. / Trip To Japan（2022）Weedian

アメリカのレーベル（？）Weedian からリリースされた、日本のドゥーム／ストーナー／スラッジ／サイケバンドのコンピレーション。Genocide Nippon や Church Of Misery（JPN）などベテランから若手まで幅広く揃えており、約 4 時間半にも及ぶ。デジタルならではのスタイルといえよう。Bandcamp で、無料で試聴・ダウンロードが可能（日本以外の国のコンピもいっぱいあるぞ）。「国内シーンに興味はあるが、どこから手を出せばいいかわからない」という方に打ってつけの内容である。Eternal Elysium の岡崎幸人による、日本の当該ジャンルの歴史についての文章も掲載されている。（加藤）

Writer profile

【執筆者プロフィール】

■監修
▼加藤隆雅
1988年生まれ。元・梵天レコード主宰。現在はAmigara Vaultというディストロを運営している。本書の編著者の杉本氏とウェブジン「Tranqulized Magazine」を配信中。

■編集・主筆
▼杉本憲史
1986年生まれ。Nightwings、Witchslaughtというバンドでギター＆ヴォーカルを担当。編著書に『Vintage and Evil』（オルタナパブリッシング）がある。ウェブジン「Tranquilized Magazine」、出版業界専門紙「新文化」（新文化通信社）などで編集・記者・執筆などを行う。

■参加ライター
▼h
酒と息子をこよなく愛する文学中年。小さな新聞社の記者として都政課題を取材している。

▼JERO
1970年生まれ。Abigail、Barbatos、Gorgon、Medvedなどといった数々のバンドにてプレイ。10代の頃に80年代初頭より世界中に湧き出したヘヴィメタルムーブメントが直撃したものの、華やかなハードロックには目もくれず、悪魔を賛美し神々を呪うスラッシュメタルに忠誠を誓ってしまう。

▼G.Itoh
Risingfall、Military Shadowでヴォーカルとリリース物デザインなどを担当。また、Significant Pointの1stアルバム『Into The Storm』（21年）にサポートヴォーカルで参加。

▼杉山哲哉
1992年生まれ。2015年頃にスピードメタルバンドAssault Attackでバンド活動を始め、2017年にメタルパンクバンドMilitary Shadowを結成。チリ人のフロントマンを擁するブラックスピードメタルバンドBafometのギタリストとしても活動中。若いメタルバンドを集めたライブ企画「Tokyo Metal Fire」の主催。14歳の頃に千葉のディスクユニオンで買ったJudas Priestの「背信の門」を聴いて踊り狂い、屈折したメタル観を培う。

▼Takashi Kono
東京で活動する正統派ヘヴィメタルバ

ンドRisingfallのギター、作曲担当。元々70年代のハードロックから音楽を聴き始める。基本的にはメロディ派。Led Zeppelin、Rainbow、Genesis、Renaissance、Neil Youngあたりは一生聞いていきたい。

▼田村直昭
1971年生まれ、埼玉在住。暗黒メタル・フリークス。70'sハードロック、プログレッシブロック、NWOBHM、80'sマイナーメタル、スラッシュメタル、ブラックメタル、OSDM、ドゥームメタル、ハードコアが主食。メタルの入り口は高校生の頃のEuropeとBon Jovi。編著書にブラックメタルのガイドブック『Shadows of Evil』（ディスクユニオン、2010年）、著書に『プリミティヴ・ブラックメタル・ガイドブック』（パブリブ、2020年）がある。ディスクユニオン勤務。

▼ちんいち
bilo'u のヴォーカルを務める。3度の飯よりMike Pattonが好き。

▼頭山"Headmountain"佳生
ヘヴィメタルバンドRisingfallでツインギターの片割れを担う小型ギタリスト。好物はハードロック～80年代正統派ヘヴィメタル。2022年に死去。

▼外山鉛
「あなたの暮らしを重くする」をコンセプトに活動している、2ピースギターレスドゥームバンド・沈む鉛のベース＆ヴォーカル。2022年、中学生棺桶に加入。

▼hAe
DöraidとEvil Extasyのギター、拷問装置Records主宰。

▼浜島浩輝
Outbreak RiotとNightwingsのベース。Banzae Records主宰。ベルボトマー。

▼U
VenomのAbaddonを崇拝し、ヘタなほうが勢いがあってカッコいい！　と、「技術力＝音楽性の高さ」というテーゼに異論を唱えるヘタヘタ教の司祭。WitchslaughtとDöraidのドラマー。

▼リベラリスト
国際弁護士、ディレッタント、好事家。

▼脇坂丈一朗
1999年生まれ。女衒、ゲジカマドウマなどで主にドラム担当。

Editor's Afterword

【編著者あとがき】

　本書は、前著『Vintage and Evil』（発行＝オルタナパブリッシング、発売＝星雲社）で編集を務めてくれた、Amigara Vault（旧・梵天レコード）のマネジャー・加藤隆雅氏による悲願の「ドゥーム／ストーナー系のディスクガイド」として企画し、2019年から様々なライター陣に声をかけ執筆を開始しました。前著の2倍以上の執筆陣を動員しての制作ということで、2年程度で刊行出来るものと見込んでいましたが、加藤氏の身辺の状況変化（次項に詳述）や、掲載作品数がどんどん膨れ上がって最終的に前著の1.5倍ほどのボリュームとなったこともあり、結局はほぼ丸5年の歳月を要することになりました。

　発行元もテーマも異なりますが、精神的には前著の姉妹本というつもりで制作しました。『Dazed and Hypnotized』という書名には前著からの連続性をもたせ（発売前に改題）、「既定のサブジャンルではなく概念で音楽を括る」というコンセプトも引き継いでいます。各作品を年代順に掲載することや、執筆陣には基本的にバンドマン、レーベル運営者、CD・レコード販売の従事者など、〝現場〟の人をアサインする編集方針も共通です。なお、19年に加藤氏と一緒に始めたウェブメディア「Tranquilized Magazine」では、「ドゥーム／ストーナー／スラッジ／サイケ・ディスクガイド」や年末恒例の「年間ベスト・アルバム」を掲載しています。

　約5年の制作期間中に新型コロナは蔓延するし、ロシアはウクライナを攻撃するしで様々な環境の変化がありましたが、特筆すべきは執筆者の1人である頭山"Headmountain"佳生氏の逝去です。頭山氏は首都圏を中心に活動するヘヴィメタルバンドRisingfallのギタリストでした。私はWitchslaught時代から彼らの企画にお呼ばれするなど様々にお世話になっていた繋がりがあり、また彼らも自主製作の音源にメンバーのお薦めCD・レコードのレビューを付すなど執筆に意欲的な姿勢を示していたことから、本書ではリーダー兼ギタリストのKono氏、ヴォーカルのItoh氏、そして頭山氏に、ライターとしての参画をお願いしていたわけです。頭山氏は本書に計7枚分のレビューを執筆してくれましたが、そのうちAerosmith「Rocks」の項にはこうあります。「今わの際には、ぜひとも"Home Tonight"でちょっぴりキュッと締めつけられ微笑みながらサヨナラしたい。」

　まさかこれが遺稿になるとは、原稿のやり取りをしていた私はもちろん、頭山氏自身も思わなかったことでしょう。Risingfallが彼に対する追悼の意を込めてライブでカバーしたSaxon"Princess Of The Night"と合わせ、彼を忍びながらグラスを傾ける際にはぜひともBGMにしたい1曲です。病気でつらい思いをしながらも、我々の前では笑顔を絶やさず、入院後のメッセンジャーでのやり取りでも明るいトーンを崩さなかった彼の強さを思いつつ、「ちょっぴりキュッと締めつけられ」る。ご冥福をお祈りします。

　結びに代えて、本書の制作に関わってくれたライター陣の皆様、デザイナーのかとちゃん、監修兼執筆の加藤氏、本書の発行元となることをご快諾頂いた東京キララ社の中村保夫社長、そして有形無形の支援をしてくれた家族に御礼申し上げます。ありがとうございました。（杉本）

Supervisor afterword

【監修者あとがき】

　杉本氏の前著『Vintage and Evil』が発売されたのが2018年12月。発売間もなく評判も売上げも上々。杉本氏の慧眼や見事、すぐさま第二弾である本書が企画された……が、そこからはガッタガタのゴッタゴタ。引き続き発行元となる予定だったオルタナパブリッシングを擁する株式会社オルタナエンターテイメントは消滅。その煽りで私は公私共にズタボロと、順風満帆とはほど遠い経緯で制作されました。正直、まだ本書が完成したという実感はありません。

　実は「ドゥーム／ストーナー／スラッジ本」という企画自体は、オルタナ入社直後ぐらいに社長から「ドゥームの本作れよ」といわれて薄ぼんやりと構想を練っているうち、その代わりに出来たのが「ドゥームロック総特集」と銘打った「ペキンパー」Vol.5（発行＝オルタナパブリッシング、発売＝星雲社、15年刊）だったりします。それがきっかけで杉本氏と出会い……という経緯（『Vintage and Evil』の「あとがき」で杉本氏が詳述）なので、筆者個人にとっては色々なものが一周して戻ってきたような不思議な気分でありました。

　本書の監修にあたっては、「幻惑と酩酊」のテーマに沿った当該ジャンルの歴史と伝統を踏まえながら、10年代以降の〝オルタナティブ〟なバンド群を追い、それらに接する（接しそうな）過去の作品群を捉えることを意識しました。

　00年代に巻き起こった「ヴィンテージリバイバル」が60〜70年代の音楽を現代の感覚で再構築したものだとするなら、10年代以降は「60〜90年代」ぐらいまでヴィンテージの拡大解釈が行われた、しかし振れ幅が大きすぎるため統括がされていない（それゆえに〝オルタナティブ〟ぐらいしか表せる言葉がない）、というのが筆者の見解です（あくまで当該ジャンル内での話です。アンダーグラウンド以外で巻き起こった80'sリバイバルや90年代の再評価なども無関係ではないと思います）。現状、この手のバンドが主流とはなっていないのですが、「ペキンパー」Vol.5制作時には「変なバンドが増えてきたなあ」とぼんやりしていた視界が、ここ数年で解像度が上がったため、今こそ捉え直さなければと、杉本氏と連携しつつ、頭をかきむしりながら書き進めた次第です。

　また、本書の制作を機に新たに発見したバンドも多数あり、改めてその奥深さと幅の広さ、勉強不足を実感させられました。本書で捉えきれなかった作品については、杉本氏と共同で運営しているウェブサイト「Tranquilized Magazine」などで随時補完していければと思っています。

　メインアな読者の皆様方には新たな発見があれば、馴染みのない読者の方には、筆者にとってのガイドであった「stoner sunshine」「静謐の森」といったウェブサイト、「BURST」2002年10月号（コアマガジン）、フリーペーパー「DOOM STONER HEAVY ROCK DISC GUIDE」（ディスクユニオン）などの文献のように、本書が手引きとなったら幸いです。

　最後に、筆者のワガママとドゥームだけに遅々として進まない筆に辛抱強く付き合い、実務全般を請け負ってくれた杉本氏、そしてライター陣の皆様に御礼申し上げます。（加藤）

【索引】

◆数字

16…128
35007…135
1000mods…241
13th Floor Elevators (The) …14
7Zuma7…155

◆A

A.R.& Machines…48
Aardvark…36
Abiuro…316
Abnormals…288
Abramis Brama…183
Abstrakt Algebra…145
AC / DC…84
Acid Bath…135
Acid Eater…217
Acid King…166
Acid Mammoth…288
Acid Mess…311
Acid Mothers Temple & The Melting Paraiso U.F.O.…156
Acid Reich…108
Acid Witch…223
Acrimony…156
Admiral Sir Cloudesley Shovell…265
Aerosmith…76
Affinity…36
After All…24
Agents Of Oblivion…175
Agitation Free…65
Aguaturbia…57
Alabama Thunderpussy…201
Älgarnas Trädgård…58
Alice Cooper…75
Alice In Chains…114, 136
Alien Boys…121
All Them Witches…254
Almighty (The) …128
Altamont…160
Alunah…246
Amboy Dukes (The) …17
Amebix…89, 241

Amon Acid…311
Amon Düül…24
Amon Düül II …25
Amos Key…72
Ancestors…223
Ancient Grease…36
Angel Of Damnation…295
Angel Rot…167
Angel Witch…84, 167, 245
Angel'in Heavy Syrup…117
Animals (The) …13
Answer (The) …212
Anthrax…128, 197
Anthroprophh…265
Antisect…94
Anton LaVey…18
Antrobus…126
Aphrodite's Child…25
Apryl Fool…25
Aqua Nebula Oscillator…255
Arctic Monkeys…255
Arrowhead…283
Arzachel…25
Asbestosdeath…217
ASG…255
Ash Ra Tempel…49
Asteroid…218
Astra…229
Astral Rising…145
Astrosoniq…190
Asylum…95
Atomic Bitchwax (The) …175
Atomic Rooster…36, 37
Attila…37
Audioslave…191
Auma…276
Author & Punisher…295
Avatarium…276
Axe…145

◆B

Babe Ruth…58
Bad Brains…98
Bad Wizard…205
Ball…289

Band Of Spice⋯277
Bang⋯58
Bardo Pond⋯150
Baroness⋯246
Bat Cave⋯167
Bauhaus⋯84
Beastie Boys⋯98
Beastmaker⋯283
Beatles (The)　⋯14, 26
Beck, Bogert & Appice⋯65
Bedemon⋯206, 246
Beggars Opera⋯37
Belzebong⋯277
Beneath Oblivion⋯296
Bevis Frond (The)　⋯105
Big Business⋯229
Big Sleep⋯49
Biglietto Per L'Inferno⋯72
Birth Control⋯58, 151
Birushanah⋯255
Bismarck⋯296
Bison⋯223
Black Angels (The)　⋯213, 223
Black Bombaim⋯304
Black Cat Bones⋯37
Black Cobra⋯229
Black Flag⋯92
Black Hole⋯95
Black Math Horseman⋯230
Black Mountain⋯224
Black Pussy⋯277
Black Rainbows⋯283
Black Rebel Motorcycle Club⋯184
Black Sabbath⋯38, 49, 59, 66, 75, 76, 80, 84, 87, 89, 102, 108, 114, 121, 136, 145, 256
Black Sabbath Featuring Tony Iommi⋯98
Black Salvation⋯296
Black Sheep Wall⋯277
Black Spiders⋯256
Black Stone Cherry⋯213
Black Trip⋯256
Black Tusk⋯241
Black Widow⋯38
Blackfinger⋯265
BlackLab⋯311

Blackwater Holylight⋯316
Bleed For Pain⋯184
Blind Dog⋯175
Blind Melon⋯122
Blind Witch⋯265
Blizaro⋯236
Blood Ceremony⋯224
Blood Duster⋯151
Blood Farmers⋯117, 266
Blood Of The Sun⋯246
Bloodrock⋯38
Bloody Hammers⋯266
Blue Cheer⋯18
Blue Öyster Cult⋯66, 105
Blues Creation⋯49
Blues Pills⋯266
Bodkin⋯59
Bohren & Der Club Of Gore⋯175
Bolder Damn⋯50
Bombori⋯274
Bong-Ra⋯296
Bongripper⋯236
Bongzilla⋯167, 191, 206
Boredoms⋯99, 136
Boris⋯191
Bottom⋯184
Bovril⋯247
Brain Donor⋯185
Brainticket⋯50
Bram Stoker⋯59
Brant Bjork And The Low Desert Punk Band⋯266
Brave New World⋯39
Brian Jonestown Massacre (The)　⋯146
Brigg⋯66
Brimstone Coven⋯312
Brujeria⋯129
Brutal Truth⋯136
Budgie⋯66, 72
Budos Band (The)　⋯267
Buffalo⋯67
Bullfrog⋯297
Burning Saviours⋯278
Burning Witch⋯224
Buzzov•en⋯206
Byrds (The)　⋯13

◆ C

C.A Quintet…26
Cable…230
Cactus…39
Cain (UK) …122
Cain (US) …75
Camarosmith…197
Cambrian Explosion…284
Can…50
Candlemass…99, 102, 168, 230
Capricorns…206
Captain Beefheart And His Magic Band…26
Captain Beyond…59
Carcass…151
Cardigans (The) …146
Carmen Maki & Blues Creation…50
Cassle…90
Castle…297
Cathedral…117, 129, 146, 185, 207, 256
Causa Sui…257
Cavity…168
Celestial Season…146
Celtic Frost…92
Chained Lace…289
Charge…67
Charles Manson…39
Chron Goblin…257
Church Of Misery (JPN) …185, 201
Church Of Misery (US) …247
Church Of The Cosmic Skull…284
Cîntecele Diavolui…151
Circle…137
Circulus…207
Cirith Ungol…87
Clear Blue Sky…39
Cloud Forest…247
Clutch…201
Cocco…175
Cocobat…122
Coffins…207
Cold Sun…40
Colour Haze…247
Comets On Fire…202
Comus…51
Conan…248

Condition Green…80
Confusion Master…297
Cop Shoot Cop…129
Core…168
Corrections House…257
Corrosion Of Conformity…95, 117, 137
Corrupted…207
Cosmic Jokers (The) …73
Cosmic Reaper…316
Cough…284
Count Five…13
Count Raven…122
Country Joe And The Fish…15
Coven (60's) …26
Coven (80's) …102
Cows…137
Cradle…241
Cramps (The) …85
Cream…14
Creation…75
Creedence Clearwater Revival…18
Crippled Black Phoenix…236
Crobot…267
Crocodile Bambie…304
Crooked Whispers (The) …312
Crow…27
Crowbar…129
Crystal Fairy…289
Curved Air…67
Cynic…130
Cypress Hill…202
Czar…40
Czerń…312

◆ D

Damnation Of Adam Blessing…27
Danava…224
Danzig…106
Dark…60
Dark Quarterer…103
Dark Sun…156
Datsuns (The) …191
Davie Allan & The Arrows…15
Dead Meadow…176, 208
Dead Moon…118

Dead Pan Speakers (The) ···213
Dead Witches···304
Deadboy & The Elephantmen···192
Death Alley···278
Death From Above 1979···267
Death Mask···213
Death Organ···156
Death Penalty···267
Death Row···230
Death SS···108
Death Valley Girls···312
Death Wheelers (The) ···297
Deathwhite···313
Debris Inc.···208
Deep Purple···27, 60, 289
Deep (The) ···14
Deftones···176
Demon···90
Demon Cleaner···176
Demon Eye···278
Demon Pact···87
Desert Sessions (The) ···198
Desert Storm···257
Deviants (The) ···15
Devil···242
Devil Childe···95
Devil Doll···130
Devil's Blood (The) ···231
Devin Townsend···160
Dhidalah···290, 305
Dinosaur Jr.···106
Dio···90
Dirty Beaches···242
Discharge···87, 118
Disease Concept (The) ···258
Dixie Witch···198
Dizzy Mizz Lizzy···137
Dj Muggs···197
Don Juan Matus···218
Doom Side Of The Moon···290
Doom Snake Cult···123
Doomsday Kingdom (The) ···290
Doomster Reich···298
Doomstone···138
DoomSword···192

Doors (The) ···15, 16
Dopethrone···298
Dorian Sorriaux···298
Down···147
Dozer···185
Dr. Strangely Strange···40
Dragonauta···198
Dragonfly···19
Dragonwyck···40
Dream Death···103
Druids Of Stonehenge (The) ···19
Duel···290
Dust···60
Dwarr···99
Dystopia···138
Dzjenghis Khan···218

◆ E
Eagles Of Death Metal···278
Earth (UK) ···245
Earth (US) ···130
Earthless···218
Earthlings?···161
Earthride···192
Ecstatic Vision···305
Edgar Broughton Band···27
Egypt···258
Eight Bells···284
Elder···225
Eldopa···157
Eldovar···316
Electric Citizen···268
Electric Mary···242
Electric Sun···81
Electric Wizard···138, 157, 161, 176, 192, 202, 214, 219, 268, 291
Ele-phant···279
Elephant Tree···285
Emerson, Lake & Palmer···41
End (The) ···28
Entombed···161
Entrance···214
Epitaph···73
Eric Wagner···318
Eternal Elysium···208

Exit 13···114
Eyehategod···114, 130, 152, 177
Eyes Of Blue···19

◆ F
Faces···51
Failure···138
Faith No More···123
Faithful Breath···85
Far Out···67
Farflung···161
Fates Warning···99
Fatso Jetson···162
Fear Itself···19
Fields···28
Fifty Foot Hose···20
Fight···147
Fire Down Below···298
Fireball Ministry···186
Firebird···177
Firebirds (The) ···28
Fistula···225
Five Horse Johnson···168
Flames Of Hell···103
Flaming Lips (The) ···214
Fleetwood Mac···20
Flied Egg···60
Floaters···299
Floor···193
Flower Travellin' Band···51
Flowers Must Die···291
Flying Hat Band (The) ···126, 245
Food Brain···41
Fool (The) ···20
Forest···28
Frank Marino & Mahogany Rush···81
Frank Zappa···29
Frank Zappa & The Mothers Of Invention···61
Frayle···299
Frijid Pink···41
From Hell···202
Fu Manchu···147, 157
Fucho···268
Fudge Tunnel···139
Fulanno···313

Funkadelic···41
Fuzz···258
Fuzz Manta···242

◆ G
G//Z/R···147
Galactic Cowboys···118
Galaxy···76
Gallery Of Mites···198
Gama···317
Garadama···177
Gates Of Slumber (The) ···231
Gaza Strippers···169
Genocide Nippon···106
Gentlemans Pistols···279
Ghost (JPN) ···115
Ghost (SWE) ···236
Ghostface Killah···258
Giant Sand···123
Glasspack (The) ···186
Go! Go! 7188···177
Goat···248
Goatess···305
Goatsnake···169
Goblin···80
Goblin Rebirth···279
God And Electric Sheeps···305
Godflesh···109
Golden Earring···29
Gong···73
Gonga···225
Gore···100
Goya···259
Graham Bond···42
Grand Astoria (The) ···279
Grand Funk Railroad···29
Grand Magus···225
Granicus···68
Granule···291
Graves At Sea···285
Gravestone···82
Graveyard···219
Graveyard Rodeo···131
Gravy Train···42
Green & Wood···231

Green Lung…306
Green River…103
Greenleaf…219
Greenmachine…162, 306
Greenslade…68
Grief…152
Groundhogs…51
Guevnna…285
Gun…20
Guru Guru…42, 61

◆ H
Hakubishin…274
Hallelujah…52
Ham…109
Hangnail…169
Hank Williams III…243
Happy Dragon-Band (The) …80
Harsh Toke…259
Harvey Milk…152
Hawk…52
Hawkwind…68, 123
Heads (The) …152
Heaven & Hell…231
Heavy Load…88
Hebi Katana…313
Hell Preachers Inc.…21
Helmet…115
Henry Cow…73
Here Lies Man…291
Heretic Order (The) …280
Heretic Rites…292
Hermano…219
Hexvessel…248
Hidden Hand (The) …220
High On Fire…208
High Reeper…299
High Rise…139
High Tide…29
Highway Robbery…61
Hills…280
Hippie Death Cult…306
Hombre Malo…268
Hook (The) …21
Horisont…248

Horn Of The Rhino…249
Horse…42
Horse Latitudes…285
Horsehunter…306
Hot Lunch…259
Hounds Of Hasselvander (The) …243
Hour Of 13…237
Human Beast (The) …43

◆ I
Ibliss…313
Icecross…68
Ice-T…109
Ides Of Gemini…249
In The Colonnades…118
Incredible Hog…69
Indian…209
Inner Space (The) …232
Inside Charmer…249
Internal Void…178
Iommi…178
Iota…226
Irata…307
Iron Butterfly…21
Iron Claw…232
Iron Cross…100
Iron Maiden…88, 148
Iron Man…139
Iron Monkey…169
It Is I…139

◆ J
J・A・シーザー…69
Jackal…69
Jacks…21
Jane's Addiction…106
Janis Joplin…52
January Tyme…30
Jazz Sabbath…314
Jefferson Airplane…16
Jeremy Irons & The Ratgang Malibus…269
Jericho…61
Jerry Cantrell…162
Jerusalem…62
Jess And The Ancient Ones…249

Jessamine···153
Jesters Of Destiny···100
Jesu···203
Jesus And Mary Chain (The) ···96
Jesus Lizard (The) ···124
Jethro Tull···52
Jex Thoth···259
Jimi Hendrix Experience (The) ···16
Joe Byrd And The Field Hippies···30
John Frusciante···232
John Garcia···269
Josefus···43
Joy···220
Joy Division···82
JPT Scare Band···178
Jucifer···193
Judas Priest···77
July···22

◆ K
Kadavar···260
Kalas···214
Kal-El···260
Kamchatka···209
Kanönenvogel···300
Karma To Burn···170
Kayser···209
Khanate···199
Khola Cosmica···243
Kill Devil Hill···250
Killing Floor···43
Killing Joke···85
Kilslug···100
Kin Ping Meh···53
King Buffalo···299
King Crimson···53, 74
King Gizzard & The Lizard Wizard···314
King Goblin···220
King Hobo···226
Kingdom Come···69
Kingdom Of Sorrow···237
King's X···140
Kingston Wall···131
Kiss···74
Kittie···178

Klaus Schulze···62
Korn···140, 199
Krux···215
Kula Shaker···153
Kvelertak···286
Kylesa···260
Kyuss···124, 140

◆ L
L7···124
La Ira De Dios···226
Lamagaia···307
Lammping···317
Lamp Of The Universe···193
Lard···109
Las Cruces···153
Last Chapter···157
Laughing Hyenas···110
Leaf Hound···53
Lecherous Gaze···251
Led Zeppelin···30, 77, 93
Lee Hazlewood···30
Lenny Kravitz···131
Lesser Key···269
Libido Space Dimension···186
Lid···158
Life···43
Life Of Agony···131
Limit (The) ···317
Liquid Sound Company···193
Litmus···232
Litter (The) ···31
Living Colour···107
Lollipop Shoppe (The) ···22
Loop···104
Lord Dying···260
Lord Sutch And Heavy Friends···44
Lord Vicar···243
Lord Wind···153
Los Dug Dug's···70
Los Natas···194
Lost Breed···280
Love···31
Love Live Life+One···53
Lowrider···179

Lucidvox⋯314
Lucifer⋯300
Lucifer's Friend⋯62
Luna Sol⋯307

◆ M
Mad Season⋯148
Magic Dirt⋯154
Magma⋯77
Mahavishnu Orchestra⋯70
MaidaVale⋯300
Malombra⋯124
Mama Lion⋯62
Mammatus⋯215
Mammoth Mammoth⋯251
Mammoth Volume⋯179
Mammoth Weed Wizard Bastard⋯307
Mandy Morton Band⋯90
Manilla Road⋯91
Manowar⋯91
Mantar⋯286
Marble Sheep⋯220
Mariani⋯44
Mary Beats Jane⋯140
Massive Attack⋯162
Masters Of Reality⋯107
Mastodon⋯194
Mater Thallium⋯269
Matt Elliott⋯226
May Blitz⋯54
Maze (The) ⋯22
MC5⋯31
Meat Puppets⋯88
Megadeth⋯141
Mellow Candle⋯63
Melvins⋯125, 154, 170
Memento Mori⋯158
Mephistofeles⋯308
Mercy⋯96
Mercyful Fate⋯91
Message⋯70
Metallica⋯93, 119, 154, 199
Mezmerist (The) ⋯96
Middian⋯221
Mindfunk⋯132

Misdemeanor⋯170
Moahni Moahna⋯141
Módulo 1000⋯44
Mojobone⋯186
Mondo Generator⋯179
Monkey 3⋯244
Monolord⋯292
Monster Magnet⋯119, 163, 300
Moon Duo⋯308
Moonriders⋯85
Mops (The) ⋯22
Morgen⋯23
Mos Def⋯203
Moss⋯227
Mother Love Bone⋯115
Motörhead⋯79
Motorpsycho⋯158
Mountain⋯54, 194
Mountain Witch⋯261
Mournful Congregation⋯209
M-Squad⋯195
Muddy Waters⋯23
Mudhoney⋯107
Mugano⋯314
Muse⋯187
Mushroom River Band (The) ⋯194
Mustasch⋯233
My Bloody Valentine⋯119
My Dying Bride⋯132
Mystic Charm⋯141
Mystick Krewe Of Clearlight (The) ⋯187

◆ N
Naam⋯261
Naevus⋯163
Nazareth⋯54
Nebula⋯170, 308
Necromandus⋯154
Negative Reaction⋯179
Nemesis⋯93
Nepenthes⋯292
Neu!⋯70
Neurosis⋯132
Nicholas Greenwood⋯63
Nightstalker⋯250

Nightstick···163
Nik Turner···280
Nirvana···110
Noctum···237
Noothgrush···187
North By Northwest···318
Northwinds···163
Nothing Is Real···308
November···63

◆ O
Oath (The) ···270
Obsessed (The) ···119
Occultation···270
Ocean···210
Odcult···301
Ogre···227
Oidaki···292
Om···221
Omnia Opera···132
Only Living Witness···155
Opal···104
Operator Generator···187
Orange Goblin···164, 203
Orange Sunshine···188
Orchid···261
Original Iron Maiden (The) ···251
Orodruin···203
Other Half (The) ···23
Outlaw Order···227
Outrage···133, 188
Outskirts Of Infinity···104
Oversoul···180
Oysterhead···188
Ozric Tentacles···96
Ozzy Osbourne···86, 89, 101, 107

◆ P
Pagan Altar···215
Pale Divine···188
Pallbearer···251
Pantera···141
Paradigma···148
Paradise Lost···133
Paul Chain"The Improvisor"···189

Paul Chain Violet Theatre···101
Pawnshop···180
Pearl Jam···120
Pelican···210
Penance···125
Pentagram···97, 104, 171, 204, 215
Pesky Gee!···31
Pet The Preacher···270
Pharaoh Overlord···180
Philip H. Anselmo & The Illegals···261
Picturebooks (The) ···270
Pigs Pigs Pigs Pigs Pigs Pigs Pigs···293
Pilgrim···252
Pink Fairies···71
Pink Floyd···16, 32, 71
PJ Harvey···133
Place Of Skulls···189, 199
Poobah···63
Porn (The Men Of) ···204
Portishead···227
Possessed···216
Pree Tone···271
Premonition 13···244
Pride & Glory···142
Primevil···74
Primitive Man···262
Primus···120
Probot···204
Prodigal Sons (The) ···233
Prophets Of Rage···293
Psychedelic Witchcraft···286
Puffy···164
Puny Human···180
Purple Hill Witch···271
Purson···262
Pussy···32
PYG···54

◆ Q
Quartz···79
Queen Elephantine···228
Queens Of The Stone Age···181, 195
Quest For Fire···237
Quicksilver Messenger Service···32
Quill (The) ···148

Quorthon···142

◆ R
R.I.P.···286
Radio Moscow···221
Rage Against The Machine···125
Raging Slab···110
Raging Speedhorn···195
Rainbow···77
Ramases···55
Ramatam···64
Ramesses···238
Randy California···64
Randy Holden···44
Red Aim···189
Red Fang···262
Red Hot Chili Peppers···149
Redwood Blues···210
Reef···149
Re-Stoned (The)　···252
Return From The Grave···271
Revelation···120
Reverend Bizarre···221
Revölt···238
Ritual···91
Rival Sons···252
Roachpodwer···164
Roadsaw···181
Rob Zombie···216
Rokurokubi···309
Roky Erickson And The Aliens···86
Rolling Stones (The)　···17
Rollins Band···125
Rose Kemp···238
Royal Blood···271
Royal Hunt···158
Royal Thunder···293
Royal Trux···159
Ruby The Hatchet···252
Ruff Majik···315
Rufus Zuphall···45
Rwake···244

◆ S
Sabattis···244

Sabbath Assembly···272
Sabbrabells···92
Sabians (The)　···195
Sacrilege···110
Sahg···216
Saint Steven···32
Saint Vitus···93, 97, 101, 111, 253, 309
Sainte Anthony's Fyre···45
Salem Mass···164
Salem's Pot···272
Sally···171
Sam Gopal···33
Samsara···293
Samsara Blues Experiment···238
Sancta Sanctorum···239
Sans Nom···309
Santana···64
Sarcofagus···86
Sasquatch···216
Satan's Dealer···309
Satan's Satyrs···253, 301
Saturn···272
Saturnalia Temple···245
Scald···159
Scorpions···78
Screaming Trees···126
Sea···272
Sea Of Green···181
Second Hand···55
Semiramis···71
Septic Tank···301
Sepultura···155
Seremonia···250
Serpent···155
Serpentcult···228
Serpentine Path···273
Sevenchurch···133
Sexwitch···281
Sheavy···181
Shinedown···200
Shocking Blue···33
Shooting Guns···273
Shrine (The)　···273
Shrinebuilder···233
Sigiriya···273

Silver Apples···23
Siouxsie And The Banshees···82
Sir Lord Baltimore···45
Sithter···274
Skid Row···149
Skin Yard···120
Skull (The)···274
Slayer···115
Sleep···126, 200, 301
Sleepy Sun···233
Slift···315
Slo Burn···159
Sloth···182
Smashing Pumpkins (The)···182
Smile···142
Smoulder···310
Snake Nation···111
Soilent Green···211
Solace···182
Solarized···171
Solitude Aeturnus···126
Solstice···142
Somali Yacht Club···274
Sonic Flower···200
Sonic Mass···287
Sonics (The)···13
Sons of Huns···281
Sons of Kyuss···116
Sons of Otis···171
Soulfly···165
Soulpreacher···182
Soundgarden···111
Sourvein···196
Spacemen 3···101
Speed, Glue & Shinki···55
Spettri···281
Spice And The RJ Band···222
Spirit Caravan···172
Spiritual Beggars···165, 211
Spiritualized···159
Splendidula···302
Spooky Tooth···33
Spriguns···79
SRC···24
Stars (The)···210

Steamhammer···45
Steel Mill···64
Stillborn···111
Stone Axe···234
Stone Roses (The)···143
Stone Temple Pilots···127
Stoned Jesus···302
Stonefield···302
Stonewall···78
Stonewall Noise Orchestra···262
Stooges (The)···46
Strawberry Path···55
Strawbs···56
Stray Dog···71
SubRosa···263
Subvert Blaze···204
Sudden Death···149
Sun & Sail Club···275
Sun Dial···134
Sun Ra & His Arkestra···82
Sunn O)))···234
Super Junky Monkey···143
Superfly···250
Superjoint Ritual···196
Supernaut···172
Suplecs···183
Swans···94
Sword (The)···253
Syd Barrett···46
System Of A Down···165

◆ T
Tad···112
Taint···211
Talbot···239
Tangerine Dream···81
Tarot···134
Tea & Symphony···33
Tear Gas···56
Teeth Of Lions Rule The Divine···196
Teeth Of The Hydra···217
Tempest···72
Terra Firma···165
Thee Hypnotics···112
Them Crooked Vultures···234

Third Ear Band···65
Third Power (The) ···46
Thorr's Hammer···166
Thou···275
Thrones···211
Titan···239
Titanic···46
Tlön···228
TNT···160
Toad···56
Toadliquor···134
Today Is The Day···196
Tomorrow···24
Toner Low···263
Too Much···56
Tool···189
Torche···212
Triptykon···239
Trouble···94, 97, 105, 116, 127, 263
Troubled Horse···294
Truckfighters···212
Truly···150
Truth And Janey···78
Twin Temple···302
Twink···47
Ty Segall···240
Tyrannosaurus Rex···47

◆ U
UFO···57
Ufomammut···228
Ulcer···294
Ultra Electric Mega Galactic (The) ···263
Uncle Acid & The Deadbeats···245
Underground Serchlie···166
Unearthly Trance···200
Unida···172
Unorthodox···127
Upsidedown Cross···134
Uriah Heep···47

◆ V
V.A.···127, 143, 143, 183, 318
Valkyrie···281
Vanilla Fudge···17

Velvet Underground (The) ···34
Viaje A 800···190
Vibravoid···183
Victor Griffin···205
Victor Griffin's In-Graved···264
Vidunder···264
Viking Skull···229
Vintage Caravan (The) ···253
Virulence···112
Vista Chino···264
Voivod···135
Vomit Monster···264

◆ W
Walkingseeds···105
Wall Of Sleep···201
Warhorse···190
Warlord (UK) ···197
Warlord (US) ···94
Warlung···315
Warpig···47
Warter···310
We···172
Weedeater···222
Weedpecker···303
Well (The) ···275
White Heaven···121
White Stripes (The) ···190
White Zombie···150
Whitesnake···88
Whores.···275
Wicked Lady···144
Wildevil···282
Windhand···303
Wino···240
Wino & Conny Ochs···254
Winter···116
Winters···222
Wishbone Ash···48
Witch Mountain···254
Witch (US) ···217
Witch (ZAM) ···76
Witchcraft···205
Witchcryer···294
Witchfinder General···89

Witchfynde…86
Witchsorrow…282
Witchwood…287
With The Dead…282
Wo Fat…254
Wolfmen Of Mars…282
Wool…144
Workshed…310
World Of Oz(The)…34
Worship…222
Writing On The Wall…34
Wucan…294
Würm…97
Wytch Hazel…303

◆ Y
Ya Ho Wha 13…74
Yamasuki Singers…57
Yardbirds(The)…17
Yawning Man…212, 303
Year Zero…150
Yellow Monkey(The)…160
Yngwie J. Malmsteen's Rising Force…98
Yob…276
Young Hunter…287
Yu Grupa…78

◆ Z
Zakk Sabbath…315
Zen Guerrilla…173
Zig Zags…276
Zoroaster…240
Zothique…283
Zun…287

◆和名
内田裕也とフラワーズ…34
カルメン・マキ & Oz…79
幾何学模様…288
筋肉少女帯…108
クニ河内とかれのともだち…48
光束夜…205
サイケ奉行…317
沈む鉛…310
頭脳警察…65

スピッツ…144
太陽肛門…173
蛸地蔵…288
中学生棺桶…240
陳信輝 & His Friends…57
ドブサライ…318
友川かずき…102
人間椅子…173
根本敬・湯浅学…173
灰野敬二…116
裸のラリーズ…121
はっぴいえんど…48
花電車…112
バラナンブ…311
秘部痺れ…295
ファンシーナムナム…234
不失者…144
ヘンリー川原…128
マグダラ呪念…304
マリア観音…135
三上寛…81
ゆらゆら帝国…166
老人の仕事…295

Dazed and Hypnotized

Doom Metal, Stoner Rock, Sludge Core Disc Guide 1965-2022

書　　　名：**酩酊と幻惑ロック**
　　　　　　ドゥームメタル・ストーナーロック・スラッジコア・ディスクガイド 1965-2022

発　行　日：2023 年 12 月 1 日　第 1 版第 1 刷発行

監修・著：加藤隆雅
編集・著：杉本憲史
Tranquilized Magazine ©2023年

発　行　者：中村保夫
発　　　行：東京キララ社
　　　　　　〒 101-0051 東京都千代田区神田神保町 2-7 芳賀書店ビル 5 階
　　　　　　電話 03-3233-2228
　　　　　　info@tokyokirara.com

デザイン：カトウマサシ
表　　　紙：Franz von Stuck「Salome」(1906)

印刷・製本：中央精版印刷株式会社

ISBN 978-4-903883-69-4 C0073

2023 printed in japan
乱丁本・落丁本はお取り替えいたします